질적 연구와의 만남

교육학 학위 논문 작성

김평국 지음

아카데미프레스

머리말

이 책은 그동안 20년 가까이 교육학을 전공하는 대학원생들을 대상으로 질적 연구 방법 강좌를 운영한 경험에 토대를 두고 집필되었다. 즉 대학원생들이 질적 연구의 이론적 및 방법적 기초를 획득하여 학위 논문을 작성해가는 과정에서 절실하게 필요하고 또한 학위 논문의 완성에 큰 도움을 준 내용들을 중심으로 책의 얼개를 만들었다.

이렇게 학위 논문 작성에 도움을 주는 책을 집필하게 된 배경 중 하나는 필자의 미국 유학 시절 경험이다. 국내의 대학원에서(1980년대 후반~1990년대 초반) 주로 양적 연구의 이론 및 방법을 접하면서 필자는 "교사는 무엇을 어떻게 가르쳐야 하는가?"라는 교육학적인 질문에 답변을 제공하는 데 부족함이 있는 것을 느꼈다. 그 후 미국으로 건너가 모교에서(1990년대 후반) 질적 연구의 이론 및 방법을 접하면서 교육학 연구와 관련하여 새롭고 경이로운 세계를 만나 충격과 기쁨에 사로잡혔다.

국내에 귀국하여 질적 연구의 이론 및 방법에 관한 강좌를 운영하면서 대학원생들이 논문 작성을 통해 교육학적으로 의미 있는 연구 결과를 만들어내고 교사의 전문성을 신장해가는 과정을 지켜볼 수 있었다. 이는 필자가 과거 대학원 시절 양적 연구 논문에서 교실에 적용 가능한 지식을 발견하기 어려웠던 상황과 크게 대조되는 모습이었다. 이 책은 이러한 대학원생들과의 상호작용 속에서 질적 연구를 통해 한국의 학교 현장에 시사점을 제공하며 독자의 공감을 얻을 수 있는 연구 결과를 도출하기 위한 질적 논문 작성법을 다듬어온 결과이다.

이 책의 제1부는 질적 연구의 기초를 다룬다. 그 세부 내용에는 질적 연구 논문의 목차 및 계획서 검토하기, 질적 연구와 양적 연구의 차이, 질적 연구의 유형, 사례 연구에 대한 다양한 관점이 포함된다. 양적 연구가 일반화를 지향하는 것과 대비할 때, 질적 연구는 모두 사례 연구라고 말할 수 있다. 따라서 이런 사례 연구에 대한 다양한 학자들의 관점을 다루었다.

제2부는 질적 연구의 이론적 배경을 제시한다. 대학원생들은 일반적으로 초보 연구자로서 논문 작성을 위한 이론적 배경에 약한 편이다. 이러한 이론적 배경은 학위 논문의 연구 필요성을 설득력 있게 제시하는 것과 함께 연구 문제와 개념적 틀을 분명하게 제시하는 것을 위해 매우 중요하다. 간혹 초보 연구자가 자료를 수집한 이후 자료 분석에 어려움을 겪는 경우를 보았는데, 대부분 선행 연구를 포함하는 이론적 배경에 대한 학습이 부족한 것이 그 주된 원인이었다. 이를 고려하여 질적 연구를 위한 주요 이론적 배경으로 상징적 상호작용론과 현상학과 비판 이론을 제시하여 학습할 수 있게 하였다. 질적 연구의 이론적 배경에는 개인의 논문 작성에 그치는 것이 아닌 사회의 변혁에 대한 메시지가 담겨 있다. 서양사에서 전 세계적으로 식민지를 개설하는 반인륜적인 범죄 행위의 배경인 제국주의, 400년 동안 노예 무역으로 인한 2억 명에 가까운 아프리카인의 사망, 제1, 2차 세계 대전 등의 배후에는 양적 연구의 기반이 되는 실증주의와 이에 관련된 철학적 · 사상적 토대가 놓여 있다고 본다. 교육 영역에서 필자의 지도 교수였던 Joe Kincheloe를 비롯한 비판 이론가들은 이러한 실증주의가 오늘날에도 학교 교육에 억압적인 요소로 남아 있다고 여긴다. 이에 따라 이러한 억압과 질곡을 제거하고 더 나아가 인간적이고 공평하고 민주적인 사회를 건설하려는 희망이 질적 연구에 담겨 있다고 볼 수 있다.

제3부는 질적 연구 계획하기를 다룬다. 여기에는 연구 설계와 개념적 틀과 분석의 틀이 제시된다. 제9장에서 다루는 개념적 틀은 국내의 다른 질적 연구 교재에서는 별로 다루지 않는 내용인데, 이는 이론적 배경을 토대로 개별 연구자의 세부 연구 문제에 따른 자료 수집 및 분석의 방향을 제시하는 것과 같다. 또한 질적 연구 교재에서 발견하기 어려운 용어는 '분석의 틀'이다. 이는 필자가 국내에서 질적 연구를 수행하면서 질적 연구 논문 및 보고서에 대한 다양한 심사자들의 의견을 반영하면서 만들어낸 것

으로, 양적 연구에 익숙한 심사자도 분석의 틀이 제시된 질적 논문 및 보고서에 대해 심사하면서 그 연구 결과를 수용할 수 있게 도와준 것이었다. 이 분석의 틀은 선행 연구에 토대를 둔 개념적 틀을 개별 연구자가 자료를 수집하고 분석하면서 자신의 자료에 부합하는 방향으로 변형한 결과물이라고 볼 수 있다.

제4부는 질적 연구 실행하기를 다룬다. 그 세부 내용에는 현장 들어가기, 관찰, 심층 면담, 자료 분석이 포함된다. 질적 연구에 익숙하지 않은 대학원생들이 강좌의 초기에 질적 연구와 양적 연구의 철학적 차이를 학습하는 경우, 그 이해도는 매우 낮았다. 그러나 순서를 변경하여 그들이 이미 어느 정도 익숙한 관찰과 심층 면담에 대해 먼저 학습할 때, 각자 질적 연구를 이해하기 위한 초석을 놓는 데 많은 도움을 받았고 질적 연구와 양적 연구의 철학적 차이를 이해하는 데도 도움을 받았다. 이러한 관찰 및 면담에 대한 학습에서 독자가 가능한 한 교육학의 사례를 많이 접하도록 제시하였다. 질적 자료 분석은 대학원생들에게 독자적으로 완수하기에는 벅찬 과제였다. 대부분 지도교수의 도움을 많이 받아 질적 자료 분석을 완성하곤 하였다. 따라서 질적 자료 분석의 경험이 거의 없는 초보 연구자들이 질적 자료 분석에 좀 더 쉽게 접근할 수 있도록 석사 학위 논문의 질적 자료 분석 사례를 제시하였다.

제5부는 질적 연구의 일반화와 타당도에 대해 다룬다. 질적 연구가 태동하고 그 체계를 정립해가는 동안에 양적 연구자들의 비판이 거세었다. 그 중심적 비판 중 하나는 질적 연구의 일반화에서의 한계점이었다. 그러나 사회과학 영역에서 양적 연구가 추구하는 일반화의 한계점을 드러내는 연구가 진행되면서 사례 연구의 형태를 띠는 질적 연구가 양적 연구와 같은 통계적 일반화가 아닌 다른 유형의 일반화 및 다른 기준을 충족하면서 학문적 기여를 할 수 있음이 밝혀졌다. 또 다른 비판은 타당도에 관련되는데, 이와 관련하여서도 질적 연구가 양적 연구의 타당도와 다른 타당도를 보여줄 수 있음이 밝혀졌다.

독자는 이 책에서 아직 부족한 점을 많이 발견할 것이다. 향후 이 교재를 사용하는 독자가 설득력 있는 비판과 건설적인 제언을 제공할 경우 이를 적극 반영할 예정이다. 국내의 학문적 분위기는 전반적으로 양적 패러다임의 영향이 강한 편인데, 학문 영역별로 질적 연구의 패러다임이 확산되고 있는 것으로 보인다. 교육학 영역에서, 특히 교사와 학생이 상호작용하는 교실 상황에 관련된 교육과정 및 수업 영역에서의 연구는 동서양을 막론하고 양적 연구가 기여한 바가 극히 제한적이다. 따라서 이 세부 영역에서 질적 연구가 더욱 확산될 필요가 있다고 본다. 아무쪼록 이 책이 이러한 세부 영역에서의 연구의 발전, 그리고 더 나아가 질적 연구자들이 지향하는 인간적이고 공평하고 민주적인 사회의 건설에 기여하는 하나의 씨앗이 되기를 기대한다.

2022년
계양산 자락에서
저자 김평국
경인교육대학교 교수

차례

제1부
질적 연구의 기초

제2부 질적 연구의 이론적 배경

제3부
질적 연구 계획하기

제4부
질적 연구 실행하기

제5부
질적 연구의 일반화와 타당도

제1부

질적 연구의 기초

제 1 장

질적 연구의 기초 이해하기

제1절 연구의 기초

1. 연구란 무엇인가?

연구는 연구자가 어떤 주제나 토픽이나 쟁점에 대한 우리의 이해 수준을 높이기 위하여 정보를 수집하고 분석하는 논리적이고 체계적인 몇 가지 단계들을 밟아가는 과정이다. 일반적인 수준에서 연구는 세 단계로 구성된다(Creswell, 2008: 3).

(1) 질문을 제기한다.
(2) 이 질문에 답하기 위하여 자료를 수집한다.
(3) 이 질문에 대한 답을 제시한다.

2. 연구는 왜 중요한가?

모든 교육자가 연구에 대해 이해하고 그 가치를 인정하는 것은 아니다. 어떤 이들에게, 연구는 상아탑인 대학의 교수들에게만 중요한 어떤 것으로 보일 수 있다. 그러나 대학의 교수 이외에, 교장, 학교 상담 교사, 학교 운영위원회 위원, 성인 교육자, 대학의 행정가 등 교육 영역의 다른 상황에서 근무하는 사람들, 그리고 대학원생들도 연구 결과를 읽고 활용한다. 연구가 중요한 네 가지 이유를 들 수 있다(Creswell, 2005: 3).

가. 연구는 우리의 지식을 확장한다

교육자들은 계속적인 발전을 위해 노력한다. 이를 위해 문제 또는 쟁점을 다루고 해결책을 찾는 활동이 필요하다. 지식의 확장은 교육자가 쟁점에 대한 기존의 정보를 확대하기 위해 연구를 수행하는 것을 의미한다. 우리는 오늘날 교육과정, 혁신 학교, 학제, 대학 입시 등 교육적 쟁점에 대한 논쟁이 이어지고 있다는 것을 안다(Creswell, 2008: 4).

이런 쟁점을 다루기 위해 연구는 중요한 역할을 수행한다. 연구를 통해 우리는 질문에 대한 답을 제공하는 데 도움을 줄 결과를 얻으며, 이런 결과들을 축적해가면서, 우리는 문제에 대해 더 깊이 있게 이해한다. 이런 의미에서, 연구자들은 벽돌 하나하나를 쌓으면서 계속하여 벽을 세워가고, 이런 과정을 통해 결국에는 튼튼한 구조물을 만들어내는 벽돌공과 같다(Creswell, 2008: 4).

연구가 우리의 지식 기반에 기여하는 점은 다음과 같다.

(1) 기존의 지식이 지닌 공백을 채운다.
(2) 기존의 연구 결과를 새로운 참여자 또는 새로운 연구 장소를 대상으로 검증함으로써 지식을 재생한다.
(3) 새로운 아이디어 또는 실천으로 연구를 확대함으로써 지식을 확장한다.
(4) 지식의 집합체에 개인들의 목소리를 추가함으로써 우리의 관점을 넓힌다.
(5) 새로운 아이디어를 개발함으로써 실천에 정보를 제공한다.

당신이 초등학교 학생들이 사회적 관계 기술을 어떻게 학습하는지 연구할 예정이라고 상상해보라. 만약 당신이 아동의 사회성 발달에 관하여 연구하는데, 과거 연구에서 이 토픽을 다루지 않았다면, 당신의 연구는 지식의 공백을 다룬다. 만약 당신의 연구가 아프리카계 미국 아동들이 학교에서 귀가하는 동안에 사회성 기술을 어떻게 사용하는지 탐구한다면, 당신의 연구는 과거의 연구를 반복하는 것이지만, 새로운 연구 장소의 새로운 참여자에 토대를 두고 과거의 연구 결과를 검증하는 것이다. 만약 당신의 연구가 아동들이 학교 운동장이 아니라 학교에서 귀가하는 동안에 놀이 활동을 할 때 어떻게 사회성 기술을 사용하는지 검토한다면, 당신의 연구는 그 주제에 대한 우리의 이해를 확장함으로써 지식의 확대에 기여할 것이다. 만약 당신의 연구가 학교에서 귀가하는 여자 아동들에 관하여 탐구한다면, 당신의 연구는 연구에서 좀처럼 다루지 않았던 여성의 목소리를 추가할 것이다. 만약 당신의 연구가 학생들에게 사회성 기술을 어떻게 가르칠지에 대한 시사점을 제시한다면, 그것은 실천적인 가치를 지닌다 (Creswell, 2008: 4).

나. 연구는 실천을 개선한다

또한 연구는 실천에서 개선 방향을 제시하므로 중요하다. 연구 결과로 무장하여, 교사와 다른 교육자들은 더욱더 효과적인 전문가가 될 수 있다. 이 효과성은 학생의 더욱더 나은 학습으로 전환된다. 예를 들어, 연구를 통해, 교육대학교의 교원 양성 프로그램을 운영하는 교직원은 그들이 20년 전에 실행한 교사 교육보다 오늘날 교사 교육에 대해 훨씬 더 많이 안다. 교사 교육자들은 오늘날 학생들의 학업 능력, 질 높은 교사 교육 프로그램의 특징, 교사 교육 프로그램에서 반복적으로 나타나는 실천 활동, 학생의 신념과 세계관에 대한 도전의 필요성, 교사 교육자들이 자신들의 기관에서 만나는 갈등 등에 대해 안다(Creswell, 2008: 4).

다. 연구는 정책 논쟁에 정보를 제공한다

또한 연구는 정책 결정자들 사이에서 중요한 교육적 쟁점들에 관한 대화를 촉진한다. 정책 결정자들에는 연방 정부 공무원들부터 주 정부 공무원들, 지역의 교육위원회 위원들과 행정가들이 포함되며, 이들은 유권자들에게 중요한 교육적 쟁점들에 대하여 논의하고 자신들의 입장을 결정한다. 연구 결과는 이들이 다양한 관점들을 저울질하는 데 도움을 준다. 쟁점에 관련된 연구 결과를 정책 결정자들이 읽을 때, 현재의 논쟁에 대하여, 그리고 다른 공무원들이 지닌 입장에 대하여 알게 된다. 정책 결정자들에게 유용한 연구는 다음의 예와 같이 대안들에 대하여 요약한다.

(1) 저소득층 가족의 아동들을 위한 복지와 그것이 등교에 미치는 영향
(2) 학교 선택과 그 찬성론자와 반대론자의 주장(Creswell, 2008: 6)

라. 연구는 학생의 연구 능력 발전에 기여한다

개인적인 수준에서, 연구의 과정은 개인이 개념적 기술, 글쓰기 기술, 조직 기술, 발표 기술을 향상하는 데 도움을 준다. 대학원에 재학 중인 학생들이 문헌에 나타나는 연구 결과를 효과적으로 읽기 위해, 아이디어들 사이의 복잡한 관계를 분석하고 서로 다른 아이디어들을 종합하기 위해 개념적 기술(conceptual skills)이 필요하다. 종합과

분석이라는 이중의 개념은 또한 개인들이 문헌 고찰을 수행하고, 수많은 연구 결과들을 확인하고, 그것들을 연결하기 위하여 종합하고, 그것들을 엮어 보고서를 작성하는 데 관련된다. 또한 이 문헌 고찰 활동은 복잡한 자료를 조직하는 기술을 획득하는 데 도움을 준다(Creswell, 2005: 7).

3. 연구의 절차

연구를 수행하는 일반적인 절차(단계)는 다음과 같다(Creswell, 2008: 7-8).

(1) 연구 문제를 확인한다.
(2) 문헌을 조사한다.
(3) 연구 목적을 진술한다.
(4) 자료를 수집한다.
(5) 자료를 분석하고 해석한다.
(6) 결과를 보고하고 평가한다.

4. 연구의 질 평가

질적 연구의 질을 평가하는 것은 평가자마다 지니는 다른 관점과 시각에 따라 다양하게 이루어질 수 있다. 여기에서는 오랫동안 질적 연구의 선두 주자 중 한 명이었던 Lincoln(1995; Creswell, 2008: 274 재인용)의 준거를 소개한다.

(1) 출판의 가이드라인과 같은 탐구 공동체 안에서 정해진 기준
(2) 입장(positionality): 텍스트는 저자의 자세와 입장에 대해 정직함을 보여주거나 진실성을 보여주어야 한다.
(3) 공동체: 모든 연구는 어떤 공동체 안에서 이루어지고, 그 공동체에 관하여 연구하고, 그 공동체의 목적에 기여한다.
(4) 목소리: 참여자의 목소리는 억제되거나, 무시되거나, 소홀히 여겨져서는 안 된다.
(5) 비판적 주관성: 연구자는 연구 과정에서 높은 자기의식을 가져야 하고, 개인적이고 사회적인 변혁을 가져와야 한다.
(6) 상호성: 연구자와 참여자 사이에는 상호성이 있어야 한다.
(7) 관계의 신성함: 연구자는 관계의 신성함을 존중하고 참여자와 동등한 관계에서 협력한다.

(8) 특권의 공유: 연구자는 참여자와 보상을 공유해야 한다.

제2절 질적 연구 논문의 목차

이 절에서는 질적 연구 학위 논문과 양적 연구 학위 논문의 목차를 비교함으로써 둘의 차이를 개략적으로 확인하고자 한다. 학위 논문의 목차는 국가별, 대학별, 전공별, 지도 교수별로 차이가 있을 수 있으므로 이를 감안하여 아래의 예시를 참고할 필요가 있다. 아래의 예시는 모두 경인교육대학교 석사 학위 논문의 목차이다.

1. 양적 석사 학위 논문의 목차(유영숙, 2006)

제목: 다중지능 이론을 적용한 협동학습이 초등학교 아동의 학습 흥미 및 학업성취도에 미치는 효과: 동화재구성 활동을 중심으로

I. 서론
- 1. 연구의 필요성 및 목적
- 2. 연구의 문제
- 3. 용어의 정의

II. 이론적 배경
- 1. 다중지능 이론
- 2. 협동학습
- 3. 다중지능과 협동학습[과]의 관계
- 4. 동화재구성 지도
- 5. 연구의 가설
- 6. 연구의 제한점

III. 다중지능 이론을 적용한 협동학습 모형
- 1. 다중지능 이론을 적용한 협동학습 모형의 개발
- 2. 다중지능 이론을 적용한 협동학습 모형의 적용
- 3. 다중지능 이론을 적용한 협동학습 모형에 따른 교수 · 학습 과정안

IV. 연구 방법 및 절차
- 1. 연구 대상
- 2. 실험 설계
- 3. 연구 절차

4. 검사 도구
5. 통계 분석 방법

V. 연구 결과 및 논의
1. 연구 결과
2. 연구 결과의 논의

VI. 요약 및 결론
1. 요약
2. 결론 및 제언

참고 문헌

부록

ABSTRACT

2. 질적 석사 학위 논문의 목차(송진영, 2008)

제목: 초등학교 1학년의 프로젝트 학습 과정 탐구

I. 서론
1. 연구의 필요성 및 목적
2. 연구의 문제
3. 용어의 정의
4. 연구의 제한점

II. 연구의 바탕
1. 프로젝트 학습법의 역사적 배경
2. 프로젝트 학습법의 정의와 특성
3. 프로젝트 학습의 과정
4. 선행 연구

III. 연구자와 참여자에 대한 이해

IV. 연구 방법
1. 참여자 및 연구 기간
2. 연구의 과정
3. 자료 수집
4. 자료 분석
5. 분석의 틀

V. 프로젝트 학습의 계획 수립 및 적용
1. 프로젝트 학습을 위한 준비
2. 1차 프로젝트 학습
3. 2차 프로젝트 학습

VI. 학생의 변화
1. 새로운 지식의 습득
2. 기능의 향상
3. 성향의 변화
4. 감정의 변화

VII. 요약 및 제언

참고 문헌

부록

ABSTRACT

위의 예시에서 양적 학위 논문의 목차가 질적 학위 논문과 비교하여 두드러지게 다른 점은 '이론적 배경'의 장에 '연구의 가설' 절이 포함되어 있다는 점과 '연구 방법 및 절차'의 장에 '실험 설계'의 절과 '검사 도구'의 절과 '통계 분석 방법'의 절이 포함되어 있다는 점이다.

이와 다르게 질적 학위 논문의 목차가 양적 학위 논문의 목차와 비교하여 두드러지게 다른 점은 '연구자와 참여자에 대한 이해'의 장이 포함되어 있다는 점이다. 이로써 양적 연구에서 '연구 대상'이라는 표현이 '참여자'로 대체되었고, 또한 '연구자에 대한 이해'를 추가하여 독자가 연구 결과를 연구자의 개인적 배경과 연결하여 이해하도록 하였다. 이 논문 이후에는 '연구자와 참여자에 대한 이해'는 '연구 방법' 장의 하나의 하위 절로 포함되는 경향이 있었다. 그리고 또 다른 점은 '분석의 틀' 절이 포함되어 있다는 것이다. 이 외에 상당한 정도 연구자의 의도에 부합하는 연구 대상의 반응을 강조하는 양적 학위 논문의 '연구 결과 및 논의'가 '학생의 변화'로 표현되면서 참여자의 삶을 있는 그대로 존중하고 참여자의 자발적인 변화를 서술하려고 노력한 점이다.

제3절 질적 연구 계획서 쓰기

질적 학위 논문을 위한 계획서는 위에서 살펴본 완성된 학위 논문의 목차를 참고할 필요가 있다. 질적 학위 논문을 위한 계획서의 양식이 하나로 표준화된 것은 없으며, 국가별, 대학별, 전공별, 시기별, 지도 교수별로 차이가 있을 수 있으므로 이를 감안하여 아래의 예시를 참고할 필요가 있다.

1. 대학원 질적 학위 논문 계획서

필자가 소속된 교육 방법 전공 영역에서 2016년도에 논문 세미나에서 발표된 질적 연구 계획서 목차의 한 예를 소개하면 다음과 같다(양보미, 2016).

제목: Drake의 간학문적 접근에 근거한 생명 통합 단원 학습에서 학생의 변화 탐구

I. 서론
- 1. 연구의 필요성 및 목적
- 2. 연구 문제
- 3. 연구의 제한점

II. 이론적 배경
- 1. 통합 교육과정
- 2. 생명 존중
- 3. Drake의 백워드 설계

III. 연구자와 참여자에 대한 이해
- 1. 연구자에 대한 이해
- 2. 참여자에 대한 이해

IV. 연구 방법 및 절차
- 1. 연구 기간 및 연구 과정
- 2. 자료 수집
- 3. 자료 분석 및 분석의 틀

V. 예상되는 결과

참고 문헌

2. Maxwell 모형

Maxwell(2013)은 질적 연구 계획서를 작성하기 위한 설계의 요소로 다섯 가지를 제시하였다.

가. 연구 목적(목표)

이 연구는 왜 할 만한 가치가 있는가? 어떠한 쟁점들을 조명할 것이며, 어떤 실천과 정책이 이것에 영향을 미칠 것인가? 여러분은 왜 이 연구를 수행하고자 하며, 우리는 왜 그 결과에 관심을 가져야 하는가?

나. 개념적 맥락(틀)

여러분이 연구하고자 하는 분야(영역)의 쟁점, 상황, 사람들에게 어떤 일이 일어나고 있다고(무엇이 진행되고 있다고) 생각하는가? 어떤 이론, 신념, 기존의 연구 결과들이 이 연구를 안내하고 정보를 제공해줄 것이며, 또한 어떤 문헌, 예비 연구, 개인적 경험이 이 연구 참여자와 쟁점들을 이해하도록 이끌 것인가?

다. 연구 질문

여러분은 이 연구를 하면서 특별히 무엇을 이해하고자 하는가? 여러분이 이 연구 현상에 대하여 모르는 것은 무엇인가? 여러분의 연구는 어떤 질문에 답하고자 하며, 이러한 질문들은 서로 어떻게 관련되어 있는가?

라. 연구 방법

이 연구를 수행하기 위하여 실제로 어떻게 할 것인가? 자료를 수집하고 분석하기 위하여 어떠한 접근과 기술을 이용할 것이며, 이들을 통합하기 위하여 어떠한 전략을 구사할 것인가? 이 요소에는 네 가지 부분이 포함되어 있다. (1) 연구 참여자와 확립할(정립할) 관계, (2) 상황, 참여자, 자료 수집 시간과 장소의 선택, 서류와 같은 기타 자료의 원천(흔히 표본 추출이라고 부른다), (3) 자료 수집 방법, (4) 자료 분석 전략과 기술.

마. 타당도

어떻게 연구 결과와 결론이 오류를 범하게 되는가? 결과에 대한 타당성에 위협이 될 수 있는 사안에 대한 대안적 설명은 무엇이고, 이것을 어떻게 관리할 것인가? 기존 자료나 수집할 자료는 무엇이 일어나고 있는지에 대한 여러분의 아이디어를 어떻게 지지하거나 반박하는가? 왜 우리가 여러분의 연구 결과를 믿어야만 하는가?

3. Creswell 모형

Creswell(2008: 274-276)은 석사 및 박사 질적 학위 논문 계획서의 구성 요소를 다음과 같이 제시하였다.

제목
요약

I. 서론
- 1. 문제의 진술
- 2. 연구의 목적 및 연구 질문
- 3. 연구의 한계점

II. 연구 방법
- 1. 질적 방법과 설계
- 2. 연구 장소와 의도적 표집
- 3. 자료 분석 절차
- 4. 연구자의 역할과 연구 윤리
- 5. 타당도

III. 잠정적 결과

IV. 예상되는 연구 결과와 잠정적 문헌 조사(선택)

V. 연구 일정, 비용, 잠정적 장들의 개요

참고 문헌

부록

제2장

질적 연구와 양적 연구

이 장에서는 양적 연구의 한계를 지적하면서 그 대안으로 제시된 질적 연구의 역사를 간략하게 고찰한 이후, 질적 연구에 앞서 오랫동안 유지되었던 양적 연구의 역사를 개략적으로 살펴본다. 그리고 질적 연구와 양적 연구의 근본적 차이에 관한 철학적 논의를 다루고자 한다. 이런 철학적 논의는 연구자들의 세계관에 해당하는 서로 다른 패러다임을 둘러싸고 이루어질 것이다. 이어서 이러한 패러다임의 차이에 토대를 둔 질적 연구와 양적 연구의 여러 가지 서로 다른 점들을 확인한다.

제1절 질적 연구와 양적 연구의 역사 개요

1. 질적 연구의 역사 개요

교육 이외의 영역에서 질적 연구는 1800년대 후기부터 1900년대 초기에 나타났으나 교육 영역에서는 20세기 후반에 나타났다. 질적 연구의 역사에 대략 세 가지 주제가 나타난다. 첫째, 1960년대까지 교육 철학자들은 전통적인 양적 연구에 대한 대안을 촉구하였다(예, Guba & Lincoln, 1988). 그들은 전통적인 접근이 연구자의 교육에 대한 관점에 지나치게 의존하면서 참여자의 관점은 소홀히 여겼다고 느꼈다. 전통적 연구자들은 연구 참여자들이 맥락에서 벗어나 자신들의 개인적 경험과는 멀리 떨어져

부자연스러운 실험적 상황에 놓이게 하였다. 이러한 전통적 접근에 대항하기 위하여, 교육 철학자들은 그 부족한 점을 개선할 자연주의적 탐구(naturalistic inquiry) 또는 구성주의(constructivism)라고 불리는 대안적 연구 형식을 제안하였다(Lincoln & Guba, 1985). 이 새로운 접근의 중심적인 관점은 참여자의 관점, 참여자가 자신들의 관점을 표현하면서 놓여 있던 상황 또는 맥락(예, 교실), 그리고 교육적 쟁점에 대하여 사람들이 개인적으로 지녔던 의미의 중요성을 강조하였다. 이러한 사고를 통해 질적 연구는 전통적 연구에 대한 대안적—또는 적대적—인 관점으로 정립되었다(Creswell, 2008: 49-50).

Egon Guba
(1924~현재)

질적 연구의 역사 초기에 『*The Discovery of Grounded Theory: Strategies for Qualitative Research*』를 저술한 Barney Glaser와 Anselm Strauss(1967), 『*Toward a Methodology of Naturalistic Inquiry in Educational Evaluation*』을 발표한 Egon Guba(1978)가 크게 기여하였다(Kamal, 2019: 1386-1387). Glaser와 Strauss(1967)의 저서는 이론을 검증하기보다는(연역적 방법), 탐구 중인 사회적 현상에 대한 이론을 만들어내는 데 초점을 두었다(귀납적 방법). Guba(1978)의 글은 실제 세계의 맥락에서 연구 대상에 대하여 통제하지 않고 조작하지 않으면 어떤 일이 일어나고 어떤 것을 발견할 수 있는지에 초점을 두었다. 이 연구물들의 발표 이후 인류학, 사회학, 교육학 등 여러 학문 영역에서 연구의 목적과 이론적 배경에 따라 다양한 형식의 질적 연구가 수행되었다(Kamal, 2019: 1387).

1980년대와 1990년대 초기에 등장한 두 번째 주제는 첫 번째 관점을 순화하였다. 많은 연구자는 양적 연구에 도전하기보다 질적 연구의 수행 절차에 초점을 두었다(Creswell, 2008: 50). 이들은 일반적인 질적 연구 문제 진술, 현장에서의 면담 및 관찰 수행, 자료 분석과 주제의 도출에 관심을 기울였다(Creswell, 1998, 2003; Glesne & Peshkin, 1992; Miles & Huberman, 1994; Tesch, 1990). 교재들은 질적 박사 학위와 석사 학위 논문의 계획서 작성을 위한 절차들을 제시하였다(Creswell, 2003; Marshall & Rossman, 1995). 이와 함께 사례 연구, 근거 이론 연구, 내러티브 탐구(Creswell, 1998; Stake, 1995; Strauss & Corbin, 1990)와 같은 질적 연구의 유형(types)에 대한 논의가 전개되었으며, 질적 연구의 자료 분석을 위한 컴퓨터 소프트웨어 프로그램이 등장하였다(Weitzman & Miles, 1995).

21세기에 들어 세 번째 주제가 등장하였는데, 이는 참여적 · 옹호적 실천(participatory and advocacy practice)이다(Creswell, 2008: 50). 이 주제는 낮은 사회적 계층의 사람들, 여성, 그리고 흑인이나 멕시코인(예, Carspecken, 1995) 같은 인종 집단의 불평등과 요구에 대한 열정적인 관심에서 비롯되었다. Denzin과 Lincoln(2000: 1049)은 옹호 입장을 다음과 같이 요약하였다. 옹호론 연구자들은 객관적이거나 권위적이거나, 정치적으로 중립적이지 않다. 옹호론 연구자들은 질적 연구를 시민적 책임, '도덕적 대화(moral dialogue)'로 여기며, 우리 사회에 필요한 변화를 가져오기 위한 수단으로 여긴다.

Yvonna Lincoln
(1944~현재)

이러한 아이디어들은 중립적이고 객관적인 입장을 굳게 견지하는 전통적인 연구에 도전하였다. 또한 이것들은 연구자들에게 연구자 자신의 개인적인 편견, 가치관, 가정을 연구물에 보고할 것을 요구하였다. 이것은 연구를 정치화하였는데, 이를 통해 여성, (남녀) 동성애자, 인종 집단, 서로 다른 계급의 권리를 고려하였고, 질적 연구 결과물을 작성하거나 읽는 동안에 서로 다른 관점들을 존중하였다. 그것은 또한 질적 자료 수집 과정에 대하여 언급하였는데, 이 과정에서 연구자는 참여자를 연구하기보다는 참여자에게 민감한 관심을 기울이고, 그들과 적극적으로 협력하고, 연구를 위한 자료를 제공하였던 각 참여자의 존엄성을 인정한다(Creswell, 2008: 50).

2. 양적 연구의 역사 개요

양적 연구는 19세기 후반에 시작하여 20세기 중반까지 교육학 연구에서 지배적인 흐름이었다. 양적 연구의 초기 아이디어는 물리학 및 화학과 같은 자연 과학에서 유래하였다. 원자와 분자가 예측 가능한 법칙(law)과 공리(axiom)의 지배를 받는(지배에 따르는) 것과 마찬가지로, 학교에서 학생들의 행위 패턴 또한 그렇다고 생각하였다. 이런 논리를 따라 초기의 양적 연구는 개별 능력을 평가하거나 측정하고, 개인의 점수(숫자)를 수집하고, 심리학적 실험과 대규모 설문 조사를 시행함으로써 교육적 패턴을 발견하려고 노력하였다. 양적 연구의 역사에서 세 가지 흐름이 있었다. 그것은 통계적 절차, 검사 및 측정, 연구 설계이다(Creswell, 2008: 46-47).

통계학에서는, 두 가지 또는 그 이상의 아이디어들을 관련짓고 상관관계를 구하는 19세기 아이디어에서 양적 연구가 등장하였다. 관련된 아이디어들을 검토하는 작업은 곧 집단에 관한 연구로 확대되었고, 20세기 초에, 연구자들은 교육적 상황 속 집단의 평균 점수를 비교하였다. 이런 두 가지 초기 아이디어들이 오늘날 통계학의 근원이었다. 시간의 흐름에 따라, 이 초기의 통계적 아이디어는 복잡한 모형으로 발전하였다. 이 모형은 여러 변인을 관련짓고 원인-결과 또는 자극-반응 관계를 검사한다. 예를 들어, 과제 집중 시간은 점수 향상에 기여하는가? 우울증은 학생들의 흡연과 관계가 있는가?(Creswell, 2008: 47-48)

측정 영역에서, 개인의 정신적 능력의 검사라는 아이디어는 19세기 후반에 등장하였다. 그 후 제1, 2차 세계 대전이 일어나면서, 정부는 검사와 측정 전문가를 고용하였는데, 이는 국방부에서 개인의 전투 적성을 확인하고자 하는 요구 때문이었다. 20세기 초에 개인의 수행 또는 성취를 측정하는 아이디어가 발전하였다. 대학 학업 능력 검사(Scholastic Aptitude Test, SAT)와 같은 표준화된 검사는 대학의 입학 담당자들이 개별 학생의 미래 학업을 예측할 수 있게 하였다. 20세기 중반에 측정 전문가들은 검사 점수의 계산을 가속하는 기계를 사용하였다. 오늘날 수학과 과학 같은 교과에서 학생들의 성적을 표준화된 검사로 측정하는 것에 대한 논쟁이 이루어지고 있다. 예를 들어, 학교는 이런 측정 점수를 학생의 진급에 사용하거나 영재 학급 선발에 사용한다(Creswell, 2008: 48).

오늘날과 비교하여 초기의 연구 설계에 대한 접근은 단순하였다. 교육적 쟁점에 대한 설문 조사는 19세기 후반에 나타났다. 20세기 초까지, 연구자들은 심리학에서 배운 교훈에 의지하면서 교육적 실험을 시행하였다. 실험 연구의 바탕에 놓인 기본 개념인 두 집단의 태도나 수행을 비교하는 아이디어 또한 20세기 초에 자리를 잡았다. 연구자들은 곧 이러한 초기 설계 모형을 다수의 집단과 다수의 검사를 포함하는 더 복잡한 모형으로 향상하였다. 1935년까지 다양한 형식의 실험이 연구의 주를 이루었다. 20세기 동안 실험 연구자들은 다양한 유형의 실험과 그 장단점을 확인하였고, 양적 연구를 상관관계 연구와 설문 조사 연구로 확장하였다(Creswell, 2008: 48).

이러한 양적 연구의 역사적 흐름 속에서 다음과 같은 양적 연구의 특징이 나타났다.

(1) 정보를 숫자의 형태로 수집하고 분석하는 데 강조점을 둔다.
(2) 개인과 조직의 특성들을 측정하는 점수의 수집에 강조점을 둔다.

(3) 실험, 상관관계 연구, 설문 조사에서 집단을 비교하거나 개인 및 집단에 관한 요인들의 관계를 확인하는 절차에 강조점을 둔다(Creswell, 2008: 48).

제2절 질적 연구와 양적 연구의 철학적 (패러다임) 차이

1. 패러다임이란 무엇인가?

패러다임의 어원은 '예시'나 '표본'이나 '패턴'을 뜻하는 그리스어 파라데이그마이다(김동광, 2014: 100-101; Kivunja & Kuyini, 2017). 옥스퍼드 영어 사전에서 패러다임은 "무엇인가의 전형적인 사례나 패턴, 또는 모델"이라고 정의되어 있다. Kuhn(1970)은『과학 혁명의 구조』에서 과학의 역사에 관한 철학적 논의를 전개하면서, 패러다임은 두 가지 다른 의미로 사용되었다고 설명한다. 첫째 의미는 "어떤 공동체 구성원들이 공유하는 신념, 가치, 기법 등의 모든 집합체"를 가리키며, 사회학적이다. 둘째 의미는 그 집합체에서의 한 종류의 요소로서 과거의 성취로서의 구체적인 문제 해결책(puzzle-solutions)이다. 이는 모범이나 본보기로 채택되며 정상 과학의 남은 문제들을 해결하기 위한 토대로 명료한 규칙을 대체할 수 있다(Kuhn, 1970: 175).

Kuhn(1970: 10)은 패러다임을 '정상 과학(normal science)'과 관련지으면서 설명하였다. 그에 따르면, '정상 과학'은 과거의 과학적 성취에 확고한 토대를 두고 있는 연구를 의미한다. 어떤 특정한 과학적 학문 공동체가 당분간 자신들의 향후 연구 활동에 기초를 제공하는 것을 인정하는 성취이다. 이런 성취들은 과학 교재들에 서술되어 있다. 이런 교재들이 후속 세대들에게 어떤 연구 영역의 타당한 문제와 방법을 보여주었다. 이들은 두 가지 핵심적인 특징을 공유하였다. 그들의 성취는 충분한 전례가 없는 것이어서 이것의 추종자들이 다른 경쟁하는 과학적 활동의 양식에서 떠나도록 유인하였다. 동시에 그것은 모든 종류의 문제에 충분히 개방적이어서 새롭게 정의된 집단이 해결하도록 남겨두었다.

Kuhn(1970: 10)은 이 두 가지 특징을 공유하는 성취를 패러다임이라고 불렀다. 이를 통해 그는 실제적인 과학적 활동의 어떤 수용된 본보기(examples)(법칙, 이론, 적용, 장비 등 모두)가 모형(models)을 제공하며 이 모형을 토대로 특정하고 일관성 있는 과학적 연구의 전통이 형성된다고 주장하였다.

패러다임의 변화와 관련하여, Kuhn은 문제 해결 활동으로서 정상 과학은 성과를 누적해가는 사업이며, 매우 성공적으로 목표를 달성하고, 지속해서 과학적 지식의 범위를 확장하고 정밀도를 높여간다고 언급하였다. 정상 과학은 과학적 활동이라는 것의 가장 일반적인 이미지에 매우 정밀하게 부합하면서도 과학적 활동의 표준적인 산물이라고 말할 수 있는 것이 누락되었다. 정상 과학은 이론의 새로움을 추구하지 않으나 새롭고 예상치 못한 현상은 과학적 연구 수행 중에 반복적으로 발견되었다. 그리고 과학자들은 급진적으로 새로운 이론들을 반복하여 창조해왔다. 역사적으로 볼 때, 과학적 활동은 이런 종류의 놀랄 만한 일들을 산출하기 위한 독특하게 강력한 기법을 개발하였다. 따라서 하나의 패러다임을 따르는 연구가 곧 패러다임의 변화를 유발하는 특별히 효과적인 방법이다. 근본적으로 새로운 사실과 이론이 이런 일을 한다. 한 묶음의 규칙에 따른 게임에서 우연히 생산된 이후, 그들이 동화되려면 다른 묶음의 정교화가 필요하다. 그들이 과학의 일부가 된 이후에, 적어도 자신의 영역에서 새로움을 발견한 과학자들의 활동은 이제 이전과 결코 같지 않다. 이와 같은 패러다임 변화는 과학자들이 자신의 연구 활동 세계를 다르게 보게 한다. 단지 그들이 보고 행하는 것을 통해 그런 세계에 접하는 한, 혁명 이후 과학자들이 다른 세계에 반응한다고 말할 수 있다 (Kuhn, 1970: 52, 111).

이와 같은 Kuhn의 설명처럼, 패러다임은 연구자가 세상을 바라보는 방식을 제공한다. 그것은 어떤 연구 영역에서 정상 과학을 수행하게 하는 가정, 규칙, 지향점, 준거를 제공하면서 영향을 미친다. 연구 영역에서 과학자들의 수용된 활동은 패러다임이 암시하는 상세한 내용들을 따르는 것이고, 그렇게 하면서 패러다임의 가능성을 실현한다. 그러나 Kuhn이 여러 다른 영역에서 보여주듯이, 이 활동은 불가피하게 우세한 패러다임으로 충분히 수용할 수 없는 변칙(모순, 이례, anomaly)을 생산한다. 이것은 변칙(모순)을 더 잘 설명하는 새로운 패러다임을 촉진하고(예를 들어, 천동설에서 지동설로의 변화), 정상 과학의 새로운 시대가 시작되도록 한다. 그러나 구 패러다임에서 새 패러다임으로의 전이는 전형적으로 순탄하지 않다. 한 영역에서 오래되고 정립된 과학자들은 이전 패러다임을 중심으로 그들의 경력을 쌓아왔다. 그리고 그들은 과학적 활동에 대한 보상에 관련된 규정을 통제한다. 새로운 패러다임이 우세해질 때까지 갈등은 지속된다. 보통 구 패러다임을 옹호하였던 저명한 마지막 과학자와 함께 구 패러다임이 사라질 때까지, 갈등은 사라지지 않는다(Erlandson et al., 1993: 7).

Peter Schwartz와 James Ogilvy(1979)는 자신의 글에서 아마도 패러다임의 변화에 관하여 가장 광범위한 진술(statement)을 제공하였다. 그들은 물리학, 언어학, 예술 등을 포함하는 광범위한 학문 영역에서 발생하고 있는 현상에 대한 분석을 통해 과거에 학술적 연구를 지배해온 '과학적 방법(scientific method)'의 가정과 신념에 도전하는 새로운 일반적 패러다임이 등장하고 있다고 결론지었다. 교육 영역에서 Egon Guba와 Yvonna Lincoln(Guba, 1978, 1981; Guba & Lincoln, 1981, 1989; Lincoln, 1989; Lincoln & Guba, 1985)은 새로운 패러다임을 매우 포괄적으로 지식의 생성과 연구에 적용하고자 노력하였다. Guba와 Lincoln은 이 새로운 패러다임을 '자연주의적 탐구(naturalistic inquiry)'라고 불렀으나(Guba, 1981; Guba & Lincoln, 1981; Lincoln & Guba, 1985), 나중에 '구성주의(constructivist)'라는 용어를 더 선호하게 되었다(Erlandson et al., 1993: 7-8).

연구자들은 패러다임에 대하여 다양한 정의를 제시하였다. 예를 들어, 패러다임은 "세상을 바라보는 하나의 관점"으로, 연구자가 연구 주제(topic)에 대하여 사고하고 구조화하는 데 영향을 미친다(Hughes, 2010: 35). Fraser와 Robinson(2004: 59)은 패러다임을 "특정한 문제들이 존재하는 방식에 대한 신념과 그런 문제들을 어떻게 탐구할 수 있는지에 대한 합의"라고 정의하였다. 또한 패러다임은 모든 교육 연구에 내재하는 "연구 행위를 이끄는 신념 체계"이다(Guba, 1990: 17; Brooke, 2013). "모든 사회 과학자들은 사회적 세계의 본질과 그것을 탐구하는 방식에 대한 명시적 · 암묵적 가정들에 토대를 두고 그들의 연구 주제에 접근한다"(Burrell & Morgan, 1979: 1). 모든 연구자들은 무엇이 지식이고 무엇이 진리인지에 대하여 특정한 이해 체계를 지닌다(Chilisa & Kawulich, 2012). 그러한 이해 체계가 세상에 대한 연구자의 사고와 견해에 영향을 미치는 것과 마찬가지로, 연구자 자신과 주변 사람들에 대한 연구자의 사고와 견해에 영향을 미친다(Schwandt, 2001).

요약하면, 패러다임은 세상에 대한 연구자의 신념과 가치관, 연구자들이 세상을 정의하는 방식과 세상 안에서 연구하는 방식을 표현한다. 연구자가 탐구하는 모든 쟁점에 대한 연구자의 사고와 견해가 그들의 행위를 이끈다. 연구자가 선택한 패러다임은 자료 수집과 분석 절차를 포함하는 연구자의 탐구 활동을 좌지우지한다. 따라서 패러다임은 "연구의 과정에서 내리는 모든 의사결정에 관련되어 있다"(Kivunja & Kuyini, 2017: 26).

연구 설계 및 실행과 관련하여, Hatch(2002: 12)는 초보 연구자가 연구 문제에서 시작하기보다는 연구의 철학적 토대가 되는 패러다임에 대한 충분한 검토와 고민을 하는 것이 필요하다고 조언하였다. 많은 질적 연구 교재에서 연구 문제를 연구의 발전을 위한 중요한 출발점으로 제시하고 이에 대해 답을 구하는 과정을 설명하고 있으나 이는 중간에서 시작하는 것이라고 보았다. Hatch는 패러다임에 대한 탐구를 통해 연구자 자신의 신념 체계를 고찰하는 과정이 필요하다고 주장하였다. 자신의 신념 체계가 어떤 패러다임과 연결되어 있고, 그 패러다임의 가정은 무엇인지 탐구하고, 세계관의 차이점은 무엇이며 이것이 연구 수행에서 지니는 의미가 무엇인지 파악하는 것이 우선적이라고 주장하였다.

2. 패러다임의 존재론, 인식론, 방법론, 가치론

Guba와 Lincoln(1989)은 연구 패러다임에는 존재론, 인식론, 방법론, 가치론이 연결되어 있다고 말한다. Hitchcock와 Hughes(1995: 21)에 따르면, 존재론적 가정에 토대를 두고 인식론적 가정이 생겨나며, 인식론적 가정에 토대를 두고 특정한 자료 수집 기법에 대한 방법론이 성립된다. 다르게 말하여, 하나의 연구에 대한 인식론적 설명은 그 연구에 대한 존재론적 설명의 제약을 받는다. 하나의 연구에 대한 방법론적인 설명은 인식론적 설명과 존재론적 설명의 제약을 받는다(Lincoln & Guba, 2013). 그런 설명은 연구자가 채택하는 서로 다른 존재론과 인식론은 서로 다른 방법론을 요구한다는 것을 암시한다(Cohen, Manion, & Morrison, 2000; Kamal, 2019: 1389).

가. 존재론

존재론은 존재의 본질(Crotty, 1998) 또는 사회적 존재(entities)(Bryman, 2012) 또는 실재(reality)에 관련된다(Hammersley, 1992). 존재론에 대하여 논의하면서, Cohen과 동료들(2000: 5)은 다음과 같은 질문을 제기하였다. "사회적 실재는 개인의 외부에 존재하면서 개인의 의식에 들어오는 것인가? 또는 그것은 개인의 의식이 만들어낸 결과물인가?" Antwi와 Hamza(2015)는 존재론을 "연구자가 진리와 실재를 정의하는 방식"이라고 정의하였다. Lincoln과 Guba(2013: 39)에 따르면, 존재론은 다음의 질문을 다룬다. "알려질 수 있는 것은 무엇인가?" 또는 "실재의 본질은 무엇인가?"

구성주의(constructivist) 패러다임에 따르면 실재는 다양하다(Guba & Lincoln, 1989). 궁극적인 진리는 존재하지 않고 실재는 주관적이며 변한다(Bunnis & Kelly, 2010). 또한 구성주의의 옹호자들은 다음을 믿는다. "실재(entities)는 그것에 대하여 사고하는 사람의 마음속에서만 존재한다"(Lincoln & Guba, 2013: 39). Creswell(2014)에 따르면, 구성주의는 사회적 · 역사적 배경에 토대를 두고 개인이 특정한 주제(topic)에 대한 주관적인 경험의 의미와 이해 체계를 어떻게 구성하는지를 다룬다. 세상에 대한 이해 체계는 사람들이 구성하고 해석한다(Crotty, 1998).

이와는 대조적으로 실증주의 패러다임을 따르는 자들은 다음을 믿는다. "실재는 확고하며 사실적이고 외적이다(hard, real and external)"(Cohen et al., 2000: 6). 또한 실재는 "객관적으로 주어지고 측정 가능하다" 또는 "객관적이고 양으로 나타낼 수 있다"고 주장한다(Antwi & Hamza, 2015: 218). 이런 관점에서, 세상은 중요한 객관적인 진리를 알려준다(Bunnis & Kelly, 2010). 실재는 "정적이고 고정되어 있으며(static and fixed)"(Bunnis & Kelly, 2010: 361), 변하지 않고 보편적인 법칙에 의존(unchanging and dependent on universal laws)하는 것으로 인식된다(Hughes, 2010). 실증주의 패러다임은 종종 양적 연구 접근과 관련된다. 양적 연구의 목적은 예측하고, 통제하고, 결과를 일반화하는 것이며, 설문 조사(survey), 실험적 방법을 사용한다(Kamal, 2019: 1390).

나. 인식론

인식론은 충분하고 타당한 지식에 대하여 다룬다(Gray, 2014). 인식론에 관련되는 질문은 다음과 같다. "지식은 획득할 수 있는 어떤 것인가? 또는 개인적으로 경험할 수 있는 어떤 것인가?"(Kivunja & Kuyini, 2017: 27) 인식론은 연구자가 진리와 실재를 알게 되는 과정에 관련된다. 다르게 말하여, "우리가 어떤 것을 안다는 것을 어떻게 알 수 있는가?"와 관련된다. 따라서 인식론은 연구자와 연구 대상 사이의 관계를 탐구한다(Guba, 1990: 27).

구성주의 패러다임에서 실재는 존재론에서 서술한 바와 같이 상대적인 것이다. 존재하는 다양한 실재들은 연구자와 참여자 사이에서 만들어진다(Bunnis & Kelly, 2010). 세상에 대한 다양한 해석은 연구자와 참여자 사이에서 "구성되며 발견되지 않는다"(Gray, 2014: 20). Crotty(1998)는 개인이 경험하는 세상의 의미는 사람들 사이의 사회적 상호작용을 통해 생성된다고 주장한다. 의미의 생성은 "개인의 과거 경험과 지식, 정치적 · 사회적 지위, 젠더, 인종, 계급, 성적 취향, 국적, 개인적/문화적 가치관"과 같은 여러 요인들의 영향을 받을 수 있다(Lincoln & Guba, 2013: 40).

이와는 대조적으로 실증주의에 따르면, "진리는 발견할 수 있다"(Mukherji & Albon, 2015: 24). 이것은 "인간의 행위는 예측 가능하고 내적 요인과 내적 압력(행동주의 심리학자)과 외적 힘(실증주의 사회학자)에 의해 초래되고 지배되기" 때문이다(Hitchcock & Hughes, 1995: 22). 또한 실증주의 패러다임은 "경험적인 세상에 대한 중재되지 않고 직접적인 파악이 가능하며, 지식은 밖에 있는 것을 단지 반영한다고 가정한다"(Schwandt, 2007: 38).

다. 방법론

방법론은 "연구를 수행하는 방법"으로 정의되었다(Antwi & Hamza, 2015: 218). 또한 방법론은 "우리가 세상을 어떻게 연구해야 하는가?"에 관련되는 것으로 서술되었다(Chilisa & Kawulich, 2012: 1). 방법론과 관련된 근본적인 질문은 "연구자가 지식을 얻기 위해 어떻게 할 것인가?"이다(Lincoln & Guba, 2013: 39). 한 연구의 방법론 측면은 그 연구의 존재론적 · 인식론적 입장과 일치해야 한다.

구성주의 패러다임에 따르면, 단 하나의 실재가 존재하지는 않으며 상호작용을 통해 복수의 실재가 구성된다. 더욱이, 사회적 · 문화적 · 역사적 관점들이 세상에 대한 사람들의 이해 체계의 형성에서 중요한 역할을 한다(Crotty, 1998). 그러므로 구성주의 패러다임을 따르는 연구자들은, 하나의 연구에서 사용하는 방법론은, 면담과 관찰을 포함하는 방법들을 사용하는 사례 연구 접근과 같은 질적 연구에서 흔히 그러하듯이(Creswell, 2014), "마음, 의미 구성, 이해하기 활동"을 탐색해야 한다고 믿는다(Lincoln & Guba, 2013: 40).

이와는 대조적으로, 실증주의는 "엄격한 과학적 탐구 과정"을 사용하여 실재를 조사해야 한다고 주장한다(Gray, 2014: 20). 또한 이 패러다임은 "세상에 대하여 일반화할 필요가 있고 정확한 측정이 필요하다는 점을 강조하는 양적 방법론의 접근을 사용하는 것을 특징"으로 삼는다(Mukherji & Albon, 2015: 24). 인간의 행위는 '관찰 가능하고', '확인 가능하고', '예측 가능하고', '측정 가능'하므로(Hitchcock & Hughes, 1995: 22), 한 연구의 방법론적인 측면의 예시로 조사(survey)와 실험(experiment)이 제안되었다(Cohen et al., 2000).

라. 가치론

가치론은 연구자가 무엇이 가치 있고 윤리적인 것이라고 믿는지에 관련된다. 어떤 것이 가치 있고 윤리적인 것인지에 관한 연구자의 기본 신념이 연구 패러다임에 포함되어 있고, 또한 이것은 연구자의 의사결정을 이끈다. 연구의 목적은 윤리적인 고려 사항뿐만 아니라 연구자가 가치 있다고 여기는 것과 조화를 이루어야 한다(Killam, 2013: 6). 모든 연구자는 자신의 가치를 연구에 반영한다고 본다. 이처럼 어떤 연구자가 자신의 연구에 가치를 반영한 것으로 볼 때 그 연구에 반영된 가치를 가치론적 가정이라고 부른다. 그런데 실증주의 패러다임을 따르는 연구에서 그 가치는 명료하게 표현되지 않았다. 구성주의 패러다임에서는 연구자가 이 가치를 자신의 연구에서 명

구성주의 패러다임		실증주의 패러다임
• 다양한 실재를 가정한다. • 실재는 객관적으로 이해할 수 없다. • 개인들은 독특하게 실재를 이해한다. 이런 결과들을 알 수 있다.	**실재에 대한 관점**	• 하나의 객관적 실재를 가정한다. • 만약 적절한 연구 기법이 사용되면 실재를 이해할 수 있다.
• 연구자와 참여자가 서로 영향을 미친다는 것을 인정한다.	**연구자의 역할**	• 편견이나 오차를 피하기 위하여 연구와 독립을 유지한다.
• 하나의 현상에 대한 인식을 깊이 이해한다.	**연구의 목표**	• 연구 결과를 전집에 일반화한다.
• 자연적이다.	**연구 환경**	• 통제한다. • 조작한다.

[그림 2.1] 구성주의 패러다임과 실증주의 패러다임의 비교

료하게 드러내야 한다고 말한다.

3. 구성주의 패러다임과 실증주의 패러다임의 비교

패러다임은 연구자가 연구 세계를 보는 하나의 관점으로서 연구 수행의 토대가 되는 연구의 가정, 규칙, 방향, 준거를 제공함으로써 학문 영역에 영향을 미친다. 질적 연구의 구성주의 패러다임과 양적 연구의 실증주의 패러다임을 실재에 대한 관점, 연구자의 역할, 연구의 목표, 연구 환경에 따라 구분하면 **[그림 2.1]**과 같다.

4. 질적 연구와 양적 연구의 연구 쟁점에 대한 입장 차이

실증주의라는 용어는 약 400년 동안 자연 과학과 사회 과학에서 진행된 공식적인 담론을 지배한 유서 깊은 관점을 지칭한다. 후기실증주의는 과거 몇십 년 동안 실증주의의 가장 큰 문제점들에 대한 비판에 (근본적으로는 동일한 신념 체계 안에 머무르면서) 제한적으로 반응하려는 노력을 나타낸다(Guba & Lincoln, 1994: 108-109). 비판적 이론이라는 용어는 여러 다양한 패러다임들, 즉 신마르크스주의, 페미니즘, 물질주의, 참여적 연구 등을 포함하는 포괄적 용어이다. 비판 이론은 세 개의 하위 영역, 즉 후기구조주의, 포스트모더니즘, 이 둘의 혼합으로 구분될 수 있다. 이들 사이에 차이점은 있으나 이들의 공통된 가정은 연구는 본질적으로 가치 결정적이라는 것이며, 이는 인식론적인 차이이다. 구성주의의 가정은 존재론적 실재론에서 존재론적 상대주의로 이

동하였다(Guba & Lincoln, 1994: 109).

가. 연구의 목적

1) 구성주의

연구의 목적은 (연구자를 포함하여) 사람들이 원래 지니고 있는 구성물을 이해하고 재구성하는 것이다. 합의에 이르고자 하지만, 정보가 수집되고 정교화되면서 나타날 수 있는 새로운 해석에 개방적이다. 진보의 준거는 시간의 흐름에 따라, 모두가 좀 더 발전되고 정교한 구성물을 만드는 것이며, 경쟁하는 구성물들의 내용과 의미에 대해 더 많이 알아가는 것이다. 이 관점에서 옹호(advocacy)와 능동주의(activism)가 주요 개념이다. 이 과정에서 연구자는 참여자와 촉진자의 역할을 수행하며, 이에 대해 어떤 비판론자들은 연구자의 역할을 전문성과 능력에 대한 합리적인 기대 이상으로 확장한다는 이유에서 흠을 잡았다(Guba & Lincoln, 1994: 113).

2) 실증주의

연구의 목적은 설명이며(von Wright, 1971), 이는 궁극적으로 자연 현상이든 인간 현상이든 그에 대한 예측과 통제를 가능하게 한다. Hesse(1980)가 언급하였듯이, 진보에 대한 궁극적인 준거는 과학자들의 예측하고 통제하는 능력이 시간의 경과에 따라 발전하였는지의 여부이다. 이 입장은 환원주의와 결정주의를 암시한다. 연구자는 전문가의 역할을 수행하며, 이는 연구자에게 특별하고 아마도 부당한 특권을 부여하는 것이다(Guba & Lincoln, 1994: 113).

나. 지식의 본질

1) 구성주의

지식은 구성된 것으로, 이 구성물의 본질을 해석할 수 있는 능력을 지닌 (그리고 더욱 신비로운 구성물인 경우 신뢰할 수 있는) 사람들 사이에서 상대적인 합의(적어도 합의를 향한 어떤 움직임)에 이를 수 있는 것이다. 동등한 능력을 지니거나 (신뢰를 받는) 해석자들이 동의하지 않을 때, 그리고/또는 해석자들에 따라 다른 사회적 · 정치적 · 문화적 · 경제적 · 인종적 · 젠더 요인들에 따라 복수의 지식이 공존할 수 있다. 이 구성물들은 지속적으로 개정(변경)될 수 있고, 상대적으로 서로 다른 구성물들이 변증법적(dialectical) 맥락에서 대비될 때 변화가 나타날 가능성은 가장 높다(Guba & Lincoln, 1994: 113).

2) 실증주의

지식은 사실이나 법칙으로 받아들여질 수 있는 확증된 가설이다.

다. 지식의 축적

1) 구성주의

지식은 단지 상대적인 의미에서 축적되는데, 해석적/변증법적(hermeneutical/dialectical) 과정을 통해 다양한 구성물들이 대비되면서 점점 더 발전되고 정교화된 구성물들이 형성되면서 축적된다. 한 장소에서 다른 장소로의 전이를 위한 한 가지 중요한 기제는 종종 사례 연구 보고서를 통해 간접적인 경험을 제공하는 것이다(Guba & Lincoln, 1994: 114).

2) 실증주의

지식은 추가되면서 누적된다. 각 사실(또는 사실일 가능성이 있는 것)이 일종의 구성 요소가 되며, 이것은 적절한 장소에 놓일 때 확장되는 '지식 체계(edifice of knowledge)'에 추가된다. 사실이 일반화 또는 인과 관계 연결의 형식을 띨 때 그것은 예측과 통제를 위해 가장 효율적으로 사용될 수 있다. 그러면 예측 가능한 신뢰도를 가지고 상황의 전집에 일반화될 수 있다(Guba & Lincoln, 1994: 113-114).

라. 연구의 질을 판단하는 데 적절한 준거

1) 구성주의

두 가지 종류의 준거가 제시되었다. 신뢰성(trustworthiness) 관련 준거들과 진실성(authenticity) 관련 준거들이 제안되었다. 신뢰성에는 신용도(credibility)(내적 타당도와 대비된다), 전이 가능도(transferability)(외적 타당도와 대비된다), 신빙도(dependability)(신뢰도와 대비된다), 확정도(confirmability)(객관도에 대비된다)가 포함된다(Guba, 1981; Lincoln & Guba, 1985: 289-331). 진실성에는 공정성(fairness), 존재론적(ontological) 진정성(개인의 구성물을 확장한다), 교육적(educative) 진정성(다른 사람의 구성물에 대한 이해를 제고한다), 촉매적(catalytic) 진정성(행위를 자극한다), 전술적(tactical) 진정성(행위를 강화한다)이 있다(Guba & Lincoln, 1989).

전자의 묶음은 구성주의 질 관리 쟁점을 해결하기 위한 초기의 노력을 나타낸다. 이 준거들에 대한 반응은 긍정적이었으나, 실증주의와 대비한 것에 대해서는 의심의 여지가 있다. 후자의 묶음은 비판 이론의 그것들과 어느 정도 겹치지만, 특히 존재론적 진정성과 교육적 진정성은 그것을 훨씬 뛰어넘는다. 구성주의에서 질 관리 준거의 쟁점은 그럼에도 불구하고 잘 해결되지 않았으며 추가적인 비판이 요구된다(Guba & Lincoln, 1994: 114).

2) 실증주의

'엄격(rigor)'이라는 전통적인 기준(benchmark)이 적절한 준거이다. 이들은 내적 타당도(실재와 발견 결과 사이의 동질성), 외적 타당도(일반화), 신뢰도(안정성), 객관도(거리를 두고 중립적인 관찰자)이다. 이 준거들은 실재론적 존재론에 의존한다. 이러한 가정이 없을 때, 실재와 발견 결과 사이의 동질성은 의미가 없고, 모집단으로의 엄격한 일반화는 불가능하며, 현상 자체가 변할 수 있으면, 그 현상에 대한 연구의 안정성은 평가할 수 없으며, 연구자가 거리를 둘 수 있는 것은 없으므로 객관성은 달성할 수 없다(Guba & Lincoln, 1994: 114).

마. 연구에서 가치의 역할

1) 구성주의

가치는 최고의 자리를 차지한다. 연구 결과의 창출에서 피할 수 없는 것으로 간주된다. 더욱이 그것이 가능할지라도, 가치를 제거하는 것은 지지(동의)를 받을 수 없다. 그렇게 하는 것은 권력 없고 위기에 처한 참여자들의 이해에 불리하게 작용한다. 이들의 내부적 구성물은 더 힘이 있는 참여자와 연구자의 외부적 구성물과 동등한 관심을 받아야 한다. 연구자를 연구 과정의 관현악 지휘자와 촉진자로 여기는 구성주의는 이점을 매우 강조한다(Guba & Lincoln, 1994: 114).

2) 실증주의

가치는 제거된다. 인식론적 입장 때문에 가치 중립적이라고 주장한다. 가치는 객관적인 탐구에서 역할이 주어질 수 없는 변인이다. 객관적이라고 추정하는 연구에서 가치는 하나의 역할을 부여받을 수 없는 교란 변인으로 간주된다(후기실증주의에서 객관성이 구속력을 지닌 이상이라고 할지라도 그렇다).

바. 연구 윤리의 문제

1) 구성주의

윤리는 이 패러다임에 내재적이다. 이는 연구 안에 참여자의 가치가 포함되기 때문이다. 참여자의 기존의 구성물에서 출발하여 연구자의 구성물뿐만 아니라 참여자의 구성물의 발전과 정교화를 위해 나아간다. 드러냄에 대한 인센티브(장려책)가 있다. 이는 하나의 연구 기법이다. 연구자의 의도를 숨기는 것은 구성물을 드러내고 증진하려는 연구 목표에 방해가 된다(Guba & Lincoln, 1994: 115). 더욱이 해석학적/변증법적 방법론 자체가 속임수에 대한 절대 확실하지는 않으나 강한 안전장치를 제공한다. 그러나 방법론이 요구하는 밀접한 개인적 상호작용은 비밀 보장과 익명성이라는 특별하고도 종종 까다로운 문제와 다른 개인 간 어려움의 문제를 야기할 수 있다(Guba & Lincoln, 1989).

2) 실증주의

윤리는 중요한 고려 사항이고 연구자들이 진지하게 받아들이지만, 그것은 연구 과정과 구분되는 외적인 사항이다. 따라서 윤리적인 행위는 전문가 행위 규정(professional codes of conduct)과 인간 연구 위원회(human subjects committees)와 같은 외적인 메커니즘을 통해 공식적으로 감시한다(Guba & Lincoln, 1994: 114-115).

사. 연구자의 활동, 특히 변화를 추구하는 활동에 반영되는 목소리

1) 구성주의

연구자의 목소리는 열정적인 참여자의 것이다(Lincoln, 1991). 연구자는 다른 모든 사람들의 구성물뿐만 아니라 자신의 구성물에 대해 다양한 목소리들에 의한 재구성의 촉진에 적극적으로 참여한다. 재구성이 이루어지면서 개인들이 그것들에 행위를 할 수 있도록 자극을 받는 가운데, 변화가 촉진된다(Guba & Lincoln, 1994: 115).

2) 실증주의

연구자의 목소리는 '객관적인 과학자(disinterested scientist)'의 그것으로, 의사결정자, 정책 결정자, 변화의 주체, 즉 적어도 부분적으로 행위, 정책, 개혁 방안들을 구안하고 설명하고 정당화하기 위해 독립적으로 이 과학적 정보를 사용하는 사람들에게 정보를 제공한다.

아. 초보 연구자의 훈련

1) 구성주의

초보 연구자들은 먼저 기존의 과학에 대한 관점에 대해 배운 것에 관하여 재사회화의 과정을 거쳐야 한다. 재사회화는 실증주의의 연구 자세와 기법에 대한 철저한 교육 없이 이루어질 수 없다. 초보 연구자들은 패러다임 차이를 이해해야 한다. 그리고 그 맥락에서 질적 방법과 양적 방법을 모두 숙달해야 한다. 전자는 대화적/변증법적(dialogic/dialectical) 또는 해석적/변증법적 방법론의 수행에서 차지하는 역할 때문에 필수적이다. 후자는 모든 패러다임에서 유용한 정보 제공자의 역할을 수행할 수 있기 때문이다. 또한 초보 연구자들은 그들의 연구의 환경이 되는 사회적 · 정치적 · 문화적 · 경제적 · 인종적 · 젠더 역사와 구조를 이해하는 데, 그리고 그들의 연구에 이타주의와 권한 위임의 가치를 통합하는 데 도움을 받아야 한다(Guba & Lincoln, 1994: 115).

2) 실증주의

초보 연구자들은 측정, 설계, 양적 방법에 대한 기술적인 지식을 주로 획득하도록 훈련을 받는다. 전공 영역의 공식적인 이론에 대해서도 상당한 정도 강조한다(Guba & Lincoln, 1994: 115).

자. 패러다임들은 갈등 관계일 수밖에 없는가? 단일한 개념적 틀에 여러 관점들을 통합할 수는 없는가?

1) 구성주의

구성주의자는 패러다임의 비교 불가능성(incommensurability)을 주장한다. 이들은 실증주의와 후기실증주의는 비교 가능하고, 비판 이론과 구성주의는 아마도 비교 가능할 것이라고 생각한다. 패러다임의 기본 신념들은 본질적으로 갈등적이라고 믿는다. 구성주의자는 '진정한(real)' 실재가 존재하거나 존재하지 않는다고 믿는다. 누군가는 물리적 영역 대 인간적 영역을 고려하면서 이 문제를 다르게 해결하고 싶어 할 수도 있다. 따라서 구성주의와 실증주의는 지구 평면설과 지구 구형설이 논리적으로 수용되지 않는 만큼 서로 통합될 수 없다. 구성주의자에게 연구는 가치 중립적이거나 가치 중립적이지 않다. 이 경우도 수용되지 않는다. 실재론(주의)(realism)과 상대주의(relativism), 가치 중립과 가치 개입은 내적으로 일관성 있는 형이상학적 체제 안에서 공존할 수 없다. 이런 일관성의 조건은 각각의 패러다임이 각각 충족한다고 추정된다. 이 딜레마의 해결을 위해 과거에 수용된 패러다임의 진실성이 부족함을 보여주는 것이 아니라 단지 무관한 것으로 만드는 메타패러다임(metaparadigm)의 등장을 기다려야 한다(Guba & Lincoln, 1994: 116).

2) 실증주의

실증주의자는 모든 패러다임들을 수용할 수 있다는 입장을 취한다. 모든 차이의 문제들의 해결을 위해 참고할 수 있는 공통되고 합리적인 구조가 존재하거나 존재하는 것으로 발견될 수 있다고 생각한다. 환원주의적 입장이며 각각의 비교 가능성(commensurability)을 가정한다. 이는 의견 차이가 많은 쟁점이다(Guba & Lincoln, 1994: 115).

차. 어떤 패러다임이 헤게모니(압도적인 영향)를 행사하는가?

1) 구성주의

구성주의 옹호론자들은 여전히 인정받기를 기다리고 있으며 목소리를 낼 통로를 찾고 있다. 과거 10년 동안 그들은 더 많이 수용되었다. 학술지와 전문가 회의, 새로운 학술지 출판, 질적 박사 학위 논문의 수용 증가, 연구 재단의 질적 가이드라인의 수용 등에 나타나고 있다. 그러나 가까운 장래에는 이차적인 역할에 머물 것이지만 그 영향력은 증가할 것이다(Guba & Lincoln, 1994: 116).

2) 실증주의

아리스토텔레스 패러다임과 신학적인 패러다임의 시대가 지나간 후에 몇 세기 동안 실증주의의 옹호자들은 헤게모니를 행사하였다. 그러나 최근 몇십 년 동안 헤게모니의 역할은 '자연적(natural)' 후계자인 후기실증주의로 넘어갔다. 후기실증주의자들(그리고 나머지 실증주의자들)이 출판물, 연구비, 승진과 종신직 메커니즘, 박사 학위 심의위원회, 다른 권력의 원천을 통제하는 경향이 있다. 적어도 1980년까지 그들은 내부 집단이었으며 전문가들의 의사결정에서 강력한 영향력을 행사하고 있다(Guba & Lincoln, 1994: 116).

5. 경쟁하는 패러다임을 넘어서

연구자에게 패러다임은 세계관이다. 실제 세상의 복잡성에 대해 사고하고 이해하는 방식이다. 따라서 패러다임은 해당 연구자들의 사회화 과정에 깊이 내재되어 있다. 패러다임은 우리에게 무엇이 중요하고, 타당하고, 합리적인지를 알려준다. 또한 패러다임은 규범적이어서, 연구자들에게 오랫동안 실존적이고 인식론적인 문제를 고려하지 않고도 무엇을 할지 말해준다. 그러나 패러다임의 이 측면 때문에 강점과 약점을 지닌다. 강점은 그것이 행위를 상대적으로 쉽게 해준다는 것이다. 약점은 패러다임의 의심받지 않는 가정들 안에 행위의 이유가 숨겨진다는 것이다(Patton, 2002: 69).

이러한 패러다임에 대해 이분법적인 구분을 경계하는 연구 결과가 나타났다. 연구 방법과 철학의 결합이 변하지 않고, 일관성 있고, 안정적인 패러다임을 구성한다는 관점은 문제가 있다는 것이 증명되었다. 예를 들어, Shadish(1995: 48)는 패러다임

논쟁을 탈쿤화하는(de-Kuhnifying) 목표를 가진 논문들을 소개하면서 "Kuhn이 묘사한 바와 같은 패러다임을 지지할 만한 경험적인 증거는 거의 없다. (……) 관련된 개념적·철학적 쟁점들은 단순한 양적-질적 이분법이 암시하는 것보다는 훨씬 더 복잡하다"라고 결론지었다.

제3절 질적 연구의 주요 특징과 연구자에게 요구되는 역량

1. 질적 연구의 주요 특징

가. 의미와 이해 강조

구성주의, 현상학, 상징적 상호작용론의 철학에 의존하면서, 질적 연구자는 사람들이 자신의 경험을 어떻게 해석하는지, 자신들의 세상을 어떻게 구성하는지, 자신들의 경험에 어떤 의미를 부여하는지에 관심을 가진다. 질적 연구의 전반적인 목적은 사람들이 자신들의 삶을 어떻게 이해하는지에 대해 연구자가 이해하고, 그 의미 이해의 (결과나 성과가 아닌) 과정을 나열하고, 사람들이 경험하는 것을 어떻게 해석하는지 서술하는 것이다(Merriam & Tisdell, 2016: 15).

> [질적 연구]는 특정 맥락의 일부로서 상황의 독특함과 그곳에서의 상호작용을 이해하려는 노력이다. 이런 이해는 목적 그 자체이다. 따라서 그것은 미래에 어떤 일이 일어날지 예측하려고 하지 않고 그 상황의 본질을 이해하려고 한다. 즉 그 상황에서 지내는 것이 참여자에게 어떤 의미가 있는지, 그들의 삶은 어떠한지, 그들에게 어떤 일이 일어나고 있는지, 그것들의 의미는 무엇인지, 그 상황에서 세상은 어떻게 보이는지 이해하려고 한다. 그리고 분석을 통해 그 상황에 관심을 가진 다른 사람들에게 그것을 충실하게 전달하려고 노력한다. (……) 분석을 통해 이해를 깊게 하려고 한다.

연구자가 아닌 참여자의 관점에서 연구하는 현상에 대하여 이해하는 데 주된 관심이 있다. 이것은 때대로 외부자(epic)의 관점과 대비되는 내부자(emic)의 관점으로 불린다. 두 관점의 재미있는 차이는 Bohannan(1992)의 「숲속의 셰익스피어(Shakespeare in the bush)」라는 소설에서 발견된다. 그녀가 서아프리카의 한 마을에서 햄릿의 이야기를 노인들에게 이야기할 때, 노인들은 자신들의 신념과 문화적 가치에 토대를 두고 그 드라마의 '진정한 의미(true meaning)'에 대하여 그녀를 가르친다(Merriam & Tisdell, 2016: 15-16).

나. 연구자가 도구이다

질적 연구자는 자료 수집과 자료 분석을 위한 주요 도구이다. 질적 연구의 목표는 이해하는 것이므로, 즉각적으로 반응할 수 있고 적응할 수 있는 도구로서의 인간은 자료 수집 및 분석의 이상적인 수단으로 보일 것이다. 또한 연구자는 구어적 · 비구어적 의사소통을 통해 자신의 이해를 확대할 수 있고, 자료(정보)를 즉각 처리할 수 있고, 자료를 명료화하고 요약할 수 있으며, 참여자에게 해석의 정확성에 대해 문의할 수 있으며, 흔하지 않은 또는 예상하지 못한 반응에 대해 탐색할 수 있다(Merriam & Tisdell, 2016: 16).

그러나 연구 도구로서의 인간은 단점과 편견을 지니며, 이는 연구에 영향을 미칠 수 있다. 더욱이, 연구자가 연구를 위해 명료하게 드러내는 이론적 틀(맥락)이나 시각(lens)이 있다. 이러한 편견이나 주관성(subjectivity)을 제거하려 시도하기보다, 이들을 확인하고 연구자의 이론적 틀과의 관련에서 그리고 연구자의 관심과의 관련에서 이들을 추적하고, 자료의 수집과 자료의 해석에 영향을 미치는지 명료하게 하는 것이 중요하다. 질적 연구에서의 주관성에 대해 분석한 Peshkin(1988: 18)은, 연구자의 주관성은 "미덕으로 볼 수 있다. 이는 그것이 연구자가 특별한 기여를 하는 토대이기 때문이다. 이는 연구자의 개인적 특질과 그들이 수집하는 자료가 결합된 결과이다."라고 밝혔다. 더욱이, 포스트모더니스트와 후기구조주의자들은 연구자의 주관성과 참여자의 주관성을 명료하게 드러내려고 노력한다(Lather & St. Pierre, 2013).

다. 귀납적 과정

종종 질적 연구자는 이론이 부족하거나 선행 연구가 어떤 현상을 충분히 설명하지 못하여 질적 연구를 시작하기도 한다. 질적 연구자는 실증주의 연구에서처럼 연역적으로 가설을 검증하기보다 개념, 가설, 이론을 세우기 위하여 자료를 수집하는 귀납적 과정을 거친다. 질적 연구자는 관찰 결과와 현장에서 얻은 직관적 이해에 토대를 두고 이론을 구성해간다. 연구자들은 면담, 관찰, 문서 등에서 수집한 낱개의 정보들을 묶고 더 큰 주제들로 결합해가는, 특수에서 일반으로 가는 과정을 거친다. 질적 연구에서 귀납적으로 도출한 결과는 주제, 범주, 분류학, 개념, 잠정적 가설, 어떤 실천에 관한 이론 등의 형태를 띤다(Merriam & Tisdell, 2016: 17).

라. 풍부한 서술

질적 연구자는 어떤 현상에 대하여 알게 된 것을 전달하기 위하여 숫자보다는 단어와 그림을 사용한다. 이것들은 맥락, 참여자, 활동에 대해 서술한다. 또한 문서, 현장 노트, 참여자 면담, 녹음 자료, 전자 자료, 또는 이들의 조합에서 발췌한 인용문을 연구 결과를 지원하기 위하여 항상 사용한다. 이런 인용문들이 서술적인 특징을 지닌 질적 연구에 기여한다(Merriam & Tisdell, 2016: 17-18).

2. 질적 연구자에게 요구되는 역량

Merriam과 Tisdell(2016: 18-19)은 질적 연구자에게 요구되는 역량을 아래와 같이 여섯 가지로 제시하였다.

(1) 자신의 연구와 삶의 맥락에 대해 질문하는 자세: 질적 연구는 질문에 답하는 도구이다. 따라서 연구자는 먼저 자신의 삶에서 어떤 일이 일어나고 있는지 질문하는 자세를 가져야 한다. 눈에 보이는 사물은 어떻게 그런 모습을 지니게 되었는가?

(2) 모호성에 대한 강한 인내심: 질적 연구 설계는 융통성이 있으며, 관련 있는 변인 사전에 알려져 있지 않으며, 연구 결과는 자료 분석 과정을 통해 귀납적으로 도출되는 등의 특징을 지닌다. 따라서 연구자는 질적 연구의 변화무쌍한 전개 과정에 편안함을 느껴야 하며 그 과정을 신뢰해야 한다.

(3) 주의 깊은 관찰자: 관찰하는 것은 건성으로 하는 것이 아니라 체계적인 과정이다. 질적 연구자는 연습을 통해 관찰 기술을 향상할 수 있다.

(4) 좋은 질문하기: 면담은 종종 질적 연구에서 주요한 자료 수집 전략이다. 면담에서 좋은 자료를 수집하는 것은 얼마나 잘 선정되고 개방적인 질문을 던지는지에 따라 달라진다. 이와 함께 탐색 질문하기, 상세한 설명 요구하기 등이 뒤따를 필요가 있다.

(5) 귀납적 사고: 자료 분석은 귀납적 사고 능력을 요구한다. 이는 구체적인 원자료에서 추상적인 범주와 개념으로 옮겨 간다.

(6) 글쓰기에 대한 편안함: 연구 결과는 양적 연구에서처럼 숫자가 아닌 단어(때때로 이미지와 함께)로 표현하므로, 질적 연구 논문(보고서)은 더 많은 글쓰기가 요구된다. 질적 연구 논문이 양적 연구 논문보다 더 긴 경향이 있다.

이상의 질적 연구의 특징을 양적 연구의 특징과 대비하면 **<표 2.1>** 및 **<표 2.2>**와 같다.

<표 2.1> 질적 연구와 양적 연구 비교 (1)

	질적 연구	양적 연구
연구의 초점	질(본질, 핵심)	양(얼마나 많이)
철학적 기초	현상학 상징적 상호작용주의 구성주의	실증주의 논리적 경험주의, 실재론
관련 문구	현장 작업, 민속지학, 자연주의적, 근거, 구성주의	실험적, 경험적, 통계적
탐구 목표	이해, 서술, 발견, 의미, 가설 도출	예측, 통제, 서술, 확증, 가설 검증
설계 특징	유연한, 점진적, 생성적	사전에 결정된, 구조화된
표본	작다, 비무작위, 의도적, 이론적	크다, 무작위, 대표적
자료 수집	연구자가 주요 도구이다. 면담, 관찰, 문서	죽은/무생물의 도구(척도, 검사, 조사, 설문지, 컴퓨터)
분석의 주요 양식	귀납적, 계속적 비교 방법	연역적, 통계적
결과	종합적, 총체적, 광범위한, 풍부한 서술	정확한, 수리적

출처: Merriam(2009: 18).

<표 2.2> 질적 연구와 양적 연구 비교 (2)

	질적 연구	양적 연구
접근에 대한 용어	민속지학, 문서, 현장 작업, 소프트 자료, 상징적 상호작용, 내부자 관점, 자연적, 민속 방법론, 서술적, 참여 관찰, 현상학, 시카고 학파, 생애사, 사례 연구, 생태학, 내러티브, 해석적	실험적, 하드 자료, 외부자 관점, 경험적, 실증주의, 사회적 사실, 통계적, 과학적 방법

(계속)

	질적 연구	양적 연구
주요 개념	의미, 상식적 이해, 괄호 치기, 상황에 대한 정의, 일상생활, 의미의 창출과 유지(negotiated order), 이해하기, 과정, 모든 실제적 목적을 위해, 사회적 구성, 근거이론	변인, 조작화하다, 신뢰도, 가설, 타당도(validity), 통계적으로 유의한, 반복, 예측
이론적 배경	상징적 상호작용, 민속 방법론, 현상학, 문화, 이상주의(idealism)	구조적 기능주의, 실재론, 실증주의, 행동주의, 논리적 경험주의, 체제론
학문 영역	사회학, 역사학, 인류학	심리학, 경제학, 사회학, 정치학
목표	민감한 개념 도출, 다양한(복수의) 실재 서술, 근거 이론, 이해의 증진	이론 검증, 사실의 확증(establishing facts), 통계적 기술, 변인 간 관계 제시, 예측
설계	생성적, 융통성, 일반적 어떻게 진행할지에 대한 육감	구조화된, 사전에 정해진, 형식적인, 구체적인, 연구 수행의 구체적인 계획
연구 계획서 작성	간단하다, 추측하다, 연구가 필요한 영역 제시하기, 자주 일부 자료를 수집한 이후에 작성, 문헌 고찰이 한정적이다. 접근에 대한 일반적인 진술	복잡하고 길다, 초점이 세부적이고 구체적이다, 절차가 세부적이고 구체적이다, 문헌 고찰이 충분하고 광범위하다, 자료 수집 이전에 작성한다, 가설을 진술한다
자료	서술적이다, 개인 문서, 현장 노트, 사진, 사람들 자신의 말, 공식적 문서와 다른 인공물	양적이다, 양화할 수 있는 코딩, 계산한 총수, 측정 치수, 조작화된 변인, 통계
표집	소규모, 대표성이 없다, 이론적 표집, 눈덩이 표집, 의도적 표집	대규모, 유층적, 통제 집단, 정확하다, 임의 표집, 외적 변인의 통제
기법 또는 방법	관찰, 참여 관찰, 다양한 문서의 검토, 개방형 면담, 1인칭 설명	실험, 조사 연구, 구조화된 면담, 유사실험, 구조화된 관찰
참여자와의 관계	공감, 신뢰에 대한 강조, 평등주의, 친구로서 참여자, 밀접한 접촉	분리, 단기간, 멀리 떨어진, 참여자와 연구자의 구분, 제한되다
기기와 도구	녹음기, 전사기, 컴퓨터	목록, 설문, 색인(index), 컴퓨터, 척도, 검사 점수
자료 분석	지속적, 모형, 주제, 개념, 귀납적, 분석적 귀납법, 계속적 비교 방법	연역적
접근 사용의 문제	많은 시간 소요, 자료 축소의 어려움, 신뢰도, 표준화되지 않고 절차적임, 대규모 전집 연구의 어려움	다른 변인의 통제, 물화(reification), 방해적임, 타당도

출처: Bogdan과 Biklen(2003: 39-41).

제3장

질적 연구의 유형

제1절 질적 연구 방법론의 선택

연구자가 질적 연구를 수행하기 위한 유형(방법론, 장르)에는 여러 가지가 있으며, 연구자는 자신이 작성한 개념적 틀이나 연구 문제에 토대를 두고 방법론을 선택할 수 있다. 특히 연구자가 작성한 개념적 틀은 그 안에 포함된 요소들을 탐구하기 위하여 가장 적절한 방법론적인 접근을 선정하기 위한 토대를 제공한다. 예를 들어, 우울증이 인지적이고 정의적인 경험이라고 개념 정의를 하면, 주제 분석에 강조점을 두는 현상학적 연구가 적절한 선택이 될 수 있다. 만약 당신이 우울증을 사적이고 개인적이고 맥락적인 상태라고 개념 정의하면, 우울증을 가진, 내러티브 비네트(vignette)에 대해 종합적으로 분석하면서 개인적인 삶에 대한 모범적인 사례 연구를 수행하는 것이 적절할 수 있다(Miles, Huberman, & Saldaña, 2020: 20).

때때로 질적 연구 수행을 위한 유형(방법론)은 개념적 틀이 아니라 연구 문제에 토대를 두고 선택할 수 있다. 만약 우리가 특정한 연구 질문에 대한 최선의 답을 얻고자 한다면, 우리는 이들을 도출할 수 있는 최선의 연구 유형(장르)과 이에 수반되는 방법을 선택해야 한다. 만약 우리가 사람들이 어떻게 그들의 일상생활에서 우울증을 다루는지에 대해 구체적으로 알고자 한다면, 참여자와의 일련의 면담이 매일매일의 일상에 대한 참여 관찰보다 적합할 것이다. 면담 전사 자료는 코딩하여 정신 질환(예, 향정신성 약물 치료, 전문적 치료, 자기 관리 전략)을 다루는 주요 범주들을 개발할 수 있다(Miles, Huberman, & Saldaña, 2020: 21).

그러나 어떤 연구자는 특정한 연구 장르를 선호하여 자신의 전문적 경력 기간 동안 특정한 틀에 토대를 둔 사회생활 연구에 몰두한다. 그들은 스스로를 근거이론가, 현상학자, 자기민속지학자로 부를 수 있고, 특정한 방법론적인 시각(lens)을 통해 연구할 수 있으며, 자신들이 선호하는 연구 방식을 반영하여 설계할 수 있다(Miles, Huberman, & Saldaña, 2020: 21).

제2절 Tomaszewski와 동료들(2020)의 분류

질적 연구 초보자들을 위하여 Tomaszewski와 동료들(2020: 1)은 네 가지 질적 연구의 접근을 소개하면서 각 접근이 자료 수집과 분석에 어떻게 연결되는지 안내한다. 이들에 따르면, 질적 연구는 해석주의, 구성주의 패러다임에 토대를 둔다. 실증주의 패러다임에서와 같이 결과를 예측하기보다 연구 주제를 깊이 있게 이해하는 것을 추구한다(Denzin & Lincoln, 2011). 해석주의는 개인의 독특한 관점을 이해하고 이 관점에 연결된 의미를 이해함으로써 지식을 구성하고자 한다. 구성주의는 사람들이 자신들의 경험을 이해하려고 노력하는 가운데 지식을 구성한다고 본다(Creswell & Poth, 2018). 전체적으로 보아 질적 연구는 사람들이 살아가면서 겪는 경험을 가치 있게 여기며, 본질적으로 주관적이고, 연구자와 참여자의 편견(성향)에 주의를 기울인다. 이 주관성은 실증주의의 관점에서 심각한 결점이라고 여기지만, 질적 연구 및 해석주의/구성주의 패러다임의 핵심적 가치가 무엇인지 이해하게 해주는 것이다. 사려 깊게 수행된 질적 연구는 내적으로 일관성 있고, 엄밀하고, 사람들과 그들의 삶에 대한 중요한 문제에 답변하게 돕는다(Lincoln & Guba, 1985). 이 인식론적 토대들이 질적 연구의 설계와 수행 이전에 올바른 연구에 대한 사고방식을 기르는 열쇠이다(Tomaszewski et al., 2020: 1-2).

따라서 학자들이 높은 질적 수준의 엄밀한 질적 연구를 수행하도록 돕기 위해, 우리는 각 접근의 기본 원리, 그러한 접근을 사용할 시기, 다른 접근과의 차이점을 서술한다. 그리고 우리는 서로 다른 접근들에서 사용될 수 있는 서로 다른 자료 수집 기법과 적절한 자료 분석 유형들에 대해 논의한다. 또한 우리는 질적 연구를 수행할 때, 질적 연구자들이 어떻게 지속적으로 의사결정을 하며, 그런 의사결정 과정들이 어떻게 연구 과정의 이전 단계들에 영향을 받는지에 대해 설명한다. 이어서 우리는 하나의 연구 맥락을 어떻게 여러 다른 방식으로 연구할 수 있는지를 드러내주기(조명하기) 위해 익숙한 연구 맥락에 적용된 서로 다른 접근들의 사례들을 비교한다(Tomaszewski et al., 2020: 2).

1. 접근들의 개관

Tomaszewski와 동료들(2020: 2)은 각 접근의 특별한 장점 또는 한계를 포함하여 각각에 대한 요약을 제공하였다. **<표 3.1>**은 각 접근의 자료 수집 기법과 후속되는 자료 분석 방법을 보여줌으로써, 명료하고 사려 깊은 네 가지 서로 다른 접근을 비교하게 해준다. 이 비교는 접근들 사이의 차이와 각 접근의 설계 내용에 대해 이해하는 데 도움을 준다. 주요 특징들을 조명함으로써, 각 접근의 내적 일관성 및 다른 접근들과의 차이를 확인하게 해준다. 질적 연구에 관련된 방법론적인 용어들이 많으므로 질적 연구 사전이나 질적 연구 백과사전을 참고하는 것이 유용하다.

2. 민속지학

민속지학(문화기술지, ethnography)의 주요 목적은 사회 집단의 문화, 즉 사회적 상호작용의 패턴, 행위, 신념, 언어, 관념화(ideation) 등에 대해 연구하는 것이다. 민속지학은 연구의 목표가 하나의 문화적 집단이 어떻게 생활하는지 서술하거나 그 집단의 공유된 삶의 경험을 탐색하는 것일 때 적절하다(Creswell & Poth, 2018). 한 집단의 문화는 문화의 고전적 정의에 부합한다. 이는 역사적으로 인류학의 초점이었다. 또는 이는 더 작거나 현대적인 문화의 관점에 부합한다. 예를 들면, 특정 음악 집단의 추종자들 또는 비영리 단체의 자원봉사자들의 문화와 같다(Wolcott, 2008). 문화는 집단의 언어나 용어, 행위 패턴, 신념 체계, 또는 다른 공유된 특질들을 포괄할 수 있다(Creswell & Poth, 2018). 예를 들면, Haddix(2002)는 민속지학을 적용하여 흑인 여성 예비교사들이 여러 전문적이고 개인적인 상황에서 사용하는 언어를 연구하였다.

민속지학은 참여 관찰과 같은 상황에서 연구자의 관찰 기술에 강하게 의존한다. 이는 참여 관찰(Glesne, 2016)과, 장기간의 현장 활동 또는 문화와의 접촉을 포함할 수 있다. 따라서 연구자에게는 그 집단에 접근하기 위하여 문지기(gate keeper) 또는 정보제공자(informant)가 필요하다(Merriam & Tisdell, 2016). 연구의 목적은 그 문화 집단

〈표 3.1〉 주요 설계 준거들에 대한 질적 연구 접근들의 비교

	민속지학	내러티브 탐구	현상학	사례 연구
목표	어느 집단 사람들의 공유되고 학습된 문화적 실천(culture)	사람들이 자신들의 삶과 삶의 경험들에 대하여 말하는 이야기들을 서술한다.	사람들이 겪은 어떤 현상에 대한 직접적인 경험의 의미를 서술한다.	특정 사례(들)의 맥락에 대하여 깊이 이해하기 위하여 사례(들)을 서술한다.
연구 질문의 진술	공유된 문화적 실천은 무엇인가?	직접적 경험의 이야기는 무엇인가?	그 현상의 본질은 무엇인가?	독특한/대표적인 사례의 질과 특징은 무엇인가?
표집	그 문화에 참여하거나 경험하는 사람들	어떤 경험의 이야기에 기여하는 사람들	어떤 현상을 살아간 사람들	어떤 사례(들)의 경계/준거/맥락 안에서 역할을 수행하는 사람들
자료 수집	• 참여자들이 문화를 서술하는 일대일 면담 또는 포커스 그룹 면담 • 문화의 맥락에 참여하는 사람들에 대한 관찰 • 문화적 상황에 대한 관찰 • 문화를 나타내는 문서(종이 또는 디지털)	• 참여자들이 자신들의 경험에 대한 이야기를 서술하는 일대일 면담 • 사례의 맥락에 참여하는 사람들에 대한 관찰 • 스토리텔링의 시간 동안 또는 스토리의 실행 동안 참여자의 관찰 • 내러티브를 나타내는 문서(종이 또는 디지털)	• 참여자들이 경험을 서술하는 일대일 면담 또는 포커스 그룹 면담 • 어떤 현상의 관찰 • 현상을 나타내는 문서(종이 또는 디지털)	• 참여자들이 사례를 서술하는 일대일 면담 또는 포커스 그룹 면담 • 사례의 맥락에 참여하는 사람들에 대한 관찰 • 사례가 발생하는 상황에 대한 관찰 • 사례를 나타내는 문서(종이 또는 디지털)
자료 분석	계속적 비교, 주제 중심	내러티브 분석	현상학적 분석	계속적 비교, 주제 중심

출처: Tomaszewski, Zarestky와 Gonzalez(2020: 2).

의 조직적 구조와 공유된 신념 또는 아이디어를 확인하는 것이다. 따라서 민속지학 연구의 결과는 한 집단의 문화에 대한 복잡하고 완전한 서술이며, 연구의 초점과 관련하여 그 집단이 어떻게 움직이는지 이해하는 데 강조점을 둔다(Creswell & Poth, 2018).

3. 내러티브 탐구

내러티브 탐구(narrative inquiry)는 스토리텔링 과정을 통해 참여자가 경험에 부여하는 의미에 초점을 두며(Esin et al., 2014), 하나 또는 복수의 텍스트 안에 있는 단어들 사이의 관계, 그리고 텍스트와 사회적 실재 사이의 관계를 드러낸다(Herman & Vervaeck, 2019). 내러티브 탐구에서 중요한 고려 사항은 그 이야기에는 한 사람 또는 특정 상황 안에서 변화를 일으킨 어떤 사건이나 경험이 담겨 있다는 것이다(Herman & Vervaeck, 2019). 여러 연구 주제들과 질문들은 언제 내러티브 접근을 사용하는 것이 적절한지를 가리킨다. 내러티브 탐구의 주요 준거는 스토리텔링이다(Fraser, 2004). 내러티브 탐구는 전기(biography) 연구 또는 자기민속지학(자문화기술지, autoethnography) 연구와 같이 한 명의 참여자를 대상으로 수행될 수 있으며, 구술사를 이용하여 공통의 경험을 공유하는 복수의 사람들을 대상으로 수행될 수 있다. 내러티브 접근은 자주 정체성 형성 과정에서 활용될 수 있다(Creswell & Poth, 2018). 예를 들어, 보건 맥락에서 내러티브는 의료 기관에서 수련의들이 지도성과 팔로워십과 같은 개념들을 경험하는 방식을 탐구하는 데 사용될 수 있다(Gordon et al., 2015). 내러티브 탐구의 강조점을 특징짓기 위한 다양한 분류 체계가 있다. 예를 들어, Mishler(1995)는 다음과 같은 세 가지 초점을 제시하였다. (1) 시간적인 계열의 순서와 그것들이 텍스트에서 제시될 때 사이의 대응, (2) 서로 다른 이야기 유형을 조직하는 데 사용되는 언어적이고 내러티브적인 전략, (3) 이야기의 사회 문화적인 기능과 스토리텔러의 목적. Bamberg(2012)는 다음과 같은 세 가지를 제시하였다. (1) 언어적 구조로서의 텍스트(문장과 문장의 연결), (2) 인지적 구조로서의 텍스트(플롯이나 주제의 일관성), (3) 텍스트의 초월(지금 여기의 이야기를 넘어선 측면). 연구자들이 그들의 내러티브 탐구를 어떻게 구조화하느냐와 무관하게 그 본질은 동일하다. 그 초점은 사람들이 어떻게 자신의 개인적 이야기를 말하는지, 이 이야기들이 사람들의 살아온 역사와 어떻게 관련되는지에 있다(Green & Thorogood, 2018).

4. 현상학

질적 연구에 대한 현상학적 접근은 서로 다른 관점을 가진 사람들이 관찰할 수 있고 느낄 수 있는 직접적 경험(체험) 또는 현상의 본질에 초점을 둔다(Flood, 2010). 현상학의 주요 목표는 어떤 현상에 참여한 사람들이 그 현상을 살아간 방식을 가능한 한 철저하게 포착하는 것이다(Creswell & Poth, 2018; Giorgi & Giorgi, 2003). 현상학적 연구의 서술에는 개인들이 무엇을 어떻게 경험하였는지가 포함된다(Moustakas, 1994). 많은 연구 주제들과 질문들은 언제 현상학을 사용하는 것이 적절한지 알려준다. 주요 준거는 그 현상을 경험하는 사람들이 서술한 경험(현상)의 본질과 의미에 초점을 두는 것이다(Annells, 1999). 현상학은 흔히 특정 집단에 속한 사람들의 직접적인 경험의 본질을 이해하는 데 초점을 둔 연구에 사용된다(Creswell & Poth, 2018). 현상학은 종종 하나의 넓은 개념이나 아이디어를 탐색할 때 사용된다. 예를 들어, 교육에서 현상은 교원 연수 워크숍과 같은 구체적인 사건보다는 어떤 정해진 집단의 사람들에게 특별히 좋은 교수의 개념이 될 수 있다. 보건 상황에서 예비 간호사들이 간호사 학위 과정 중 초기 임상 실습 기간 동안 어떻게 불안을 경험하였는지가 예가 될 수 있다(Sun et al., 2016). 현상학적 연구에서 적어도 두 가지 종류의 서로 다른 강조점이 있다. 첫 번째 유형의 강조점은 현상을 서술하면서 참여자의 내러티브로부터 지각된 실제 세상에 대한 서술적 범주를 도출하는 데 초점을 두는 것이다(Converse, 2012; Flood, 2010). 두 번째 유형의 강조점은 현상에 어떤 일이 일어났는지 설명하면서, 사람들의 의미 이해 과정이 어떻게 그들의 선택에 (현상학적 성찰과 글쓰기를 사용하여) 영향을 미쳤는지에 초점을 두고 경험의 의미를 이해하고자 하는 것이다(Converse, 2012; Flood, 2010).

5. 사례 연구

사례 연구(case study)는 한 사례의 특수성과 복잡성을 검토하여 그것의 활동과 특정 상황에 대해 이해하는 것이다(Stake, 1995). Yin(2018: 15)은 사례 연구의 주요 특징들의 개요를 제시하였다. 첫째, 사례 연구는 "현재의 현상을 깊게 그리고 실생활 맥락에서, 특히 현상과 맥락의 경계가 명료하지 않을 때 탐구하는 것이다." 현상과 맥락은 상호 밀접하게 연결되어 있다. 그러나 사례는 명백하게 정의되고 한정된 체제, 즉 하나의 범위(경계)가 정해진 체제(bounded system)를 나타내야(represent) 한다(Merriam & Tisdell, 2016). 둘째, 사례 연구는 다양한 자료와 증거를 포괄함으로써 하나의 연구 문제의 복잡한 모든 측면을 다룬다(Yin, 2018: 15; Tomaszewski et al., 2020: 2).

여러 연구 주제들과 질문들이 언제 사례 연구가 적절한지 알려준다. 주요 준거는 범위(경계)가 정해진 체제이다. 따라서 경계가 정해진 체제가 중심이 되는 연구 상황은 사례 연구의 후보가 된다. 사례 연구는 그 자체로 완전한 연구 프로젝트이다. 특정 조직, 공동체, 또는 프로그램에 대한 연구 등이 그것이다. 또한 사례 연구는 종종, 예를 들어 외부 심사와 같은 평가를 위해 사용된다. 교육적 상황에서, 사례 연구는 이론을 예시하고, 검사하고, 또는 확장하기 위해 사용된다. 또는 다른 교육자들이 자신들의 실천을 분석하거나 개선하도록 돕는 데 사용된다. 예를 들어, Nogueiras와 동료들(2019)은 상담 전공 석사 과정 프로그램에서 학생들을 위한 변혁적 학습 과정을 탐구하기 위하여 사례 연구를 하였다(Tomaszewski et al., 2020: 3).

사례 연구는 특히 교육 혁신 프로그램에 대한 탐구에 유용한데, 이는 그것이 모든 관련된 요인들을 풍부하게 서술해주기 때문이다. 단수 사례 연구와 복수 사례 연구 설계 모두 수용 가능하며 자주 사용된다(Merriam & Tisdell, 2016; Stake, 1995; Yin, 2018). 복수 사례 설계에 비하여 단수 사례 설계가 필요한 이유로는 다섯 가지가 있을 수 있다. (1) 중요하다(critical), (2) 흔하지 않다(unusual), (3) 흔하다(common), (4) 새로운 것을 드러낸다(revelatory), (5) 종단적이다(longitudinal)(Yin, 2018: 49). 복수 사례들은 전형적으로 개선 프로그램의 반복과 서로 다른 맥락들을 제시하기 위해 사용된다. 복수 사례 연구에서는 사례들 사이에 공통점이 있어서 연구자들로 하여금 차이점을 분석하고 발견하게 돕는데, 이 차이점은 유사한 맥락에 전이되거나 반복될 수 있다(Tomaszewski et al., 2020: 3).

제3절 Merriam과 Tisdell(2016)의 분류

Merriam과 Tisdell(2016)은 질적 연구의 유형을 기본적 질적 연구, 현상학, 민속지학, 근거 이론, 내러티브 탐구, 사례 연구로 구분하였다. 이들 각각에 대한 설명은 아래와 같다.

1. 기본적 질적 연구

초보 질적 연구자가 마주치는 도전 중 하나는 자신들이 어떤 종류의 질적 연구를 하고 있고 이론적 틀은 무엇인지에 대해 파악하는 것이다. 교육학, 행정학, 보건학, 사회복지학, 상담학, 경영학 등 응용 학문에서 가장 흔한 질적 연구의 유형(type)은 기본적인 해석적 연구이다. 이 경우, 연구자는 자신들의 연구를 단순히 '질적 연구'라고 부르며, 어떤 유형(예, 현상학적, 근거 이론적, 내러티브 분석, 민속지학)의 연구인지 주장하지 않는다. 이런 흔히 이루어지는 연구를 기본적 질적 연구로 부르기로 한다(Merriam & Tisdell, 2016: 23-24).

모든 질적 연구의 중심적인 특징은 개인이 사회적 세상과의 상호 작용 과정에서 실재를 구성한다는 것이다. 따라서 우리가 기본적 질적 연구라고 부르는 것의 바탕에는 구성주의가 놓여 있다. 여기에서 연구자는 하나의 현상이 관련된 사람들에게 주는 의미에 관심을 둔다. 그러나 의미는 "발견되는 것이 아니라 구성된다. 의미는 대상에 내재하면서 누군가가 우연히 발견하기를 기다리지 않는다. (……) 의미는 인간이 해석하는 세계와 상호 작용하면서 구성한다"(Crotty, 1998: 42-43). 따라서 기본적 질적 연구를 수행하는 질적 연구자들은 다음과 같은 것들에 관심을 가질 것이다. (1) 사람들은 자신의 경험을 어떻게 해석하는가? (2) 그들은 자신의 세계를 어떻게 구성하는가? (3) 그들은 자신의 경험에 어떤 의미를 부여하는가? 전반적인 목적은 사람들이 어떻게 자신의 삶과 경험을 이해하는지를 이해하는 것이다(Merriam & Tisdell, 2016: 24).

기본적 질적 연구는 다양한 학문 영역과 실천적인 응용 분야에서 발견될 수 있다. 이들은 교육 영역에서 가장 자주 발견되는 질적 연구의 유형이다. 자료는 면담, 관찰, 문서 분석을 통해 수집한다. 제기할 질문, 관찰 대상, 문서의 관련 여부는 각 학문 영역의 이론적 틀에 의존할 것이다(제4장 참조). 예를 들어 교육 심리학자들은 한 교실에서 교사-학생 사이의 상호 작용을 이해하는 데 관심을 가질 것이고, 사회학자들은 동일한 교실에서 사회적 역할과 사회적 상호 작용 패턴에 관심을 가질 것이다. 자료 분석에는 자료를 특징짓는 반복적인 패턴의 확인이 포함된다. 연구 결과는 자료가 지지하는 이들 반복적인 패턴이나 주제이다. 전반적인 해석은 참여자가 관심을 가지는 현상에 대한 이해에 대한 연구자의 이해일 것이다(Merriam & Tisdell, 2016: 24-25).

기본적 질적 연구가 단행본 분량으로 출판된 사례로 다음과 같은 것들이 있다. Levinson과 Levinson(1996)은 15명의 가정주부들, 15명의 여성 기업가들, 15명의 학자들과의 심층 면담을 통해 여성의 발달에 대해 연구하였다. Tisdell(2003)은 31명의 성인 교육자들에 대해 연구하면서 영성(spirituality)이 어떻게 그들의 발달과 문화 운동가들로서의 해방적인 교육자 노력에 도움을 주었는지 연구하였다. 다양한 영역의 학술지에 발표된 사례로는 다음과 같은 것들이 있다. Kim(2014)은 한국 은퇴자들의 은퇴 후 경력으로의 전이 과정에 대하여 연구하였다. Fernandez와 동료들(2014)은 조울증(양극성 장애, bipolar disorder)을 가진 여성들이 상실과 회복의 경험의 결과로 자신들의 정체성을 어떻게 재조정하는지를(renegotiate) 다루었다. Merriam과 Muhamad(2013)는 말레이시아의 전통적 치료사들에 대해 연구하면서 암 환자들을 진단하고 치료하면서 수행한 그들의 역할을 확인하였다(Merriam & Tisdell, 2016: 25).

2. 현상학

현상학은 Husserl(1970)을 중심으로 하는 20세기 철학의 한 학파이면서, 질적 연구의 한 유형이다. 현상학이라는 철학에 토대를 두고 경험 그 자체에 대해 초점을 두게 되었고, 무엇인가를 경험하는 것이 어떻게 의식으로 변형되는가에 대해 초점을 두게 되었다. 현상학자들은 근대 과학의 현상을 범주화하고, 단순화하고, 감축하여 추상적인 법칙을 도출하려는 노력에 관심을 가지지 않는다(Merriam & Tisdell, 2016: 25-26). 오히려 현상학자들은 우리의 직접적 경험(lived experience)에 관심을 가진다(van Manen, 2014: 26). 그러한 초점 때문에 '사물 그 자체로(to the things themselves)' 직접 가서 (……) 앞에 놓인 이론적 패턴 때문에 볼 수 없게 가려졌던 현상으로 향해야 한다(Spiegelberg, 1965: 658). 현상학은 사람들이 겪는 세상에 대한 의식적인 경험, 즉 "일상생활과 사회적 활동"에 대한 연구이다(Schram, 2003: 71). van Manen(2014: 28)은 이렇게 설명하였다. "현상학은 우리가 성찰 이전에 경험하는 것으로서의 세상에 대해 접근하는 방식이다. 성찰 이전의 경험은 우리가 매일매일 살아가면서 겪는 일상적인 경험이다."

현상학자들의 과제는 경험의 본질 또는 기본 구조를 서술하는 것이다. 이런 연구들은 종종 사랑, 분노, 배신 등과 같은 강한 인간적 경험에 대해 이루어진다. 현상의 요소들이나 구조를 보거나 직관적으로 느끼는 것을 방해하지 않도록 하나의 현상에 대한 기존의 신념은 일시적으로 접어두거나 괄호 치기(bracket) 한다. 신념이 일시적으로 중지되면 의식 자체가 각성되며, 의식의 대상을 검토할 수 있는 것과 마찬가지로 이를 검토할 수 있게 된다(Merriam & Tisdell, 2016: 26).

경험의 의미의 본질 또는 바탕의 구조에 도달하기 위하여 현상학적 면담이 주된 자료 수집 방법으로 사용된다. 현상에 대한 직접적 경험을 가진 사람들과의 면담 이전에 연구자는 대개 자신의 경험을 탐색한다. 이는 한편으로 그 경험의 차원들을 검토하기 위하여, 다른 한편으로 개인적인 편견, 관점, 가정들을 돌아보기 위해서이다. 이 과정을 에포케(epoché)라고 부르며, "이는 판단을 유보한다는 것을 의미하는 그리스 단어이다. (……) 에포케에서 일상적인 이해, 판단, 앎을 접어두며 그 현상을 다시 방문하게 된다"(Moustakas, 1994: 33). 이 편견들과 가정들을 괄호 치기 하거나 일시적으로 접어둠으로써, 우리는 의식 자체를 검토할 수 있게 된다. 현상학적 연구에서 나온 이 과정은 모든 질적 연구 유형에 영향을 미쳐, 오늘날 연구자들이 연구를 시작하기 이전에 자신의 편견과 가정을 검토하는 것이 일상이 되었다(Merriam & Tisdell, 2016: 27).

초월적(eidetic) 현상학적 접근을 따르는 연구자는 연구하는 현상에 대한 선입견을 접어두기 위해 훈련되고 체계적인 노력을 기울인다(이는 에포케 과정으로 알려져 있다). 이는 사전의 경험 및 전문적인 연구로부터 가능한 한 자유로운 상태에서 연구를 수행하기 위한 것이다. 이는 참여자가 그 현상에 대한 경험을 서술하는 것에 완전히 개방적이며, 수용적이고 순진하게 경청하기 위한 것이다(Moustakas, 1994: 22; Trotman, 2006: 248).

Husserl(1931: 110)에 따르면, 에포케는 모든 것을 의심하거나 제거하는 것이 아니라, '단지 자연스러운 태도(natural attitude),' 즉 진리와 실재의 토대로서 일상 지식의 편견을 의심하고 제거하는 것이다. 에포케는 '나그네(stranger)'(Pring, 2000: 97)의 입장에 서는 것과 같다. 나그네는 "일이 어떻게 이루어지는지에 대해 잘 알지 못하며(naive), 사회의 한 구성원으로 활동을 시작하기 이전에 처음부터(the first principle) 알아낼 필요가 있다"(Denscombe, 2003: 102; Trotman, 2006: 248).

에포케와 괄호 치기 이외에, 현상학적 연구에 독특한 다른 전략이 있다. 현상학적 환원(phenomenological reduction)은 경험의 내적 구조 또는 의미 그 자체를 도출하기 위하여 경험의 본질에 계속적으로 되돌아가는 과정이다. 우리는 경험의 본질을 이해하기 위하여 그것을 분리해낸다. 수평화(horizontalization)는 모든 자료를 검토를 위해 펼쳐놓고 자료들이 동등한 비중을 가지고 있는 것으로 다루는 과정이다. 즉 초기 자료 분석 단계에는 모든 자료가 동등한 가치를 지닌다. 그리고 이 자료들은 클러스터를 형성하거나 주제를 중심으로 조직된다. Moustakas(1994: 96)는 수평화에서는 "사람, 의식적인 경험, 현상이 서로 엮인다"고 설명한다. "현상을 설명하는 과정에서, 특질이 인식되고 서술된다. 모든 지각은 동등한 가치를 부여받고, 경험의 반복 없는 개별 구성 요소들은 주제를 중심으로 연결된다. 그리고 완전한 서술이 도출된다." 상상적 변이(imaginitive variation)는 자료를 여러 각도에서 보는 것을 포함한다. 이는 마치 근대 조각품 주위를 돌면서 서로 다른 각도에서 서로 다른 것들을 보는 것과 같다(Merriam & Tisdell, 2016: 27).

현상학적인 연구의 결과물은 "본질적이고(essential) 변하지 않는(invariant) 구조(structure)[또는 본질(essence)]로 불리는 현상의 본질(essence)을 나타내는 종합적 서술이다"(Creswell, 2018: 80). 이 서술은 경험의 구조를 표현한다. "독자는 현상학에서 '나는 누군가가 그것을 경험하는 것이 어떤 것일지 더 잘 이해하게 되었다'라는 느낌을 받아야 한다"(Polkinghorne, 1989: 46).

현상학적 연구는 감정적이고 정서적인, 그리고 종종 강한 인간의 경험을 연구하는 데 적절하다. 예를 들어, Trotman(2006: 258)은 초등 교육에서의 상상력과 창의력에 대하여 연구하였다. 그는 이 현상학적 연구가 "교사들이 학생들의 상상적인 경험을 가치 있다고 여기고 해석하는 방식을" 드러냈으며, "상상적인 경험을 가치 있는 교육적 과정으로 정당화하고 유지하기 위해 교육자들이 다루어야 할 특정 과제들을 시사한다"고 주장하였다. 다른 예를 들면, Ruth-Sahd와 Tisdell(2007)은 직관적 앎의 의미와 직관적 앎이 신규 간호사들에게 어떻게 영향을 주었는지 연구하였다. 또 다른 예를 들면, Ryan과 동료들(2014)은 심리치료 화자들에게 다루기(coping)가 지니는 의미를 탐구하였다(Merriam & Tisdell, 2016: 28).

3. 민속지학

민속지학의 기원은 '현장(field)'에서 참여 관찰을 수행한 19세기 인류학자들에게로 올라간다. 인류학자들은 민속지학을 과정으로서 수행하기도 하고 연구 결과를 민속지학이라는 결과물로 작성하기도 한다. 최근 다양한 유형의 민속지학이 수행된다. 생애사, 비판적 민속지학, 자기민속지학(autoethnography)(Muncey, 2010), 수행(performance) 민속지학, 페미니스트 민속지학 등이 있다(Merriam & Tisdell, 2016: 28-29).

여러 민속지학을 묶는 공통점은 인간 사회와 문화에 대해 초점을 둔다는 점이다. 문화는 다양하게 정의되지만, 이는 본질적으로 특정 인간 집단의 행위 패턴을 구조화(조직)하는 신념, 가치, 태도 등을 가리킨다. D'Andrade(1992: 230)는 문화라고 불리는 것의 준거를 다음과 같이 제시하였다.

> 어떤 것이 문화적이라고 말하는 것은—최소한—그것을 어떤 사회 집단의 대부분의 구성원들이 공유한다는 것을 말하는 것이다. 공유한다는 말은 행위로 나타나고, 물리적으로 처리하고, 또는 내적으로 사고한다는 것이다. 더욱이 이 어떤 것은 특별한 방식으로 인식되어야 하고, 적어도 일부는 이것에 대하여 알아야 한다. 즉 그것은 간주관적으로 공유되어야 한다. 마지막으로 어떤 것이 문화적인 것이 되려면, 그것은 영구적으로 여러 장소를 가로질러 새로운 집단 구성원들에게 전달될 가능성을 지녀야 한다.

Wolcott(2008: 22)는 "서로 다른 집단들이 자신들의 삶을 다양하게 살아가는 것과 그런 행위와 연결된 신념 체계를 일컫는" 문화가 민속지학의 중심적인 특징이라고 말한다(Merriam & Tisdell, 2016: 29).

한 집단의 문화를 이해하기 위하여, 우리는 그 집단과 함께 시간을 보내야 한다. van Manen(1982: 103-104)이 말하듯이, "민속지학적 탐구의 결과는 문화적 서술이다. 그러나 그것은 어떤 사회적 상황에서 함께 살아가면서 장기간의 밀접한 연구를 수행한 경우에만 나올 수 있는 그런 종류의 서술이다. 이를 위해서는 그 상황에서 사용되는 언어에 대해 알 필요가 있고, 그곳에서 발생하는 어떤 활동에 직접적으로 참여할 필요가 있으며, 가장 중요한 것은 그 상황에 속하는 소수의 정보 제공자와의 집중적인 상호작용에 대한 깊은 신뢰가 필요하다"(Merriam & Tisdell, 2016: 29).

민속지학의 중심에는 충분한 서술이 있다. 이 용어는 Geertz(1973)에 의해 보편화되었다. Geertz(1973: 14)는 다음과 같이 말하였다. "문화란 사회적 사건, 행위, 제도, 또는 과정들의 인과적인 원인이라고 볼 수 있는 권력이 아니다. 그것은 그들이 그 안에서 명료하게, 즉 충분히(thickly) 서술될 수 있는 맥락이다." 그러나 민속지학의 작성은 단지 서술이 아닌 그 이상이다. 민속지학자들은 참여자들이 자신들의 삶에 대하여 부여하는 의미를 전달하기 원하지만, 자신들의 해석과 함께 전달한다(Wolcott, 2008). Fadiman(1997)은 미국에서 의술(medicine)과 치료(healing)에 대한 두 문화의 관점의 충돌을 가져온 한 몽족 소년에 대한 연구에서 충분한 서술의 힘이 어떠한지 보여준다. 또한 이 연구는 현상에 대한 문화적 해석을 가져오기 위해 필요한, 그 상황에서의 집중적이고 지속적인 참여 관찰 활동과 광범위한 자료 수집 활동을 보여준다(Merriam & Tisdell, 2016: 30).

민속지학자들은 종종 자신들의 연구 결과를 발표하기 위하여 사회적 · 문화적 행위와 특징에 대한 기존의 범주 체계(category scheme)를 사용한다(예, Murdock, 1983; Lofland, Snow, Anderson, & Lofland, 2006). 문화에 초점을 두는 다른 분야의 질적 연구자들은 자신의 연구 결과를 자신의 자료에서 도출한 범주 체계로 조직하는 경향이 있다. 이것을 에믹(emic) 관점이라고 부르며, 이는 그 문화 내부자의 것이다. 이와 대비되는 것은 에픽(epic) 관점으로, 연구자 또는 외부자의 관점이다. 범주 체계의 원천이 무엇이든, 연구 집단에 특징적인 사회문화적 패턴을 독자에게 전달하기 위해 자료의 조직화가 필요하다. 문화적 실천을 단지 서술하는 것으로는 부족하다. 연구자는 또한 그 현상의 문화적 의미에 대한 자신의 이해를 묘사한다(depict)(Merriam & Tisdell, 2016: 30).

민속지학의 예로는 다음과 같은 것들이 있다. 여자 롤러스케이팅 리그(Donnelly, 2014), 건강한 인디언 가족(Martin & Yurkovich, 2014), 런던 로열 발레단(Wainwright,

Williams, & Turner, 2006), 월스트리트 투자 은행가(Michel, 2014)(Merriam & Tisdell, 2016: 30-31).

4. 근거 이론

근거 이론은 1967년 사회학자 Glaser와 Strauss가 『근거 이론의 사전(*The Dictionary of Grounded Theory*)』이라는 저서에 소개한 연구 방법론이다. 다른 유형의 질적 연구와 마찬가지로, 자료 수집과 분석의 주요 도구인 연구자가 귀납적인 자세를 취하고 자료에서 의미를 도출하기 위해 노력한다. 이 유형의 질적 연구의 결과물은 자료에서 나타나는(또는 자료에 근거를 둔) 이론이다. 따라서 이것이 근거 이론이다. 충분한 서술 또한 중요하지만, 이것이 이 연구 유형의 주된 초점이 아니다(Merriam & Tisdell, 2016: 31).

Charmaz(2000: 511)는 Glaser와 Strauss의 저서가 왜 혁명적이었는지를 다음과 같이 설명하였다.

> 그것은 (a) 이론과 연구 사이의 임의적인 구분, (b) 질적 연구를 더욱 엄격한 양적 연구를 수행하기 이전의 선구적(precursor) 연구로 보는 관점, (c) 엄격함에 대한 요구가 질적 연구를 타당하지 않은 것으로 만들었다는 주장, (d) 질적 연구는 인상적이고 체계적이지 않다는 신념, (e) 질적 연구는 이론을 개발하지 못하고 단지 서술적인 사례 연구만 수행할 수 있다는 가정에 도전하였다.

근거 이론을 다른 유형의 연구들과 구분 짓는 것은 이론 개발에 초점을 둔다는 것이다(Corbin & Strauss, 2015). 개발된 이론의 유형은 대개 형식적이거나 '거대한(grand)' 이론이라기보다는 실질적인(substantive) 이론이다. 실질적인 이론은 돌아오는 성인 학습자를 다루는 메커니즘, 저소득 학생들에게 효과가 있는 특정 읽기 프로그램, 또는 자연재해 이후 충격을 다루기와 같은 특수하고 일상적인 상황에 대한 것이다. 실질적인 이론은 특수한 것이므로 실천에 유용하다. 이는 좀 더 광범위한 관심을 포괄하는 이론에 부족한 것이다. 더욱이 근거 이론은 과정에 대한 질문, 즉 어떤 것이 어떻게 시간에 따라 변하는지를 다루는 데 특히 유용하다(Merriam & Tisdell, 2016: 31-32).

근거 이론 연구에서 자료는 면담, 관찰, 그리고 다양한 문서로부터 나올 수 있다. 다른 유형의 질적 연구와 마찬가지로 근거 이론에서 사용하는 전문 용어들이 있다. 첫째, 자료 수집은 이론적 표집(theoretical sampling)에 따른다. 이에 따라, "분석가는 자료를 합동으로 수집하고, 코딩하고 분석하며, 다음 단계에 어떤 자료를 어디에서 수집할지 결정한다. 이를 통해 자료에서 등장하는 이론을 개발해간다"(Glaser & Strauss, 1967: 45). 둘째, 자료는 계속적 비교 방법(constant comparative method)을 사용하여 분석한다. 계속적 비교 방법은 한 묶음의 자료와 다른 묶음의 자료를 비교하여 유사점과 차이점을 찾아낸다. 자료는 유사한 차원에 따라 분류된다. 이 차원에 잠정적인 이름이 부여된다. 그 이후 그것은 범주가 된다. 이 분석의 전체적인 목표는 자료에서 패턴을 찾는 것이다. 근거 이론의 개발 과정에서 이 패턴들은 다른 패턴들과의 관계 속에서 배열된다(Merriam & Tisdell, 2016: 31-32).

계속적 비교 방법은 연구자가 근거 이론을 개발하는 것과 무관하게 모든 유형의 질적 연구에서 광범위하게 사용된다. 이 때문에 근거 이론이 아닌 어떤 유형의 질적 연구를 근거 이론이라고 무분별하게 부르는 경우가 있다. 또한 어떤 연구자가 근거 이론의 자료 분석 방법을 서술하고 그것을 근거 이론 연구라고 부르는 경우가 있다. 이는 초보 연구자에게 혼동을 준다. Charmaz(2011: 360)는 "오늘날까지 사회 정의 탐구 영역에서 이론 개발을 보여준 근거 이론 연구는 드물다. 그러나 많은 연구는 근거 이론 방법이 어떻게 주제 분석 방법을 더 분명히 했는지 보여준다"라고 언급하였다. 근거 이론에서 사용하는 자료 분석의 귀납적이고 비교적인 방법은 어떤 자료에 대해서도 분석할 수 있는 체계적인 전략을 제공한다. 그러나 자료 분석의 계속적 비교 방법으로 반드시 실질적인 이론을 도출할 필요는 없다. 우리는 오직 자료에 토대를 두고 하나의 실질적인 이론이 개발되고 확인될 때에만 '근거 이론 연구'라고 부르는 것이 최선이라고 믿는다(Merriam & Tisdell, 2016: 31-32).

실질적인 이론을 개발하는 것에는 근거 이론의 셋째 주요 특징인 핵심 범주(core category)의 확인이 포함된다. 핵심 범주는 중심적인 개념적 요소로서 이를 중심으로 모든 다른 범주들과 요소들(properties)이 연결된다. Strauss(1987: 36)는 핵심 범주가 "중심적이어야(central) 한다고, 즉 가능한 한 많은 다른 범주들과 그들의 요소들에 관련되어야 하며, (……) 자료에 자주 등장해야 하고, (……) 이를 통해 이론이 개발되어야 한다"고 설명하였다. 하나의 이론은 핵심 범주 이외에, 다른 범주들, 요소들, 가설들로 구성된다. 범주들과 범주들을 정의하거나 조명하는 요소들은 이론의 개념적 요소들이다. 이 모두는 자료에서 귀납적으로 또는 그에 근거를 두고 도출된다. 가설들은 범주들과 요소들 사이의 관계들이다. 이 가설들은 잠정적이며, 연구를 통해 도출된다. 이것들은 양적 연구에서처럼 연구 초기에 진술되고 검증되는 것이 아니다(Merriam &

Tisdell, 2016: 33).

근거 이론에 관한 최근의 출판물은 구성주의적 관점(Charmaz, 2014)과 포스트모더니즘 관점(Clarke, 2005)에 토대를 두고 있다. 근거 이론이 사회학자 Glaser와 Strauss에 기원을 두지만, 오늘날 근거 이론 연구는 대부분의 학문 영역과 실천 영역에 등장한다. Al Lily(2014)는 근거 이론 방법을 이용하여 사우디아라비아의 베두인족이 문화적, 정치적, 사회적으로 활동하는 방식과 마찬가지로 세계 교육 공학자 공동체가 어떻게 하나의 종족처럼 활동하는지를 탐구하였다. Stanley(2006)의 고령 학습자의 웰빙에 대한 지각에 대한 연구에는 교환(trading off)이라는 하나의 기본적인 사회적 과정과 관련된 '지각된 통제(perceived control)'라는 핵심 범주가 포함되었다. 근거 이론 방법은 라틴 아메리카 농부가 농약 노출 연구에 참여하는 이유에 대한 연구에서도 사용되었다(Hohl, Gonzalez, Carosso, Ibarra, & Thompson, 2014; Merriam & Tisdell, 2016: 33).

5. 내러티브 탐구

이해 형성(의미 부여)(sense making)의 가장 오래되고 자연스러운 형식은 이야기 또는 내러티브의 형식이다(Jonassen & Hernandez-Serrano, 2002: 66). 이야기는 우리가 우리의 경험을 어떻게 이해하는지(의미를 부여하는지), 우리가 다른 사람들과 어떻게 의사소통하는지 보여주는 것이다. 이를 통해 우리는 우리 주변의 세상을 이해한다. 우리는 TV와 인터넷에서 새로운 이야기를 시청하며, 일터에서 보내는 우리의 하루에 대해 이야기한다. 우리는 다른 사람들의 이야기를 텍스트나 영화를 통해 읽거나 관람한다. Daiute(2014: xviii)는 다음과 같이 설명한다. "내러티브는 삶에 대한 것이어서라기보다는 삶 속에서 상호작용하는 것이어서 강한 영향력을 행사한다. 내러티브는 인간 문화의 오래된 실천이다. 이는 오늘날 테크놀로지, 개인적 이동성, 간문화적 연결에 힘입어 향상되었다." 내러티브는 고대의 동굴 벽화를 통해서든 오늘날의 맥락에서는 Daiute(2014: 2)가 '거대한 에픽(epic) 내러티브(massive epic narrative)'라고 부른 페이스북을 통해서든 우리가 어떻게 우리의 일상생활을 공유하는가에 대한 것이다. 내러티브라고도 부르는 이야기는 질적 연구에서 일반적인 자료의 원천이 되었다. 이 질적 연구에 핵심이 되는 것은 이야기를 자료로 삼는 것, 더 구체적으로 1인칭 관점에서 경험에 대한 서술을 시작, 중간, 결말로 이루어지는 이야기 형식으로 말하는 것이다. 이런 경험에 대한 이야기를 부르는 다른 용어들로는 전기, 생애사, 구술 역사, 자기민속지학, 자서전이 있다(Merriam & Tisdell, 2016: 33-34).

1990년 초기 이래로 이야기는 인간 경험의 의미를 이해하기 위한 원천으로 중앙 무대에 진출하였다. 내러티브 탐구에 관한 많은 교재들과 학술지들이 이 유형의 연구의 확산에 기여하였다. 여기에는『타인의 의미: 관계에 대한 내러티브 탐구(*The Meaning of Others: Narrative Studies of Relationships*)』(Josselson, Lieblich, & McAdams, 2007)를 포함하는 다섯 권의 내러티브 탐구 시리즈, 내러티브 분석에 대한 핸드북(Clandinin, 2007), 학술지인「내러티브 탐구(*Narrative Inquiry*)」와「내러티브 및 생애사 저널(*Journal of Narrative and Life History*)」이 포함된다. 경험에 대한 1인칭 서술이 내러티브 텍스트를 구성한다. 우리가 수집하는 서술이 자서전, 생애사, 면담, 저널, 편지, 또는 다른 자료 등 어떤 형식을 띠더라도, 그것이 저자에게 주는 의미를 발견하기 위하여 텍스트를 분석한다(Merriam & Tisdell, 2016: 34).

이 유형의 연구에서 이야기의 텍스트가 분석 대상의 자료를 구성하므로, 종종 문서 텍스트를 연구하는 해석학이라는 철학을 내러티브 탐구의 이론적 배경으로 인용한다. 해석학 철학은 해석에 초점을 둔다. 해석학에 대하여 Patton(2015: 136-137)은 다음과 같이 설명하였다.

> 해석학은 해석적 이해 또는 의미를 위한 이론적 틀을 제공한다. 이때 맥락과 본래의 목적에 특별한 주의를 기울인다. (……) 해석학은 전설, 이야기, 그리고 다른 텍스트를 해석하는 관점을 제공한다.

또한 Patton(2015: 137)은 Palmer(1969)를 인용하면서 다음과 같이 설명하였다.

> 하나의 텍스트를 이해하고 해석하기 위하여, 저자가 무엇을 전달하기를 원하였는지 아는 것, 의도된 의미를 이해하는 것, 그리고 문서를 역사적이고 문화적인 맥락에 두는 것이 중요하다.

그리고 Patton(2002: 115)은 다음과 같이 설명하였다. "해석학이 문서 텍스트의 연구에 기원을 두지만, (……) 내러티브 분석은 텍스트의 아이디어를 심층 면담 자료, 생애사 내러티브, 역사적 회고록, 창조적인 소설(creative nonfiction)을 포함하는 것으로 확장하였다." "해석적 사회학, 문학적 소설(literary nonfiction), 그리고 문학 비평이 그러는 것과 마찬가지로, 해석과 맥락에 초점을 두는 해석학적 관점은 내러티브 탐구에 정보를 제공한다." 그는 또한 내러티브가 직접적 경험에 대한 이야기이므로 현상학의 영향이 있다고 말하였다(Merriam & Tisdell, 2016: 35).

내러티브 탐구는 이야기 분석에 여러 다양한 방법론적인 접근을 사용한다(De

Fina & Georgakopoulou, 2012; Riessman, 2007). 각 접근은 이야기가 어떻게 구성되는지, 어떤 언어적 도구가 사용되는지, 이야기의 문화적 맥락은 어떠한지를 검토한다. 전기적 · 심리학적 · 언어적 접근이 가장 자주 사용된다. Denzin(1989, 2014)의 전기적 접근은 젠더, 인종, 가족 출신 배경, 삶의 사건과 전환적 경험, 참여자의 삶에서 다른 사람들 등을 기준으로 이야기를 분석한다. 심리학적 접근은 사고와 동기를 포함하는 개인적 측면에 집중한다. 이 접근은 "귀납적 과정, 맥락적 지식, 인간의 의도를 강조한다. (……) 그것은 그것이 의미 이해의 인지적 · 정의적 · 동기적 차원을 인정한다는 점에서 홀리스틱(종합적)하다. 그것은 또한 이야기의 발전에 미치는 생물학적이고 환경적인 영향을 고려한다"(Rossiter, 1999: 78). 언어적 접근 또는 Gee(2014)가 담론 분석이라고 부른 것은 이야기의 언어 또는 구술적 텍스트, 그리고 발화자의 억양(intonation), 강도(pitch), 멈춤(pauses)에 주의를 기울인다. Gee는 연구자가 분석에 사용할 수 있는 18개의 질문을 제시한다. 마지막으로, 언어적 접근은 내러티브의 구조를 분석한다(Labow, 1982; Schiffrin, Tannen, & Hamilton, 2001). 여기에서 연구자는 내러티브의 내용을 요약하고 사건들과 그것들의 발생 계열, 행위의 의미, 그리고 해결 또는 마지막으로 발생하는 것을 확인한다(Merriam & Tisdell, 2016: 35-36).

내러티브 탐구의 사용이 확산되면서, 사람들의 이야기를 어떻게 하면 가장 잘 말할 수 있을지에 대한 논의가 이루어졌고, 이 과정에서 연구자의 역할, 타당도의 측면에서 내러티브의 신뢰성에 대한 논의가 이어졌다(Merriam & Tisdell, 2016: 36). Mishler (1995: 117-118)는 "우리가 이야기를 발견하는 것이 아니라 만들어낸다"라고 말하면서 다음과 같이 설명하였다.

> 우리는 우리의 분석적 재서술을 통해 참여자의 서술을 다시 말한다. 우리는 또한 이야기하는 사람이며, 우리의 개념과 방법—우리의 연구 전략, 자료 표본, 전사 절차, 내러티브 단위와 구조의 세부 사항, 해석적 관점—을 통해 우리는 이야기와 그 의미를 구성한다. 이런 의미에서, 이야기는 항상 공동으로 저술된다. 이는 면담자가 서술을 이끌어내는 과정에서 직접적으로 또는 다른 사람의 텍스트와 담론을 표현하고 따라서 변형함으로써 간접적으로 이루어진다.

내러티브 탐구의 사례는 다양하다. 한 사람의 건강 관련 경험이 물리적 장소에 의해 어떤 영향을 받는지에 관한 건강 지리학의 사례가 있다(Wiles, Rosenberg, & Kearns, 2005). Brockenbrough(2012: 746)는 다섯 명의 남성 참여자들에게 한 도시 지역 학교의 흑인 남성 동성애자 교사로서 "그들의 삶의 이야기를 서술하고 구성할 다양한 기회"를 제공하였다. McAdams, Josselson과 Lieblich(2013)는 중년기의 이혼, 학교에서 직장 세상으로의 전이, 헤로인 마약 중독에서의 회복 등을 다루면서, 삶의 전환점에 선 사람들에 대한 내러티브 탐구를 다시 말하는 저서를 편집하였다. Wilensky와 Hansen(2001)은 비영리 단체 임원들에게 그들의 신념, 가치, 일에 대한 가정을 확인하기 위하여 이야기를 하게 하였다. 마지막으로, Piersol(2014)은 내러티브 탐구를 통해 대인 관계가 야외 교육자들의 땅과의 관계에 어떻게 정보를 제공할 수 있는지, 즉 참여자들이 어떻게 장소를 '들었는지(listened),' 그리하여 생태학적 관계를 강화하였는지에 대해 심층적인 이해를 얻고자 하였다(Merriam & Tisdell, 2016: 36).

5-1. 내러티브 탐구에 대한 Patton(2015)의 설명

☛ 핵심 탐구 질문: 이 내러티브[narrative, 이야기(story)]는 이를 만들어낸 삶과 문화에 대해 이해하고 조명하기 위하여 어떻게 해석할 수 있는가? 이 내러티브는 그 사람과 그 사람이 사는 세상에 대하여 무엇을 드러내는가?

Patton(2015)은 질적 연구에 대한 내러티브 접근은 이야기에 초점을 둔다고 설명하였다. 시작, 중간, 결말이 이야기이다. 내러티브 탐구는 직접적 경험을 중요한 지식과 이해의 원천을 존중하면서 인간의 삶을 내러티브라는 시각(lens)을 통해 검토한다(Clandinin, 2013). 내러티브학(narratology)이라는 더 학술적인 용어는 1969년 Todorov가 이 탐구 형식을 "새로운 과학을 위한 지식의 대상으로 지위"를 승격하기 위하여 만들었다(Riessman, 1993: 1). 그러나 이 용어는 주목을 받지 못하였다. 내러티브 탐구라는 용어가 좀 더 일반적인 용어이고 틀이다(Patton, 2015: 128).

Michael Quinn Patton
(1945~현재)

개인적 내러티브, 가족 이야기, 자살 관련 메모, 낙서, 문학적 소설, 생애사들은 개인적 경험이라는 시각을 통해 문화적·사회적 패턴을 드러낸다. 이야기는 우리의 경험을 조직하고 형성하며, 또한 다른 사람들에게 우리의 삶, 관계, 여행, 의사결정, 성공, 실패 등에 대하여 말한다. 연구자들과 평가자들은 형식 교육과 계획된 프로그램의 경험과 성과에 대한 이야기를 수집한다. 또한 일상생활, 중요한 사건, 삶이 특정한 상황, 맥락, 환경에서 전개되면서 나타나는 많은 놀라움들에 대한 비공식적인 경험에 관련된 이야기를 수집한다. 이야기는 면담을 통해 포착하고 전사하고 분석하여 그들이 드러내는 패턴과 주제를 찾는다. 이는 우리가 특정 개인과 더 넓은 사회 및 문화에 대하여 배우도록 돕는다. 질적 탐구에서 '내러티브로의 전환(narrative turn; 내러티브 탐구—저자 주)'(Bochner, 2001)은 사람들의 이야기를 경험에 대한 순수한 서술로서, 또한 홀로 설 수 있는 자료로서 존중한다. 또한 이는 경험(현상학의 핵심)에 대한 내러티브 문서로서 가치가 있다고 본다. 또한 이는 인간 경험의 심리학적 · 사회학적 · 문화적 · 정치적 · 드라마적 차원 사이의 연결을 찾기 위하여 분석되는 자료로서 존중한다(Patton, 2015: 128).

그러나 스토리와 내러티브는 같은 것이 아니다. 내러티브 탐구는 단지 이야기를 말하거나 포착하는 것이 아니다(Bell, 2002). 구분하는 한 가지 방법은 이야기를 자료로 다루고 내러티브를 분석으로 다루는 것이다. 분석에는 이야기를 해석하고 그것을 맥락 속에 두고, 그것을 다른 이야기들과 비교하는 것이 포함된다. 다르게 구분하면, 이야기는 일어난 일이고, 내러티브는 일어난 일을 말하는 것을 어떤 목적을 위하여 어떻게 구조화하고 어떤 맥락에 둘 것인가에 관련된다. 그러나 자료 수집에서 이야기라는 단어는 일반인에게 좀 더 간단하며, 내러티브의 의미나 자주 사용되는 다른 용어인 사례 연구의 의미와는 다른 의미로 받아들여진다. 예를 들어, 프로그램 평가에서 사람들은 사례 연구에 참여를 요청받는 대신에 이야기를 공유하거나 내러티브를 공유하도록 초청받는다(Krueger, 2010). 내러티브 분석이라는 중심 아이디어는 남는다. 이야기는 내러티브로 이해되고 분석될 때에는 문화적 · 사회적 의미를 들여다볼 수 있는 특별히 명백한(반투명, translucent) 창문을 제공한다(Patton, 2015: 128).

Michael White와 David Epston(1990)은 『치료 목적의 내러티브 수단(*Narrative Means to Therapeutic Ends*)』에서 개인과 가족의 삶에서 이야기의 영향력과 스토리텔링과 치료의 연결을 보여준다. 그들은 자신과 다른 사람들이 창조해내는 그들의 삶에 대한 이야기가 그들의 직접적 경험과 일치하지 않기 때문에 적응의 어려움을 겪는다고 말한다. 치료사들은 그들의 환자들이 이야기를 다시 작성하도록 안내하는 도움을 줄 수 있다고 저자들은 제안한다(Patton, 2015: 128).

6. 사례 연구

Merriam과 Tisdell(2016: 37)은 질적인 설계를 따르는 사례 연구에 국한하여 설명하였다. 따라서 이러한 사례 연구는 다른 질적 연구 유형과 함께 의미와 이해를 추구한다는 점, 자료 수집과 분석에서 연구자가 주요 수단이라는 점, 귀납적 연구 전략, 최종 결과물은 풍부한 서술이라는 점을 공유한다고 말하였다.

현대의 사례 연구의 전신은 문화인류학, 사회학, 심리학 등에서 발견할 수 있다. 더욱이 변호사, 의사, 사회복지사, 심지어 수사관도 '하나의 사례'를 연구할 수 있다. 그러나 질적인 연구가 발전하면서 방법론적인 관점에서 사례 연구에 주목하기 시작하였다. 1960~1970년대에 연구 방법에 관한 교재들은 모두 실험 설계와 통계적 방법을 다루었다. 이들 중 일부는 마지막에 '사례 연구'라는 두루뭉술한(catch-all, 잡동사니, 다목적용) 장을 제시하였고 그 안에서 어떤 현상에 대한 역사적 또는 심도 있는 서술적 연구가 간혹 있었다는 것을 소개하였다. 1980년대까지 Stake(1988), Yin(1984), Merriam(1988) 등이 하나의 방법론으로서의 사례 연구에 대하여 집필하였다(Merriam & Tisdell, 2016: 37).

사례 연구는 범위가 정해진 체제(bounded system)에 대해 심도 있게 서술하고 분석하는 것이다. 사례 연구를 둘러싼 다양한 관점에 따른 정의가 있다. 예를 들어, Yin(2014: 16)은 사례 연구를 연구 과정에 비추어 정의한다. "사례 연구는 실세계 맥락 속의 현재의 현상(사례)에 대한 것으로, 특히 현상과 맥락의 경계가 분명하지 않을 때 수행하는 경험적 탐구이다." Yin이 말하듯이 사례 연구는 특히 현상의 변인을 그들의 맥락에서 분리하는 것이 불가능한 상황에 적합한 설계이다. 그런데 Wolcott(1992: 36)는 사례 연구를 전략이나 방법이라기보다는 '현장 연구의 최종 결과물'이라고 보았다. 그러나 Stake(2005)는 연구의 단위(unit of study-case)를 강조한다. 그는 질적 연구가 어떤 한 가지(하나의 운동장, 하나의 밴드, 체중 관리 집단 등)를 잘 이해하는 것에 목표를 둔다고 말하였다. 그는 사례 연구는 방법론적인 선택이라기보다는 '연구할 대상에 대한 선택'이라고 말하였다(Stake, 2005: 443). 이런 사례 연구의 예로는 Coady (2013)가 Nova Scotia의 어느 지역 사회에서 수행한, 심장 질환 재활 프로그램 참여자들의 성인 건강 학습 과정에 대한 연구가 있다(Merriam & Tisdell, 2016: 37-38).

어떤 연구가 사례 연구인지를 결정하는 것은 분석의 단위(unit of analysis)이므로 이 유형의 질적 연구는 위에서 제시한 다른 유형의 질적 연구와 구별된다. 다른 유형의 질적 연구(민속지학, 현상학, 내러티브 등)는 분석의 단위가 아니라 연구의 초점에 따라 정의된다. 그리고 사례를 정의하는 것은 분석의 단위(범위가 정해진 제한된 체제, bounded system)이므로 다른 유형의 연구들도 사례 연구가 될 수 있고 또한 때때로 사례 연구와 결합된다. 예를 들어, 민속지학적인 사례 연구는 매우 흔하다. 그 안에서 특정한 사회 집단의 문화를 깊이 있게 연구한다. 또한 사례 연구 안에서 근거 이론을 구성하거나, 비판적 과학의 관점에서 사례 연구에서 얻은 자료를 분석하거나, 한 사람의 이야기를 담은 내러티브를 사례 연구와 결합할 수 있다(Merriam & Tisdell, 2016: 39).

사례 연구에는 한 조직이나 프로그램의 역사에 대한 연구처럼 역사적인(historical) 사례 연구가 있을 수 있다. 전기적(biographical) 사례 연구는 "1인칭 내러티브를 수집하기 위하여 연구자가 한 사람과 광범위한 면담을 진행한다"(Bogdan & Biklen, 2011: 63). 그리고 비교적(comparative) 사례 연구는 복수 사례(multicase) 연구 또는 복수 장소(multisite) 연구로도 불리는데, 여러 사례에 대한 자료를 수집하고 분석한다. 이와 비교하여 단수 사례 연구는 그 안에 하위 단위들이나 하위 사례들이 내재해 있을 수 있다(예, 한 학교 안의 학생들). 예를 들어, Taylor(2006)는 비공식적인 지역 사회에서의 학습에 대하여 연구하고자 하였다. 그는 주립 공원을 하나의 사례로 보았고, 주택 개선(home improvement) 센터들을 두 번째 사례로 보았다. 그는 교육 활동의 계획과 실행에서 두 사례를 비교하면서 공통점이 있는지 연구하였다(Merriam & Tisdell, 2016: 40).

제 4 장

사례 연구에 대한 다양한 관점

제1절 Lincoln과 Guba(1985)

1. 사례 연구란 무엇인가?

Lincoln과 Guba(1985: 360)에 따르면, 사례 연구에 대한 참고 문헌도 많고 사례 연구 보고서 예시도 많지만, 사례 연구의 정의에 대한 일치된 의견은 찾아보기 어렵다. 선호하는 정의들은 "삶의 한 단편(slice)" 또는 "하나의 사건(instance)에 대한 깊은 조사"라는 단순한 진술부터 Denny(1978)의 "하나의 측면, 하나의 쟁점, 또는 하나의 지리적인 지역에서 시간의 경과에 따라 발생하는 사건들에 대한 집중적이거나 철저한 조사"에 이르기까지 다양하다.

2. 사례 연구의 예시

아래와 같은 목록이 보여주듯이 서로 다른 형식의 많은 글들이 사례 연구로 불렸다. 개인(발달적 역사, 정신병리학의 원인론), 기관 또는 조직(사회복지 센터, 은행, 대학의 학과), 집단(누드 해변, 지역 사회 유력 인사), 문화(Trobiand 섬 주민들, Potlatch 인디언), 운동(Yippies, 선종 불교도), 행사(신입생 오리엔테이션, 대통령 취임식), 사건

(파업, 핵 사고), 방법론(비판적 패스 분석 사용의 사례, 지역 코드의 적용), 프로그램(종합적 고용 훈련 법률—CETA, Head Start), 프로젝트(새로운 교육과정 개발, 초·중등 학교, 전문 대학, 대학교의 교육학과에 대한 국가 수준 연구). 사례 연구 안에 포함된 정보의 범위는 개인의 몇 가지 검사 점수부터 하나의 사회 전체에 대한 인구학적·사회적·산업적·문화적 정보에 이르기까지 다양하다(Guba & Lincoln, 1981: 371).

3. 사례 연구의 분류

다양한 종류의 사례 연구들에 대한 단순한 분류학은 없다. 사례 연구는 아래와 같이 목적, 분석 수준, 연구자의 행위, 결과물에 따라 분류할 수 있다(Lincoln & Guba, 1985: 361).

가. 목적

사례 연구는 여러 가지 목적을 염두에 두고 수행할 수 있다. 연대기 기록하기(역사 기술처럼 시간적으로 그리고 순서 계열에 따라 기록하기), 제출하기(하나의 서술 또는 간접 경험 제공하기), 가르치기(Harvard 법대 사례 연구와 같은 학생을 위한 교수·학습 자료, 특히 자료가 개방형일 때), 검사하기(사례를 어떤 이론과 가설의 검증에 사용하기) 등 다양한 목적에 사용될 수 있다.

나. 분석 수준

사례 연구는 서로 다른 분석 수준에서 수행할 수 있다. 단순 사실 수준, 해석적 수준, 평가적[evaluative, 판단적(judgmental)] 수준에서 할 수 있으며, 각 수준은 이전 수준을 내포한다.

다. 연구자의 행위

사례 연구는 목적과 수준에 따라, 연구자에게 서로 다른 다양한 행위를 요구한다. 사실적 연대기를 위한 단순 기록(recording)에서 평가를 위해 복잡한 대안을 저울질하기까지 다양하다.

라. 결과물

사례 연구는 목적과 수준에 따라, 서로 다른 결과물을 가져온다. 사실적 연대기를 위한 단순한 기록(register)부터 평가적 검사를 위한 정교한 판단에 이르기까지 다양하다.

제2절 Miles와 동료들(2020)

1. 사례의 의미

Miles와 동료들(2020: 24)은 질적 연구자는 종종 "나의 사례는 무엇인가?", "나의 사례는 어디에서 종결되는가?"라는 질문과 씨름한다고 언급하면서, 요약적으로 사례를 "어떤 범위(경계)가 정해진 맥락(bounded context)에서 발생하는 하나의 현상"으로 정의하였다. 이들은 사례를 분석의 단위로 보았고, 하나의 사례에 대한 연구를 하거나 여러 사례에 대한 연구를 수행할 수 있다고 보았다. 연구의 초점(focus) 또는 "심장(heart)"이 있고, 사례의 가장자리에 불분명한 경계가 있다(**[그림 4.1]**). 이 영역은 사례 연구에서 제외된다.

2. 예시

사례로서 현상은 때로 정해진 맥락에서 한 개인일 수 있다. 어느 학교에서 18주 기간의 봄 학기 동안 일련의 수업을 진행하는 한 명의 중학교 국어 교사가 사례가 될 수 있다. 이 동일한 학기에 학생들은 주 교육부가 부과한 국어 영역 고부담 시험을 치

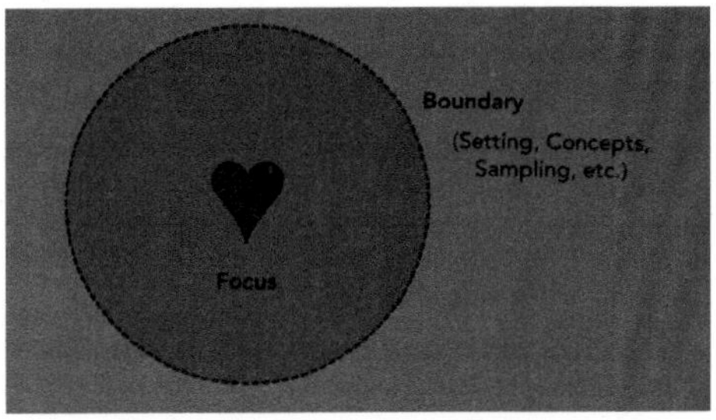

[그림 4.1] 분석 단위로서의 사례

출처: Miles, Huberman과 Saldaña(2020: 25).

를 것이다. 여기에서 심장은 교사이다. 교사의 학생과 학교 현장은 맥락으로서 경계가 된다. 예를 들어, 연구자는 교사의 어머니를 면담하지 않을 것이며, 주중에 교사의 아이를 맡기는 아동 돌봄 시설을 방문하지도 않을 것이다(Miles, Huberman, & Saldaña, 2020: 24-25).

사례의 시간 또한 제한된다. 18주 이후 봄 학기가 지나고 표준화 검사 결과를 받은 이후 어떤 정보도 수집하지 않을 것이다. 그리고 표본도 제한될 것이다. 예를 들어, 이 연구자는 학교 상담 교사와 면담하지 않을 것이고 단지 교장 선생님과 다른 국어 교사들을 면담할 것이다(Miles, Huberman, & Saldaña, 2020: 25).

다른 사례의 예시에는 (1) 한 역할, (2) 한 소집단, (3) 하나의 조직, (4) 한 공간과 환경, (5) 한 지역 사회 또는 구역, (6) 한 에피소드 또는 장면(encounters), (7) 한 사건, (8) 한 기간, (9) 한 과정, (10) 한 문화 또는 하위문화, (11) 한 국가 등이 있다(Miles, Huberman, & Saldaña, 2020: 25-26).

제3절 Stake(1995)

1. 사례 연구의 동기

교육 영역에서 평가 전문가로 잘 알려진 Stake(1995)는 사례 연구자가 어떤 사례에 관심을 기울이며 어떤 목적을 가지고 사례 연구를 수행하는지에 대해 설명한다. 교육과 사회 서비스 영역에서 관심을 가지는 사례는 대부분 사람들과 프로그램들이다. 각각은 여러 면에서 다른 사람들 및 다른 프로그램들과 유사하면서 여러 면에서 독특하기도 하다. 우리는 그들의 독특함과 공통점에 관심을 가진다. 우리는 그들을 이해하고자 한다. 우리는 그들의 이야기를 듣고 싶어 한다. 그 사람들이 우리에게 이야기하는 어떤 것에 대해 우리는 의구심을 가질 수 있다. 이는 그들이 우리가 그들에 대해 이야기하는 어떤 것들에 대해 질문을 제기하는 것과 같다. 그러나 우리는 그들이 일상적인 활동을 어떻게 하고 그 환경에서 어떻게 살아가는가에 대해 배우려는 진실한 관심을 가지고, 우리가 배우는 동안에 많은 추정하는 것들을 내려놓으려는 마음을 가지고 그 장소에 들어간다(Stake, 1995: 1).

2. 사례의 정의

사례는 한 아동이 될 수도 있고 한 학급의 아동들이 될 수도 있다. 사례는 아동의 조건에 대해 연구하는 특별한 교사(전문가)들이 될 수 있다. 사례는 여러 가지 중의 하나이다. 어떤 연구에서든, 우리는 하나에 집중할 것이다. 하나에 집중하여 보내는 시간은 하루 또는 일 년이 될 수 있다. 우리가 집중하는 동안 우리는 사례 연구를 수행하고 있는 것이다.

관례적으로 모든 것을 사례로 보지 않는다.[1] 한 교사는 사례일 수 있다. 그러나 그 교사가 수행하는 교수 활동은 하나의 사례로 불리기에는 구체성과 제한된 범위(경계, boundedness) 면에서 부족하다. 하나의 혁신적인 프로그램은 사례가 될 수 있다. 스웨덴의 모든 학교가 하나의 사례가 될 수 있다. 그러나 학교 사이의 관계, 혁신적 교수의 이유, 학교 개혁 정책을 사례로 보는 경우는 많지 않다. 이 토픽들은 구체적이라기보다는 일반적인 것들이다. 사례는 하나의 구체적이며, 복잡하며, 살아 움직이는 것이다(Stake, 1995: 2).

최초의 교육 영역 민속지학자들 중 하나인 Louis Smith는 사례를, 하나의 과정이 아닌 하나의 대상으로서의 사례에 초점을 두면서, 하나의 범위가 정해진 체제(bounded system)로 정의하는 데 도움을 주었다. 사례를 그리스 문자인 세타(Θ)로 나타내고, 세타는 항상 범위(경계)가 있고 살아 움직인다는 점을 생각하기로 한다. 사회 과학과 인간 서비스 영역의 우리의 일에서 세타는 목적 지향적일 수 있고, 심지어 하나의 '자아(self)'를 가질 수 있다. 사례는 하나의 통합된 체제(integrated system)이다. 그 하위 부분들은 반드시 잘 기능해야 하는 것은 아니며, 목적이 비합리적일 수 있으나, 그것은 하나의 체제이다. 그래서 사람들과 프로그램들은 분명히 장래에 사례가 될 수 있다. 행사와 과정은 이 정의에 잘 들어맞지 않는다(Stake, 1995: 2).

3. 사례 연구의 종류

Stake(1995: 3)는 사례 연구의 종류를 본질적 사례 연구와 도구적 사례 연구로 구분하였다. 그는 먼저 사례에 대한 선택이 전혀 선택이 아닌 경우가 흔히 있다고 말한

---

[1] 사례와 사례 연구에 대해 우리가 정확하게 정의를 내릴 수는 없다. 이는 여러 영역에서 사례 연구를 위한 실천 활동들이 이미 존재하기 때문이다. 나는 좀 더 정확하게 이 책을 자연주의적 사례 연구(naturalistic case study) 또는 교육에서의 사례 현장 연구(case fieldwork in education)로 제목을 정할 수 있으나, 어떤 제목이든지 이전 것들과 갈등을 일으킬 수 있다.

다. 때때로 우리에게 세타가 주어진다. 심지어 그것을 연구할 대상으로 받아들여야 하는 의무를 지기도 한다. 이는 한 교사가 어려움을 겪는 학생에 대해 연구하기로 결심하는 경우, 특정한 단체(agency)에 대해 호기심을 가질 경우, 또는 우리가 어떤 프로그램을 평가할 책임을 떠맡을 경우 발생한다. 사례는 주어지고 우리는 그것에 관심을 가진다. 이는 그것을 연구함으로써 다른 사례 또는 어떤 일반적인 문제에 대해서 배울 수 있기 때문이 아니라, 그 특정 사례에 대해 배울 필요가 있기 때문이다. 우리는 이 사례에 내재적인 관심을 가진다. 그리고 우리가 하는 일을 본질적인 사례 연구(intrinsic case study)로 부를 수 있다(Stake, 1995: 3).

다른 상황에서 우리는 연구 질문, 어리둥절함, 일반적 이해에 도달할 필요성을 가질 수 있고, 특정한 사례에 대한 연구를 통해 질문에 대한 통찰을 얻을 수 있다. 예를 들어, 스웨덴의 초급 대학 교사들은 어떤 해에 의회에서 통과된 새로운 학생 평가 체제를 사용해야 한다. 그것이 어떻게 운영될까? 그 체제는 준거 지향적이어야 하는데 그것이 교사들의 가르치는 방식에 변화를 가져올 수 있을까? 우리는 한 교사를 선택하여 연구할 수 있다. 그 교사가 어떻게 가르치는지 광범위하게 살펴볼 수 있다. 특별히 교사가 학생을 어떻게 평가하는지 그것이 교사의 가르치는 방식에 영향을 미치는지에 대해 관심을 기울일 수 있다. 이렇게 사례 연구를 이용하는 것은 어떤 다른 것을 이해하려는 것이다. 이런 사례 연구는 이 특정 교사를 이해하는 것이 아닌 어떤 다른 것을 성취하기 위한 수단(도구, instrumental)이다. 우리는 이런 탐구를 도구적 사례 연구(instrumental case study)라고 부를 수 있다(Stake, 1995: 3).

같은 상황에서 우리는 단지 한 명의 교사만이 아니라 여러 명의 교사를 선택해야 한다고 생각할 수 있다. 또는 우리는 학교를 사례로 삼되, 여러 학교를 선택할 수 있다. 각각의 사례 연구는 학생 평가 규정의 효과에 대해 학습하는 데 수단이지만, 각각의 연구들 사이에 중요한 조정이 있을 것이다. 우리는 이것을 집단적 사례 연구(collective case study)로 부를 수 있을 것이다. 이 세 가지 분류를 하는 이유는 본질적 관심과 수단적 관심에 따라 방법이 다를 것이기 때문이다(Stake, 1995: 3).

4. 사례의 선정

모든 사례 연구가 잘 진행되지는 않는다. 어떤 사례를 접어두고 새로운 사례를 선택해야 하는지 알아보기 위하여 진전 여부에 대한 중간 평가를 하는 것이 중요하다. 비록 여러 면에서 연구된 사례가 다르지만, 독자들은 어느 것이 자신들의 상황에 얼마나 많이 관련되는지 잘 알아차린다. 도시의 교사들은 종종 농촌의 사례를 거절한다. 이는 그 반대도 마찬가지이다. 그러나 그들이 연구 결과를 읽은 후에는 덜 그러하다. 대부분 연구 과정과 상황의 유사성을 발견한다. 우리는 우리 자신에 대해 이해하기 어려웠던 점들을 다른 사람들의 삶에서도 발견하면서 놀란다(Stake, 1995: 7).

5. 일반화의 도출

사례 연구는 일반화를 위한 토대가 약한 것 같다. 단지 하나의 단수 사례 또는 몇 개의 사례만 연구될 것이지만, 이들에 대해 매우 깊이 있게 연구가 이루어질 것이다. 어떤 활동 또는 문제 또는 반응들이 반복하여 나타날 것이다. 따라서 세타를 위한 어떤 일반화가 도출될 것이다. 그 사례는 아마 한 명의 아동이 될 수 있다. 집단 활동에서 다른 학생들에게 주도권을 넘기지 못하는 것과 같은 문제를 반복적으로 직면하는 아동이 될 수 있다. 그것 자체가 하나의 일반화이다. 관찰을 추가로 해봄으로써, 그 방해는 나이가 더 많거나 힘이 센 아동들에 대해서는 전혀 나타나지 않는다는 것이 분명해진다. 일반화는 점점 더 정교화된다. 새로운 일반화가 아니라 수정된 일반화가 된다. 이것은 연구에서 흔하게 일어나는 것이다. 어떤 것도 완전히 새롭게 이해하게 되는 것이 아니다. 그러나 그 이해를 정교화하는 것이다. 특정 상황에서 한 사례 또는 몇 사례에 대한 일반화는 일반화로 생각되지 않을 수 있다. 아마 작은 일반화(petite generalization)라고 불러야 할지 모른다. 그러나 그들은 사례 연구 내내 규칙적으로 나타나는 일반화이다(Stake, 1995: 7).

거대 일반화(grand generalization)도 사례 연구로 인하여 수정될 수 있다. 독자는 교육청의 사업 책임자가 지속적으로 학부모의 문제를 단순한 형식으로 '표현한다(represent)'는 관점을 가질 수 있다. 그러나 사례 연구는 이 사업 책임자가 자신의 사무실에 들어오는 복잡한 학부모의 문제들을 규칙적으로 정교화한다는(elaborate) 것을 드러낼 수 있고, 이는 교육청 직원들이 특정한 복잡성을 예상할 필요성이 있음을 강조한다. 따라서 반대 사례를 통해 이 사례 연구는 일반화의 수정을 요청한다. 이는 사업 책임자의, 아마도 전형적 특징을 변경하지 않으면서, 지각과 스타일의 가변성을 인정하는 것이다. 단지 한 가지 긍정적인 사례만으로는 일반화를 세우지도 않고 수정하지도 않을 것 같다. 그러나 독자들이 그들(또는 연구자)의 일반화에 대해 가지고 있는 확신을 높일 수 있다. 우리는 일반화 산출을 최적화하기 위하여 사례 연구 설계를 선택하지 않는다. 좀 더 전통적인 비교 연구, 상관관계 연구는 이것을 더 잘한다. 그러나 일반화의 타당한 수정은 사례 연구에서 일어날 수 있다(Stake, 1995: 7-8).

사례 연구의 본질적인 목표는 특수화하는 것이며 일반화하는 것이 아니다. 우리는 특수한 사례를 선택하고 그것을 잘 이해하되, 주로 그것이 다른 것과 어떻게 다른지에 대해서가 아니라 그것이 무엇인지, 그것이 무엇을 하는지에 대해 이해하게 된다. 즉 독특성에 대해 강조한다. 이는 이 사례와 같지 않은 다른 사례들에 대해서도 알게 되는 것을 암시하지만, 첫 번째의 강조점은 사례 그 자체에 대한 이해에 있다(Stake, 1995: 8).

제4절 VanWynsberghe와 Khan(2007)

1. 사례 연구의 정의

VanWynsberghe와 Khan(2007: 80-81)은 사례 연구는 하나의 방법, 방법론, 또는 연구 설계가 아니라고 보았다. 그리고 여러 사례 연구에 대한 정의들의 조화를 추구하여 사례 연구를 사건, 개념, 프로그램, 과정 등에 대한 증거 수집을 통해 현상을 주의 깊게 서술하는 탈패러다임적(transparadigmatic), 탈학문적(transdisciplinary) 발견술(heuristic)이라고 정의하였다. 이는 사례 연구가 탈패러다임적이라는 말은 연구 패러다임(예, 후기실증주의, 비판 이론, 구성주의)과 무관하게 이루어질 수 있다는 말이다. 사례 연구가 탈학문적이라는 말은 사례 연구가 특정 학문이 아닌, 예를 들어, 사회 과학, 자연 과학, 응용 과학, 경영학, 예술, 인문학 연구 등에서 두루 사용될 수 있다는 말이다. 발견술은, 가장 일반적인 수준에서, 연구자가 학습, 구성, 발견, 또는 문제 해결에 초점을 두는 접근을 의미하는 것으로 사용한다. Eckstein(2000)은 발견술을 사례의 본질을 발견하거나 '찾아내기(find out)' 위하여 분석적 귀납(analytic induction)의 방법을 사용하는 특별한 유형의 사례 연구로 정의하였다. 사례 연구에서 사용되는 다양한 발견술을 통해 연구자는 분석 단위(증거를 수집하는 현상)를 발견하거나 구성하는 데 초점을 둔다(VanWynsberghe & Khan, 2007: 80-81).

2. 사례 연구와 분석 단위

VanWynsberghe와 Khan(2007: 87)이 제안하는 사례 연구에 대한 정의는, 부분적으로, 분석 단위(unit of analysis)와 사례 그 자체 사이의 관계에 대한 지속적인 논의에 대한 반응이다. 사례 연구는 연구자의 분석 단위와 사례와 맥락 사이의 "반복적인 호름" 사이의 긴장 상태를 야기한다. "이 흐름은 거의 무한정하며, 어떤 연구의 범위도 초월한다"(Potts, 2005: 7).

Sjorberg와 동료들(1991)은 위의 딜레마에 많은 관심을 기울였다. 그들은 연구의 일곱 가지 영역(domain) 가정들 또는 패러다임적 고려 사항들을 제시하였다 그중 하나는 분석 단위(증거가 수집되는 현상)를 포함한다. 예를 들어, 하나의 존재론적 영역의 가정은 대학원에서 물리학을 전공하는 여학생이 없는 것이 사회 구조적 편견을 반영한다는 것이다. 그 편견은 멘토링을 통해 다룰 수 있다. 이 가정은 사전에 특정한 분석 단위(예를 들어, 학부 물리학 교실)를 결정할 수 있다. 이는 연구의 과정에서 좀 더 다듬어질 수 있다. 분석 단위는 알갱이 같다. 즉 분석 대상이 되는 특정한 현상(예, 멘토링 활동)은 그것이 포함된 더 넓은 현상(예를 들어, 학부 물리학 교실)에서 분리될 수 있다. 사례 연구는 연구의 과정에서 연구자가 초기의 영역(domain) 가정을 유지하기 어려운 상황에 직면하였을 때 나타날 수 있는 분석 단위에서의 그러한 변화에 따라 조정해야 한다. VanWynsberghe와 Khan은 분석 단위가 중요하다는 Sjoberg와 동료들(1991: 36-37)에 동의하는데, 이는 "어떤 것이 사례인지는 연구자의 적절한 분석 단위에 대한 전제에 따라 그리고 다른 관련된 영역 가정들에 따라 변하기 때문"이라고 보았다. 사례 연구는 분석 단위와 합의를 이루는 것이다. 이것 자체는 다른 패러다임적 가정들에 따라 달라진다고 보았다. 따라서 분석 단위와 사례 사이의 상호작용은 사례 연구의 구성 요소라고 보았다(VanWynsberghe & Khan, 2007: 87).

VanWynsberghe와 Khan에 따르면, 분석 단위를 정하는 것은 다음과 같은 과정을 통해 이루어진다. (1) 사례의 맥락에 몰입하여 얻은 상세한 서술의 제공, (2) 사례의 범위를 시간적으로 공간적으로 정하는 것, (3) 사례 그 자체와 분석 단위 사이의 빈번한 상호작용(engagement). VanWynsberghe와 Khan(2007: 90)은 전형적인 사례 연구는 맥락(context) 또는 범위(boundedness)에 대한 상세한 서술을 이미 포함한다고 보았고, 사례 그 자체와 분석 단위 사이의 상호작용은 다양한 원천의 지속적인 자료 수집과 이론의 개발 및 검증의 과정 중에 이루어진다고 보았다. 그리고 사례 연구의 초점을 발견하는 것은 복잡한 작업이라는 것을 인정하였고, 분석 단위를 상술하는 것이 사례의 본질을 발견하거나 구성하는 데 중요하다고 주장하였다(VanWynsberghe & Khan, 2007: 90).

존재론적 영역에서는, 예를 들어 대학원에서 물리학을 전공하는 여악생이 없는 것이 사회 구조적 편견을 반영한다고 가정한다.

제5절 Verschuren(2003)

1. 사례 연구에서 방법 선택(질적 방법 vs. 양적 방법)

Verschuren(2003)은 사례 연구에서 질적 방법과 양적 방법 두 가지 중에서 선택하는 것은 중요하다고 말하였다. 이는 이들이 총체적인(holistic) 연구와 분할(환원)적인(reductionistic) 연구 사이의 연속선상의 양극단에 위치하기 때문이라는 것이다. 그는 사례 연구가 이 연속선상에서 총체적인 쪽에 있고 또 그래야 한다고 주장하였다. 양적 연구를 위한 선택은 연속선상의 반대편인 분할적인 쪽에 있는데, 그 이유는 양화(quantification)를 통해 한편으로 사회적 실재(reality)를 단위(unit) 또는 변인(variables, 즉 data)으로, 다른 한편으로 연구 단위를 관찰 단위 또는 분석 단위로 분할하기 때문이다. 연구 단위는 연구 대상으로서 연구자가 그것에 대해 지식을 생산하고자 하는 것으로 정의된다. 관찰 단위는 연구 단위의 하위 단위들, 즉 부분들, 측면들, 건축의 석재와 같은 것들, 기초적인 조각들로 연구자가 연구 단위에 대한 지식을 생산하기 위하여 관찰하는 것들이다. 연구 자료는 분석 단위(units of analysis)에 토대를 두고 분석되고 결과로 전환된다. 이에 따라, 연구 단위와 분석 단위의 구분은 Yin(1989: 46)의 총체적 사례 연구와 내장형 사례 연구 사이를 구분 짓는 토대이기도 하다(Verschuren, 2003: 125).

Verschuren(2003)에 따르면, 사례 연구 설계의 핵심에 대한 논의에서 연구 단위와 관찰 단위의 구분의 중요성은 Ragin과 Becker(1992: 3-4)가 제시한 예시를 통해 더욱 더 명료해질 수 있다. 이 저자들은 두 종류의 연구자를 비교하였다. 한 사람은 구성원들과의 면담을 통해 그 회사의 비공식적인 조직에 대해 연구하는 민속지학자이다. 다른 연구자는 직무 만족도에서의 차이에 대한 양적 평가에 적합한 자료를 수집하기 위해 동일한 면담을 사용한다. 저자들에 따르면, "두 연구자들은 모두 그 하나의 회사에 특수한 연구 결과를 생산해낸다." 그러나 "민속지학자는 하나의 사례를 가지고 하나의 사례 연구를 수행한다고 말할 수 있고, 양적 연구자는 여러 사례에 토대를 두고 연구를 한다고 말할 수 있다." 다르게 말하면, 두 번째 연구자는 설문 조사(survey) 연구를 수행하였다. 그러나 두 연구자 모두 연구 단위(회사)를 관찰 단위(회사의 구성원)로 분석적으로 나누었기 때문에 두 연구자 모두 조사 연구를 수행하였다고 말할 수 있는 이유가 있다. 유일한 차이점은 민속지학자가 그 사례의 하나의 특징, 즉 비공식적인 조직을 종합적으로(홀리스틱하게) 연구하였으나, 양적 연구자는 개별 응답자의 특징, 즉 그들의 직무 만족도에 관심을 가지고 있었다. 양적 연구자가 하나의 전체로서 회사의 직무 만족도를 발견하고 서술하기 위하여 자료를 집계하지만, 예를 들어 백분율(퍼센트)이나 평균을 계산하지만, 이것을 사례 연구라고 보기는 어렵다(Verschuren, 2003: 126).

위의 예시는 연구 단위와 관찰 단위의 구분의 중요성을 명료화한다. 일반적으로 연구 단위를 관찰 단위로 세분하는 것은 양적 연구에서 매우 중요하다. 이는 연구 단위의 숫자가 매우 작기 때문이다. 예를 들어, 10개의 미식축구 클럽을 표본으로 양적 연구를 수행하는 것은 각 구성원을 관찰 단위로 여기지 않는 한 적절하지 않다. 그러나 설문 조사 연구와 분명하게 구별되는 사례 연구의 중심적인 속성(attribute)은 연구 단위와 관찰 단위를 구분하지 않는다는 것, 즉 연구 단위와 관찰 단위 사이에 차이가 없다는 것이다. 연구자는 하나의 사례를 가능한 한 하나의 전체로 보려고 노력한다는 것이다(Verschuren, 2003: 126).

두 번째 예시는 이 점을 더 분명하게 밝혀줄 것이다. 양적 연구자가 무작위 표집으로 하나의 기업(회사)에 근무하는, 예를 들어 500명의 직원(구성원)을 대상으로 연구를 수행한다고 가정하자. 많은 사례 연구 옹호자들은 이 연구가 하나의 기업(회사)이라는 하나의 대상에 대한 지식을 겨냥한다는 단순한 이유만으로 이것이 사례 연구에 부합한다고 말할 것이다. 그러나 연구자가 단지 하나의 사례에 초점을 둔다는 사실 때문에 그것이 사례 연구가 되는 것은 아니다. 이 경우 연구 전략은 설문 조사로서, 이는 방법론적으로 하나의 기업(회사)이 아닌, 예를 들어, 100개의 서로 다른 기업(회사)이라는 전집에서 무작위로 추출한 500명의 표본을 대상으로 하는 연구와 구분되지 않는 것이다.

요약하면, 위의 두 사례 모두 사례 연구로 잘못 일컬어졌다. 첫째의 사례에서 그 이유는 그것이 집단(회사)의 특징에 초점을 둔다는 것이고, 둘째의 사례는 연구 대상이 하나의 사례(회사)이기 때문이다. 두 가지 사례 모두에서 간과된 것은 연구 전략이 본질적으로(in nature) 분할(환원)주의적이라는 것이다(Verschuren, 2003: 126).

2. 사례 연구 결과의 질에 대한 비판

조사 연구나 실험 설계를 따르는 양적 연구의 몇몇 옹호자들은 사례 연구 결과에 대한 간주관적 동의(intersubjective agreement)에 문제가 있다고 여긴다. Swanborn (1996a)이 지적하듯이, 간주관적 동의는 근대 사회 과학에서 으뜸가는(paramount) 질에 대한 판단 준거이다. 이 저자에 따르면, 이 준거를 충족한다는 것은 통제 가능성

(controllability), 연구자 독립(researcher-independence), 내적 타당도(internal validity), 외적 타당도(external validity)(일반화 가능성, generalizability)가 이미 충족되었다는(presuppose) 것을 의미한다(Verschuren, 2003: 127).

앞의 전반부 세 가지 준거와 관련하여, 사례 연구자가 이 준거들에 대하여 특별한 주의를 기울일 이유가 있다고 말할 수 있다. 이는 질적 연구의 절차와 방법이 종종 구어적으로 이루어지고 양적 연구 방법은 대부분 숫자를 사용하고 높은 수준의 형식화를 갖춘다는 사실 때문이다. 다른 것이 같다면, 원칙상 숫자와 다른 상징들은 단어보다 더 정확하고, 질적인 방법들은 양적인 방법들과 비교하여 일반적으로 덜 강력하고(less compelling) 통제하기가 더 어렵다(less controllable). 더욱이 참여 관찰, 개방형 심층 면담과 같은 자료 수집을 위한 질적 방법들은 원칙상 회귀 분석과 구조 방정식 모형(LISREL)과 같은 중다 변인(multivariate) 자료 분석과 비교하여 연구자의 성격에 더 쉽게 연결된다(Ragin, 1989). 예를 들어, 토픽 목록에 따른 면담보다 참여 관찰이 더 연구자 의존적이고, 면담은 지필식 설문 조사보다 더 연구자 의존적이라는 것에 의문을 제기할 연구자는 거의 없을 것이다. 그 이유는 참여 관찰이 면담과 비교하여 표준화가 덜 되었고, 형식화가 덜 되었고, 연구자의 성격에 더 쉽게 연결되기 때문이다. 이는 면담을 지필식 설문 조사와 비교할 때도 마찬가지이다(Verschuren, 2003: 127).

자료 수집에서와 마찬가지로 자료 분석과 관련하여서도 동일한 결론이 타당하다. 질적 자료 분석 방법들에는 계속적 비교(Glaser & Strauss, 1967), 패턴 연결(pattern matching)(Yin, 1989), 사례 비교(Ragin, 1989) 등이 있다. 이들은 모두 원칙상 자료 분석을 위한 양적인 중다 변인 기법들보다 연구자에게 더 많은 자유를 부여한다(Verschuren, 2003: 127).

그러나 사례 연구에 대해 훨씬 더 자주 언급하는 반대는 연구 단위, 즉 사례의 숫자가 적기 때문에 그 결과가 제한된 외적 타당도를 가진다는 점이다(Mitchell, 1983; Merriam, 1988; Ragin, 1989; Yin, 1989; Creswell, 1994; Bertaux & Thompson, 1997). 예를 들어, Ragin은 다음과 같이 말하였다.

> 더욱이, 사례 지향적 연구자들은 그들의 연구 결과가 그들이 연구하는 적은 수의 사례들에 국한된다는(특수하다는, specific) 비판에 항상 개방되어 있다. 그들이 광범위한 비교를 할 때나 일반화를 시도할 때, 그들은 종종 그들의 일반화가 그들이 선호하는 사례들에 토대를 두고 구성되거나(shape), 적어도 영향을 받는다는(colour) 비판을 받는다. (Ragin, 1989: ix)

이 관점에 따르면, 사례 연구 결과를 더 광범위한 맥락, 다른 시점, 또는 유사한 전집에 일반화하는 것은 불가능하다. 이 관점을 가진 몇몇 옹호자들에 따르면, 이것은 단수 사례 연구에서도 그렇고, 여러 사례들에 토대를 둔 비교 연구에서도 그렇다(Swanborn, 1996b; Campbell, 1975; Yin, 1989). Mitchell(1983: 205)은 말하였다. "사례 연구 결과를 일반화의 토대로 사용하는 것에 대한, 내가 보기에, 잘못된 근거에 따른 비판의 토대는 바로 이 사례 연구의 특수성이다"(Verschuren, 2003: 127-128).

3. 사례 연구의 외적 타당도(일반화 가능성)

경험적 사회 과학 연구에서 특히 양적 접근을 옹호하는 연구자들이 자주 비판하는 질적 연구의 특징들 중 하나는 외적 타당도 또는 일반화의 어려움이다. 그러나 사례 연구 결과의 낮은 일반화 가능성에 대한 비판은 분할(환원)주의적인 사고방식에 토대를 두고 있다. Yin(1989)에 따르면, 사례 연구 결과는 원칙상 전집이 아니라 이론적 명제에 일반화할 수 있다. Yin은 이것들을 각각 통계적 일반화와 분석적 일반화라고 부른다. 그의 관점에 따르면, 사례 연구에 통계적 일반화를 적용하는 것은 잘못이다. 사례 연구 결과의 외적 타당도를 변호하면서 Mitchell은 이 관점에 동의하는 것 같다(Verschuren, 2003: 134-135).

> 내가 추측하기에, 문제(difficulties)는 일반적인 추론의 유일하게 타당한 토대가 통계적 분석과 관련하여 개발된 것이라는 일반적인 가정에 있다. (Mitchell, 1983: 197)

그에 따르면, 사례 연구에서, 우리는 통계적 추론이 아니라 논리적 추론(logical inference)에 의존해야 한다. 이는 Znanieki의 분석적 귀납과 열거적(enumerative) 귀납의 구분과 같다. Mitchell에 따르면, "사례 연구에서 통계적 추론은 전혀 이루어지지 않는다"(Mitchell, 1983: 207). 대신에 그는 분석적 귀납에 토대를 두고 사례 연구 결과를 일반화하는 것에 대한 설득력 있는 근거(rationale)를 사례에 대한 이론적 지식과 깊이 있는 분석에 토대를 두고 제시한다. 이 아이디어를 Bertaux와 Thompson(1997: 14-16)도 지지한다(Verschuren, 2003: 135).

비록 분석적 귀납에 대한 이 주장이 매우 타당하고 Yin의 사례 연구 결과의 이론적 일반화에 대한 방어와 밀접한 관련을 갖지만, 깊이 있는 지식에 토대를 둔 일반화는 또한 통계적 추론의 원리에 토대를 두고 방어할 수도 있다. Mitchell의 통계적 추론의 가능성에 대한 부정은 사례 연구가 변인들과 그들 간의 관계에 대해 연구할 경우에는 타당할 것이다. 그러나 그것은 총체적(holistic) 지식, 즉 패턴, 배열, 구조, 유형, 프로파일, 과정 등에 대한 깊이 있는 지식에는 타당하지 않다(Verschuren, 2003: 135).

Verschuren은 젊은 네덜란드 농부의 예를 들었다. 그는 젊은 농부가 부모의 농업을 이어받는 것을 진홍하는 정책을 정부가 수립하였다고 가정하였다. 네덜란드에서 농업은 자본 집약적이므로, 농업의 계승은 원칙적으로 재정적 문제이다. 이 외에 그것은 사회적 문제가 될 수도 있다. 이는 농업을 가족 내에서 유지하면서 형제자매의 정당한(legitimate) 유산을 값을 지불하고 살 수 없기 때문이다. 이 문제에 대해 적절한 정책을 수립하기 위해서, 정부는 농부들이 어떤 문제들에 직면하는지 그리고 그것들이 어떤 결과들을 낳는지 알아야 한다. 목표가 국가 정책의 수립인 경우에 많은 연구자들은 으레 조사 연구를 선택할 것이다. 네덜란드 농업 후계자 전집은 1년에 1,000의 사례를 초과하므로, 연구자는, 예를 들어 몇백의 무작위 표본을 추출해야 할 것이다. 다음에 이 표본에서 아마도 설문지를 통해, 연령, 종교, 자녀 수, 이해 관련자들의 관심, 그들의 가치, 신념 등 모든 종류의 관련 변인들을 광범위하게 측정할 것이다. 그리고 양적 통계 분석 방법의 도움을 받아 연구자는 문제가 무엇인지에 대한 그림을 그릴 것이다(Verschuren, 2003: 135).

다음에 Verschuren은 조사 연구가 아닌 사례 연구를 선택하였다고 가정하였다. 전체적이고(integral) 깊이 있는 계승의 그림을 일련의 관련된 변인들 대신에 하나의 유형이나 하나의 패턴으로 나타내고자 한다고 가정하였다. 여러 노동 집약적 방법들의 삼각법(triangulation)이 필요하므로 오직 소수의 사례들만이 선정될 수 있다. 그래서 조사 연구에서처럼 몇백의 광범위한 무작위 표본 대신에 작은 규모의 전략적 표집, 예를 들어 15개 사례를 선정한다. 전략적 표본은 이 사례들이 단정하게(neatly) 종교, 전통과 관습, 지리적 지역, 농업의 유형과 같은 계승의 문제와 표면적으로 밀접하게 관련 있는 일련의 주요 변인들에 흩어져 있다는 것을 의미한다. 그리고 작은 규모의 표본에서 부족한 차이를 보충하기 위하여 이들 각각의 변인들, 예를 들어 순수 종교 또는 정통 종교, 대조적인 사업의 유형들, 서로 다른 지리적 지역들 등의 극단의 또는 매우 중요한 사례들을 포함하는 것이 더 좋을 것이다(Verschuren, 2003: 135-136).

이제 연구자는 이 15개 사례에서 계승의 과정에 대한 통찰을 얻으려고 할 것이다. 이를 방법들의 삼각법으로 수행할 수 있다. 즉 연구자는 참여 관찰, 심층 면담, 관련된 기록물 또는 시청각 자료에 대한 질적인 내용 분석 등 여러 노동 집약적이고(labour-intensive) 자극하지 않는(stimulus-free) 자료 수집 방법을 사용할 것이다. 이 15개 사례에 토대를 두고 연구자가 네 가지 유형 또는 패턴의 계승과 이에 관련된 문제들을 발견하였고, 그리고 추가적인 사례를 선정한 이후에 더 이상의 새로운 유형을 발견하지 못하였다고 가정하자. 질적인 방법론자들은 이를 사례의 포화(saturation)라고 부른다(Bertaux & Thompson, 1997: 14). 이제 연구자는 국가 정책 수립에 적절한 전집에 대한 '대표적인' 그림을 가질 것이다(Verschuren, 2003: 136).

조사 연구에서는 적어도 몇백 명의 관찰 단위가 필요한 것과 비교하여, 우리가 어떻게 하나의 총체적(holistic) 사례 연구에서 불과 15개 사례에 토대를 두고 전집에 대한 명료한 그림을 얻었는지에 대해 우리 자신에게 질문할 수 있다. 그 답은 우리가 양적 연구에서 통계적 일반화가 어떻게 이루어지는지에 대해 알게 될 때 명료해질 수 있다. 통계 이론에 따르면, 필요한 표본의 크기는 두 가지 매개 변수에 따라 달라진다. 이것은 (1) 연구자가 바라는 확실함과 정확성, (2) 전집의 변수(variability)이다. 우리가 변수의 문제에 집중하기 위하여 (1)이 정해져 있다고 가정하자. 논의를 분명하게 하기 위하여 상품 생산의 질 관리(quality control)라는 다른 예를 들어보자. 우리가 평가할 전집이 한 공장이 1주에 생산하는 몇천 개의 기계라고 가정하자. 질 관리를 위해 우리는, 예를 들어, 10개 또는 많아야 20개의 기계라는 작은 표본만 필요하다. 그런 경우에 작은 표본이 충분한 이유는 생산이 높은 수준으로 표준화되어 있고 동일한 기계의 생산이 목표라는 점, 즉 생산할 기계에는 변수가 많지 않다는 점이다. 만약 전집에 변수가 전혀 없다면, 표본 수 1(n=1)이 전집에 대한 타당한 그림으로 충분할 것이다. 요약하면, 전집의 변수가 많을수록 더 큰 표본이 필요하다(Verschuren, 2003: 136).

이제 젊은 네덜란드 농부의 사례로 돌아가자. 만약 정책 연구가 분할(환원)주의적으로 이루어진다면 두 가지 이유에서 연구 대상에 변수가 많을 것이다. 첫째, 관찰 단위, 즉 농부가 많다. 둘째, 연구자는 연령, 수입, 정치적 의견, 형식적 교육 등의 변인들과 같은 개별 변인들을 본다. 이들 각각은 넓은 범위의 점수를 가질 수 있다. 이런 이유로 연구자는 많은 수의 표본이 필요하다. 그러나 만약 질적인 사례 연구 설계를 따라 연구가 진행된다면, 연구 단위의 수는 몇 명의 계승자들로 작다. 그리고 연구자는 각각의 변인들을 보지 않고 사례들을 보며, 이 사례들 안에서 과정들을 총체적으로(as a whole) 본다. 좀 더 일반적으로 말하여, 총체적(holistic) 연구에서 연구자는 오히려 과정, 구조, 패턴과 같은 복잡한 쟁점에 집중한다. 마지막으로 우리는 우리의 추론(reasoning)의 지점에 도달한다. 이 복잡한 쟁점들은 일반적으로 각각의 변인들보다 훨씬 낮은 변수를 가진다. 일반적으로 이런 이유 때문에 작은 표본으로도 충분하다. 이것은 Verschuren(2003)이 옹호하는 총체적 연구의 경우에 외적인 타당도는 통계적 일반화와 관련하여서도 방어된다는 것을 의미한다. 사례 연구 설계의 많은 옹호자들이 그러는 것처럼 분석적이고 이론적인 일반화에 의존할 필요가 없다. 이것은 사례 연구 설계를 방어하는 데 추가적인 방어일 수는 있다(Verschuren, 2003: 136-137).

4. 총체적 사례 연구의 옹호

Verschuren(2003)에 따르면, 일반적인 방법론적 관점에서, 많은 사회 과학 전공 영역들에서 사용되는 것과 같은 사례 연구에 대해 그것을 하나의 방법론적인 접근 또는 연구 전략으로 정의하기보다, 주로 단일한(또는 몇 개의) 대상(들)에 대한 연구로 정의하는 경향이 있는 것 같다. 이런 이유 때문에 Verschuren(2003)은 총체적 사례 연구 구축을 위한 몇몇 주춧돌(building stones)을 제시하였다. 그 정의는 다음과 같이 요약된다. 하나의 사례 연구는 하나의 연구 전략으로서 본질적으로 총체적(holistic)이다. 사례 연구에서는 반복적-병렬적 진행 방식을 따른다. 사례 연구에서는 단지 소수의 전략적으로 선정된 사례들을 자연적 맥락에서 개방적인 방식으로 관찰한다. 사례 연구에서는 (모든 변인의) 좁은 시야(tunnel vision)를 명백하게 피하고, 사례들 또는 하위 사례들을 분석적으로 비교한다. 사례 연구에서는 복잡하게 얽히고설킨 집단 속성(특성), 패턴, 구조, 과정에 대해 서술하고 설명하는 목표를 지향한다(Verschuren, 2003: 137).

이 정의는 분할(환원)주의적인 연구 유형으로서 양적 설문 조사 연구와 대조되는 점을 최대한으로 드러내는 것, 이를 통해 양적 연구에 대한 최적의 보완적인 연구임을 밝히는 것을 목표로 삼는다. 이렇게 정의된 사례 연구는 특히 매우 높은 수준으로 복잡하고(Ragin, 1989) 그리고/또는 그들의 문화적 맥락 속에 내재하는 현상에 대한 연구에 적절하다(Verschuren, 2003: 137).

Verschuren(2003)은 여러 사례 연구자들이 그러하듯이, 특정 사례에서 통찰을 얻기 위하여 온갖 종류의 연구 방법과 절차를 사용하는 데 아무런 잘못이 없음을 분명히 말하였다. 그러나 이런 유형의 연구에 사례 연구(case study)보다는 사례 탐구(case research)라는 용어를 사용해야 한다고 말하였다. 이 사례 탐구에서 하나의 사례(또는 몇 개의 사례들)를 셀 수 없을 정도의 많은 방법과 절차를 동원하여 연구한다(Verschuren, 2003: 137).

결론적으로, 사례 연구 결과에 대한 통제 가능성과 연구자 독립이라는 비판은 이런 관점에서 사례 연구와 다른 정교한 연구 전략들이 단지 개념적인(conceptual) 연구 설계 측면이 아닌 기술적인(technical) 연구 설계 측면에서 서로 다르다는 것을 깨달으면 그 힘을 잃는다고 말할 수 있다. 여기에서 연구의 개념적 설계 영역은 연구 질문과 이론적 개념을 포함하고, 기술적인 연구 설계 영역은 자료 수집 및 분석을 포함한다. 그리고 내적 타당도 및 외적 타당도 관련 비판은 그들이 분할적(환원적) 지식 생산이라는 가정에 토대를 두었기 때문에 용해된다(dissolve). 그들은 패턴, 구조, 과정에 대한 심도 있는 지식을 추구하는 총체적 사례 연구에는 적용되지(hold true) 않는 것 같다(Verschuren, 2003: 137).

5. 나열적 귀납과 분석적 귀납

Mitchell(2008)은 논리적 추론과 통계적 추론 사이의 구분은 1934년에 Znaniecki가 사회학에 도입한 나열적 연역(enumerative induction)과 분석적 연역(analytic induction)의 구분에 관련된다고 말하였다. 그의 시절 확산되고 있던 양적 연구의 유행에 대한 강력한 반대자였던 Znaniecki가 두 가지 추론 양식을 대조하였다. 그에 따르면, 나열적 귀납은 한 부류의 현상의 특징들을 단지 나열함으로써 드러내는 단순한 나열(enumeration)의 형식을 띠거나, 확률론이 도입된 더욱 정교한 통계적 귀납의 형식을 띤다. 그에 따르면, 나열적 귀납은 오래전부터 현재까지 윤리적 · 정치적 저서에서 거의 변화되지 않은 채 단순한 형식으로 사용되어왔다. 이는 선험적으로 받아들여진 원리에서 행위의 규칙을 도출하는 데 만족하지 않는 저자가 자신의 관점의 토대를 경험과 관찰에 두고자 시도할 때에는 언제나 그랬다(Znaniecki, 1934: 221). Znaniecki는 다음과 같은 것을 일반적 원리로 서술하였다(Mitchell, 2008: 34).

> 미리 범위가 정해진 어떤 부류의 경험적 자료에 대한 최종 진리를 이 부류에 속하는 많은 사례들을 연구함으로써 발견하려고 시도하는 것이다. 원래 그리고 본질적으로, 추구하는 진리는 주어진 모든 자료의 부류에 그리고 오직 이들에 공통적인 특성이어야 한다. (Znaniecki, 1934: 222)

이는 어떤 확인이 가능하지만 반드시 핵심적인 것은 아닌 특징들에 따라 한 부류의 현상을 확인하는 것과 그리고 나서 낱낱의 사례들(instances)을 조사(examine)함으로써 그 부류에 속하는 사례의 특징들을 확인하는 것을 의미한다. 이와는 대조적으로 분석적 귀납은 다음과 같다.

> 분석적 귀납에서는 어떤 특정 대상물을 집중적인 연구를 통해 알아내는 것이며, 문제는 그들이 나타내는 논리적 부류를 한정 짓는 것이다. 분석적 귀납에서는 이 부

> 류를 대표하는 연구 자료를 선정하기 이전에 이 부류에 대한 정의가 이루어지지 않는다. 모든 자료의 분석이 일반적인 공식화 이전에 이루어진다. 만약 잘 되었다면, 같은 부류의 더 많은 자료를 후속적으로 조사하는 것을 통해서 이 부류에 대해 더 알게 되는 중요한 것은 거의 없다. (Znaniecki, 1934: 249)

Znaniecki는 계속하여 말하였다.

> 분석적 귀납이 종료되는 곳에서 열거적 귀납이 시작된다고 말할 수 있다. 만약 잘 이루어진다면, 후자에게 진정으로 해결 가능한 문제를 남기지 않는다. 논리적인 문제화(logical problematisation)에서 그러한 근본적인 차이로 인하여, 논리적 절차는 당연히 크게 달라야 한다. 두 가지 형식의 귀납 모두 특수하고 구체적인 자료에 관하여 일반적이고 추상적인 진리에 도달하는 경향이 있지만, 열거적 귀납은 일반화를 통해 추상하고, 분석적 귀납은 추상을 통해 일반화한다. 전자는 많은 비슷한 사례들을 들여다보며 특징들을 확인하고, 그 특징들의 일반성 때문에 그들을 개념적으로 추상화한다. 이때 그 특징들은 각각의 특수한 사례에 본질적인 것이어야 한다고 가정한다. 후자는 주어진 구체적인 사례들에서 그것에 본질적인 특징을 추상하고 그것들을 일반화한다. 이때 그것들이 본질적인 한 그들은 많은 사례에서 비슷해야 한다고 가정한다. (Znaniecki, 1934: 250-251)

Znaniecki에 따르면, 분석적 귀납의 과정은 단지 하나의 사례를 잘 분석하여 자명한(self-sufficient) 이론을 개발하지 않는다. 이와 관련하여 Znaniecki는 Durkheim의 오스트레일리아 토테미즘에 토대를 둔 종교의 분석을 비판하였다(Znaniecki, 1934: 237). 분석적 귀납의 과정은 대신에 과거의 일반적인 이론의 흐릿하였던 측면을 조명하기 위하여 사례들을 검토한다(Mitchell, 2008: 35).

제6절 Starman(2013)

1. 사례 연구는 하나의 질적 연구의 유형인가, 하나의 질적 연구 방법인가?

사례 연구는 질적 방법론 영역에서 사용된 초기 연구 유형 중 하나였다.[2] 사례 연구는 종종 질적 연구와 방법론의 한 유형으로 생각되어 왔다. 질적 연구의 패러다임적 토대로서 해석적 패러다임, 현상학적 접근, 구성주의는 사례 연구에 대한 정의 및 특성에 밀접하게 연결되어 있다. 따라서 사례 연구의 본질은 양적이기보다는 더 질적이지만, 배타적으로 그러하지는 않다. 이는 사례 연구가 질적일 수 있고, 양적일 수 있고, 둘의 조합이 될 수도 있기 때문이다. 두 가지가 균등하게 나타날 수도 있고, 하나가 주도적이고 다른 하나가 보조적일 수 있다(Starman, 2013: 29-30).

어떤 연구자들은 사례 연구를 질적 연구의 일부로 여긴다. 하나의 유형(type)으로 여기기도 하고 때때로 하나의 방법(method)으로 또는 과학적 접근으로(scientific approach) 여기기도 한다. Starman은 사례 연구가 양적인 요소를 포함할 수도 있고 특히 연구의 질문 및 목적에 비추어 그러하다는 것을 고려하더라도, 사례 연구는 질적 연구 영역에 속하는 것으로 보고 질적 연구의 한 유형인 것으로 보았다(Starman, 2013: 30).

2. 사례 연구의 정의와 분류

Sturman(1997: 61)에 따르면, "사례 연구는 개인, 집단, 또는 현상에 대한 탐색을 일컫는 일반적인 용어이다." 따라서 사례 연구는 개별 사례와 그 분석에 대한 종합적인 서술이다. 즉 사례와 사건을 특징짓는 것이며, 이런 특징들의 발견 과정, 즉 연구 과정 그 자체를 서술하는 것이다(Mesec, 1998: 45). Mesec는 사회 복지 영역에서의 사례 연구에 대한 하나의 정의를 제공하지만, 이는 교육의 영역에도 적용될 수 있다. 그에 따르면 "사례 연구는 하나의 문제(matter) 또는 사례에 대해 서술하고 분석하는 것으로, 이는 어떤 상황 속 참여자들 사이의 상호작용의 변인, 구조, 형식(forms), 질서(order)를 확인하는 것을 목적으로 삼거나(이론적 목적), 일의 수행이나 발전을 평가하는 것을 목적으로 삼는다(실제적인 목적)(Mesec, 1998: 383). 그는 하나의 사례 연구가

---

[2] 심리학에서 사례 연구는 19세기 중엽까지 올라간다. 사회 복지 영역에서는 1920년 이래로 사용되어왔고 사례 조사(caseworks)로 불렸다(Mills et al., 2010: 109).

두 가지 목적을 동시에 추구할 수 있다고 말하였다(Starman, 2013: 31).

Sagadin(1991: 301)에 따르면, 사례 연구는 한 사람(그 사람의 활동, 특별한 요구, 삶의 상황, 생애사 등), 한 집단(학교의 한 학과, 특별한 요구를 가지고 있는 학생 집단, 교사 집단 등), 한 기관, 또는 한 기관에서 발견되는 하나(또는 여러 개)의 문제, 과제, 현상 또는 사건을 개별적으로 서술하고 분석하는 데 사용된다. 만약 우리가 서술적인 수준에 머문다면, 사례 연구는 서술적인 방법이다. 그러나 우리가 인과적 수준으로 올라가면, 사례 연구는 인과적-실험적 방법으로 나아간다. 더욱이 사례 연구는 발달적 요인을 조명한다. 이는 사례들이 생산되고 시간이 지나면서 종종 그 특정한 장소와 그 특정한 시간에 발생하는 일련의 특수하고 상호 관련된 사건들로 발전한다는 것을 의미한다. 총체적으로(holistically) 말하여, 이것이 바로 사례(the case)이다. 마지막으로 사례 연구는 환경, 즉 맥락에 초점을 둔다. 연구 대상인 개별 단위의 경계(범위)를 정하는 것은 사례가 무엇인지를 정하는 것이고 맥락이 무엇인지를 정하는 것이다(Starman, 2013: 31-32).

Simons(2009: 21)는 사례 연구에 대한 여러 정의들에 나타나는 공통점들에 대한 비판적 검토를 통해 사례 연구에 대한 다음과 같은 정의를 도출하였다. "사례 연구는 다양한 관점을 가지고 실제 삶의 맥락 속에서 발견되는 하나의 특수한 프로젝트, 정책, 제도, 프로그램 또는 체제에 대한 복잡성과 독특성에 대한 심도 있는 탐색이다." 또한 Simons는 사례 연구를 하나의 방법 그 자체로 여기지 말아야 한다고 강조하였다. 오히려 사례 연구는 여러 방법들을 포함하는 하나의 설계 프레임이다. Stake(2005: 443)는 이에 동의한다. 그는 사례 연구가 방법론적인 선택이 아니며, 사례를 연구하기 위하여 어떤 방법들을 선택하더라도, 연구할 대상에 대한 선택이라고 말하였다. 그렇게 함으로써, 우리는 분석적으로, 총체적으로, 해석적으로, 문화적으로 그것을 연구할 수 있다. 그러나 적어도 당분간은, 우리는 사례에 집중한다. 따라서 방법의 선택은 사례 연구의 정의에 관련되지 않는다. 본질적인(essential) 것은 분석적 절충주의(analytical eclecticism)이다(Thomas, 2011: 512). Flyvbjerg(2011: 301)도 비슷한 의견을 공유하면서, 우리의 연구에서 사례 연구를 수행하기로 결정한다면, 이는 방법의 선택을 의미하는 것이 아니라 탐색할 대상의 선택을 의미한다고 말하였다. 하나의 사례를 서로 다른 다양한 관점에서 접근할 수 있다(Starman, 2013: 32).

우리가 이 정의들을 유사점과 차이점에 따라 분석하면, Simons(2009)의 정의에 동의하는 결론에 이를 수 있다. 즉 그들은 다양한 실제 삶의 상황에서의 복잡성에 대한 탐구에 헌신하는 것을 공유한다. 그들은 자료 수집의 다양한 방법을 포함하지 않는다. 이는 그들의 초점이 다른 곳에 있기 때문이다. 정의들의 차이점들에 대하여 말하자면, 우리는 그것들이 다양한 연구자들이 의존하는 서로 다른 인식론적 토대(Thomas, 2011: 512), 즉 연구의 목적(Mesec, 1998), 수준(Sagadin, 2004), 시간 틀(timeframe, Flyvbjerg, 2011), 또는 맥락(Flyvbjerg, 2011; Thomas, 2011)과 같은 것에 기인한다고 말할 수 있다(Starman, 2013: 32).

사례 연구의 정의에 대해 논의할 때, 많은 연구자들은 연구의 유형으로서의 사례 연구보다는 개별 사례(또는 복수 사례)에 초점을 둔다. Verschuren(2003: 137)에 따르면, 바로 이것이 사례 연구를 하나의 연구의 접근으로 보기보다는, 하나의 사례(또는 복수의 사례들)를 연구하는 것으로 분류하는 경향과 함께 정의에 대한 의견 차이(disagreements)가 나타나기 때문에, 방법론적 관점에 따라 사례 연구를 정의하는 많은 경우가 나타나는 이유이다(Starman, 2013: 32).

3. 사례 연구 유형 및 범주

가. 시간 차원에 따른 단수 사례 연구 분류

Thomas(2011: 517)는 시간 차원에 따라 단수 사례 연구를 다음과 같이 분류하였다.

(1) 회고적 사례 연구: 이것은 가장 단순한 형태의 사례 연구이다. 이는 모든 종류의 과거의 현상에 관련되는 자료의 수집을 포함한다. 연구자는 현상, 상황, 사람, 또는 사건을 되돌아보고 역사적으로 종합적으로 연구한다.
(2) 스냅샷 연구: 현재의 한 사건, 한 사람의 생애 중 하루, 하나의 일기 등 특정한 하나의 시간대에 한정된 사례를 연구한다. 한 달, 한 주, 하루, 또는 한 시간처럼 짧은 기간 등 어느 것이든, 사건들을 시간적으로 병렬하면서 분석한다. 스냅샷이 발전해가면서, 빽빽한 시간 틀(timeframe)에 따른 형태(Gestalt)를 그리게 된다.
(3) 통시적(종단적, diachronic) 연구: 시간에 따른 변화를 연구하므로 종단적 연구와 비슷하다.

나. 복수 사례 연구 분류

Thomas(2011: 517)는 복수 사례 연구를 다음과 같이 분류하였다.

(1) 내장형(nested) 연구: 한 사례 안에서 여러 (내장된, nested) 요소들을 비교한다. 이는 단순히 복수의 사례들을 연구하는 것과는 다르다.
(2) 병렬적(동시적, parallel) 연구: 모든 사례들이 동시에 발생하고 이들을 동시에 연구한다.
(3) 순차적 연구: 사례들은 순차적으로 발생하며, 어떤 시점에 또는 중간 시점에 발생한 사건이 그 이후의 사건에 영향을 미친다고 가정한다.

다. 이론 형성에 따른 분류

George와 Bennet(2005: 75-76)은 이론 형성에 기여하는지의 여부에 따라 여섯 가지 유형의 사례 연구를 제시하였다.

(1) 비이론적/흩어진(configurative) 개별(ideographic) 사례 연구: 이론을 축적하거나 이론에 직접적으로 기여하지 않는 예시적 · 서술적 사례 연구이다.
(2) 정련된(disciplined) 형태적(configurative) 사례 연구: 사례를 설명하기 위하여 정립된 이론을 사용한다.
(3) 발견적(heuristic) 사례 연구: 새롭고 예상하지 못한 경로를 확인한다. 이런 연구에서는 주변적 · 일탈적 · 열외적(outlier) 사례들이 유용할 수 있다.
(4) 이론 검증적 사례 연구: 단일 이론 또는 경쟁하는 이론들의 타당도와 적용 가능한 범위(scope conditions)를 평가하는 연구이다.
(5) 타당성(개연성) 탐색(plausibility probes): 예비적 연구로서 향후 연구의 가치가 있는지 결정하기 위해 수행한다.
(6) 구성 요소(building block) 연구: 어떤 현상의 특정한 유형 또는 하위 유형에 관한 연구로서 함께 결합하면 더욱더 종합적인 이론에 기여하는 연구이다.

라. 사례 연구의 다양한 유형

위에 제시된 다양한 사례 연구 유형과 함께 추가적인 사례 연구 유형들을 사례 연구 백과사전에서 다음과 같이 31가지로 제시하였다(Mills, Durepos, & Wiebe, 2010: xvii).

(1) 대항 역사(ANTi-history)
(2) 교수 수단으로서의 사례 연구(case studies as a teaching tool)

(3) 창의성 사례 연구(case study in creativity research)
(4) 관광 사례 연구(case study research in tourism)
(5) 노인 사례 연구(case study with the elderly)
(6) 집단적 사례 연구(collective case study)
(7) 흩어진 개별적 사례 연구(configurative-ideographic case study)
(8) 비판 교육학과 디지털 테크놀로지
(9) 진단적 사례 연구(diagnostic case study research)
(10) 설명적 사례 연구(explanatory case study)
(11) 탐색적 사례 연구(exploratory case study)
(12) 귀납주의(inductivism)
(13) 제도 민속지학(institutional ethnography)
(14) 수단적 사례 연구(instrumental case study)
(15) 간문화적 수행(intercultural performance)
(16) 본질적 사례 연구(intrinsic case study)
(17) 제한된 깊이 사례 연구(limited-depth case study)
(18) 멀티미디어 사례 연구(multimedia case studies)
(19) 참여형 사례 연구(participatory case study)
(20) 복수주의와 사례 연구(pluralism and case study)
(21) 실무형 연구자들(pracademics)
(22) 절차적(과정적) 사례 연구(processual case research)
(23) 프로그램 평가와 사례 연구(program evaluation and case study)
(24) 프로그램 논리 모형(program-logic models)
(25) 예비 사례 연구(prospective case study)
(26) 실시간 사례 연구(real-time cases)
(27) 회고적 사례 연구(retrospective case study)
(28) 질적 자료의 재사용(re-use of qualitative data)
(29) 단수 사례 설계(single-case designs)
(30) 나선형 사례 연구(spiral case study)
(31) 스토리텔링(storytelling)

4. 사례(subject), 연구 영역(object), 사례 선정

하나의 사례 연구에 대해 논의하기 위하여 그것은 연구의 구조 안에 있는 하나의 분석적 틀 또는 목적 내에서 정의되어야 한다(Thomas, 2011: 512). 또는 George와 Bennet(2005: 69)이 말하듯이, 연구자는 연구 영역을 분명하게 확인하고 드러내야 한다. 이는 사건들의 '부류(class)' 또는 '하위 부류(subclass)'로서, 그 안에 속한 하나의 사례 또는 복수의 사례들이 연구할 개체(대상, instances)이다. 그래서 연구의 주제(subject, 주체, 연구 대상, 참여자)는 어떤 현상의 한 예시(개체, instance)이다. 현상은 분석의 틀, 즉 목적(object)이다(Starman, 2013: 35).

연구 유형으로서 사례 연구는 어느 정도 모호한 것으로 보일 수 있다. 그들의 느슨함과 사례(주제, subject)에 대한 강조로 인하여 연구자들, 학생들(특히 경험이 부족한 사람들)이 그들의 연구에서 목적을 정의하는 일의 중요성을 소홀히 할 수 있다. 단지 사례만 확인하는 것은 더 광범위한 서술과 해석에 대한 부족을 낳을 수 있다. 그리고 단지 하나의 연구 대상에 대한 단순한 기술만 제공하는 데 머물 수 있다. 따라서 목적은 분석적 틀로 구성된다. 이 틀 안에서 사례는 이해되고 예시된다. 그러나 목적은 연구의 초반에 정의될 필요는 없다. 이것은 종종 나중에 연구의 과정에서 나타난다(Thomas, 2011: 515; Starman, 2013: 35).

사례 연구는 연구할 사례가 무엇인지 결정하는 것에 대한 것이다. 그것은 전집을 정의하고 적절한 표집을 선정하는 것이 아니다(Sagadin, 1991: 34). 사례 연구는 대개 단일 사례 또는 적은 수의 사례들에 대한 연구이다. 대표적인 표본 추출과 전집에 대한 통계적 일반화라는 아이디어를 기각해야 한다. 그 대신에 분석적 귀납을 선택해야 한다(Starman, 2013: 35).

Mesec은 우리가 관심을 가지고 있는 실제적인 문제가 존재하는 연구 단위(예, 개인, 가족 또는 다른 집단, 조직, 또는 지역 사회)를 위한 사례를 선정할 것을 제안한다. 또한 우리는 선정된 여러 개별 사례들을 분석하여 우리가 수집할 수 있는 최대한의 다양한 정보를 얻을 수 있는 방식으로 검토할 수 있다. 우리는 전형적이고, 평균적인 사례보다는 흥미로운(예를 들어, 대조적이고, 극단적이고, 예외적인) 사례들을 선정해야 한다(Mesec, 1998: 55). 사례는 대표성을 기준으로 선정하기보다, 흥미롭고, 평범하지 않고, 두드러지고, 연구 목적의 특징과 특수성에 변화를 가져올 수 있기 때문에 선정된다(Thomas, 2011: 514; Starman, 2013: 35).

제7절 Thomas(2021)

1. 사례 연구의 정의

Thomas(2021: 9)는 자신에 앞서 학자들이 제시한 사례 연구에 대한 정의를 검토하고 이를 보충하는 자신의 정의를 제시하였다. 그는 Robert Stake(2005: 443), Helen Simons(2009: 21), Charles Ragin(1992: 5)의 정의를 검토하고 난 후, 자신의 정의에 직접적인 아이디어를 제공한 Wieviorka(1992)를 인용하였다.

Wieviorka(1992)에 따르면, 사례 자체—한 아이 또는 한 기관 또는 시간 등—에 대한 직접적인 검토는, 연구라는 관점에서, 그 자체로 사례 연구라고 보기에는 충분하지 않다. 사례 연구는 그것에 추가적인 시각(angle)을 가져야 한다. 사례는 어떤 것의(of) 사례여야 한다. 그것은 어떤 광범위한 주제에 대한 어느 정도의 설명을 드러내고(illuminate) 제공해야 한다.

Wieviorka(1992: 160)는 다음과 같이 말하였다.

> 하나의 사례가 존재하도록 하기 위하여, 우리는 하나의 특징적인 단위를 확인할 수 있어야 한다. (……) 이 단위는 관찰 가능해야 하지만 그 자체는 의미를 가지지 않는다. 그것은 오직 어떤 관찰자가 (……) 그것을 분석적 범주 또는 이론에 관련지을 수 있을 때에만 중요하다. 하나의 사회적 현상, 하나의 역사적 사건, 또는 일련의 행위들을 사례로 보기 위해서는 이들을 관찰하는 것으로는 부족하다. 여러분이 하나의 '사례(case)'에 대하여 이야기하고 싶다면, 여러분은 또한 그것을 해석하거나 어떤 맥락에 두는 수단을 가져야 한다.

사례 연구에 대한 정의들은 단일성과 깊은 탐구를 강조한다. Wieviorka의 설명에 토대를 두고 사례 연구를 위해 Thomas(2021: 12)가 채택한 정의는 다음과 같다.

> 하나 또는 그 이상의 방법을 동원하여 어떤 분석적 주제(analytical theme)를 조명하고 설명하기 위해 사람, 사건, 의사결정, 기간, 프로젝트, 정책, 기관, 또는 다른 현상에 대하여 총체적으로(holistically) 접근하여 분석하는 것이다.

2. 주제와 목적의 연결

Wieviorka(1992: 160)에 따르면, Stake의 설명에서 사례로 제시된 의사는 그 자체로 사례가 되기 어렵다. 하나의 사례가 되려면, 의사는 어떤 것의(of) 사례여야 한다. 연구가 진행되면서 구체화되고(crystallize), 성장하고, 발전하는 것은 바로 이 분석적 초점이다(Thomas, 2021: 15).

마찬가지로, 한국 전쟁은 사례가 되기 어렵고, 그것이 사례가 되려면 어떤 것의 사례여야 한다. 그것이 보통과 다르거나 두드러진 어떤 전쟁의 사례인지, 국경 분쟁의 사례인지, 공산주의 확장에 대한 미국의 저항 사례인지 제시해야 한다. 이 어떤 것이 분석적인 배경이 된다.

Wieviorka(1992: 159)는 우리가 하나의 사례에 대하여 이야기할 때, 두 가지 요소에 대하여 이야기한다고 지적하였고, Thomas(2021: 15)는 한국 전쟁의 예시를 통해 이를 구분하여 설명하였다.

(1) Wieviorka가 '실제적 · 역사적 통일성'(예, 한국 전쟁)이라고 부르는 것, 이것은 본질적으로 주제(subject, 주체, 연구 대상, 참여자)이다.
(2) Wieviorka가 사례(예, 미국의 공산주의 확장에 대한 저항과 같은 것)의 '이론적 · 과학적 토대'라고 부르는 것, 이것은 분석적 틀(analytical frame) 또는 목적(object)이라고 부를 수 있는 것이다.

사례 연구는 두 가지 요소를 포함한다.
1. 하나의 주제(subject, 주체, 연구 대상, 참여자)—사례 그 자체
2. 하나의 분석적 틀 또는 목적(object)

위의 설명에 따르면, "제2차 세계 대전: 사례 연구"를 제목으로 설정할 수 없을 것이다. 여기에서 제2차 세계 대전은 어떤 것의 사례가 아니다. 그러나 "제2차 세계 대전: '공정한 전쟁'의 사례 연구"라는 제목은 Wieviorka가 제시한 두 가지 요소를 포함할 것이다. 그것은 제2차 세계 대전이라는 사례에 대한 연구가 전개(play out)되면서 이를 통해 예시될 정당한 전쟁이라는 개념(관점)을 상세하게 조사할 것이므로, 매우 재미있는 연구가 될 것이다(Thomas, 2021: 15).

Thomas는 사례 연구는 단순한 서술 이상으로 확장되어 분석의 초점을 제시해야 한다고 말하였다(**〈표 4.1〉** 참조).

Wieviorka가 사례 연구를 주제와 목적으로 바라보는 방식에서 주제는 목적에 비하여 거의 덜 중요하다. 이는 사례 그 자체인 주제는 목적을 바라보는 렌즈(lens)라는

〈표 4.1〉 무엇이 사례이고 무엇이 사례가 아닌가?

주제(실제적 통일성)	그 자체로 사례 연구가 아닌 것은 무엇인가?	무엇이 사례 연구가 되는가?
Parktown Children's 병원의 Jesson 병동	병동에 대한 단순한 서술	그것이 왜 탁월한 아동 병동이라고 생각하는지에 대한 분석
3월 5일부터 주 6일 동안의 「*Daily Globe*」 신문의 논설	각 논설의 내용 분석	논설의 내용에 대한 신문 소유주의 영향에 대한 사례 분석
Aleksandr the meerkat: 성공적인 광고 캠페인	이 광고 현상의 등장	광고에서 성격과 이야기의 모범적인 사용에 대한 사례 분석
Amelia: 조용한 아이	Amelia와 그녀의 상황에 대한 단순한 서술	조용한 아이들이라는 현상에 대해 이해하고, 조명하고, 통찰력을 얻기 위해 일정 기간 Amelia에 대한 사례 분석하기

의미이다(**〈예시 4.1〉** 참조)(Thomas, 2021: 17).

〈예시 4.1〉 한 조용한 아이에 대한 사례 연구: 주제와 목적을 결합하기

당신이 내성적인 어린아이들—때때로 조용한(quiet), 침묵하는(silent) 아이들이라고 부르는—의 현상에 관심이 있다고 상상해보라. 그들은 좀처럼 어른(성인)의 관심을 추구하지 않고 다른 아이들과 놀이하는 것이나 이들에게 접근하는 것을 회피할 것이다. 그들은 혼자 하는 놀이를 선호하거나 가장자리를 따라 다닐 수 있다. (……)

여러분이 '조용한 아이들'이라는 주제에 관심을 가진다면, 이것은 목적이 될 수 있다. 그리고 위에서 서술한 조용한 아이의 특징을 보이는 어떤 아이를 주제(주체, subject)로 삼을 수 있다.

예를 들어, 이 아이가 Amelia라고 가정하자. Amelia를 주체로 삼아 사례 연구를 진행하면서 Amelia의 학교와 가정에서의 생활에 대해 관찰하고 부모와 교사를 대상으로 면담을 하여, Amelia의 성인과 아이들과의 관계 등을 포함하는 Amelia의 생활 전반에 대하여 자료를 수집할 수 있을

> 것이다.
>
> 여러분은 이렇게 수집한 자료를 분석하면서 항상 연구의 목적을 염두에 둘 것이다. 즉 여러분은 자료 분석을 통해 조용한 아이들이라는 현상에 대하여 이해하고, 조명하고, 통찰력을 얻으려고 노력할 수 있다. Amelia는 다른 환경에서 어떻게 의사소통하는가? Amelia는 가정에서 의사소통을 더 많이 하고 심지어 소란스러운가? Amelia의 가정과 가정에서의 관계는 매우 편안해서 학교의 소란(난투, rough-and-tumble)을 다루기 위하여 필요한 탄력성(회복력, resilience)을 Amelia가 기른 적이 없는가? 또는 이와는 대조적으로, Amelia가 가정에서도 거의 같을 것인가? 즉 Amelia가 배운 것을 철회하여 항상 다른 사람들과의 상호작용은 스트레스가 많고 부정적이라는 것을 가리킬까? (Thomas, 2021: 18-19)

위의 사례를 렌즈 비유를 사용하여 **[그림 4.2]**와 같이 나타낼 수 있다.

3. 사례 연구의 종류

Thomas(2011: 514-518)는 사례 연구의 종류에 대한 여러 학자들의 설명을 종합하여 하나의 분류학을 제시하였다. 연구의 주제에 따라 지역 지식 사례, 핵심 사례, 예외적 사례로 구분하였고, 연구의 동기(purpose)를 준거로 삼아 본질적, 도구적, 평가적, 설명적, 탐색적 사례 연구로 구분하였다. 그리고 사례 연구에 대한 접근(approach)

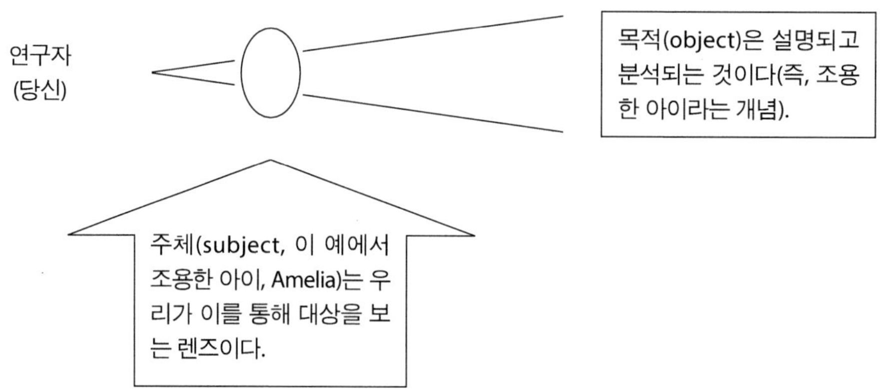

[그림 4.2] 렌즈 비유에 따른 사례 연구의 주제와 목적

출처: Thomas(2021: 18).

〈표 4.2〉 사례 연구의 종류

주제 (subject)	분석 틀 (object)	동기	접근	방법	과정	
지역 지식 사례 핵심 사례 예외 사례	분석적 초점에 대한 선택	본질적 도구적 평가적 설명적 탐색적	이론의 검증 이론의 개발 예시적	자료 수집과 분석에서 사용될 방법의 선택	단수 또는 복수	회고적 스냅샷 통시적 내장형(nested) 병렬적 순차적

출처: Thomas(2011: 514-518).

을 준거로 삼고 이론의 검증, 이론의 개발, 예시적 사례 연구로 나누었다. 이어서 과정(process)이라는 준거에 따라, (1) 시간 차원에 따른 단수 사례 연구 분류로 회고적, 스냅샷, 통시적 사례 연구를 제시하였고, (2) 복수 사례 연구 분류로 내장형(nested), 병렬적, 순차적 사례 연구를 제시하였다(**〈표 4.2〉**).

4. 사례 연구의 절차

Thomas(2021: 23)는 자신의 사례 연구에 대한 정의와 사례 연구의 분류학을 반영한 사례 연구의 절차를 다음과 같이 6단계로 구분하여 제시하였다.

가. 연구의 대상(subject, 주제, 주체, 참여자)

여러분이 실제로 바라보고 있는 사례는 무엇인가? 그것은 교실, 아이, 기관, 전쟁, 국가, 정치적 사건 등 어느 것인가? 이 대상은 어디에서 오는가? 이는 아마 여러분의 경험에 따라 많이 알고 있는, 지역에 대한 정보에 토대를 둔 사례일 수 있다. 또는 그것은 문헌 속에서 발견한 하나의 중요한(key) 사례일 수 있다. 또는 그것은 다른 것들과 차이가 있는 예외적인(outlier) 것이어서 관심을 가지는 것일 수 있다. 어느 것이든, 이것은 여러분이 초점을 두는, 즉 연구의 대상으로서 이 렌즈를 통해 여러분은 이론적으로 관심을 가지는 주제를 검토한다.

나. 연구의 현상(분석 틀, 목적, object)

여러분의 연구 대상을 통해 상세하게 탐색하는 여러분의 연구 질문의 중심에 있는 이론적 목적은 무엇인가?

다. 연구의 동기(의도, 목적, purpose)

여러분은 왜 사례 연구를 하는가? 어떤 평가를 하기 위한 것인가? 호기심에서 하는가? 또는 마음속의 어떤 이해를 가지고 수행하는가?

라. 연구의 접근

여러분 또는 다른 사람이 어떤 토픽에 대하여 개발하였던 이론을 검증하기 위한 것인가? 또는 그 토픽에 대하여 새로운 이론을 개발하기 위한 것인가?

마. 사례 연구를 위하여 사용할 방법

어떤 자료 수집 도구를 사용할 것이며, 수집하는 자료를 어떻게 분석할 것인가?

바. 사례 연구를 수행할 과정

단일(단수) 사례인가 또는 복수 사례인가? 여러분이 특정 시간 동안만 연구할 것인가 또는 장기간에 걸쳐 연구할 것인가?

5. 사례 연구에서 엄격함과 질: 무엇이 중요한가?

Thomas(2021)는 연구 결과의 질을 판단하고 평가하기 위해 검토하는 연구의 구조적인 특징들에 관하여 비판적인 논의를 전개하면서, 사례 연구에 적합한 연구의 질 판단 기준들을 제시하고 설명하였다.

가. 삼각법

'트라이앵귤레이션(triangulation)', 곧 '삼각법'이라는 용어는 본래 기하학과 조사 연구에서 사용된 것에 토대를 두고 사회 과학에서 비유적으로 사용된다. 삼각형이 포함될 필요는 없으며, 세 가지가 있어야 하는 것은 아니다. 여기에서 이 용어가 의미하는 것은 여러 관점에서 바라보는 것이 한 관점에서 바라볼 때보다 더 낫다는 것이다. 능숙한 사회 과학 연구자의 보증 마크가 되어야 하는 비판적 인식(critical awareness)을 고려할 때, 다른 관점 또는 다른 분석적 방법은 우리로 하여금 초기의 설명을 부정하는 의사결정을 내릴 수 있게 한다(Thomas, 2021: 72).

물론 이것이 서로 다른 각도와 관점에서 들여다보는 진정한 사례 연구라는 것이 되어야 한다. Foucault는 '이해의 다면체(polyhedron of intelligibility)'를 언급하였다. Foucault에 따르면, 그것은 우리가 어떤 것을 서로 다른 방향에서 그리고 서로 다른 방법들을 동원할 때에만 그것을 진정으로 이해할 수 있다—그때에만 그것을 이해할 수 있게 된다—는 것을 의미하였다. 따라서 Foucault는 단지 삼각법을 요구하는 것보다 한 단계 또는 여러 단계를 더 나아갔다. 우리는 (만약 우리가 사회 과학을 위하여 심하게 특수한 다른 용어를 만들기를 원한다면) 그가 '다면체화(polyhedronation)'를 요구하고 있었다고 말할 수 있다. 이것이 사례 연구자를 위한 출발점이다. 이는 작은 것을 생각하지만 깊게 구멍을 뚫는 것이며, 서로 다른 방법들을 사용하고 서로 다른 방향에서 구멍을 뚫는 것이다. 그래서 여러분은 일지를 작성하면서 동시에 연구의 한 부분에서 관찰을 사용할 수 있고, 다른 부분에서 면담을 사용할 수 있으며, 또 다른 부분에서 포커스 집단을, 다른 부분에서는 다른 사람을 동행하기(shadowing)를 사용할 수 있다. 이런 방법들의 종합이 곧 삼각법을 제공한다(**[그림 4.3]**)

연구 방법론 학자인 Noman Denzin(2017)은 연구에서 이런 여러 방법의 사용을 방법론적인 삼각법이라고 부를 것이다. 그러나 Denzin은 삼각법은 서로 다른 방법의 사용 이상을 의미한다고 주장하였다. 그는 다른 유형의 삼각법을 제시하였다. '연구자 삼각법(investigator triangulation)'은 해석과 분석에 한 사람 이상의 연구자가 참

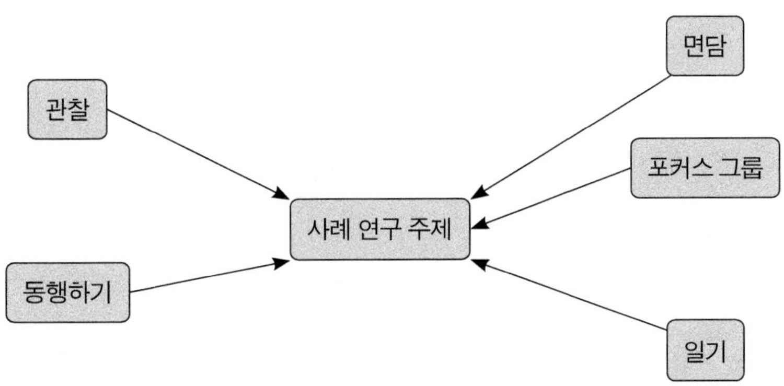

[그림 4.3] 방법론적인 삼각법: 다양한 방법으로 주제를 바라보기

여하는 것이고, '이론 삼각법(theory triangulation)'은 해석에서 하나 이상의 이론적 틀을 사용하는 것이다. Thomas는 Denzin의 범주들에 '설계 프레임 삼각법(design frame triangulation)'을 추가하였다. 다르게 말하면, 이것은 하나의 연구에서, 예를 들어 사례 연구와 종단적 연구를 함께 사용하는 경우의 삼각법이다(Thomas, 2021: 72).

나. 입장(positionality)

종종 사례 연구에서 연구자는 자신의 연구의 주제와 상황에 몰입할 것이다. 연구자는 연구 맥락에서 일이 전개되는 과정, 역사, 사건, 언어, 생애사에 대한 지식을 추구하는 일에서 능동적인, 수동적이지 않은 행위자가 될 것이다. 연구자 자신은 해석에서 중심적인 역할을 맡게 될 것이다. 그렇게 하면서, 연구자가 부인할 수 없는(undeniable) 입장(position)을 가지고 있고, 이 입장이 연구자가 수행하는 관찰과 해석의 본질에 영향을 미친다는 사실을 인식하는 것이 중요하다(Thomas, 2021: 73).

이것을 인식하는 것은 이른바 객관성(objectivity)이라는 절대성(강박, imperative)과 같은 전통적인 방법론의 어떤 케케묵은 것들의 전도(역전, inversion)를 포함한다. 해석적으로 연구할 때 객관적인 것에 대한 시도는 없다. 그러나 해석하는 과정에서 연구자 자신—즉 그들이 좋아하는 것과 싫어하는 것, 그들의 배경, 그들의 취미, 그들의 이해관계와 기대 등—의 중요성을 받아들인다. 다르게 말하여, 전면에 나서는 것은 객관성이 아니라 주관성(subjectivity)이다. 연구자와 참여자 사이의 관계의 본질이 중요하므로, 연구자의 생애사—계급, 젠더, 인종, 아이디어, 헌신 등—를 명료하게 드러낼 필요가 있다(Thomas, 2021: 73).

해석적 사례 연구 결과를 발표할 때, 연구자는 자신의 주관성을 받아들여야 하며, 그것을 부끄러워하거나 두려워해서는 안 된다. 그것이 중요하다는 점을 고려할 때, 이런 종류의 연구 수행을 안내하는 바탕 원리를 연구자가 잘 이해하고 있다는 것을 보여주는 방식으로 연구자의 사례 연구 결과를 작성해야 한다. 따라서 해석적 사례 연구는 실험적 연구와는 완전히 다른 방식으로 작성해야 한다. 도입(서두, introduction)에서 여러분은 입장에 대한 충분한 논의를 시작해야 한다. 이는 연구자 자신에 대한 것, 왜 이 토픽에 관심을 가지게 되었는지, 여러분의 개인적 상황은 어떠한지 등을 포함한다. 여러분은 항상 1인칭으로 작성해야 할 것이다. 예를 들면, '연구자는 ~을 믿는다'라는 표현 대신에 '나는 ~을 믿는다'라는 표현을 사용한다. 이는 당연한 것으로 보일 수 있으나, 해석적 연구—연구자가 자신을 분석의 중심에 둘 것을 요구하는 연구—를 수행하는 학생들이 마치 실험 연구를 수행한 것처럼 그 결과를 발표하면서 자신에 대한 정보를 모두 생략하는 것은 흔히 겪는 실수이다. 연구자가 이런 종류의 연구를 수행한다면, 연구자는 자신이 누구인지, 어디에 서 있는지에 대해 비유적으로 그리고 글자 그대로 알 필요가 있다(Thomas, 2021: 73).

다. 일반화

사례 연구는 종종 일반화 영역에서 부족함이 있다는 지적이 있었다. 이에 대해 Thomas는 '빈약한 관계(poor relation)'의 상태는 그것의 일반화를 위한 가능성에서 외견상 눈에 띄게(conspicuously) 부족하기 때문이다. 다르게 말하여, 그것의 일반화에서의 약점은 가려지지 않았다. 사회 과학에서 다른 설계 프레임은 일반화를 측정하고 가능하게 하는 방법을 추구하지만, 이런 시도들은 무엇이 일반화가 될 수 있는지를 표현하면서 날랜 손재주(교묘한 속임수)와 같은 것에 의존한다(Thomas, 2021: 73-74).

많은 연구자들(학자들)이 주장하였듯이, 만약 인문 과학(human sciences)에서 신뢰할 만한(유의성 있는, significant) 일반화라는 것이 거의 불가능하다면, 사례 연구의 이 영역에서의 부족에 대한 논쟁(arguments)은 힘을 잃는다. 추론(inference)에 대하여 사고할 때, 사회적 탐구에서 일반화는 귀납(induction)보다는 Peirce(Houser et al., 1992)가 말한 가설 유도적 추론(abduction) 수준에 머문다는 제한점이 있다(Thomas, 2021: 74).

사례 연구에서 나올 수 있는 여러 유형의 해석들의 타당성과 파워(power)는 일반화보다는 본보기적 지식(exemplary knowledge)에 의존한다. 일반화를 추구하는 것—일반화를 사회 과학의 가장 우선적으로 중요한 목표로 여기는 것—은 탐구의 중심에 놓여 있어야 할 호기심과 해석을 방해(inhibit)하거나 심지어 제거할(extinguish) 수 있다(Thomas, 2021: 74).

라. 일반화, 귀납법, 가설 유도적 추론

일반화는 자연 과학적 방법의 핵심을 차지한다. 일반화에서 귀납이 나온다. 즉 X가 어떤 조건에서 규칙적으로 발생한다. 그러므로 우리는 X가 그런 조건에서 다시 발생할 것이라고 추론한다. 이 과정은 사회 과학 전 분야에서 시도되며 모든 방법론적인 스펙트럼에 걸쳐 두루 나타난다(Thomas, 2021: 74).

그러나 자연 과학과 사회 과학 사이에는 차이점이 있다. 이는 일반화의 가치에 대하여 사고하는 과정에서 쉽게 생략된다. 자연 과학의 귀납법에서 규칙성, 일반화, 법칙, 보편적인 것, 이론은 기대와 절차에 대한 요구의 통제를 받는다. 이 기대와 절차는 연구자로 하여금 예외, 변칙, 특이성을 다룰 수 있게 하고, 일반화의 능력(power)에 대한 제한기(limiter)로서의 신임장(자격증, credentials)과 신뢰성을 얻는다(Thomas, 2021: 74).

문제는 자연 과학의 밖에서 그런 기대는 실현되기 어렵다는 것이다. Alasdair MacIntyre(1985, 2013)의 논의는 이와 관련하여 고전적인 것이다. MacIntyre는 사회 과학에서의 일반화와 자연 과학에서의 일반화를 비교하면서 각각의 영역에서 반대 사례(counter-examples)가 법칙의 개발에서 수행하는 역할에 주목하였다. MacIntyre(1985: 89)는 사회 과학에서의 태도는 반대 사례에 대해 '인내하는(tolerant)' 것이라고 말하였다. MacIntyre(1985: 91)는 사회 과학의 일반화—사례 연구에서의 일반화뿐만 아니라 모든 일반화—는 대단히 소용없는 것이라고 말하였다. 이는 "우리가 어떤 조건에서 그들이 적용될지 매우 정확하게 말할 수 없기 때문이다"(Thomas, 2021: 74).

MacIntyre는 계속하여 사회 과학자들이 사회 과학에서 제시하는 것은 개연적(확률적, probabilistic) 일반화라고 주장하였다고 말하였다. MacIntyre(1985: 91, 2013: 107)는 확률(개연)적 일반화 또한 더 나을 것이 없다(not good)고 말하였다. "내가 인용한 종류의 일반화가 진정한 일반화가 되려면, 그것은 단순한 사건들의 목록 이상의 어떤 것이어야 한다." MacIntyre에 따르면, 자연 과학에서 일반화는 가능하지만, 사회 과학에서 일반화의 지위는 일반인의 일반화보다 결코 더 나을 것이 없는 그런 것이다. 그것의 가치는 항상 온갖 종류의 예측 불가능성을 지닌 사회적 삶과 인간의 행위 주체성의 다양성(variability)의 제약을 받을 것이다(Thomas, 2021: 74-75).

MacIntyre(2013: 103)에 따르면, 관리적 전문성의 입증을 위해 요구되는 것은 사회 과학이라는 것이 강한 예측력을 가진 법칙 같은(law-like) 한 묶음의 일반화를 제공하는 것이라는 정당화된 개념이다. 따라서 처음에는 관리적 전문성에 대한 주장이 쉽게 유지될 수 있을 것으로 보일 수 있다. 사회 과학에 대한 바로 이 개념이 200년 동안 사회 과학 철학을 지배하였다. 이런 전통적인 설명에 따르면, 계몽주의 시대부터 Comte와 Mill 그리고 Hempel까지, 사회 과학의 목표는 사회적 현상을 구체적으로 상세하게 설명하는 것이다. 이를 법칙 같은 일반화를 제공함으로써 달성한다. 이것은 자연 현상 일반에 적용되는 논리적 형식과 다르지 않다. 정확하게 말하면, 관리 전문성이 호소해야 할 일종의 규칙 같은 일반화이다. 그러나 이 설명에 따라 나오는 것은 그렇지 않다는 것인데, 사회 과학은 거의 또는 아마 완전하게 그러한 성취가 없다는 것이다.

그런 과학들에 대한 두드러진 사실은 어떤 규칙 같은 일반화라는 것은 어느 것도 발견한 적이 없다는 것이다(MacIntyre, 2013: 103).

MacIntyre에 따르면, 물론 가끔 인간의 행위를 통제하는 하나의 진정한 법칙 같은 일반화가 발견되었다는 주장이 있다는 것은 사실이다. 문제는 발견하였다는 법칙—예를 들어 경제학에서의 Phillips 곡선 또는 G. C. Homan의 "한 집단의 구성원들 사이의 상호작용이 외적인 체제에서 자주 나타난다면 호감은 그들 사이에 증가할 것이며, 이 호감은 다시 외적인 체제의 상호작용을 넘어 그 이상으로 상호작용의 증가를 가져올 것이다"라는 주장—모두 거짓임이 판명되었다는 것이다. 그리고 Stanislav Andreski가 Homan의 공식에 대하여 의심할 여지 없이 거짓이라고 날카롭게 지적하여, 전통적인 철학의 지배를 받는 전문적인 사회 과학자를 제외한 어떤 사람도 그들을 믿을 정도로 유혹을 받지 않을 것이다. 사회 과학의 전통적인 철학은 사회 과학자의 과제가 법칙 같은 일반화를 산출하는 것이라고 주장하였으나 사회 과학은 이런 종류의 일반화를 산출하지 않는다(MacIntyre, 2013: 103-104).

Thomas에 따르면, 여기에서 문제는 일반화를 따르는 물샐 틈 없는(또는 거의 물샐 틈 없는) 귀납법에 대해 기대하는 데 있다. 그러나 아마도 Charles S. Peirce(Houser et al., 1992)에 따르면, 사회 과학에서 도출되는 일반화에 관하여 우리의 기대는 축소되어야 한다. 수많은 연구자들이 과학적 귀납이라는 순진한(고지식한, naive) 모형에 의존하는 것에 대해 연구하였으며(Haig, 1995), 다른 연구자들(Miller & Fredericks, 1999)은 귀납적 추론에는 '특별함(specialness)'이 부족하다는 것을 지적하였다. 그들의 주장의 중심은 일상의 평범한 귀납은 '최선의 설명을 제공하기 위한 추론(inference to the best explanation)', 또는 Peirce의 '가설 유도적 추론(abduction)'이라고 서술하는 것이 더 낫다는 것이다. 가설 유도적 추론은 연구자가 수집하는 사실에 대한 최선의 설명에 관련된 판단을 내리는 것이다. 사례 연구에서는 바로 이것을 한다(Thomas, 2021: 75).

'가설 유도적 추론'은 철학에서 사용되는 추론의 형태 중의 하나로, 가설을 설정하거나 규칙과 결과를 통해 어떤 상황을 추론하는 방법이다. Peirce는 가설 유도적 추론이 가설을 추측해 상정하는 것으로 일종의 근거 있는 추론이기 때문에 논리라고 보았다. 이 논리는 전제가 참이면 결론이 필연적으로 참인 연역법도 아니고 귀납법도 아닌 것을 지칭한다. 즉 가설 유도적 추론은 일종의 추측이고, 대부분의 경우에 옳지만 항상 옳은 것은 아니다. Peirce의 유명한 콩 주머니의 예를 통한 귀납적 추론, 연역적 추론, 가설 유도적 추론을 비교하면 다음과 같다(양정호, 2004).

〈연역적 추론〉

규칙: 이 주머니에서 나온 콩은 모두 하얗다.

사례: 이 콩들은 이 주머니에서 나왔다.

결과: 이 콩들은 하얗다.

〈귀납적 추론〉

사례: 이 콩들은 이 주머니에서 나왔다.

결과: 이 콩들은 하얗다.

규칙: 이 주머니에서 나온 콩은 모두 하얗다.

〈가설 유도적 추론〉

규칙: 이 주머니에서 나온 콩은 모두 하얗다.

결과: 이 콩들은 하얗다.

사례: 이 콩들은 이 주머니에서 나왔다.

Hammersley(2005: 5)는 "가설 유도적 추론에 좋은 증거는 귀납적 추론에 좋은 증거와 다르다"라고 말하였다. 그는 가설 유도적 추론을, 종종 특정한 사례들에 대한 면밀한 조사에서 나오는 '설명적 또는 이론적 아이디어의 개발'로 서술하였다. 그것은, 아마도, 단순하게, '일상적 일반화에서 도출되는 결론'으로 생각할 수 있다. 그러나 귀납은 특별한 종류의 일반화에서 도출된 결론으로서, MacIntyre에 따르면, 사회 과학에서는 불가능한 종류의 것이다(Thomas, 2010: 577).

Thomas(2010: 577)에 따르면, 사례 연구의 일반화 부족에 토대를 둔 사례 연구의 약점에 대한 어떤 논의도 사회 과학 일반에서 귀납적 추론의 한계를 인식하지 못하는 것 같고 동시에 가설 유도적 추론의 중요성을 인정하지 못하는 것 같다. 다르게 표현하여, 그것을 무엇이라고 부르든지 특별한 종류의 느슨한 일반화에 의하여 지역적 상황에서 제공할 수 있는 것을 인식하지 못한다. Thomas는 이것들을 가리키기 위해 Peirce의 용어인 가설 유도적 추론을 선택하였고, 이를 통해 사례 연구의 약점으로 추정되는 것에 대한 논의에서 귀납적 추론에 관한 모순을 전면에 드러내도록 하였다. 그런데 그것은 다른 많은 용어들로 표현되었다. Bacon은 중간 공리(middle axioms), Piaget는 schema, Hirsch는 지역적 해석학이라고 불렀다. Hirsch(1976)는 아이디어들의 결합을 촉구하였으며, 이는 '수정할 수 있는 스키마타(corrigible schemata)'라고 부른 것에 요약된다(Thomas, 2010: 577).

> 내가 논의해온 패턴들이 얼마나 광범위하게 퍼져 있는지 놀랍다. 의심할 여지 없이 가설은 Husserl의 '의도(지향)하는 대상(intentional object)'과 같은 것이 아니다. 그리고 그것은 Piaget의 '스키마(schema),' Dilthey의 '전체(whole)' 또는 Heidegger의 '선이해(preunderstanding)'와 같지도 않다. 그러나 이 모든 제안들의 중요한 특징들은 그 성격과 기능 측면에서 모두 동일하고, 우리가 의미라고 부르는 것과의 연결 측면에서 동일하다. (Hirsch, 1976: 35)

다른 아이디어들도 추가될 수 있다. '보통의 해석적 행위'(Schatzman, 1991), '한정된 합리성(bounded rationality)'(Simon, 1983), 또는 Althusser의 '일반성 II(generalities II)'(Althusser, 1979: 183-190), 이 모든 것들은 같은 종류의 과정을 표현한다. 이는 인간의 상호 관계에 대하여 우리가 도출할 수 있는 일반화의 복잡성(complexity)과 취약성(frailty)을 명시적으로 또는 암묵적으로 인식하는 유연한 이해이다. 심지어 계산(computational) 심리학의 범위와 한계에 대한 논의에서, Fodor(2001: 28)는 '글로벌(global)' 또는 '가설 유도적(abductive)' 또는 '총체적(holistic)' 또는 '최선의 설명에 대한 추론(inference)' 사이의 관련에 대하여 논의하였다. 그리고 "하나의 정신적 표현은 그것의 개성적인 성질에 의하여 결정되지 않는다"라고 말하였다(Thomas, 2010: 577 재인용).

위의 학자들은 우리의 사회적 세계를 분석하고 다루기 위한 정보를 수집하고 조직하는 과정을 표현하였다. 가설 유도적 추론은 이 모든 것들을 연결하면서 발견술을 제공하였다. 이것은 설명이나 예측을 성공적으로 제공하는 일을 빈틈없이 보장하지는 못할 수 있지만 그들의 오류 가능성과 잠정성을 가장하지 않는다(Thomas, 2010: 577).

규칙성(regularity)에 대해 일반화하는 이 모든 형식들—이런 가설 유도적 추론들—은 사례 연구를 위해 적절한 추론 형식인 것 같다(Thomas, 2010: 577).

마. 이론

Thomas(2021: 76-77)는 이론을 개발하거나 검증하는 것은 사례 연구의 중심에 놓인다고 말할 수 있으나 이론에 대한 비판적인 안목 또한 필요하다고 말하였다. 과학의 과정에 대한 전통적인 설명에서, 귀납적 과정의 종착지는 이론이었다. 위에서 살펴본 Peirce가 제시한 가설 유도적 추론은 아이디어들, 즉 잠정적인 '이론들(theories)'을 도출하며, 이들은 가설적으로 설명하는 개념들이다. 이 가설 유도적 추론 다음에는 연역(아이디어들을 연결하기)이 뒤따른다. 그 이후에는 최초의 설명하는 개념들을 증명하기 위하여 체계적인 자료 수집이 이루어진다. 이 마지막은 귀납이며, 이를 통해 추정된 이론이 증명되거나 부정된다.

그러나 귀납적 추론을 통해 이론을 검증한다는 가정은 필연적으로 이론의 구조와 신뢰도에 확고부동함이 있음을 암시한다. 그러나 이것은 사회 과학의 연구에서는 달성할 수 없는 것이다. 사회적 삶의 상황 의존성, 예측 불가능성과 수집되는 확정적 증거의 종류와 양의 필연적인 제한 때문에 이론은 어떤 기술적인(technical) 의미에서도 달성하기 어려운 것이다(Thomas, 2021: 77).

Thomas(2021: 77)에 따르면, Glaser와 Strauss(1967: 1)부터 그 이후의(Mouzelis, 1995) 해석적 연구물들을 읽어보면 귀납을 통한 이론적 설명과 예측에 대한 기대가 지속적인 주제로 나타났다. 물론 어떤 것은 성취 가능하다. 그러나 문제는 "그것이 정말 이론인가?"이다. 그것은 모든 것이 이론이라는 의미에서만 이론이다. Fish(1989: 14-15)는 학문 세계에서 이론에 관한 많은 담론은 일반적으로 진정 이론에 대한 것이 아니고, '이론-이야기(theory-talk)', 즉 인정과 명성을 얻은 이야기들이라고 말하였다. 그는 또한 다음과 같이 말하였다.

> 내가 적색 신호등에서 정지할 때, 또는 American Express 카드를 사용할 때, 학회에서 발표하기 위해 일어날 때, 나는 하나의 이론을 따르고 있는가, 아니면 실행하고 있는가? 당신은 이제 내가 말하는 것을 앉아서 읽을 때 당신은 맹렬하게 이론화하고 있는가? 그리고 만약 당신이 나에게 설득당하여 이론이란 무엇이고 무엇이 아닌가에 대하여 당신이 이해한 것을 변경한다면, 당신의 이론에 대한 새로운 정의는 이론에 대한 새로운 이론인가? 명백하게 이 모든 질문들에 그렇다고 답할 수 있다. 그러나 똑같이 명료하게 그 대답은 이론의 관점과 그것의 결과에 관련된 쟁점을 사소한 것으로 만들 것이다. (Fish, 1989: 327)

다르게 말하여, '이론'은 거의 모든 것을 의미하게 되었다. 모든 일반화, 모든 사고, 모든 구조화된 성찰(또는 구조화되지 않은 모든 성찰)을 이론으로 부를 수 있다. 그러나 우리가 사용하는 용어—이 경우에 이론—에 대해, 특히 귀납에서 가설 연역적 추론을 분리해내고 나서 귀납의 종결점(end point)을 고려할 때, 느슨함이 존재하는 것은 탐구에 대한 우리의 숙고에 도움이 되지 않는다(Thomas, 2021: 77-78).

바. 이론과 실천적 지혜

Thomas(2021: 78)는 만약 위의 비판이 타당성을 지닌다면, 우리는 이에 따라 이론(theory)과 프로네시스(실천적 지혜, phronesis)를 상호 구분해야 한다고 말하였다. 아리스토텔레스의 실천적 지혜에 대한 관점은 실제적 지식, 수공적(craft) 지식에 관한 것으로서 여기에 일련의 판단이 혼합된 것이다. 좀 더 최근에, 특히 응용 사회 과학에 대한 논의(Back, 2002)에서, 실천적 지혜는 오히려 '암묵적 지식(tacit knowledge)'의 의미를 지닌 것으로 사용되었다(Polanyi, 1958).

실천적 지혜는 실천(실제)적 지식(practical knowledge)이다. 그것은 개인적 경험에 토대를 둔 모형(model)이다. 그것은 개인적일 뿐만 아니라 특정한 상황에 대해 우리가 이해하게 도와준다. 때때로 그것은 '실천(실제)적 이론(practical theory)'이라고 불리면서 혼동을 야기한다. 그것은 경험에 토대를 둔 판단이며, 이론이 제공하는 외적인 안내와 같은 것으로 우리를 이끌려는 허세를 부리지 않는다. 실천적 지혜가 개발되는 것은 실천(실제)상에서(in practice) 일어나고 그것이 작동하는 것도 실천(실제)상에서 일어난다(Thomas, 2021: 78).

Back은 실천적 지혜와 이론 사이의 대비되는 점을 제시하였다. 아리스토텔레스의 용어를 빌리면, 이론은 절대적인 법칙을 수립하는 방법으로 존재하는데, 이 법칙은 설명을 제공할 수 있는 조직된 틀로 나타낼 수 있다. 그것은 타당도 검사를 통과해야 하며 일관성이 있어야 한다. 이와는 대조적으로 실천적 지혜라는 실천(실제)적(암묵적) 지식에서는 일관성에 대한 어떤 기대도 존재하지 않는다. 실천적 지혜는 특정한 상황에서의 이해와 행위에 관한 것이다(Thomas, 2021: 78-79).

Fish(1989: 317)의 실천적(practical) 학습에 대한 설명은 이 대조를 잘 분석하였다. 이는 그가 실천적 학습이 실제 상황이라는 맥락에 따라 어떻게 달라질 수 있는지 설명하기 때문이다. 즉 상황이 변하면서, 규칙(rule)[그것이 부여하는 것으로 이해되는 지침(instructions)]의 의미 바로 그것이 또한 변한다는 것이다. 우리가 획득하고 누적하는 실천적 지혜는 항상 유연성이 있고 수정할 수 있다. 따라서 실천적 지혜에 대한 논의에서, 해석과 분석의 잠정적인 것, 일시적인 것에 대한 인식이 있다(Thomas, 2021: 79).

다르게 말하여, 귀납적 과정과 동반하는 일반화 가능한 지식(generalisable knowledge)에 대한 기대에서 멀어질 필요가 있다. 그에 상응하여 가설 유도적 추론과 실천적 지혜의 '본보기적 지식(exemplary knowledge)'으로 다가갈 필요가 있다. 여기에서 본보기(예시)는 다른 사람의 경험이라는 맥락에서 관찰되고 경청되는 하나의 본보기(예시), 그러나 자기 자신의 경험의 맥락에서 이용되는(used) 하나의 본보기(예시)이다. 그 본보기(예시)는 대표적이지도 않고 전형적이지도 않다. 또한 따라야 할 모형(모범, model)이라는 의미에서 본보기적이지도 않다. 오히려 그것은 상황 속에서 주어지고 그 상황 속에서 이해되는 특정한 표현이다. 그러나 그것은 오직 자기 자신의 경험이라는 맥락 속에서만—다르게 말하여, 이론이 아니라 자기 자신의 실천적 지혜라는 맥락 속에서—해석이 가능하다(Thomas, 2021: 79).

만약 사례 연구가 이론보다는 실천적 지혜에 관련된다면—만약 그것이 이론적 분석의 귀납적 틀과 분리된다면—그 결과는 무엇인가? 우리에게는 사례 연구의 타당화가 더 이상 어떤 이론 덩어리(body of theory) 또는 일반화된 지식 덩어리에 의존하지 않는다는 관점이 남는다. 오히려 그 타당화는 다른 사람의 경험과 연구자 자신의 경험 사이에 그것이 제공하는 연결(connections)과 통찰력에서 온다. 그 핵심은 실천적 지혜에서 나오는 이해 가능성(understandability)의 형태로 온다. 다르게 말하여, 연구자 자신의 상황과의 연결에서 온다(Thomas, 2021: 79).

Thomas(2021: 79)에 따르면, 이것은 Abbott(1992)가 '발생한 일들의 총괄(종합, colligations)'이라고 부른 것에 토대를 두고 있다. 이는 내러티브 만들기를 포함한다. 이는 사람들이 연결 지을 수 있는 이야기를 만드는 것이다. Abbott는 이것이 지혜롭게 수행하는 모든 사회 과학의 특징이라고 주장하였다.

어느 정도, 모든 탐구 형식은, 특히 사회 과학의 탐구 형식은 잠정적인(provisional) 지식을 생산한다. 다르게 말하여 사물을 더 잘 설명하는 다른 어떤 것을 우리가 발견하기 전까지만 타당하다(Thomas, 2021: 83). Thomas(2010: 576)는 사회 과학 탐구의 목표는, 특히 사례 연구에서, 남을 의식하지 않고, 이론보다는 프로네시스[실천적 지혜(목적과 그 수단을 결정하는 지혜)]를 통해 획득한 가설 유도적 추론에 토대를 둔 본보기적 지식(exemplary knowledge)의 구성이어야 한다고 주장하였다

사. 근거 이론에 대한 비판

Thomas와 James(2006: 767)는 근거 이론에 관련된 세 가지 개념, 즉 이론, 근거, 발견의 문제점에 대해 논의하였다. 이들은 근거 이론 절차의 사용과 발전에 계속적으로 남아 있다. 이 개념들은 근거 이론의 지속적인 재창조물들에 구체화되어 있는데, 근거 이론이 약속하는 인식론적 안전을 제공하기보다 질적 탐구를 제약하고 왜곡한다. 그리고 고안되고 만들어지고 있는 것은 어떤 의미 있는 관점에서 보더라도 사실상 이론이 아니다. 그리고 해석(interpretation)에 대하여 논의할 때, '근거(ground)'는 잘못된 표현이다. 근거 이론의 절차를 따를 때 궁극적으로 나타나는 것은 발견이라기보다 창조(invention)에 가깝다. 근거 이론 절차는 질적 연구 초보자에게 이정표를 제공한다

는 것을 인정할 수 있다. 그러나 교육 영역에서 연구자들은 주의해야 한다. 이는 해석, 내러티브, 반성의 중요성이 근거 이론의 절차에서 약화되기 때문이다.

근거 이론 절차의 구성에서 Glaser와 Strauss는 시카고 학파의 강력한 숙의(숙고, deliberations)에 많은 사람들이 관심을 기울이게 하는 데 매우 가치 있는 역할을 수행하였다. 이는 민속지학, 현상학, 해설적(interpretative), 해석학적(hermeneutic)—다르게 말하여 질적—탐구의 타당성에 대한 논의이다. 이것 이상으로, "당신의 인식론적 담보물(collateral)은 어디에 있는가? 당신의 이론은 어디에 있는가?"라고 질문하는 사람들에게 그들은 반박하기 어려운 답변을 제공하였다. 그들은 질적 탐구의 정당화에 크게 기여하였다(Thomas & James, 2006: 790).

Thomas와 James에 따르면, 그 모든 논쟁과 개종(proselytization)은 그 시대의 산물이었다. 근거 이론의 성공—즉 질적 탐구의 정당화(validate)를 돕는 일에서의 성공—은 탐구에 대한 추론에서 날랜 손재주(교묘한 속임수, sleight of hand)와 같은 것에 의존하였다. 되돌아보면 우리는 당시의 논쟁을 맥락 속에서 볼 수 있고 앞으로 나아갈 수 있다. 질적 연구를 위한 논의는 이제 독립적으로 스스로 설 수 있다. 근거 이론 절차에 대한 지속적인 충성—또는 이상하게(strangely), 그 절차 또는 추정되는 목적에서 분리된 '근거 이론'이라는 용어에 대한 단순한 충성—은 질적 탐구의 성장을 저해하고 왜곡한다(Thomas & James, 2006: 790).

Thomas와 James는 근거 이론을 재창조(reinvent)하는 일을 계속할 필요는 없다고 말하였다. 이들의 주장(argument)은 근거 이론가들의 목표, 주장, 방법들이 질적 탐구의 출발점과 상반된다(contradict)—심지어 이들이 훼손하였다—는 것이다. 그러나 가장 중요한 실제적인 쟁점은, 특히 교육자들과 교육 연구자들에게, 근거 이론의 알고리듬(algorithms)이 정당화되느냐 하는 문제도 아니고, Glaser와 Strauss가 (그리고 최근에 다른 사람들도) 주장한 귀납, 설명, 예측을 가능하게 하느냐의 문제도 아니다. 가장 중요한 쟁점은 우리가 근거 이론을 계속적으로 사용할 때, 그리고 그렇게 하여 그 이름에 새겨진(embodied) 인식론적이고 이론적인 수칙(precepts)을 장려(promote)할 때, 놓치거나(missed) 묵살되는(dismissed) 것에 대한 것이다(Thomas & James, 2006: 790).

근거 이론을 사용하는 것은 단순한 이해(simple understanding)를 거절하는 것을 포함한다. 그것은 우리가 실천가로서 의미를 만드는 것에 대하여 우리가 아는 것과 우리의 방식에 대해 명백하게 부인하게 된다. 이는 어떤 종류의 사고를 근거 이론이 높이고, 다른 한편 다른 종류의 사고와 이해를 강등하고(demote) 피하기 때문이다. 그것은 질서에 대해 갈망하면서—분리(분열, fracturing), 축 코딩, 그것의 범주들 및 하위 범주들과 함께—어떤 종류의 패턴, 모양(형태, shape), 심지어 합리성을 부과하고자 한다. 그런 절차를 통해 그것은 연구의 참여자와 토론자의 원래의 목소리—내러티브—를 격하한다. 방법의 합성(superimposition) 그리고 궁극적으로는 아마도 이론의 생산이라는 것은 사람들의 이야기, 예를 들어 학교생활 적응에 실패하거나 학교에서 학습에 실패하는 어린 학생들에 대한 이야기의 직접적인 타당도와 의미를 묵살하는 것을 암시한다. 연구자는 "순진하거나(naive) 낮은 계층"(Foucault, 1980: 82)이라고 여겨지는 사람들의 내러티브를 들어야 한다. 그러나 근거 이론화가 주는 암시는 합리적인 사람들이 알기 쉽도록 하기 위하여 이 다른 사람들의 지식이 건전하게 보이도록 변형되어야 한다는 것이다. 내러티브는 의미가 통하도록 분절되고 균열(fractured)된다(Thomas & James, 2006: 790).

뿐만 아니라 기계적 절차를 가진 근거 이론은 연구자 자신들—학생, 교사 또는 다른 전문가들—의 명료한 설명을 격하(relegate)한다. 새로운 구성주의적 근거 이론이 있지만, 이것이 그런 설명에 무엇을 더 보탤 수 있는지는 분명하지 않다. 사용자가 목소리보다는 방법에 초점을 둘 때, 그것은 심지어 그들에게서 무엇인가를 감축한다(subtract). Andreski(1972: 108-109)가 말하듯이, "공식과 과학적인 용어의 지나친 칭찬과 방법론과 기법에 대한 지나친 강조는 가치를 목적에서 수단으로 대체하는 흔한 경향을 예시한다." 교육에서 초보 연구자들은 근거 이론의 절차적 규칙을 매력적인 것으로 볼 수 있다. 이런 접근은 과학적 탐구의 민간 모형(folk model)과 같은 것으로 보일 수 있고, 질적 연구의 지형에서 헤쳐 나갈 지도와 나침반을 제공하는 것으로 보일 수 있다. 그러나 연구자들이 이런 근거 이론을 사용하면 최선의 질적 연구에서 멀어질 가능성이 있다(Thomas & James, 2006: 791).

제8절 Yin(2018)

1. 대중적 사례 연구와 교수 실천 사례 연구

Yin(2018: xx)에 따르면, 사례 연구는 학술적 사례 연구의 범위 밖에도 존재한다. 그런 사례 연구를 수행하는 사람들은 자신들이 어떤 공식적인 사례 연구(formal research method)를 수행한다고 생각하지 않는다. 훨씬 더 자주 사례 연구를 사용하는 것은 신문, 잡지, 블로그, 비디오, 기타 대중 매체에서 '사례 연구(case studies)'라는 일상적인 설명의 형식으로 나타난다. 이런 매체들에서 흔히 "하나의 사례를 작성하자", "하나의 사례를 발견하자"와 같은 표현을 사용한다. 이러한 '대중적 사례 연구(popular case studies)'들이 매우 유용한 정보를 제공해주는 것이 사실이다. 그러나 이들이 반드시 명백하고 체계적인 연구 절차를 따르지는 않는다. 따라서 이들을 비학술적 사례 연구(nonresearch case studies)라고 부를 수 있다(Yin, 2018: xx-xxi).

이와 유사하게 사례 연구는 전문직 훈련이나 실습에서 보조적인 수단으로 등장한다. 이들은 보통 '교수 사례(teaching cases)'로 불린다. 이들은 일찍이 기업 경영, 법률, 그리고 나중에는 의학에서 사용되었다. 현재 이런 종류의 사례 연구들이 점점 더 다양한 모습으로 자주 등장한다. 이들은 현재 경력 상담(career counseling), 심리 치료, 간호 윤리, 서비스 혁신, 재정, 마케팅에 관한 전문성 신장 강좌와 관련된다. 따라서 고전적인 '교수 사례'는 '교수 실천 사례 연구(teaching-practice case studies)'라고 부를 수 있는 더 넓은 장르의 일부로 볼 수 있다. 이런 종류의 사례 연구의 목적은 (훈련이나 실천을 위한) 실제적인 상황에 대한 정보를 제공하는 것이다. 그러나 다시 말하지만, 이들은 반드시 명백하고 체계적인 연구 절차를 따르는 것은 아니다(Yin, 2018: xxi).

대중적인 사례 연구와 교수 실천 사례 연구 모두, 사회 과학이 아닌 영역의 학자들과 전문가들을 포함하여, 대부분의 사람들이 가장 자주 접하는 사례 연구인 것 같다. 그 결과, 학술적 사례 연구(research case studies)가 아닌, 이 두 종류의 사례 연구는 사례 연구가 무엇인지에 대한 일상적인 인식을 주도하는 것 같다. 그래서 사람들은 무의식적으로 사례 연구는 사회 과학 연구 영역 안에서 이루어지는 학술적인 노력이라기보다는 문학적 설명이거나 보조적인 실천 자료라고 믿게 된 것 같다. 다르게 말하여, 두 종류의 비학술적 사례 연구(nonresearch case studies)의 광범위한 사용은 학술적 사례 연구의 명성을 폄하하는(disparage) 하나의 이유인 것 같다(Yin, 2018: xxi).

2. 학술적 연구 방법으로서 사례 연구의 정의

Yin(2018: 14)은 다양한 사례 연구에 대해 자주 제기되는 세 가지 질문을 제시하고 사례 연구에 대한 정의는 이들을 다룰 필요가 있다고 말하였다.

(1) 하나의 연구에 하나 이상의 사례가 포함될 때에도 사례 연구인가?
(2) 사례 연구는 양적 증거를 사용하지 않는가?
(3) 사례 연구는 평가를 위해 사용될 수 있는가?

Yin(2018: 14)에 따르면, 사례 연구에 대한 어떤 정의들은 단지 사례 연구가 적용된 주제들을 반복하였다. 예를 들어, 어떤 학자는 다음과 같이 말하였다.

> 사례 연구의 본질은, 즉 모든 종류의 사례 연구들 중에서 중심적인 경향은, 그것이 하나 또는 그 이상의 '의사결정(decision)'을 조명하려 한다는 것이다. 왜 그런 결정에 이르렀는가, 그들은 어떻게 실행되었는가, 그 결과는 무엇인가? (Schram, 1971)

이 문장은 의사결정의 사례들을 사례 연구의 중심으로 제시하였다. 다른 흔한 사례들은 개인, 조직, 과정, 프로그램, 이웃, 기관, 그리고 심지어 사건 등이다. 그러나 탐구 방법이 아니라 하나의 독립적인 사례에 초점을 두고 정의하는 것은(Stake, 2005: 443) 하나의 학술적 연구 방법으로서 사례 연구를 위한 완전한 토대를 형성하기에는 부족하다. 사회 과학 연구 밖에서, 대중적 문헌과 매체에서 일상적으로 사례 연구를 사용하는 것(대중적 사례 연구)은 이 쟁점을 더 흐리게 한다(Yin, 2018: 14).

많은 초기 사회 과학 교재들은 사례 연구를 공식적인 방법으로 전혀 생각하지 않았다. 하나의 흔한 문제는 사례 연구를 어떤 다른 유형의 연구 방법의 탐색적 단계로 생각하였다는 것이다. 다른 정의에서의 문제는 사례 연구와 참여 관찰에서와 같은 현장 작업(field work)을 동일시하였다는 것이다. 따라서 초기 교재들은 사례 연구에 대한 논의를 참여 관찰 또는 자료 수집 과정으로서의 현장 작업에 대한 서술에 국한하였다. 이들은 학술적 사례 연구의 정의에 대해 더 깊게 논의하지 않았다(Yin, 2018: 14).

미국의 방법론적 사고에 관하여 역사적으로 검토하는 사례 연구에서, Jennifer Platt(1992)은 이에 대한 이유를 설명하였다. Platt은 사례 연구 실행의 역사적 배경으로 생애사(life histories) 연구 수행, 시카고 사회학 학파의 연구, 사회 복지에서의 사례 조사(casework)까지 추적하였다. 그리고 Platt은 참여 관찰이 학술적 사례 연구에 대한 추가적인 인식을 효과적으로 가로막으면서 어떻게 자료 수집 방법으로 등장하였는지 보여주었다. 따라서 Platt은 1950년까지 방법론을 다룬 교재에서 학술적 사례 연구를 언급한 많은 사례들을 발견하였지만, 1950~1980년의 교재에서는 학술적 사례 연구나 사례 연구에 대한 언급은 발견하기 어려웠다(Platt, 1992: 18). 마지막으로, Platt은 이 책의 초판(1984)이 어떻게 단지 현장 작업(fieldwork)이라는 제한된 관점에서 학술적 사례 연구를 분리해냈는지를 설명한다. 그리고 Platt은 또한 학술적 사례 연구에 대한 새로운 논의가 주로 1980~1989년 그리고 그 이후에 교재에서 어떻게 등장하였는지를 보여주었다. Platt의 표현에 따르면, 학술적 사례 연구는 자신만의 '설계의 논리', 그리고 "상황이 어떠하든 관계없이 무조건 따라야 하는 이데올로기적인 헌신이라기보다 상황과 연구 문제가 적절할 때 선호하는 전략"을 가진 것으로 이해되었다(Platt, 1992: 46; Yin, 2018: 14).

Yin(2018: 15)은 학술적 사례 연구의 정의가 제1~5판 사이의 변화 속에서 이중적(twofold) 정의로 발전하였다고 설명하였다. 그 첫째는 사례 연구의 범위에 관련된다.

가. 사례 연구는 경험적 방법이다

- 현재의 현상(사례)에 대해 깊이 그리고 실제 세계의 맥락 안에서 탐구한다.
- 특히, 현상과 맥락 사이의 경계가 분명하지 않은 경우에 그러하다.

다르게 말하여, 연구자가 실제 세계의 사례에 대해 이해하기를 원하고 그렇게 함으로써 자신의 사례에 관련되는 중요한 맥락적 조건을 이해할 수 있다고 가정하기 때문에 사례 연구를 수행하기를 원할 수 있다(Yin, 2018: 15).

따라서 이 정의의 첫 부분은 연구자가 사례 연구와 다른 탐구 양식을 구분하게 돕는다. 예를 들어, 실험 연구는 의도적으로 맥락과 현상을 분리하고 관심을 가지고 있는 현상에만 관심을 기울인다. 이는 대개 몇 개의 변인으로 표현된다. 전형적으로 실험은 맥락을 실험 환경에서 통제함으로써 맥락을 무시한다. 대조적으로, 역사적 연구는 현상과 맥락 사이의 얽힌 상황을 다루지만 대체로 현재의 사건들이 아닌 것을 연구한다. 마지막으로, 조사 연구(survey research)는 현상과 맥락을 다루는 것을 시도할 수 있으나 맥락을 탐구할 능력은 극도로 제한된다. 예를 들어, 조사 연구 설계는 항상 설문에서의 문항 수를 (그래서 분석할 문항 수를) 제한하려고 노력한다. 이는 할당된 자유도의 범위 안에 떨어지게 하려는 것이다. 이는 대체로 조사 대상인 응답자의 수와 예상되는 반응 집단 안의 예상되는 분포에 따라 제약을 받는다(Yin, 2018: 15).

정의의 두 번째 부분은 실제 세계에서 현상과 맥락이 항상 뚜렷하게 구별되지 않기 때문에 등장한 것이다. 따라서 학술적 사례 연구를 수행할 때 다른 방법적 특징들(methodological characteristics)을 사례 연구의 특징들(features)로 받아들인다(Yin, 2018: 15).

나. 사례 연구는 다양한 측면을 포괄한다

- 기술적으로(technically) 구별되고, 자료 지점들(date points)[3]보다 더 많은 변

[3] 각 사례를 하나의 자료 지점으로 가정할 때, 심리학에서의 학술적 사례 연구는 자료 지점들보다 더 많은 변인들이 있을 수 있는 조건 세 가지를 보여준다. 이는 (1) 심층 연구, (2) 시간 경과에 따른 조건의 탐구,

인들이 있는 상황을 다룬다.

- 그 결과, 설계, 자료 수집, 자료 분석을 안내하는 과거에 개발된 이론적 명제에서 혜택을 본다.
- 그 결과, 다양한 원천의 증거에 의존하는데, 이때 자료는 삼각법적인(triangulating) 방식으로 결합된다(Yin, 2018: 15).

본질적으로, 사례 연구의 범위와 특징을 포함하는 이중의 정의는 사례 연구가 탐구 양식의 모든 측면, 즉 자신만의 설계, 자료 수집 방법, 자료 분석에 대한 특별한 접근을 포함한다는 것을 보여준다. 이런 의미에서 사례 연구는 자료 수집 방법 하나에만 국한되지 않고, 심지어 설계의 특징 하나에 국한되지 않는다(Stoecker, 1991; Yin, 2018: 16).

사례 연구는 단수(단일, single)의 사례 연구와 복수(multiple)의 사례 연구를 포함한다(예, Stake, 2006). 정치학이나 공공 행정과 같은 영역은 이 두 가지 상황을 구분하려고 시도하였으나(복수 사례 연구를 가리키기 위하여 비교 사례 연구라는 용어를 사용하였으나), 단일 사례 연구나 복수 사례 연구는 사례 연구 설계의 두 가지 다른 종류이다(Yin, 2018: 17).

사례 연구는 양적 증거를 사용할 수 있고 양적 증거만 사용할 수도 있다. 양적 · 질적 증거라는 기준만으로는 다양한 연구 방법들을 구분할 수 없다(양적 · 질적 증거 사이의 대조는 다양한 연구 방법을 구분하지 않는다). 비유적인 예를 들면, [지각(perceptions)에 대한 연구와 같은] 어떤 실험과 (숫자보다는 범주를 구하는) 조사 연구 질문은 양적 증거가 아닌 질적 증거에 의존한다. 이 스펙트럼의 반대편에서, 역사적 연구는 많은 양의 양적 증거를 사용할 수 있다(Yin, 2018: 17).

어떤 이들은 사례 연구를 질적 연구를 실행하는 선택지들 중의 하나로 본다(예, Creswell & Poth, 2018). 이와는 대조적으로, 사례 연구의 특성과 핵심적 특징들—예를 들어, 하나의 사례를 정의할 필요성, 다양한 증거의 삼각법, 양적 자료에 의존하는 능력—은 학술적 사례 연구를 하나의 질적 연구의 유형으로 보는 것을 넘어서게 한다. 또

---

(3) 맥락적 조건의 포함이다. (1)의 예로는 뇌 손상, 중다 성격 장애, 프랑스 야생 소년 등에 대한 연구가 있다. (2)의 예로는 시간의 경과에 따라 나타나는 다양한 조건 속에서의 하나의 사례를 다루는 연구가 있다. 이 연구에서 시간적 패턴은 다양한 변인들의 지속적인 흐름을 보여줄 수 있다. 시간의 경과에 따라 발생하는 여러 중요한 사건들은 하나의 사례를 이해하는 데 필수적인 다수의 변인들을 생산한다. (3)의 예로, 한 사례가 한 개인일 경우, 그 개인의 가족, 직업, 동료 관계가 맥락적 조건에 포함될 수 있다. 하나의 사례가 하나의 소집단이나 조직인 경우, 문화적 · 경제적 · 사회적 · 정치적 조건들이 맥락적 조건들이 될 수 있다(Yin, 2018: 261-264).

다른 예로, 학술적 사례 연구는 많은 질적 연구 유형들을 특징짓는 충분한 서술(thick description)을 항상 하거나(Geertz, 1973), 또는 상세한 관찰 증거를 항상 제시해야 하는 것은 아니다. 심리학 같은 영역에서는 학술적 사례 연구와 질적 연구를 구분하는 경향이 있다(Yin, 2018: 18).

사례 연구는 평가를 수행할 수 있으며, 적어도 네 가지 적용 유형이 있다. 가장 중요한 첫째는 조사 연구나 실험의 방법으로는 접근하기 어려울 정도로 복잡한 실제 세계의 개선 프로그램에서의 예상되는 인과관계를 설명(explain)하는 것이다. 둘째, 개선 프로그램과 그것이 적용된 실제 세계의 맥락을 서술하는 것이다. 셋째, 사례 연구는 평가 내에서 어떤 주제를 서술하면서 예시할 수 있다. 넷째, 평가 대상이 되는 개선 프로그램에서 분명한 결과를 찾을 수 없는 상황을 상세하게 보여주기(enlighten) 위해 사용할 수 있다. 이 모든 유형에서 하나의 공통된 주제는 프로그램 후원자—연구자보다는—가 평가 질문을 제시하고 관련 있는 자료의 범위를 결정하는 데 두드러진 역할을 수행할 수 있다는 것이다(Yin, 2018: 18).

3. 사례 연구에서의 일반화

"하나의 사례 연구 결과를 일반화할 수 있는가?"라는 질문이 자주 제기되었다. 동일한 질문을 실험 연구에 적용할 수 있다. "하나의 실험 결과를 어떻게 일반화할 수 있는가?" 자연 과학과 생명 과학에서는 하나의 실험이 아닌 동일한 현상을 다양한 조건 아래에서 반복적으로 실시한 실험들에 토대를 두고 일반화를 시도한다. 이 경우에도 시간의 경과에 따라 일반화는 큰 변화를 보여준다(예, 카페인이나 다른 음식의 섭취 이후 영양학적 결과는 변화무쌍하였다)(Yin, 2018: 20).

마찬가지 접근이 사례 연구에 적용될 수 있다. 간단한 답변은 사례 연구는 전집이나 우주가 아닌 이론적 명제에 일반화할 수 있다. 이런 의미에서, 실험과 달리, 사례 또는 사례 연구는 표본(sample)을 나타내지 않는다. 오히려 학술적 사례 연구에서 목표는 이론을 확장하거나 일반화하는 것(분석적 일반화)이며, 확률을 추정하는 것(통계적 일반화)이 아니다. 또는 사례 연구의 목표는 '일반화하는(generalizing)' 분석이지 '특수화하는(particularizing)' 분석이 아니다(Lipset, Trow, & Coleman, 1956: 419-420; Yin, 2018: 20).

4. 사례의 선정

사례 연구의 설계에는 (1) 연구 질문, (2) 연구 명제, (3) 사례, (4) 자료를 명제에 연결하는 논리, (5) 연구 결과를 해석하는 준거 등 다섯 가지가 포함된다. 이 중 세 번째 요소는 연구할 사례를 결정하는 것을 다룬다. 이는 많은 연구자들이 연구 초반에 당연히(rightfully) 직면하는 문제이다(예, Ragin & Becker, 1992). 사례를 선정할 때 적어도 두 가지 다른 단계를 고려할 필요가 있다. 먼저 사례를 선정하는 것이고 다음에 범위(경계)를 정하는 것이다.

사례를 선정할 때, 전통적인 사례 연구는 대개 사례로 개별 인간에 초점을 둔다(예, Bromley, 1986: 1). Jennifer Platt(1992)은 시카고 사회학 학파의 학자들이 초기 사례 연구에서 어떻게 청소년 범죄자나 부랑자와 같은 사람들의 생애사를 다루었는지에 대해 주목하였다. 또한 임상 환자(Brice, Wallace, & Brice, 2014; Johansen, Tavakoli, Bjelland, & Lumley, 2017), 모범생(예, Jett, Curry, & Vernon-Jackson, 2016; Schmitt & Goebel, 2015), 교사들(예, Parsons, 2012), 또는 여러 지도자들에 대한 사례 연구가 있었다. 각 상황에서 개별 인간이 연구되는 사례이다. 개인에 대한 정보가 수집되고 복수 사례 연구에는 그러한 여러 개인 또는 사례가 포함될 수 있다(Yin, 2018: 28-29).

또한 연구자는 이 개인 또는 집단(개인들)에 대한 관련 정보를 수집하기 위하여 연구 질문과 연구 명제가 필요하다. 그런 질문과 명제가 없으면, 개인(집단)에 대한 모든 것을 다루려는 유혹에 빠질 수 있다. 그러나 이것은 불가능하다. 예를 들어, 이 집단을 연구하는 명제는 유아기의 영향이나 동료 관계에 국한될 수 있다. 그럼에도 불구하고 그러한 일반적인 주제는 관련된 범위와 후속되는 자료에 대한 요구가 과도하다. 사례 연구가 구체적인 질문과 명제를 포함할수록 적절한 한계 안에 머물게 될 가능성이 높아질 것이다(Yin, 2018: 29).

물론 사례는 한 사람이 아닌 사건이나 존재가 될 수 있다. 사례 연구는 가족 같은 소집단(Kindell, Sage, Wilkinson, & Keady, 2014), 시민 참여, 지역 사회, 의사결정, 프로그램, 공익 단체, 조직 학습, 학교, 사회 운동과 같은 사건, 재난 복구 활동 등 다양한 주제에 대하여 이루어졌다. Feagin과 동료들(1991) 또한 사회학과 정치학에서 고전적인 단수 사례 연구 예시들을 담고 있다(Yin, 2018: 29).

위와 같은 유형의 사례들에 대해 주의할 필요가 있다. 어느 것도 사례의 시작점과 종결점이 명확하게 정해지지 않는다. 예를 들어, 어떤 프로그램의 사례 연구는 서로 다른 참여자들에 따라 (1) 다양한 프로그램에 대한 정의들과, (2) 공식적인 프로그램의 지정 이전에 존재하던 요소들을 나타낼 수 있다. 따라서 그런 프로그램의 사례 연구는 그런 조건들이 사례 연구의 일부를 차지하는지 여부를 밝힐 필요가 있다. 비슷하게 연구자는 처음에 도시와 같은 장소를 사례로 지정할 수 있다. 그러나 연구자의 연구 질문과 자료 수집은 사실 도시의 관광, 도시 정책, 도시 정부에 국한될 수 있다. 이런 선택은 사례 연구로 도시의 지리와 도시의 인구를 정하는 것과는 다를 것이다(Yin, 2018: 29).

만약 연구자의 연구 질문이 하나의 사례를 다른 것보다 선호하는 방향으로 가지 않으면, 연구자의 질문은 지나치게 애매모호하거나 너무 많을 것이다. 그러면 연구자는 사례 연구를 수행하기 어려울 것이다. 그러나 결국 하나의 사례를 선정하게 된다고 하더라도, 완전한 종결이라고 생각하지 말아야 한다. 연구자의 사례 선정은 연구자의 연구 설계의 다른 요소와 마찬가지로, 자료 수집 기간에 발견한 것에 따라 재방문할 수도 있다(Yin, 2018: 30).

때때로 하나의 사례 연구 방식을 선택하더라도 연구하는 현상은 서로 다를 수 있다. 예를 들어, 연구자들은 이웃에 대한 사례 연구와 소집단에 대한 사례 연구를 구분하지 못하였을 수 있다. 이웃과 같은 지리적 면적(area)을 기준으로 인종의 이동, 업그레이딩, 그리고 다른 현상을 다루는 방식은 소집단을 기준으로 같은 현상을 다루는 것과 매우 다를 수 있다. 예를 들어, 두 개의 고전적인 사례 연구인 『길거리 사회(*Street Corner Society*)』(Whyte, 1993)와 『탤리의 코너(*Tally's Corner*)』(Liebow, 1967)는 이웃에 대한 사례 연구로 자주 오해를 받았다. 사실상 그것은 소집단에 대한 사례 연구였다. 비록 소집단들이 이웃이 명료하게 정해진 좁은 지역에 살았지만, 이 두 저서에서 이웃의 지리에 대한 서술이 없었다(Yin, 2018: 30).

사례를 선정하는 혼란과 모호함을 축소하기 위하여, 추천할 만한 한 가지 방법은 잠정적인 사례 선정을 동료와 논의하는 것이다. 동료에게 어떤 질문에 답하려고 하는지, 이 질문에 답하기 위하여 왜 그런 사례(들)를 선정하였는지 설명해볼 수 있다. 이를 통해 사례 선정을 잘못하는 일을 피할 수 있다(Yin, 2018: 31).

사례를 선정한 후에 다음 단계로 사례의 범위를 정하는 것이 중요하다. 예를 들어, 사례가 소집단이면, 그 집단에 포함될 사람들[그들이 당신의 사례 연구의 즉각적인 주제(topic)가 될 것이다]은 그 집단 밖에 있는 사람들과 반드시 구분되어야 한다. 비슷하게, 사례가 특정 지리적 지역의 서비스에 관한 것이라면, 당신은 어떤 서비스를 다룰지 결정할 필요가 있다. 또한 선택할 어떤 주제를 위해서도 당신의 연구의 목적(purpose)을 위해 그 사례의 시작과 종결에 대한 시간적인 추정치를 결정하는 것이 바람직하다(즉 사례가 될 존재의 전체 생애 또는 일부를 포함할지에 대해). 이런 방식으로 범위를 정하는 것은 당신의 자료 수집 범위, 그리고 특히 당신의 사례 연구의 주제[subject, 현상(phenomenon)]에 대한 자료를 그 사례의 외부(맥락)에 있는 자료와 구분하도록 도와줄 것이다. 또한 범위 설정은 당신의 사례와 당신의 연구 질문 및 명제 사이의 연결을 긴밀하게(tighten) 할 것이다(Yin, 2018: 31).

공간적 · 시간적 범위 그리고 다른 명백한 범위(경계)에 관한 위의 주의 사항들은 당신의 사례를 선정하는 핵심적이고도 미묘한 측면 아래에 깔린 것이다. 바람직한 사례는 구체적으로 표현되는 실제 세계의 현상이어야 한다. 사례는 단지 주장, 논쟁, 또는 가설과 같은 어떤 추상적인 것이 될 수 없다. 이런 추상적인 것들은 단지 사례 연구만이 아닌 다른 종류의 방법을 사용하는 연구의 출발점도 될 수 있다. 단지 추상적인 것에서 출발하는 사례 연구를 정당화하기 위해 당신은 한 단계 더 나아가야 한다. 당신은 어떤 실제 세계의 사례가 어떤 추상적인 것의 구체적인 표현이 될 수 있도록 정의할 필요가 있다(Yin, 2018: 31).

5. 이론의 유형

일반적으로 이론 개발이라는 장벽을 넘어서기 위하여, 연구자는 연구하고 싶은 주제와 관련된 문헌을 조사하고, 동료 또는 교사와 연구 주제와 아이디어를 논의하고, 연구자 자신에게 무엇을 연구하려고 하는지, 왜 그런 연구를 제안하고 있는지, 연구의 결과 어떤 것을 배우고 싶은지 등에 대한 도전적인 질문을 던질 수 있다(Yin, 2018: 36).

그리고 연구자는 연구에 관련될 수 있는 충분한 범위의(full range) 이론들을 알고 있어야 한다. 연구자가 고려할 수 있는 이론의 유형은 다음과 같다(Yin, 2018, 36-37).

- 개인 관련 이론: 개인 발달, 인지적 행위, 성격, 학습과 장애, 개인 지각에 관한 이론
- 집단 관련 이론: 가족 기능, 비공식 집단, 작업 팀, 노사 관계, 대인 간 네트워크 등에 관한 이론
- 조직 관련 이론: 관료주의, 조직 구조와 기능, 조직 수행의 탁월성, 조직 간 파트너십 등에 관한 이론
- 사회 정의 관련 이론: 주거 지역 격리, 국제 갈등, 문화 동조, 테크놀로지 접근 불평등, 시장 불평등 등에 관한 이론

6. 사례 연구를 일반화하기 위한 이론의 이용

이론 또는 이론적 명제를 가지는 것은 사례 연구를 설계하기 쉽게 해줄 뿐만 아니라, 나중에 사례 연구에서 배운 교훈을 일반화하는 데 중요한 역할을 수행할 것이다. 이론은 분석적 일반화의 토대가 된다는 특징을 가지며 통계적 일반화라고 알려진 경험적 연구의 결과를 일반화하는 다른 방법과 대조된다. 이 두 유형의 일반화 사이의 구분을 이해하는 것은 사례 연구 수행에서 연구자의 가장 두드러진 성취일 수 있다(Yin, 2018: 37).

먼저 사례 연구 수행에는 관련이 더 적지만, 좀 더 일반적으로 인정받는 일반화의 방법인 통계적 일반화에 대해 살펴보자. 통계적 일반화는 하나의 전집에서 추출된 표본에서 수집한 자료에 토대를 두고 전집에 대해서 추론을 하는 것이다. 이런 일반화 방법은 의견 조사를 하거나 주택 시장 또는 고용 시장의 경향에 대한 역사적 연구를 수행하는 경우에 따르는 방법이다. 다른 예시로, 정치적 여론 조사에서는 응답자 표본에서 얻은 결과를 표본을 넘어 전집에 적용하여 일반화할 필요가 있다. 연구자는 추정의 신뢰도를 결정하는 통계적 절차를 쉽게 따른다(Yin, 2018: 37).

사례 연구 수행에서 치명적인 오류는 통계적 일반화를 사례 연구 결과를 일반화하는 방법이라고 여기는 것이다. 이것은 연구자의 사례(들)가 '표집 단위(sampling units)'가 아니기 때문이고 또한 숫자가 너무 적어 어떤 전집을 대표할 충분한 크기의 표본으로 사용할 수 없기 때문이다(Yin, 2018: 38).

연구자의 사례(사례들)을 표본으로 생각하기보다 사례 연구를 어떤 이론적 개념이나 원리의 발전에 경험적 연구 결과로 기여할 기회로 생각해야 한다. 그 목표는 실험실에서 연구자가 새로운 실험을 수행하고 이를 통해 배우려는 동기와 비슷하다. 이런 의미에서, 사례 연구와 실험은 특정한 사례 또는 실험의 범위를 넘어서는 데 관심을 가지고 있다. 이 두 종류의 연구는 모두 연구를 수행한 특정 사례 또는 실험을 위한 상황을 넘어서는 일반화될 수 있는 결과 또는 교훈—즉 분석적 일반화—을 얻으려고 노력할 수 있다(Yin, 2018: 38).

7. 사례 연구 결과의 일반화 예시

Yin(2018: 7, 38-39)은 사례 연구 결과를 다양한 다른 상황들에 분석적으로 일반화하는 예시들을 제시하였다. 그중 (1) 쿠바 미사일 위기, (2) '실수'의 사회학을 다룬 사례 연구 결과의 분석적 일반화 예시는 다음과 같다.

가. 쿠바 미사일 위기

1962년 쿠바 미사일 위기에 대한 Graham Allison(1971)의 연구는 정치학 분야에서 매우 잘 알려진 것이다. 미국-소련(소비에트 연방) 사이의 대결이라는 이 위기는 핵무기에 의한 대학살과 전 세계의 멸망을 가져올 뻔하였다. 이 저서에서 그는 이 위기를 설명하기 위하여 서로 경쟁하면서 보완하는 세 가지 이론들을 제시하였다. 미국과 소련은 (1) 합리적인 행위자로서, (2) 복잡한 관료주의 체제로서, (3) 정치적 동기를 가진 집단으로서 행위를 하였다. Allison은 각 이론이 이 위기에서 실제로 발생한 일련의 사건들을 설명하는 능력(ability, 설득력)을 비교하였다. 소련은 도대체 왜 쿠바에 공격적인(단지 방어적이지 않은) 미사일을 배치하였는가? 미국은 왜 미사일 배치에 봉쇄(공습이나 침투가 아닌, 이미 쿠바에 미사일이 배치되어 있었는데도)로 대응하였는가? 소련은 왜 결국에 미사일을 철수시켰는가?

이 사례 연구는 단지 서술적이거나 탐색적인 기능이 아닌 설명적 기능을 보여준다. 더욱이, 저자들은 사례 연구에서 얻은 교훈들을 외교 정책 및 세계 정치에 관한 냉전 후 연구들과 대조하였다. 이런 방식으로, 이 저자들(Allison & Zelikow, 1999)은 더 사려 깊게 제시한 제2판에서 단수 사례 연구가 어떻게 통찰력 있는 일반화의 토대가 될 수 있는지를 강력하게 보여준다. (Yin, 2018: 7)

나. '실수(mistake)'의 사회학

1986년 비극적인 우주 왕복선 Challenger호의 사고는 독특한 사례로 볼 수 있는데, 그 왕복선의 마지막 몇 초 동안의 모습이 TV에서 생생하게 반복적으로 방영되었다. 대통령 자문 위원회와 Diane Vaughan(2016)는 이 사고의 원인들에 대해 연구하였다. Vaughan의 상세한 사례 연구는 어떻게 한 조직의 사회적 구조(NASA 우주 항공국)가 시간의 경과에 따라 일탈을 수용 가능하고 일상적인 행위로 전환하였는지 보여준다.

> Vaughan의 궁극적인 설명은 사건의 주요 요인으로 중간 매니저들이 저지른 개인적인 오류를 지적하였던 대통령 자문 위원회의 것과 현격하게 다르다. Vaughan에 따르면, Vaughan의 연구는 실수의 사회학을 설명한다. 즉 실수가 체계적이고 사회적으로 조직되며, 전문직, 조직, 문화, 구조의 본질을 구성한다. Vaughan은 어떻게 일탈이 (조직의 환경에서 기인하는) 생산 압력의 제도화를 통해, "의사결정에 미묘하고 인식되지 않고 만연하는 효과를 가져오면서", 수용 가능한 행위로 전환되는지 보여준다. Vaughan의 마지막 논의는 이 일반화를 다양한 다른 사례들에 적용한다. 예를 들어, Vaughan은 과학자들의 세계관에 따라 왜곡된 연구를 지적하고, 친밀한 관계의 분리를 보여주고, 어떤 기술 공학적인 체제에서의 사고의 불가피성을 보여주는 연구들을 인용한다. 이 모든 것들은 분석적 일반화의 과정을 예시한다. (Yin, 2018: 41)

8. 사례 연구 설계

Yin(2018: 47-48)은 네 가지 유형의 사례 연구 설계를 2×2 행렬로 표현하여 제시하였다(**[그림 4.4]**). 행렬에서 모든 유형의 설계는 사례와 관련된 맥락적인 조건을 분석하는 것을 포함한다는 것을 보여준다. 그림에서 점선은 사례와 맥락 사이의 흐릿한 관계를 나타낸다. 행렬은 단수 사례 연구와 복수 사례 연구는 서로 다른 설계 상황을 반영하고, 이들 두 가지 안에서 단수 또는 복수의 분석 단위가 있을 수 있다. 이에 따른 네 가지 사례 연구 유형은 총체적(holistic) 단수 사례 연구(유형 1), 내장형(embedded) 단수 사례 연구(유형 2), 총체적 복수 사례 연구(유형 3), 내장형 복수 사례 연구(유형 4)이다.

가. 단수 사례 연구

단수 사례 연구 수행이 필요한 이유(rationale)로 다섯 가지를 들 수 있다. (1) 중요하다(critical), (2) 흔하지 않다(unusual), (3) 흔하다(common), (4) 새로운 것을 드러낸다(revelatory), (5) 종단적이다(longitudinal)(Yin, 2018: 49). 그리고 단수 사례 연구는 총체적 단수 사례 연구와 내장형 단수 사례 연구로 구분된다. 내장형 단수 사례 연구는

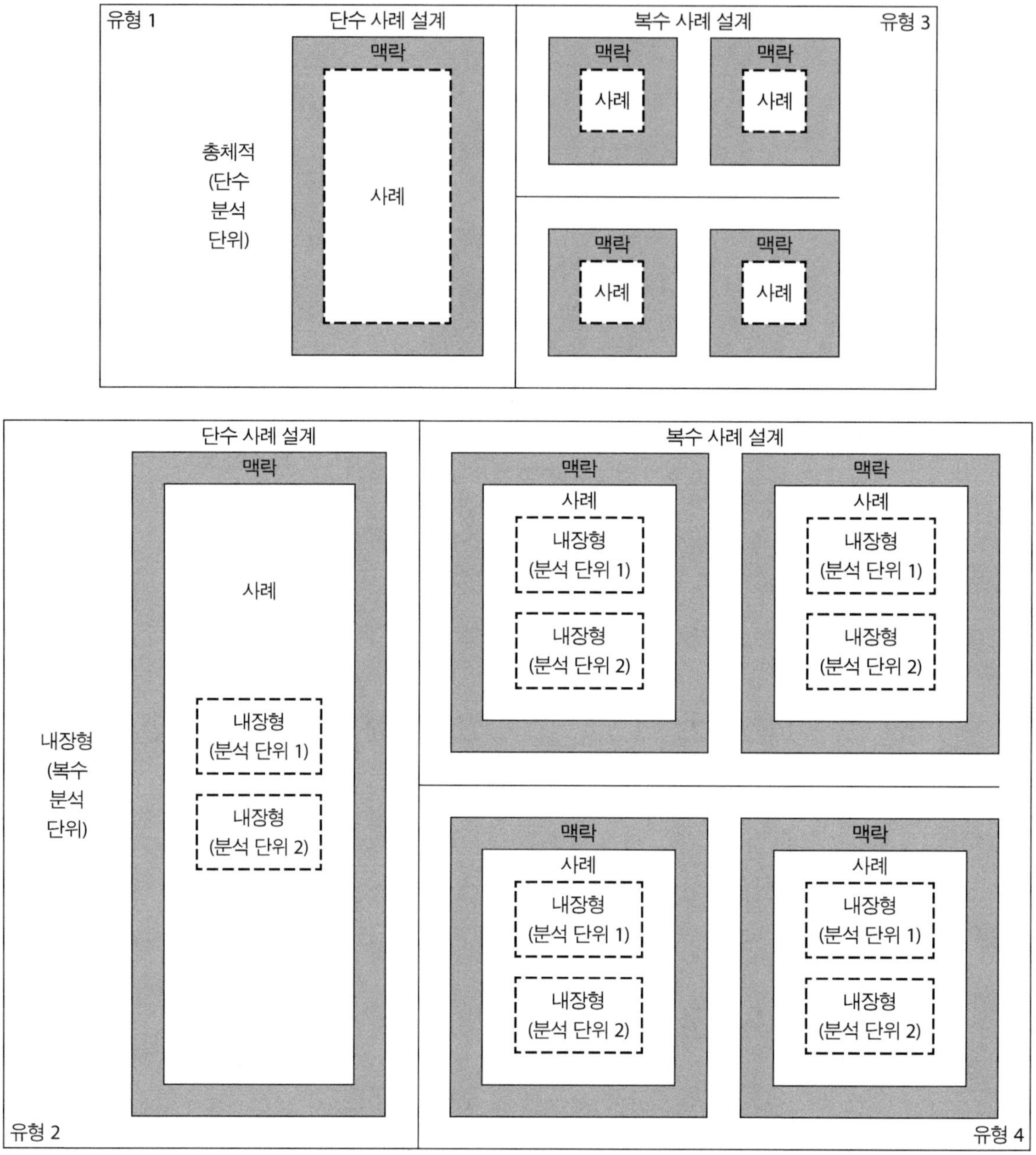

[그림 4.4] 사례 연구 설계의 유형

출처: Yin(2018: 48).

하위 단위에 대해서도 관심을 기울인다. 예를 들어, 병원을 사례로 삼아 서비스 문화에 대해 연구할 경우, 병원 안의 요소들(예, 병원 직원에 대한 설문 조사)에 대한 자료 수집을 포함할 수 있다. 다른 예로 어떤 공공 프로그램에 대해 평가하는 사례 연구에서 그 안에 속한 여러 프로젝트들에 대한 자료를 수집할 수 있다(Yin, 2018: 51).

나. 복수 사례 연구

복수 사례 연구는 단수 사례 연구와 비교하여 장단점을 가지고 있다. 복수 사례에서 얻은 증거는 더 강력한 것으로 여기므로, 복수 사례 연구는 전반적으로 더 강력하다고 여긴다(Herriott & Firestone, 1983). 그런데 복수 사례 연구 수행에는 한 명의 학생이나 연구자가 동원할 수 있는 범위를 넘어서는 자원과 시간이 요구된다(Yin, 2018: 54).

복수 사례의 선정과 관련하여 한 가지 통찰력은 그것을 복수 실험과 같은 것, 즉 '복제(반복, replication)' 설계로 여기는 것이다. 이것은 복수 사례를 조사 연구에서의 복수의 응답자들(또는 하나의 실험에서 복수의 피험자들)과 유사하다는, 즉 '표집(sampling)' 설계를 따르는, 잘못된 비유와는 거리가 있다(Yin, 2018: 55).

복제 논리(replication logic)는 복수의 실험에서 사용되는 것과 유사하다. 예를 들어, 어느 실험에서 중요한 결과를 발견하였을 때, 다음으로 우선적인 일은 두 번째, 세 번째, 또는 그 이상의 실험을 실행하여 그 결과를 복제하는 것이다. 어떤 복제는 원래 실험의 조건을 반복할 것이다. 다른 복제는 원래 실험에 도전이 될 만한 실험 조건들의 변경을 시도하여 그 발견이 여전히 반복되는지 확인할 것이다. 이 두 종류의 복제를 통해 원래의 발견은 더 강화될 것이다(Yin, 2018: 55).

복수 사례 연구의 설계는 유사 논리(analogous logic)를 따른다. 각 사례 연구가 (1) 유사한 결과를 예측하거나[단순 복제(literal replication)], (2) 대조적이지만 예상 가능한 이유를 가진 결과를 예측하도록[이론적 복제(theoretical replication)] 각 사례를 주의 깊게 선정해야 한다. 복수 사례 설계 안에 효과적으로 배열된 6~10개의 사례 연구들을 수행할 능력은 관련된 주제에 대한 6~10개의 실험을 수행할 능력과 유사하다. 몇 개(2~3개)의 사례 연구들은 단순 복제를 겨냥할 수 있고, 다른 몇 개(4~6개)의 사례 연구들은 서로 다른 두 가지 유형의 이론적 복제를 위해 설계할 수 있다. 모든 개별 사례 연구들이 예측한 대로 결과를 보이면, 이 6~10개의 사례들은, 모두 합하여, 전반적인 복수 사례 연구에 관련된 초기의 명제들에 대한 강력한 지지를 제공할 것이다. 그러나 각 사례 연구들이 어떤 식으로든 서로 다르면, 초기의 명제들은 수정하고 다른 사례 연구들을 통해 재조사를 해야 할 것이다. 이 논리는 연구자들이 서로 다른 실험 결과들을 다루는 방식과 유사하다(Yin, 2018: 55).

복수(multiple) 사례 연구라 할지라도 단수 사례 연구에서와 같은 변형이 있을 수 있다. 개별 사례 연구는 총체적일 수도 있고 내장된 하위 단위를 포함할 수도 있다. 다르게 말하여, 하나의 복수 사례 연구는 복수의 총체적 사례들로 구성되거나, 복수의 내장형 사례들로 구성될 수 있다. 이 두 가지 사이의 차이는 연구하는 현상이 어떤 유형인가 그리고 연구 질문이 무엇인가에 의존한다(Yin, 2018: 60).

예를 들어, 서로 다른 간호 학교가 채택한 훈련 프로그램의 효과에 대한 연구를 수행한다고 가정하자. 각각의 간호 학교는 각각의 사례 연구의 주제가 될 수 있다. 이론적 틀에 따라 아홉 개의 간호 학교가 사례 연구에 포함된다. 세 개의 학교는 직접적인 결과(단순 복제)를 예측하고, 여섯 개의 학교는 대조적인 조건들(이론적 복제)을 다룰 수 있다(Yin, 2018: 60).

아홉 개의 모든 학교에 내장형 설계가 사용된다. 이는 학교의 수행에 관한 연구 질문을 다루기 위하여 학생의 설문 조사(또는 학생의 과거 기록의 검토)가 필요하기 때문이다. 그러나 모든 학교에 대한 각 설문 조사 결과를 하나로 묶지 않을 것이다. 오히려 설문 조사 결과는 각 간호 학교에 대한 개별 사례 연구를 위한 자료의 일부가 될 것이다. 그 결과는 개별 학생의 태도와 행위에 초점을 두면서 양적일 수 있고 심지어 통계적 검사를 포함할 수도 있다. 이 자료는 학교에 대한 정보와 함께 특정 학교에서의 훈련 프로그램의 운영과 성공 여부에 대해 해석하는 데 사용될 것이다(Yin, 2018: 60).

사례 연구에 대한 세 가지 접근의 비교

Yazan(2015)은 초보 연구자들이 사례 연구를 수행할 경우 다양한 학자들의 설명을 접하면서 겪을 수 있는 혼동을 줄이기 위하여 사례 연구에 대한 세 학자들(Yin, Merriam, Stake)의 접근을 비교하였다. Yazan은 세 학자들의 접근을 인식론적 헌신, 사례 및 사례 연구에 대한 정의, 사례 연구의 설계, 자료 수집, 자료 분석, 자료의 타당화의 항목들로 구분하여 비교하였다. 특히 이 세 학자들의 접근에 나타난 차이는 그들의 인식론적 헌신에 토대를 두고 있다고 볼 수 있다. Yin은 실증주의, Stake는 구성주의와 실존주의(비결정주의), Merriam은 구성주의에 토대를 두었다는 것을 고려하면, 이들이 사례 연구의 다양한 요소들 또는 측면들에 대한 설명에서 보여준 차이를 이해하는 데 도움이 될 수 있다.

제2부

질적 연구의 이론적 배경

제2부에서는 질적 연구를 수행하는 데 매우 중요한 이론적 배경에 대해 살펴본다. 이는 질적 연구가 단지 자료를 수집하고 분석하는 방법론에 그치는 것이 아니라 수집한 결과를 논의하고 해석하며 그 의미와 중요성을 드러내어 독자에게 설득력 있게 전달할 필요가 있기 때문이다. 이러한 이론적 배경의 중요성에 대해서는 Hatch(2002), Marshall과 동료들(2022), Merriam과 Tisdell(2016), Ravitch와 Riggan(2017) 등이 강조하였다. 이에 따라 제2부에서는 질적 연구의 발전에 크게 기여하여 그 중요성을 인정받은 이론들 중 세 가지, 즉 상징적 상호작용론, 현상학, 비판 이론에 대하여 살펴본다.

제2절 Sokolowski(2000)
1. 의도성은 무엇이며, 왜 중요한가?
제3절 Lewis와 Staehler(2010)
1. 서론
2. 현상학적 에포케
3. 의도성
4. 생활 세계

제7장 비판 이론

제1절 개관

제2절 잠재적 교육과정–급진적 관점
1. 도입
2. Bowles와 Gintis
3. Bourdieu의 문화 재생산 이론
4. Apple과 Giroux
5. Kincheloe의 포스트모더니즘 미디어 연구
6. 잠재적 교육과정과 교사의 임무

제5장

상징적 상호작용론

제1절 Patton(2015)

상징적 상호작용론에 따른 연구에서 핵심적인 탐구 질문을 Patton(2015)은 다음과 같이 제시하였다.

핵심 탐구 질문

사람들의 상호작용에 의미를 주기 위하여 어떤 공통의 상징과 이해가 나타났는가?

1. 개관

George Herbert Mead
(1863~현재)

상징적 상호작용론은 사회 심리학에 근거를 두고 있고, 주요 이론가는 George Herbert Mead(1934)와 Herbert Blumer(1969)이다. 이는 인간의 본질적인 삶의 과정으로 의미와 해석을 강조한다. 이런 관점에서, 상징적 상호작용론은 심리학에서의 행동주의와 기계적인 자극-반응 모형과 대립된다. 사람들은 자신들의 상호작용을 통해 공유된 의미를 창조

Herbert George Blumer
(1900~1987)

한다. 그리고 그 의미는 그들의 실재(reality)가 된다. Blumer는 상징적 상호작용론의 근본적인 세 가지 주요 전제를 다음과 같이 제시하였다(Snow, 2001: 367).

(1) 사람들은 사물을 향하여 행위를 하는데, 사물에는 사람도 포함된다. 이 행위는 사물이 자신들에게 지니는 의미에 토대를 두고 이루어진다.
(2) 사물의 의미는 다른 사람들과의 사회적 상호작용에서 도출된다.
(3) 사람들은 사물의 의미를 관리하고 변형한다. 이는 사회적 세상을 구성하는 사물들을 이해하고 다루기 위하여 사람들이 이용하는 해석적 과정을 통해 이루어진다.

이 전제들을 통해 상징적 상호작용론자들은 질적 연구를 사람들이 세상을 어떻게 지각하고, 이해하고, 해석하는지를 이해하기 위한 유일하게 실재적인 접근으로 보았다. 개방적이고 자연주의적인 탐구와 귀납적 분석에서 사람들과의 밀접한 접촉과 직접적인 상호작용을 통해서만, 상징적 상호작용론자들은 참여하는 사람들의 상징적 세상에 대해 이해할 수 있게 된다. Blumer는 주요 참여자들을 대상으로 집단 토론과 면담 방법을 처음으로 사용한 학자들 중 하나이다. 그는 주의 깊게 선정된 자연적으로 예민한 관찰자 집단과 정보를 충분히 지니고 있는 사람들을 어떤 상황에 대한 '전문가 집단(panel of experts)'으로 보았다. 이 전문가들은 연구자를 어떤 현상, 예를 들어 마약 사용에 대한 현상의 내부로 이끌 수 있는 사람들이다. 이런 맥락에서, 집단 면담과 포커스 그룹 면담이 오늘날 매우 가치 있게 여겨지고 자주 사용되는 방법이 되었다(Patton, 2015: 133).

상징적 상호작용론에서는 사람을 부르는 명칭이 사회적 상호작용에서 큰 영향을 미친다는 낙인 이론(labeling theory)이 탐구에서 중요한 이론이다. 예를 들어, Hayes(2000)는 '무명의 채무자들(Debtors Anonymous)'이라는 명칭의 12단계[1] 집단

[1] 여러 가지 중독이나 충동에서 회복되도록 돕는 12단계의 프로그램으로, 12단계는 다음과 같다. Honesty, Faith, Surrender, Soul searching, Integrity, Acceptance, Humility. Willingness, Forgiveness, Maintenance, Making contact, Service.

(12-step group) 참여자들 중 46명의 표집을 대상으로 스스로 경제 문제를 관리할 수 없는 사람들이 어떻게 책임감 있게 수치심(부끄러움)을 느끼게 되었는지에 대하여 연구하였다. 프로그램 평가에서, 낙인 이론은 중퇴(drop-out), 위기(at-risk) 청소년과 같은 용어에 적용될 수 있다. 이는 언어가 소속 직원과 참여자들에게 중요하고 그들이 목표 달성에 어떻게 접근하는지에 영향을 미칠 수 있기 때문이다(Hopson, 2000; Patton, 2000).

질적 연구에서 상징적 상호작용론의 중요성은 그것이 상호작용의 아래에 놓인 상징과 해석의 과정이 인간의 행위를 이해하는 데 중요하다는 점을 직접적으로 강조한다는 것이다. 프로그램 평가, 조직 개발, 그리고 다른 응용 연구에서 상징과 공유된 의미에 대한 탐구는 사람들에게 가장 중요한 것은 무엇인지, 변화에 가장 큰 장애물은 무엇인지, 프로그램이나 조직이 새로운 방향으로 나아가기를 원한다면 변화를 위하여 가장 필요한 것은 무엇인지에 대해 조명해줄 수 있다. 또한 상징적 상호작용론의 내용과 방법은 한 사람이 프로그램의 개선이나 조직 개발 과정의 일부로 상징을 교환하는 동안에 특정 상호작용이 어떻게 상징적 이해를 가져오는가에 주의를 기울이는 것이 중요함을 강조한다(Patton, 2015: 133).

2. 상징적 상호작용론의 본질

상징적 상호작용론은 세 가지 전제에 토대를 둔다. 첫째, 인간은 사물들이 자신들에게 주는 의미에 토대를 두고 그 사물들에 대해 행위를 한다. 그런 사물들에는 인간이 자신의 세상에서 목격할 수 있는 모든 것이 포함된다. 나무나 의자와 같은 물리적 대상, 엄마 또는 가게 점원 같은 사람과 친구나 적과 같은 인간의 범주, 학교나 정부 같은 기관, 개인의 독립성이나 정직과 같은 이상, 명령이나 요청과 같은 다른 사람의 행위, 개인이 일상생활에서 접하는 것과 같은 상황들이 포함된다. 둘째, 그런 사물들의 의미는 사람이 동료와 가지는 사회적 상호작용으로부터 나타나거나 그것에서 도출된다. 셋째, 이 의미들은 사람이 마주하는 사물들을 다루면서 사용하는 해석적 과정에서 조작되고 이를 통해 변형된다(Blumer, 1969: 2).

제2절 Carter와 Fuller(2015)

상징적 상호작용론은 사회학의 미시 수준의 이론적 틀 또는 관점으로서, 개인 사이의 반복되는 상호작용을 통해 사회가 어떻게 형성되고 유지되는지를 다룬다. 이 관점은 스코틀랜드의 윤리학자와 미국의 실용주의 철학자들을 포함하여 여러 학자들의 영향을 받아 20세기 중반에 등장하였다. 이 중 가장 큰 영향을 미친 학자는 개인과 사회 사이의 관계에 대한 이론을 제시한 미국의 철학자 George Herbert Mead(1934)이다. 상징적 상호작용론은 당시 사회학을 지배한 사회에 관한 (Talcott Parsons의 구조적 기능주의와 같은) 주류적인 관점에 대한 반응으로 등장하였다. 이 지배적이고 실증주의적인 접근은 사회를 '위에서 아래로(top down)' 검토하는 경향을 지녔으며, 거대 수준의 기관과 사회적 구조의 영향과 그들이 어떻게 개인을 위압하고 제약하는지에 초점을 두었다. 상징적 상호작용론은 이러한 전통에서 벗어나 사회의 작용에 대해 '아래에서 위로(bottom up)' 이해하기 위하여 개발되었다. 이는 그 초점을 면대면의 만남 중에 나타나는 미시적 수준의 과정으로 옮겨 사회의 작용을 설명하려고 하였다. 상징적 상호작용론의 관점에서 볼 때, 지배적인 구조주의적 관점은 사회를 제약하고, 궁극적으로 개인을 결정하는 존재로 보면서 사회를 물화(reify)하였다. 상징적 상호작용론은 (아마도) 개인에 대해 과다 사회화된(over-socialized) 관점을 제공한 그런 관점에서 벗어나 개인을 그들의 사회를 형성하면서 행위 수행자적이고 자율적이며, 정직한 존재로 보았다(Carter & Fuller, 2015: 1).

상징적 상호작용론에 중심이 되는 것은 개인들이 다른 사람들과 의사소통할 때 언어와 중요한 상징들을 사용한다는 아이디어이다. 사회적 기관들이 어떻게 개인들을 정의하고 영향을 미치는지의 문제를 다루기보다 상징적 상호작용론자들은 그들의 관심을 주관적 관점에 대한 해석과 개인들이 자신들의 독특한 관점에서 어떻게 그들의 세상을 이해하는지의 문제로 돌린다. 상징적 상호작용론자들은 종종 객관적인 구조보다 주관적인 의미에 더 관심을 기울인다. 즉 개인들 사이의 반복되고 의미 있는 상호작용이 어떻게 사회의 짜임새(makeup)를 정의하는지에 관심을 보인다. 요약하면, 상징적 상호작용론의 관점은 다음과 같다. (1) 개인들은 사물들이 자신들에게 주는 의미에 토대를 두고 행위를 한다. (2) 특정한 사회적 · 문화적 맥락에서 상호작용이 일어난다. 이 맥락에서 물리적 · 사회적 대상(사람)과 상황은 개인적인 의미에 토대를 두고 정의되고 범주화되어야 한다. (3) 의미는 다른 개인들과의 상호작용과 사회와의 상호작용 속에서 나타난다. (4) 의미는 타인과의 상호작용 중 해석의 과정을 통해 계속적으로 창출되고 재창출된다(Blumer, 1969; Carter & Fuller, 2015: 1-2).

시카고 학파

Blumer는 결합된 행위(joint action)의 상호적 과정 속에서 자아가 어떻게 형성되는지를 강조하였다(Denzin, 1992). Mead처럼, Blumer는 개인들이 '의식적 행위(mind action)'에 종사한다고 보았다. 인간은 때때로 자신과 타인과의 관계에 대하여 생각하는 것이 아니라, 끊임없이 의식적 행위에 종사하면서 상징을 조작하고 상황의 의미에 대하여 협상한다(Mead, 1934). Mead와 같이 Blumer는 인간 행위의 연구가 인간적 유대(human association)에서 시작해야 한다고 믿었다. 이 관점은 미국 사회학 초기에는 일반적인 것이 아니었다. 이는 개인과 사회를 각각 별개의 존재로 다루었다(Meltzer & Petras, 1970).

Blumer의 상징적 상호작용론은 행위자들이 하나의 상호작용에서 다음의 상호작용으로 끊임없이 창조하고 재창조하기 위해 사용하는 과정에 중심을 두었다. Blumer에게, 상징적 상호작용론은 "인간 사이에서 발생하는 특이하고 독특한 특징을 지니는 상호작용이었다"(Blumer, 1962: 179). 그의 관점에서 사회적 기관은 개인들이 상호작용할 경우에만 존재한다. 사회는 하나의 구조가 아니라 계속적인 과정이다. 그 안에서 행위의 작용과 비결정성이 강조된다(Collins, 1994). Blumer에게, 의미는 간주관적이며, 개인들 사이에서 끊임없이 재해석된다. 한 사람이 마주치는 사람들이 타고나는 의미나 사물들에 본래 내재하는 의미는 없다. 오히려 행위자들이 독특한 것으로 인식되는 그런 존재들에 의미를 부여한다(House, 1977; Carter & Fuller, 2015: 2).

Blumer는 논리적 경험주의에 대해 신랄한 비판가였다. 과학이 진리 발견의 유일한 길이라는 아이디어는 오류라고 생각하였다. 사회적 행위의 이해를 위한 방법론은 개인의 '내부로 들어가서(get inside)' 개인이 인식하는 바대로 세상을 바라보아야 한다. 행위는 행위자 자신의 독특한 의미에 바탕을 두고 발생하므로 행위 패턴은 세상의 다른 현상과 같이 과학적인 탐구 대상이 아니다. Blumer의 방법론은 과학적으로 가치 있는 연구가 되기 위해 필요한 연구자 사이의 간주관적 합의보다는 사적인 이해를 강조한다(Carter & Fuller, 2015: 3).

Blumer의 사회 심리학적 방법론은 통계적 기법이나 가설 검증과 같은 과학적 방법보다는 각 사회적 상황, 즉 개인들 사이의 각각의 상호작용을 직접 검토할 것을 강조하였다. Blumer의 주관적인 방법론은 '공감적 내관(sympathetic introspection)'을 통하여 행위자의 경험에 대해 측정하고 이해하려고 한다. 연구자는 연구하는 행위자의 관점을 채택하며, 사회적 상호 작용이 행위자에게 주는 의미를 포착하기 위하여 행위자 자신의 범주를 사용하려고 한다(Carter & Fuller, 2015: 3).

상징적 상호작용론의 흔적은 사회학의 여러 영역에 다음과 같이 나타난다. 민속지학, 극작술, 가족에 대한 연구, 정체성 및 사회적 역할에 대한 이론, 일탈, 그리고 현상학이 있다. 이 외에도 사회 문제, 문화 연구, 의미학, 내러티브, 페미니즘, 신마르크스주의, 그리고 포스트모더니즘이 있다. 그 외의 다른 영역에서의 연구들도 이루어졌는데, 이들에는 실용주의 연구의 재등장, 집단 행동과 사회적 운동에 대한 연구, 낙인 이론과 사회 문제에 주된 초점을 두는 일탈에 대한 후속 연구, 시간성에 대한 연구, 감정과 정서에 대한 상징적 상호작용론적 연구 등이 있다(Carter & Fuller, 2015: 5).

제3절 강준만(2018)

Mead는 정신, 사회, 자아라는 세 가지 개념과 이들의 관계에 집중하였다. 정신과 자아가 사회를 창출하는가, 아니면 사회적 행위가 정신과 자아를 창출하는가? Mead에 따르면, 정신과 자아는 상징에 의해 매개되는 사회적 상호작용, 그러니까 의사소통을 통해 형성되고 발전하는 것으로, 사회적 행위의 산물이다. 따라서 Mead의 이론에서 결정적인 역할을 하는 것은 의사소통을 위해 일정한 반응을 기대하고 이루어지는 유의미한 몸짓인 제스처(gesture)와 언어다(강준만, 2018: 49).

Mead는 다른 사람의 역할을 취함으로써 생기는 자기 자신의 이미지를 '일반화된 타자(generalized other)'라고 하였는데, 이는 Cooley(2011)의 거울 이미지 자아(looking-glass self)와 상통한다. 우리 자신의 자아를 나를 둘러싸고 있는 다른 사람들의 나에 대한 반응을 통해서 파악할 수 있다. Mead는 이보다 더 발전된 개념을 개발하였는데, 우리의 자아 형성은 내가 나 자신을 남의 입장에서 볼 수 있는 능력을 통해서 가능한 것인바, 내가 나 자신을 보기를 남이 나를 보는 것과 같이 볼 수 있어야만 나의 자아가 형성된다는 것이다(강준만, 2018: 51-52).

Mead는 정체성의 형성을 주격 나(I)와 목적격(me) 사이의 관계, 즉 I(주체적 자아)와 me(객체적 자아) 사이의 구분을 도입해 설명한다. 다른 사람의 관점에서 본 자아가 'me'다. Mead는 "'me'는 스스로 가정하는 타인의 태도를 조직화한 세트"라며, "타인의 태도가 조직화된 'me'를 구성하고, 사람은 그 'me'에 'I'로 반응한다"라고 말한다.

즉 'me'는 자아 가운데 사회적 측면이며, 'I'는 개인적 측면이다. 'I'와 'me'의 관계는 곧 개인과 사회의 관계인데, 인간은 'I'가 있기 때문에 창조적인 동물인 동시에 'me'가 있기 때문에 사회적인 동물이다. 인간의 생각은 개인의 '주체적 자아'와 '객체적 자아' 사이에서 대화가 이루어지는 추론 과정으로 볼 수 있다(강준만, 2018: 52).

제4절 강상철과 최건수(1988)

Mead의 정신(mind)은 사고력으로 해석할 수 있다. 그의 사고는 타자의 역할을 취해볼 수 있는 능력이기 때문이다. 그래서 사고를 바탕으로 한 사회적 과정을 통하여 자아가 형성되는 것이다. 이 자아는 타자의 반응을 상징적으로 취해봄으로써 내면화되는데, 더 나아가서 자기 자신의 반응조차도 자신에게 대상화시켜 봄으로써 자기를 객관화시켜서 일반화된 타자(generalized others)의 역할을 취할 수 있게 되는 것이다(강상철, 최건수, 1988: 28)

사고는 사회적 과정과 경험의 맥락 속에서 몸짓(gesture)을 매개로 한 의사소통을 통하여 일어나는 것이다. 예를 들어, 어떤 아동의 몸짓은 타인의 반응을 일으키고, 그 반응이 다시 몸짓을 한 아동의 태도를 변화시키는 자극이 될 때, 그 몸짓은 사회적 행위가 되는 것이다. 이러한 몸짓 대화(gesture conversation)가 말하는 쪽이나 듣는 쪽에 똑같은 효과를 나타낼 때 그것은 상징이 되는 것이다. 여기서 자기가 의미한 상징을 타자의 의미와 조정해서 수정하면 공동의 공동적 의미가 형성된다. 이때 타자의 반응을 해석, 조정하는 능력이 곧 사고인 것이다. 즉 공동적 의미를 매개로 하는 상징적 상호작용을 통해 사고가 형성되는 것이지 사고를 매개로 상호작용이 이루어지는 것이 아니다(강상철, 최건수, 1988: 28).

몸짓 이외에 다른 유의미한 상징 체계로서 언어가 의사 전달 과정에 사용된다. 언어를 통한 의사소통은 사고(thought)라는 일반적 기제를 가져온다. 즉 나의 '언어'라는 자극이 타자의 반응을 불러일으키고 그 반응은 다시 나의 행위를 통제하는 자극이 되면, 나의 경험 속에서 타자의 행위가 의미를 가지게 된다. 다시 말하여, 타자와의 대화를 통한 언어의 내면화에 의해 타자의 역할을 상징적으로 그려보고, 그다음 그의 행위를 통제하는 사고가 개인을 공동 행위에 참여하고 적응하게 한다(강상철, 최건수, 1988: 28-29).

사고는 구조가 아니라 과정(process)이다. 사고는 자아를 객체로 간주하여 상징적 상호작용 속에서 누구에게나 호의적인 반응을 얻는 사회적 행위를 이해함으로써, 그리고 그것에 선택적인 주의를 기울여 자신 속의 은밀한 곳에서 여러 가지 행위 대안을 연습하는 반성적 과정을 통해 발전한다. 이렇게 사회와 의사소통하는 과정은 우리가 자신의 내적 상호작용을 할 수 있게 해준다. 즉 자아는 주체인 동시에 객체가 된다(강상철, 최건수, 1988: 29).

Mead는 자아의 생성 발달 단계(stage)를 3단계로 구분하였다. 첫째는 놀이(play) 단계이다. 이는 유치원과 같은 유아 집단에서 나타난다. 아이들은 부모나 교사 등 극히 제한된 사람의 역할을 취한다. 둘째는 게임(game) 단계이다. 이 단계에는 어떤 게임－야구, 축구 등－에 관여한 모든 사람들의 역할을 취하게 된다. 그래서 그는 많은 타자의 입장을 취하게 된다. 셋째는 개인에게 그 자아의 통일성을 부여해주는 조직된 지역 사회 또는 사회적 집단에서 이른바 일반화된 타자의 입장을 취하는 단계이다. 그 일반화된 타자의 태도는 전체 사회의 태도이다. 그렇게 개인은 자기 자신을 대상으로 또 객체로 봄에 따라 자아는 신장되고 인성은 발달하게 되는 것이다(강상철, 최건수, 1988: 29).

제5절 Jacob(1987)

1. 인간의 본질과 사회에 대한 가정

상징적 상호작용론은 인간이 다른 동물들과 질적으로 다르다고 본다. 동물은 본능이나 이전의 조건화와 같은 요인들에 토대를 두고 다른 사물이나 사건에 반응하지만, 인간은 그 사물들이 인간에게 주는 의미에 토대를 두고 사물들에 대하여 행위를 한다(Blumer, 1969: 2). 이 의미들은 상징적인 현상이므로, 인간은 물리적인 환경뿐만 아니라 상징적인 환경에서 살아가며, 물리적인 자극뿐만 아니라 상징에 반응하면서 행위를 한다고 본다(Jacob, 1987: 27).

상징적 상호작용론자들은 다른 사람들과의 사회적 상호작용을 통해 의미가 생성된다고 가정한다(Blumer, 1969: 4). "한 사물이 한 사람에게 지니는 의미는 다른 사람들이 그 사물과 관련하여 그 사람에게 행위를 하는 방식에 토대를 두고 생성된다"(Blumer, 1969: 4). 따라서 의미는 사회적 상호작용의 결과물이다(Jacob, 1987: 27).

사물의 의미가 사회적 상호작용 속에서 형성되지만, 개인의 의미의 사용은 이들 사회적으로 도출된 의미를 자동적으로 적용하는 것이 아니다(Blumer, 1969: 5). 사회적으로 도출된 의미는 개인 내부에서 일어나는 해석적 과정을 통해 수정된다(Jacob, 1987: 27-28).

> 행위자는 자신이 놓인 상황과 그의 행위의 방향에 비추어 의미들을 선택하고, 점검하고, 중지하고, 다시 묶고, 변형한다. 이에 따라, 해석은 단지 정해진 의미를 자동적으로 적용하는 것으로 보아서는 안 된다. 그것은 행위를 안내하고 형성하기 위한 도구로서 의미가 사용되고 수정되는 형성적 과정이다. (Blumer, 1969: 5)

상징적 상호작용론의 관점에서, 인간의 행위는 인간의 내부에 있는 힘(본능, 추진력 등)이나 외부의 힘(문화적 규범이나 사회적 영향력 등)에 따라 결정적인 방식으로 유발되는 것이 아니다. "행위는 내부적이고 외부적인 자극에 대한 반성적이고 사회적으로 도출된 해석에 따라 유발된다"(Meltzer et al., 1975: 2).

상징적 상호작용론자들은 인간의 자아에 대해서도 모종의 가정을 한다. Mead를 따라 Blumer는 자아는 두 측면, 즉 'I'와 'Me'를 포함하는 것으로 본다. I는 개인 안에서 충동적 경향성을 지니는 것이다. 예를 들어, 다른 사람이 쳤을 때 충동적으로 화를 내는 것이다. Me는 개인 안에 타자, 즉 집단 안에서 지배적인 태도들과 정의(definition)의 조직된 체제를 통합한 것이다. "어떤 주어진 상황에서도 Me는 일반화된 타자와 종종 특별한 타자를 구성한다. 모든 행위는 I의 형식으로 시작하며, 일반적으로 Me의 형식으로 종결한다. 이는 I가 타자의 정의와 기대(Me)의 통제 아래 놓이기 이전 행위의 시작을 구성하기 때문이다"(Meltzer et al., 1975: 61). 자아는 I와 Me 사이의 상호작용의 흐르는 과정으로 본다(Meltzer et al., 1975: 63).

상징적 상호작용론자들은 개인과 사회를 분리할 수 없는 단위들로 본다. 하나를 완전히 이해하기 위하여 우리는 다른 것을 이해해야 한다. 두 가지 모두 서로에게 영향을 미친다. 어느 하나가 다른 하나를 완전히 결정할 수 없다(Meltzer et al., 1975: 2).

상징적 상호작용론자들에게 사회는 자기 자신의 독립적인 삶을 지니는 거대 수준의 구조들로 구성되어 있지 않다. "인간 사회는 행위를 하는 사람들로 구성된다고 보아야 하고, 사회의 삶은 그들의 행위들로 구성된다고 보아야 한다"(Blumer, 1969: 85). 대규모의 구조는 인간 행위의 조건과 한계를 정하지만, 그것을 결정하지는 않는다. "집단적 삶에서의 사회적 과정이 규칙을 창조하고 유지하는 것이며, 규칙이 집단적 삶을 창조하고 유지하는 것이 아니다"(Blumer, 1969: 19). 문화적 규범, 지위 신분(status positions), 역할 관계라는 틀 안에서 사회적 행위가 발생하며, 이들은 행위의 중대하고 강제적인 결정자가 아니다(Meltzer et al., 1975: 64).

상징적 상호작용은 위에서 언급한 여러 과정을 포함한다. "상징적 상호작용은 인간 사회를 특징짓는 마음들(mind)과 의미들 사이에서 발생하는 상호작용이다"(Meltzer et al., 1975: 1). "상징적 상호작용은 집단적 삶을, 사람들이 서로 다른 상황에서 만나, 서로에게 행위 계열을 나타내고 다른 사람들이 나타낸 것을 해석하는 과정으로 본다(Blumer, 1969: 52).

2. 초점

상징적 상호작용론자들은 숨겨진 행위, 즉 참여자의 관점에 관심을 가진다(Ritzer, 1980: 98, 309). 그러나 그들은 단지 참여자의 관점을 아는 것에 만족하지 않는다. 그들은 관점이 생성되는 과정을 이해하기 원한다. 상징적 상호작용론자들은 다음과 같이 생각한다.

> 연구 중인 삶의 영역을 참여자들이 서로의 행위를 정의하고 해석하는 역동적 과정으로 본다. (……) 이 지명과 해석의 과정에서 참여자들이 그들의 행위들을 함께 엮는 방식을 어떻게 유지하고 약화하고, 전환하고, 변형하는지 보는 것이 중요하다. (Blumer, 1969: 53)

상호작용이 개인과 사회 집단 사이의 중요한 연결고리이므로, 그것은 주요 관심의 대상이 된다(Meltzer et al., 1975: 51). 상징적 상호작용론자들은 구체적인 상호작용 상황에서 어떻게 개인들이 서로의 관점을 취할 수 있고, 의미와 상징을 배울 수 있는지 이해하는 데 관심이 있다(Denzin, 1978: 7; Ritzer, 1983: 308).

3. 방법론

상징적 상호작용론자들은 행위를 이해하기 위하여 상징적 상호작용의 과정을 서술하는 데 관심이 있다(Blumer, 1969; Bogdan & Taylor, 1975: 13-14). 따라서 Blumer는 상징적 상호작용론의 목표를 변인 간 관계를 검증하기보다 사회를 이해하는 것으로 보았다(Ritzer, 1980: 107-108).

이론이 상징적 상호작용론에 중요하지만, 그들의 연구에서 이론의 역할에 대한 아이디어는 다르다. Blumer(1969: 47-48)는 상징적 상호작용론을 '경험 과학(empirical science)'의 범위 안에 두었고, 검증 가능한 지식의 창출을 목표로 삼았다. 이것에는 자료의 범주들 사이의 관계에 대한 명제 형성, 이 명제들을 이론적 틀로 조직하기, 그리고 경험 세계에 대한 새로운 검토를 통한 이것들의 검증이 포함되었다. 그는 연구자의 개념과 이론적 틀은 사회적 세상에 대한 직접적인 검토를 통해 형성되어야 한다고 느꼈다(Blumer, 1969: 48-49). 따라서 그는 자신을 검증 가능한 자료의 수집과 이론의 검증이라는 실증주의적인 틀 안에 두었지만, 이론은 선험적인 것이 아닌 경험적 실재에 토대를 두고 개발되어야 한다고 주장하였다(Jacob, 1987: 29).

Becker(1958: 657)는 연구자들이 이론적으로 의미 있는 연구 결과를 도출하기 위해 노력해야 하며 그 연구 결과를 '일반화된 모형(generalized model)'으로 만들어야 한다고 주장하였다. 그는 연구자들이 이를 위해 선행 이론에 의존할 수 있으나, 또한 새로운 이론적 아이디어들을 개발할 수 있다고 느꼈다.

Bogdan과 Taylor(1975)는 방법론 교재에서 이론의 역할에 대해 더욱더 생성적인(generative) 관점을 취하기 위하여 Glazer와 Strauss(1967)의 근거 이론에 의존하였다. 그들은 상징적 상호작용론의 목표가 이론의 검증이나 증명에 있다고 보지 않았다. 그들의 관점에서 목표는 "자료에 토대를 두고 형식적으로 주제를 발견하고 가설(아이디어)을 구성하는 것이며, 이 주제들과 가설들에 대한 지원을 보여주려고 노력하는 것이다(Bogdan & Taylor, 1975: 79-80).

상징적 상호작용론자들에게, 연구 설계는 생성적이다(Blumer 1969: 48; Schatzman & Strauss, 1973). 자료 분석과 자료 수집은 연속적으로 이루어지는데, 자료의 예비 분석은 후속되는 자료 수집에 정보를 제공한다(Becker, 1958: 653). 적절한 자료를 수집하기 위하여, 연구자는 생애사, 자서전, 사례 연구, 편지, 개방적 면담, 그리고 가장 중요한 참여 관찰을 사용한다(Meltzer et al., 1975: 58).

상징적 상호작용론자들은 상징적 상호작용의 과정을 제대로 서술하기 위하여 연구자는 '참여자의 경험 안으로(inside the experience of actors)' 들어갈 필요가 있다고 믿는다(Blumer, 1969: 1-60; Meltzer et al., 1975: 57-58). 이것은 공감적 내성(sympathetic introspection)(Meltzer et al., 1975: 51)과 이해(verstehen)(Bogdan & Taylor, 1975: 13-14)로 불린다.

상징적 상호작용론자들은 그들의 자료 수집 초기에 이론적 노트를 작성하기 시작한다. 이는 "어떤 또는 여러 관찰 노트에서 의미를 도출하려는 자의식적이고(self-conscious) 통제된(controlled) 시도이다"(Schatzman & Strauss, 1973: 101). 이 초기 노력에서, 연구자는 자료를 가지고 놀면서(play) 관찰 결과들을 서로 관련짓고, 새로운 개념을 개발하고, 이것들을 선행 연구의 개념들에 연결 짓는다. 그리고 개념의 발달을 촉진하기 위하여 이 짧은 노트들을 함께 연결하면서 더 광범위한 '분석적 메모(analytic memos)'로 확장한다(Schatzman & Strauss, 1973: 99-105). 이 과정들은 자료 분석을 위한 선도적 수사, 일반적 스키마(scheme), 전반적인 패턴을 얻기까지 자료 수집 기간과 자료 수집 이후에 계속된다(Schatzman & Strauss, 1973: 111). 이런 단계들을 따르면서 연구자는 "사물들, 사람들, 사건들, 그리고 이들을 특징짓는 성질들의 중요한 부류들"을 확인하고 발견하려고 한다(Schatzman & Strauss, 1973: 110; Jacob, 1987: 30).

Blumer(1954; Meltzer et al., 1975: 60 재인용)는 개념에 대한 조작적 정의 대신에 '민감한(sensitizing)' 개념을 사용할 것을 촉구하였다. 조작적 정의는 무엇을 볼지 처방한 것이다. 그의 민감한 개념은 단지 바라볼 방향을 암시할 뿐이다. 민감한 개념은 연구자가 무엇을 바라보아야 할지에 대해 암시하는 구조를 제공할 뿐이다(Ritzer, 1980: 108). 이 접근을 따르면서 상징적 상호작용론자들은 그들이 현장에 나가서 참여자가 그것에 부여한 의미와 그것을 나타내는 과정을 알게 되기까지 어떤 개념을 조작적으로 정의하지 않는다(Denzin, 1978: 16; Jacob, 1987: 30-31).

Becker(1958: 654-655)는 참여자의 신용도(credibility)와 그 집단에서 관찰자의 역할을 이해하는 것의 중요성에 대해 논의하였다. 그는 연구자가 그들의 결론을 지지하기 위하여 사용한 자료가 어떤 것인지 검토할 필요가 있다고 지적하였다. 예를 들어, 그는 연구자가 그들의 결론이 어느 정도 참여자가 스스로 제공한 진술에 토대를 두었는지, 또는 연구자의 질문에 따라 안내된 진술에 토대를 두었는지 검토해야 한다고 말하였다. 그는 참여자가 스스로 제공한 진술은 연구자가 사전에 가졌던 아이디어의 영향을 받을 가능성이 낮다고 말하였다. 비슷하게, 연구자는 관찰을 할 때 관찰자 홀로 하였는지 그 집단의 구성원들과 함께 하였는지에 대해 의식할 필요가 있고, 두 가지 상황이 참여자의 진술과 행위에 미친 영향을 평가할 필요가 있다(Jacob, 1987: 31).

4. 교육적 연구에의 적용

Howard Becker는 상징적 상호작용론을 교육적 연구에 적용한 주도적인 연구자였다. 그의 널리 알려진 고전인 『백인 소년(*Boys in White*)』(Becker, Geer, Hughes, & Strauss, 1961: 5)에서 그는 학생들이 교육 기간 중 여러 단계에서 "그들의 교사들과 교사들이 부여하는 과제들을 다루는 즉각적인 문제를 어떻게 바라보고 해결하는지를" 다루었다. 다른 주요 연구에서 Becker와 동료들은 학부 대학생들의 학업에 대한 관점을 연구하였다(Becker, Geer, & Hughes, 1968).

Becker(1970)는 교육을 다루는 여러 논문들을 한 권의 책에 모아 출판하였다. 그 중 하나는 Chicago 교사들이 학생들의 행위에 나타난 계층에 토대를 둔 차이를 분류하고 그에 반응하는 방식을 연구하였다. 다른 하나는 교사가 학부모, 교장, 다른 교사와 상호작용하는 모습을 서술하고 학교의 '권위 체제(authority system)'를 분석하였다. 또 다른 연구는 교사들의 경력 상승을 연구하였다. Becker(1970)는 재출판된 책에서 세 가지 학문 영역에서 여러 학년의 대학원생들과의 개방적 면담 결과에 대해 보고하였다. 이 외에 그는 어떤 직업과의 동일시 요소들을 확인하였고, 개인들이 훈련을 통해 그런 동일시를 내면화하는 과정을 상술하였다. 또한 그는 사회, 직업, 그리고 학생의 가족 사이의 갈등하는 기대의 조정 문제를 연구하였다.

제 6 장

현상학

제1절 Patton(2015)

현상학적 연구를 수행하기 위한 핵심 탐구 질문을 Patton(2015: 115)은 다음과 같이 제시하였다.

핵심 탐구 질문: 이 사람 또는 집단에게 삶 속에서의 이 현상에 대한 경험의 의미, 구조, 본질은 무엇인가?

> 순수한 현상학은 순수한 의식에 대한 과학이다.
>
> — Edmund Husserl, 독일 철학자
>
> 현상학은 한 현상의 본질 그 자체가 무엇인지 묻는다. 어떤 것을 그것이 되게 하는 것, 그것 없이는 그것이 될 수 없는 것을 묻는다.
>
> — van Manen(1990: 10)

1. 삶의 경험의 본질을 찾아서

여러 다양한 현상학적 접근들이 공유하는 공통점은 인간이 어떻게 개인적으로,

Edmund Husserl
(1859~1938)

집단적으로 경험에 대해 이해하고 경험을 의식으로 전환하는가를 탐색하는 데 초점을 둔다는 것이다. 이것을 위해서는 사람들이 어떤 현상을 어떻게 경험하는가를 방법론적으로, 주의 깊게, 그리고 철저하게 포착하고 서술하는 것이 필요하다. 그들이 그것을 어떻게 지각하고, 서술하고, 느끼고, 판단하고, 기억하고, 이해하고, 다른 사람들과 이야기하는지를 서술해야 한다. 그런 자료를 수집하기 위하여 연구자는 그 현상을 직접적으로 경험한 사람들과 심층 면담을 해야 한다. 즉 그들은 간접적 경험과 대비되는 '직접적 경험(lived experience)'을 가지고 있다. van Manen(1990: 9-10)은 다음과 같이 말하였다.

> 현상학은 우리의 일상생활에서의 경험의 본질 또는 의미에 대한 깊은 이해를 겨냥한다. (……)
>
> 의식에 들어오는 어떤 것도 현상학에서 잠정적인 관심의 대상이다. 그 대상이 실재이든, 상상한 것이든, 경험적으로 측정 가능한 것이든, 주관적으로 느낀 것이든, 모든 것을 포함한다. 의식은 인간이 세상에 대해 접근하는 유일한 길이다. 또는 오히려 우리가 세상과 이미 연결되어 있는 것은 의식이 있기 때문이다. 따라서 우리가 알 수 있는 모든 것은 의식에 나타나야 한다. 따라서 의식의 바깥에 있는 것은 우리의 가능한 직접적 경험의 범위 밖에 있는 것이다. (……) 한 사람은 직접적 경험을 겪는 동안에 그것에 대하여 성찰할 수 없다. 예를 들어, 한 사람이 자신이 화가 난 상태에서 자신의 화에 대해 성찰하고자 한다면, 그 화가 이미 변하였거나 사라진(dissipate) 것을 알게 된다. 따라서 현상학적 성찰은 내성적인(introspective) 것이 아니라 회고적인(retrospective) 것이다. 직접적 경험에 대한 성찰은 항상 회상적이다(recollective). 그것은 이미 지나간 것이거나 겪었던 경험에 대한 성찰이다.

Adams와 van Manen(2008: 616)은 현상학에서의 직접적 경험에 대하여 다음과 같이 설명하였다. 직접적 경험이라는 용어는 독일어 erlebnis에서 유래한다. 이것은 우리가 살아가면서 겪는 경험이고 특정한 유형의 경험으로 인식하는 것이다. 인간의 경험은 다른 많은 질적 연구 전통들의 주요 인식론적 토대라고 주장할 수 있다. 그러나 직접적 경험이라는 개념은 현상학에서 방법론적으로 특별한 의미를 지닌다.

우리의 언어는 인간의 가능한 직접적 경험에 대해 이름을 부여하는 광범위한 언어 지도로 볼 수 있다. 현상학의 가치는 그것이 인간이 어떻게 세상을 경험하는지에 대해 우선순위를 매기고 탐색하는 데에 있다. 환자는 병을 어떻게 경험하는가, 교사는 교수법을 어떻게 경험하는가, 학생은 성공 또는 실패의 순간을 어떻게 경험하는가, 우리는 다른 사람들과의 생소한 상호작용 방식을 어떻게 경험하는가, 우리는 컴퓨터 매개 기기들과 사회적 네트워크 테크놀로지와 새로운 매체 등을 통해 세상을 어떻게 경험하는가? 모든 직접적 경험(현상)은 현상학적 탐구를 위한 주제가 될 수 있다. 현상학적 태도는 현재라는 즉각성 속에서 인간이 직접적으로 경험하는 방식에 반성적으로 주의를 기울이게 한다. 이 현재는 오직 포착하기 어려운 과거로 회복될 수밖에 없다(Adams & van Manen, 2008: 616).

현상학을 통해 우리는 현재(now) 살아가는 순간의 회복에 관심을 가진다. 심지어 우리가 그것에 언어를 부여하거나 단어로 서술하기 이전에 회복하는 것에 관심을 가진다. 또는 다르게 표현하여, 현상학을 통해 우리는 우리의 단어, 개념, 이론이 어떻게 항상 우리가 경험하는 경험에 영향을 미치거나 왜곡하거나(distort) 구조를 부여하는지 보여주려고 시도한다. 그러나 현재의 살아가는 순간은 항상 우리가 그것에 돌아가려는 노력에서 이미 존재하지 않는다. 우리는 여러 유형의 고통의 본질과 강도를 확인하고 경험적으로 서술할 수 있다. 그러나 고통을 받는 실제의 순간 또는 고통의 남은 불편함은 우리가 회고적으로 경험을 감상하려고 시도할 때 언어로 표현할 수 없을 것 같다. 이 경험들은 서술될 수 있으나, 궁극적으로 원초적인 경험의 의미는 명제적 논의의 대상이 되기 어렵다(Adams & van Manen, 2008: 617).

Patton(2015: 116)의 설명에 따르면, 탐구의 초점인 현상은 외로움, 시기, 또는 화남 같은 감정일 수 있고, 임신, 들판에서의 자전거 하이킹, 또는 암 투병과 같은 경험일 수 있으며, 관계, 결혼, 또는 직업일 수 있다. 현상은 프로그램, 조직, 또는 문화일 수 있다. 프로그램 평가의 틀로 사용될 때, 현상학은 프로그램 참여자의 경험의 본질을 포착하려고 한다. 예를 들어, Breustedt와 Puckering(2013)은 예비 엄마 프로그램에서 불안을 감소하고 웰빙을 증진하기 위한 심리학이고 실제적인 기법의 효과성을 검토하기 위하여 연약한 임신 여성과 심층 면담을 수행하였다.

철학적 전통으로서 현상학은 독일의 철학자 Edmund Husserl(1913/1931)이 사람들이 어떻게 사물들을 서술하고 그들의 감각을 통해 그것들을 경험하는지 탐구하기 위하여 처음으로 사회 과학에 적용하였다. 그의 가장 기본적인 철학적 가정은, 우리는 오직 우리의 자각을 일깨우는 지각과 의미에 주의를 기울임으로써 우리가 무엇을 경험하는지 알 수 있다는 것이었다. 처음에, 우리의 모든 이해는 현상에 대한 감각적인 경험에서 온다. 그러나 그 경험은 서술되고, 설명되고, 해석되어야 한다. 그러나 경험의 서술과 해석은 매우 밀접하게 연결되어 있어서 그들은 종종 하나가 된다. 경험에 대한 이해에 해석이 필수이며, 경험은 해석을 포함한다. 따라서 현상학자들은 우리가 세상을 이해할 수 있는 방식으로 그래서 세계관을 개발할 수 있는 방식으로 우리가 어떻게 경험하는 현상들을 종합하는지에 초점을 둔다. 사람들에게 별도의(separate)(또는 객관적인, objective) 실재는 없다. 그들이 그들의 경험이 무엇이며 무엇을 의미하는지 아는 것만이 존재한다. 주관적인 경험은 객관적인 사물을 포함하며(incorporate) 한 사람의 실재가 된다. 따라서 인간 경험의 본질로서 의미 생성(meaning making)에 초점을 둔다(Patton, 2015: 116).

현상학적 관점에서, 어떤 특정한 사건의 사실적 상태, 즉 어떤 일이 발생하였는지의 여부, 얼마나 자주 그것이 발생하는지, 또는 그 경험의 발생이 어떻게 다른 우세한 사건이나 조건에 연결되는지 등에 대해서는 별다른 관심을 가지지 않는다. 예를 들어, 현상학에서는 "이 학생들은 이 특정한 자료를 어떻게 학습하는가?"라고 질문하지 않는다. 그러나 "학습 경험의 본질이나 핵심은 무엇인가?(그래서 내가 이 특별한 학습 경험이 학생들에게 어떤 것인지에 대해 이제 더 잘 이해할 수 있도록)"라고 질문한다(van Manen, 1990: 10).

Patton(2015: 116)은 이 관점이 연구 방법에 대한 논의에서 혼동을 일으키는 두 가지 시사점을 준다고 말하였다.

첫째 시사점은, 알아야 할 중요한 것은, 사람들이 경험하는 것은 무엇이고 그들은 세상을 어떻게 해석하는가이다. 이것은 현상학적 탐구의 내용, 즉 초점이다. 둘째 시사점은 방법론적인 것이다. 우리가 다른 사람이 경험하는 것을 진정으로 알 수 있는 유일한 방법은 우리가 그 현상을 가능한 한 직접적으로 경험하는 것이다. 이 때문에 참여 관찰과 심층 면담이 중요하다. 어느 경우이든, 현상학적 연구 결과를 보고하면서, "만약 그 서술이 그 경험의 질(quality)과 중요성(significance)을 충분하고 깊게 되살리고 우리에게 보여준다면, 그 경험의 본질 또는 핵심이 언어로 충분하게 서술된 것이다"(van Manen, 1990: 10).

2. 현상학적 환원과 본질

현상학적 접근을 구분 짓는 마지막 차원이 있다. 이는 공유된 경험에 본질 또는 본질들이 있다는 가정이다. 이 본질들은 공동으로 경험되는 현상을 통해 상호 이해되는 핵심 의미들이다. 서로 다른 사람들의 경험은 현상의 본질을 확인하기 위하여 괄호 치기 되고(bracked), 분석되고, 비교된다. 예를 들면, 외로움의 본질, 엄마 되기의 본질, 또는 특정 프로그램의 참여자 되기의 본질을 확인하고자 한다. 본질에 대한 가정은, 문화가 존재하고 중요하다는 민속지학자들의 가정과 마찬가지로, 순수하게 현상학적인 연구의 결정적인 특징이 된다. "현상학적 연구는 본질에 대한 탐구이다"(van Manen, 1990: 10). 이와 관련하여, Eichelberger(1989: 6)는 다음과 같이 말하였다.

> 현상학자들은 경험에 대한 분석에서 엄격하다. 이를 통해 특정 사회 구성원들, 또는 모든 인간에게 공통적인 경험의 기본적인 요소들을 확인하고자 한다. 이 마지막 포인트는 현상학의 철학적 토대를 이해하는 데 본질적이다. 그러나 연구자들은 종종 그것을 오해한다. 다른 한편으로, 각 개인은 진리로 받아들이고 그 개인의 행위를 결정하는 독특한 경험의 묶음을 지닌다. 이런 의미에서, 진리(와 관련 행위)는 각 개인에게 철저하게 독특하다. 어떤 연구자들은 그들이 네 명의 교사들을 연구하면서 그들의 네 가지 독특한 관점들을 서술할 때, 현상학적 관점을 따른다고 오해한다. 현상학자는 인간의 경험의 공통점을 가정하고 이 공통점을 찾아가면서 괄호 치기의 방법을 엄격하게 사용해야 한다. 현상학적 연구에서 얻은 결과는 동일한 경험 또는 현상에 대하여 연구하는 다른 현상학자들의 것과 관련되거나 통합되어야 한다.

Giorgi(2006: 355)는 방법론적으로 본질에 도달하는 것은 두 가지 방식으로 현상학적 환원을 체계적이고 엄격하게 수행하는 것을 의미한다고 설명하였다.

> (1) 연구자는 그 원천에 상관없이 직접적인 직관에 토대를 두지 않은 개인적인 과거 지식과 모든 다른 이론적 지식을 괄호 치기 해야 한다. 그렇게 하여 자신의 의식에 현재 나타나고 있는 그 현상에 온전하게 주의를 기울일 수 있다.
>
> (2) 연구자는 자신이 바라보고 있는 사물 또는 사물의 상태의 존재 또는 실재를 상정하지 말아야 한다. 연구자는 사물과 사건을 자신에게 나타나는 또는 스스로 드러내는 어떤 것으로 본다. 그러나 사물이나 사건이 나타나는 방식으로 실제로 존재한다고 주장하지 않는다. 그것은 현상으로 보인다. (……)
>
> Husserl은 사건이 실제로 경험한 방식과 같았다는 주장으로 비약하기보다 우리의 인식론적인 주장을 사건이 경험된 방식에 제한하기 원한다. 전자를 주장하는 것은 경험의 제약 안에 머물기보다 실존적인 또는 실재에 대한 주장이다. 우리 자신을 경험적인 주장에 머물게 하는 것은 현상학적인 영역 안에 머무는 것이다.

이어서 Giorgi(2006: 356)에 따르면, 직관적인 환원과 상상적인 변이를 통해, 현상학자는 본래(intrinsically) 일반적인 본질적 연구 결과를 서술하려고 한다.

> 나는 특정 의자를 관찰할 수 있다. 그러나 어떤 것도 내가 태도를 변경하는 것을 막을 수 없고, 그 특정 의자에 대해 좀 더 일반적인 관점을 채택하는 것을 막을 수 없으며, 그것을 앉은 자세에서 인간의 신체를 지원하기 위해 설계된 문화적 사물로 보는 것을 막을 수 없다. 좀 더 일반적인 그 서술은 지각의 특정 결과의 한 예시로 보는 의자의 특정한 세부 사항들만큼 진실하다. 그러한 좀 더 일반적인 관점을 우리가 채택하는 것을 막을 방법은 없다. 그 변화는 본래 일반적인 직관적 결과로 나타난다.

Patton(2015: 117)은 이에 대해 다음과 같이 부연하였다. 간단하게, 현상학적인 연구를 수행하는 것(즉 어떤 현상의 경험의 본질에 도달하는 것)은 사회 과학 연구에서 질적 연구 방법을 타당한 것으로 철학적으로 정당화하기 위해 현상학을 이용하는 것과는 다르다. 두 가지 기여점은 모두 중요하다. 그러나 (현상학적 관점과 대비되는) 현상학적 연구는 사람들이 경험하는 것 그리고 그들이 경험하는 것이 어떻게 그들이 경험하는 것인지를 서술하는 데 초점을 두는 것이다. 사람들은 공유된 경험의 본질에 초점을 두는 현상학적인 연구를 수행하지 않고, 세상에 대한 사람들의 경험을 포착하는 방법을 사용하는 것의 중요성을 설명하기 위해 일반적인 현상학적 관점을 채택할 수 있다.

제2절 Sokolowski(2000)

1. 의도성은 무엇이며, 왜 중요한가?

현상학에 가장 밀접하게 연결된 용어는 의도성(지향성, 상호작용성)이다. 현상학의 핵심적 원칙(doctrine)은 우리가 수행하는 모든 의식(consciousness)의 행위, 우리가 겪는 모든 경험이 지향적(intentional)이라는 가르침이다. 그것은 본질적으로 어떤 것 또는 다른 것에 대한 의식(consciousness) 또는 경험이다. 우리의 모든 자각(각성, awareness)은 사물들을 지향(겨냥)한다. 만약 내가 본다면, 나는 나무나 호수와 같은 어떤 시각적인 대상을 본다. 내가 상상한다면, 나는 상상 속에서 도로에서 다가오는 것을 시각화하는 자동차와 같은 상상적인 대상을 표현한다. 만약 내가 기억하고 있다면,

나는 과거의 대상을 기억한다. 내가 판단하고 있다면, 나는 어떤 일의 상태나 사실을 겨냥한다. 모든 의식의 행위, 모든 경험은 하나의 대상과 관련되어 있다. 모든 의도(지향)는 의도(지향)하는 대상을 가진다(Sokolowski, 2000: 8).

이런 의미의 '의도(지향)하다(intend)' 또는 '의도(지향)(intention)'는 우리가 행위를 할 때 가지는 목적으로서의 의도와 구분해야 한다("그는 헛간을 지으려고 목재를 구입했다", "그녀는 1년 뒤에 법대를 졸업하려고 했다"). 현상학적 의도(지향)성(intentionality)은 인간 행위의 이론이 아닌 지식의 이론에 우선적으로 적용된다. 이 용어의 현상학적 사용은 실제적인 의미에서 의도라는 용어를 사용하는 경향이 있는 일상적인 사용과 다르기 때문에 다소간 어색하다. 현상학적 사용은 거의 항상 실제적인 의도가 함축된(overtone) 의미를 상기하게 할 것이다. 그러나 의도(지향)성(intentionality)과 이에 관련된 용어는 현상학에서 기술적인(technical) 용어가 되었으며, 이 철학적 전통에 따른 논의에서 이 용어들을 피할 길은 없다(Sokolowski, 2000: 8).

지향성의 교의(원칙, doctrine)은 모든 의식의 행위는 어떤 대상을 향한다는 것이다. 의식은 본질적으로 어떤 것 또는 다른 것에 대한 의식이다. 우리는 실망의 느낌으로 반응할 수 있다. 이 아이디어가 왜 그렇게 중요한가? 현상학은 왜 지향성에 대해 그렇게 법석을 떨어야 하는가? 의식이란 어떤 것에 대한 의식이라는 것과 경험이 어떤 것에 대한 경험이라는 것이 모두에게 분명하지 않은가? 그런 사소한 것을 진술해야 하는가?(Sokolowski, 2000: 8)

그것들은 언급되어야 한다. 이는 과거 300~400년 동안의 철학에서 인간의 의식과 경험이 매우 다른 방식으로 이해되었기 때문이다. 우리의 문화를 지배하는 Descartes, Hobbes, Locke의 철학적 전통에서 우리는 우리가 의식할 때, 주로 우리 자신 또는 우리 자신의 아이디어를 의식한다고 말한다. 의식은 풍선/거품이나 닫힌 캐비닛과 같은 것으로 여겨진다. 마음은 상자 안에 있는 것과 같다. 인상이나 개념은 이 폐쇄된 공간 안에서, 아이디어와 경험의 원 안에서 나타난다. 그리고 우리의 의식(awareness)은 그것들에 향하여 있으며, 직접 외부(outside) 사물들에 향하여 있지 않다. 우리는 추론을 하면서 밖으로 나가려고 시도할 수 있다. 우리의 아이디어가 우리 밖에 있는 어떤 것에 의해 만들어졌을 것이라고 추론할 수 있다. 그러한 것들이 어떠한 것일지 가설이나 모형을 구성할 수 있다. 그러나 우리는 그들과 직접 접촉하지는 않는다. 우리는 사물들이 우리 앞에 나타나게 하지 않고, 정신적 인상에 토대를 둔 추론을 통해서만 사물들에 다가간다. 우리의 의식은 무엇보다도 결코 어떤 것에 대한 것이 아니다. 오히려 우리는 '자기중심적인 곤경(궁지)(egocentric predicament)'이라고 하는 것에 갇혀 있다. 우리가 출발 지점에서 확실하게 아는 것은 우리 자신의 의식적인 현존(existence)과 그 의식의 상태일 뿐이다(Sokolowski, 2000: 9).

'phenomenology'라는 용어는 그리스 단어 phainomenon과 logos의 복합어이다. 그것은 여러 다양한 현상, 사물들이 나타날 수 있는 여러 방식에 대한 설명을 제공하는, logos를 주는 활동을 의미한다. phenomena라는 용어의 의미는, 예를 들어 단순한 사물들과 대비되는 그림들, 예상되는 사건과 대비하여 기억되는 사건, 지각된 사물들과 대비하여 상상된 사물들, 살아 있는 것들과 대비하여 삼각형 및 집합과 같은 수학적 사물, 화석들과 대비하여 단어들, 동물들과 대비하여 다른 사람들, 경제적 실재와 대비하여 정치적 실재 등이다. 이런 모든 현상들은 우리가 의식은 어떤 것에 대한 의식이라는 것과 그것이 자신의 캐비닛 안에 감금되어 있지 않다는 것을 깨달을 때 탐구할 수 있다. Descartes, Hobbes, Locke의 지식에 관한 철학(지식론)이 비좁은 감금(밀폐) 상태를 말한다면, 현상학은 이와 대비하여 자유롭게 한다. 그것은 우리를 문밖으로 나오게 하며 세상을 회복해준다(Sokolowski, 2000: 13).

현상학이 의식의 지향성이라는 교의(원칙/원리)를 통해 하는 일은 마음의 공공성에 대한 Descartes와 Locke의 편견을 극복하는 것이다. 이는 또한 사물의 외현(appearance)의 실재에 대한 편견이기도 하다. 현상학에서 '단지(mere)' 외현뿐이라는 것은 없다. 어떤 것도 '그냥(just)' 외현이 아니다. 외현은 실재(real)이며, 존재(being)에 속한다. 사물들은 나타난다. 현상학은 우리가 철학적 혼동에 의해 우리의 내적 세상에 갇히게 되었을 때 상실된 것으로 보였던 세상을 인식하고 회복하게 해준다. 단지 심리적인 것이었다고 선언된 것들이 이제는 존재론적이고 사물의 존재(being)의 일부인 것들임이 밝혀졌다. 그림, 단어, 상징, 지각된 사물, 일의 상태, 다른 마음, 법률, 사회적 관습 등은 모두 진실로 그곳에 있는 것으로, 존재(being)임을 공유하는 것으로, 자신들의 적절한 양식에 따라 나타날 수 있는 것으로 인정되었다(Sokolowski, 2000: 15).

그러나 현상학은 상실된 것을 회복하는 일 이상의 일을 한다. 그것이 하는 일의 그 부분은 다소간 부정적이고, 논쟁적이며, 그 자신의 가치를 위한 오류에 의존한다. 이 논쟁적인 일 이외에 현상학은 그것을 즐기기를 원하는 사람들에게 철학의 즐거움을 선사한다. 사물들이 자신들을 나타내는 방식, 우리의 진실할 수 있는 능력, 사물들이 나타날 수 있게 하는 우리의 능력에 대하여 사고할 것이 많다. 표현과 부재는 절묘하게 엮여 있고, 현상학은 우리가 그들에 대해 사고하게 돕는다. 그것은 단지 의심스런 장애물을 제거하는 것에 그치지 않는다. 또한 그것은 철학자들이 고전적으로 이해한 것과 마찬가지로, 차이, 정체성, 형식 등에 대한 이해의 가능성을 제공한다. 그것은 숙고적이고(contemplative) 이론적이다(theoretic). 그것은 철학적 삶을 최고의 인간적 성취로 타당화(정당화)한다. 현상학은 우리의 지적인 고통을 치료할 뿐만 아니라, 그것을 실천하고자 하는 사람들에게 철학적 탐색으로 들어가는 문을 열어준다(Sokolowski, 2000: 15-16).

제3절 Lewis와 Staehler(2010)

1. 서론

현상학은 무엇인가? 현상학은 글자 그대로 '현상에 대한 과학(a science of phenomenon)'인데, 이때 일반적인 의미에서의 짧고 눈부신 광채[찬란함, 섬광(coruscation)]라는 현상에 대한 것이 아니다. 좀 더 정확하게(글자 그대로), 현상은 나타나는(appears) 어떤 것이다. 엄밀하게 말하여, 그것은 나타남(appearance) 그 자체이다. 현상학은 사물에 대하여 말하려고 하지 않고, 오직 그것들이 자신들을 드러내는 방식에 대하여 말하려고 한다. 따라서 그것은 나타남 그 자체의(appearance as such) 본질을 서술하려고 한다. 그것은 일반적으로 외현(나타남)의 본질에 대하여 절대적인 확실성을 가지고 어떤 것을 말하는 것이 가능한지에 대해 질문을 던진다. 어떤 것이 나타날 때, 그 나타남은 우리가 확인할 수 있는 일반적인 특징을 가지는가? 나타남은 어떤 본질을 가지는가? 현상학은 무엇이 나타나는지가 아닌 그것이 어떻게 나타나는지에 초점을 둔다(Lewis & Staehler, 2010: 1).

현상학에서 외현(나타남, appearances)은 영광스러운 고립으로(splendid isolation) 나타날 수 없다. 그들은 무엇인가에 나타나야 한다. 그 어떤 것은 대개 '의식(consciousness)'으로 여겨진다. 따라서 나타남은 일종의 주기(giving)라는 형식으로 이해된다. 나타남은 의식에 주어진다. 이 경우 현상학은 질문한다. 의식이 그런 선물을 받을 수 있다면 어떻게 되어야 하는가? 어떤 종류의 실체(entity)가 받을 수 있는가? 동시에 모든 현상에 대해 현상학이 더 이상 어떤 것도 말할 수 없다는 것을 발견한다고 하더라도, 그것은 현상이 우리에게 주어지는 서로 다른 방식들 모두에 대한 완전한 연구를 시도할 수 있다. 그것은 주어짐(givenness)의 온갖 형식에 대해 상세한 서술을 할 수 있다(Lewis & Staehler, 2010: 1-2).

주어짐이라는 단어는 어떤 명료한 해석 이전에, 그 자체를 여기에서 우리에게 나타내고 있는 사물의 본질에 대한 판단, 즉 우리가 항상 실수할 수 있는 그런 판단 이전에, 가장 기본적이고 즉각적인 방식으로 사물들이 의식에 나타나는 방식을 서술하려고 시도한다. 주어짐은 나타남이 그것에 대한 우리의 경험에 의해 어떤 식으로든지 왜곡되지 않는다는 것이 의심할 여지 없이 확실할 경우 하나의 실체(entity)가 나타나는 방식을 서술한다(Lewis & Staehler, 2010: 2).

가. Nietzsche

현상학은 Husserl에 의해 20세기 초에 처음으로 체계적인 형식을 갖추었다. 그것은 고대 그리스 이래로 대부분의 서양 철학에 나타나는 특징인 형이상학적 접근을 극복하려는 시도이다. 넓게 말하여, 형이상학은 나타남 그 자체보다는 나타나는 사물에 대하여 어떤 것을 정확하게 말하려고 시도한다. Nietzsche에 따르면, 형이상학적 사고는 지성적인(intelligible) 세상과 감각적인(sensible) 세상 사이에, 또는 다르게 말하여, 존재(being)와 나타남(외현, appearance), 본질과 실제(생활)(existence, 살아감), 어떤 사물의 무한한 본질과 그 본질이 감각적 경험으로 우리에게 나타나는, 상황에 따라 달라지며(contingent) 왜곡된 방식 사이에 엄격한 구분을 짓는다. Nietzsche는 플라톤이 이렇게 구분하였다고 말한다. 나타남의 영역은 그것에 대하여 확실하고 과학적인 지식(*epistēmē*)이 있을 수 없고 오직 '의견(doxa)'만 있는 영역이다. 후자는 오직 그것의 대상의 일부만 지각할 수 있다. 이는 그것의 시각이 특정한 개인적 관점(perspective)에 제한되기 때문이다. 오직 사고(thought)만 감각적 경험에 내재하는 제한을 극복할 수 있었고 따라서 오직 사고만 본질의 영역에 들어갈 수 있었고, 그리하여 확실하고 필요한 지식을 생산할 수 있었다(Lewis & Staehler, 2010: 2).

현상학의 중요한 선구자였던 Nietzsche는 이러한 플라톤주의를 '뒤집기(overturn)'를 원하였고 의견(doxa)에 그의 존엄성을 회복해주고, 사물이 나에게 '보이는(seem)' 방식에 새로운 가치를 부여하기를 원하였다. 이 보이는 방식은 사물들이 그 안에서 나타날 수 있는 어떤 관점과 독립되어 실제로 현존하였다(exist)는 전제로 인하여 가치가 하락되었을 수 있다고 보았다. Nietzsche에 따르면, 순수한 본질이라는 것이 그것의 다양한 나타남과 별개로 현존하지(exist) 않는다. 사물 그 자체라는 것이 있다면, 나타남도 그의 일부이고, 이 나타남은 실제로 현존하였던(existed) 것에 대한 직접적인 표현이다. 다르게 말하여, 그런 '관점(perspective, 시각)'은 실재 그 자체의 본질적인 부분이다.

Nietzsche에 한 세기 앞서 철학사에서 이미 어떤 것이 발생하였다. 이는 철학자들로 하여금 관심을 현상으로 되돌리게 하였던 것이다. 이는 Kant에 의해 이루어졌다(Lewis & Staehler, 2010: 2-3).

나. Kant

Kant에 이르러 철학은 급진적인 전환을 이룬다. 그 과정에서 순수하게 지적으로 알 수 있는 사물들의 본질은 알 수 없는 것이 되며, 따라서 형이상학이라는 바로 그 아이디어는 문젯거리가 된다. Kant는 자신만의 방식으로, 나타남(appearance)을 넘어서는 사물 그 자체(thing-in-itself)에 대해 주장(선언, assertion)하는 전통적인 형이상학을 둘러싼(beset) 독단주의(dogmatism)를 극복하려고 시도하였다. 그는 지적인 것과 감각적인 것 사이의 구분을 '실재(noumenon)'와 '현상(phenomenon)'이라는 단어들로 서술하였다. 이들은 그리스어 표현이며 플라톤에 기원을 두었다. 그들은 단순히 지성(*nous*)에만 접근 가능한 것과 감각(*aisthēsis*)에 주어지는 것을 의미한다. Kant에 따르면, 우리의 경험에서, 실재, 즉 사물 그 자체에 접근할 수 없고, 단지 현상, 즉 하나의 실체(entity)가 우리에게 나타나거나 우리에게 주어지는 다양한 방식에만 접근할 수 있다(Lewis & Staehler, 2010: 3).

따라서 비록 우리가 어떤 것 그 자체가 우리에게 어떻게 나타나는가와 무관하게 존재할(might be) 것으로 생각(think)할 수 있지만, 즉 우리가 비록 실재(noumenon)를 생각할(*noeīn*) 수 있으나, 우리는 그것을 알 수는 없다. 이것이 정확하게 전통적인 형이상학이 망각한 사고(thought)와 지식(knowledge) 사이의 구분이다. 사물 그 자체는 우리와 단절되어 있으며, 알 수 없고, 항상 포착할 수 없는 것이다. 우리가 알 수 있는 모든 것은 이제 현상이다. 실재에 대하여 형이상학이 말한 것은 사실상 오직 우리가 실제로 경험할 수 있는 현상에만 적용 가능한 범주들을 언급한다. Kant 이후, 철학은 겸손, 즉 형이상학의 두 부분 중에서 현상, 즉 과거에 나타남, 의견, 소피스트적인 설득의 영역으로 철학의 범위 밖에 놓였던 것에 대해 더 많은 주의를 기울일 것을 배운 것 같다(Lewis & Staehler, 2010: 3).

우리의 사물에 대한 경험은 어떤 관점에 국한되므로 항상 한정적이고 제한적이다. 우리는 모든 경험과 분리되어 현존하는(exist), 즉 가능한 경험의 조건을 넘어서서 현존하는(exist), 즉 그러므로 '무조건적인(unconditioned)' 그래서 '무조건적으로(unconditionally)' 또는 '절대적으로(absolutely)' 현존하는(exist) 어떤 것도 알 수 없다. 우리는 오직 공간과 시간 속에 있는 사물들을 경험할 수 있다. 이는 우리가 끊임없이 변화하는 감각적 경험들을 일련의 범주들로 체계화(정리, order)함으로써 가능하다. 이는 경험이라는 영역의 통일성과 그 경험의 이해 가능성을 보장한다(Lewis & Staehler, 2010: 3).

따라서 사고의 역사에서 Kant에 이르러 하나의 혁명이 일어났음을 우리는 발견한다. 이는 우리가 현상학이 무엇인지 그리고 그것이 어떻게 철학의 과제를 떠안을 수 있는지를 이해하는 데 중요하다. Kant는 경험에 나타나지 않는 실재에 해당하는(noumenal) 어떤 사물도 부정한다. 또한 동시에 그가 우리에게 단순히 우발적이고(contingent) 개인적이며, 그것에 대해 일반적이고 필연적인 선험적 진술이 만들어질 수 없는 주관적인 경험만이 남는다고 말하는 것은 아니다. 그 반대로 『순수 이성 비판(*Critique of Pure Reason*)』(1781/1787)에서 Kant(1929/1781, 1787)의 과제는 모든 가능한 경험을 필연적으로 특징지어야 하는 어떤 특성들(features)이 있다는 바로 그것을 보여주는 것이다. 그의 목표는 하나의 경험이 하나의 경험이라고 받아들여지기 위해 포함해야 하는 것을 발견하는 것인데, 그것은 하나의 대상(object)에 대한 경험을 의미한다. 다르게 말하여, 그의 질문은 다음과 같다. 주관적인 나타남이 단순한 주관적인 것 이상이 되게, 우리 자신 이외에 다른 사람들도 경험할 수 있는 지속하는 대상(object)에 대한 우리의 접근을 가능하게 허용하는 것은 무엇인가?(Lewis & Staehler, 2010: 3)

경험이 객관적인 것으로 받아들여지기 위하여 경험에 적용되어야 하는 필수적인 조건이 있다. 이 조건들은 초월적(transcendental) 조건으로 서술된다. 그들은 모두 경험하는 주체(subject)의 어떤 특성들을 서술한다. 즉 주체는 어떤 자질, 어떤 능력, 지식이 가능하기 위한 어떤 구조를 지녀야 한다. 따라서 주체는 지식을 가능하게 한다. Kant에게 이 주체는 심지어 지식의 객체(object)도 가능하게 한다. 우리가 알고 경험하는 것은 주체가 구성한다. 물론, 사물들은 우리가 그들을 경험하기 위해 등장하기 이전에 현존한다(exist). 실체들(entities)은 있으나 그들은 객체들(objects)은 아니다. 객체들은 항상 한 주체의 객체들이다. 그들은 한 주체가 경험한다. 사물들은 그 자체가 우리의 지각이 그들에게 부여하는 형식을 갖추고 있지 않다(Lewis & Staehler, 2010: 3).

객체를 구성하는 주체는 '초월적 주체(transcendental subject)'이다. 이것은 객관적 지식(객체에 대한 지식)이 가능하기 위한 조건을 구성한다는 의미에서 초월적이다. Kant 이후 초월적이라는 단어는 지식이 가능하기 위한 조건을 의미하는 것으로 받아들일 수 있다. 이 조건은 객관적인 나타남(objective appearance)이 가능하기 위하여 있어야 하는 것이다. 이것은 초월적 주체의 도움에 따라 나타남은 더 이상 '단순하게 주관적(merely subjective)'이지 않음을 의미한다. 그것은 개별적인 주체와 독립적으로 현존하는 실제적인(real) 객체의 나타남이다. 따라서 현상학이 나타남을 연구한다면, 그것은 주체의 의견과 인상에 대한 단지 임의적인 일련의 진술들에 국한되지 않는다. 이는, Kant의 덕택으로, 우리가 이제 필연적인 구조를 그 안에 지닌 현상과 경험의 본질에 대한 엄격한 개념을 가지게 되었기 때문이다. 따라서 플라톤 이래로 형이상학 영역에서 가능할 것이라고 결코 생각해본 적이 없는, 현상에 대한 진정한 과학(철학)이 등장하였다고 볼 수 있다(Lewis & Staehler, 2010: 4).

다. Husserl

Kant의 혁명 이후, 그리고 Nietzsche 이후, Husserl은 의식(consciousness)과 의식이 객관적인 경험을 구성하는 방식을 이해하려는 자신의 독특한 시도를 시작한다. 그는 의식을 넘어 현존하는(exist) 것에 대해 우리가 가질 수 있는 모든 존재론적 질문을 괄호로 묶는 것(bracketing)에서부터 시작한다. 다르게 말하여, 현상학은 고대의 'Pyrrho(회의주의)'로 알려진 것과 유사한, 또 다른 '회의주의(scepticism)'의 재창조에서부터 시작한다. 이는 우리의 주관적인 인상을 넘어서는 지식을 가질 수 있다는 것을 단지 의심하는 것이 아니라, 우리가 이것에 대해 계속 '논쟁적(agonistic)'이고 판단을 중지할 것을 주장한다. 고대 그리스에서 이 중단은 에포케로 불렸고, Husserl 자신은 이 단어를 그의 현상학적 방법의 첫째 요소를 위해 사용하였다. 다르게 말하여, Husserl은 우리는 실재 또는 그렇지 않으면 우리의 경험을 넘어서는 것, 즉 본체(noumenon, 물자체)의 본질에 대해 결정할 필요가 없다고 생각하였다. 이것이 정확하게 전통적인 형이상학에서 할 수 있다고 믿었던 것이다. 즉 그 자체로, 그것에 대한 모든 경험과 별개로, 실제로(really) 현존하는(existed) 것, (우리에게) '상대적인(relative)' 것이 아니라 '절대적인(absolute)' 것에 대하여 말하는 것이다. Husserl에 따르면, 궁극적으로 우리는 현존하는(is), 즉 나타나는 모든 것에 대해 말할 수 있다. 사물 그 자체는 우리에게 나타난다. 따라서 자신을 숨기는 사물과 우리에게 나타나는 사물 사이에는 하등의 구분이 없다. 현상의 마스크 뒤에 숨어 고립된 본체라는 것은 없다. 사물들은 자신들을 나에게 보여주며, '선언하거나(announce)' '표현한다(express)'(Lewis & Staehler, 2010: 5).

Husserl은 의식을 넘어서는 세상의 실재적인(real) 현존(existence)을 언급하지 않고도 경험의 본질을 적절하게 이해할 수 있다는 것을 보여준다. 다르게 말하여, 우리의 순진한 '자연적 태도(natural attitude)'에 따라 일상적으로 만드는, 세상에 대한 어떤 가정을 괄호 치기 하는 것은 경험의 본질에 대해 어떤 영향도 미치지 않으면서 수행할 수 있다. 이 점에서 영감을 준 사람들 중의 한 사람인 Descartes는 이미 우리가 '진정한 경험(real experience)'이라고 추정하는 모든 것이 악의적인 악마의 속임수의 산물이라고 전제할지라도, 우리는 여전히 어떤 의식에 내재적인 사물들, 자명하게 진리인 것을 발견할 수 있다는 것을 보여주었다(Lewis & Staehler, 2010: 5).

그래서 사물들은 진정으로 자신들을 있는 그대로 의식에 나타낸다. 그러나 사물들은 오직 우리가 올바른 방식으로 그들을 보는 법을 학습하는 경우에만 그렇게 한다. 이 때문에 현상학의 모토가 "사물들 자신들에게 돌아가라!(Back to the things themselves, Zu den Sachen selbst!)"이다. 그리고 이 사물들이 현상이다. 이것은 그 자체로 Husserl의 사고의 새로움을 증언한다. 플라톤이나 Kant에게는 이것을 말하는 것이 현상의 뒤에(behind) 있거나 넘어서(beyond) 있는 사물 그 자체로 돌아가는 것을 의미할 것이다. Husserl에게는 "사물들 자신들에게 돌아가야 한다"고 말하는 것은 우리가 현상으로, 사물들이 어떻게 행하고 어떻게 나타나야 하는지로 돌아가야 한다는 것을 의미한다(Lewis & Staehler, 2010: 5).

Husserl은 그의 전임자들보다 경험에 대하여 더 높은 의견을 지닌다. 사물들은 그들의 진정한 모습을 우리에게, 즉 시각적 지각에 보여줄 수 있다. 그들이 종종 그렇지 않은 이유는 우리가 너무 많이 생각하기 때문이다. 우리는 우리가 보는 것을 우리가 무비판적으로 물려받은, 그리고 우리가 보는 것에 대한 전통적인 편견에 우리를 연루시키는 개념들을 사용하여 해석하려고 한다. 따라서 우리는 우리가 경험하고 있는 것이 우리에게 다가오고, 우리에게 나타나고, 그리고 그것이 있는 그대로 자신을 우리에게 주도록 허용하는 데 실패한다. 우리는 단지 사물들에 대하여 들은 것을 믿고 우리 스스로 그들을 면밀하게 조사하지 않는다(Lewis & Staehler, 2010: 6).

2. 현상학적 에포케

가. 자연적 태도

Ideas I["현상학에 근본적인 고려 사항들(The 'Considerations Fundamental to Phenomenology')"]의 중심 절의 시작하는 문장은 다음과 같다. "우리는 '자연적인 태도를 가지고(in the natural attitude)' 자연스럽게 살아가고, 객관화하고, 판단하고, 느끼고, 무엇인가를 하려고 하는 인간으로서 우리의 고려 사항들을 시작한다"(*Ideas I*: 51/56).

자연적 태도를 분석하면 두 가지 기본 특징이 있음을 알 수 있다. 첫째, 그것은 직접적으로(in a straightforward manner) 그것의 대상들을 지향한다. 둘째, 그것은 우리가 사물들로 향할 때 이 사물들이 그곳에 있을 뿐만 아니라 우리의 주의 집중과 독립적으로 현존(exist)한다고 확신한다(Lewis & Staehler, 2010: 12).

첫째 측면, '직접적 태도(straightforward attitude)'에 대한 이야기는 우리가 자연적 태도를 가지고 그 대상에 전적으로 집중한다는 것을 표현하려는 것이다. 대부분의 경우 우리는 "가로등이 있는 거리, 주거지, 가구, 예술 작품, 책 등 온갖 종류의 실제적인(practical) 대상들을" 특정 목표나 관심에 비추어 마주친다(*Ideas I*: 78/77). 우리는 단지 우리가 지각하는 것, 또는 Husserl이 말한 바와 같이, 우리 지각(또는 기억이나 상상)의 대상이 되는 '무엇(what)'을 지향한다. 이 무엇이 나타나는 방식이나 양식(mode)인 '어떻게(how)'를 지향하지 않는다. 현상학은 이 대상에 대한 직접적인 지향성에서 뒤로 물러서는 것을 시도할 것이다. 이는 이 대상이 어떻게 우리에게 주어지는지, 서로 다른 대상들은 어떻게 서로 다르게 주어지는지를 보기 위한 것이다(Lewis & Staehler, 2010: 12).

둘째 측면은 우리가 대상들에게 등을 돌리거나 잠들지라도 대상들이 현존(exist)하고 지속한다는 자연적 태도의 확고한 신념이다. 우리는 "정신적 과정은 우리가 그들에게 주의를 기울일 때에만 현존(exist)하는 것이 아님을 당연하게 여긴다(take it for granted)"(*Ideas I*: 175/178). 자연적 태도는 사물들이 우리의 의식과 독립적으로 현존한다고(existence) 여긴다. 사물들의 현존(existence)을 상정하는 것은 자연적 태도의 주요 특징이다. 그러나 우리는 하나의 대상이 우리가 가정한 것과 다른 것임이 드러날 때, 또는 우리가 현존(exist)한다고 믿었던 어떤 것이 환상, 그림자, 빛의 반사였음이 드러날 때, 그리하여 우리가 초기의 판단을 거둘 필요가 있을 때, 이 신념이 무너지는 경험을 계속적으로 겪지 않는가? 진실로 우리는 개별 대상의 현존(existence) 또는 존재(being)에 대하여 그릇될 수 있다. 그러나 자연적 태도는 그런 경우들로 인하여 단지 일 순간만 흔들린다. 그것은 즉시 잘못된 가정을 새로운 것으로 대체한다. 중요한 점은 대상들의 결합(연계)은 계속하여 타당하다는 것이다. 우리는 어떤 특정한 것에 대해 그릇될 수 있지만, 전체에 대해 속지는 않는다. 세계가 계속 현존(existence)한다는 것은 우리의 근본적인 확신이다. "세계는 우리를 위해 그곳에 있다." "세계는 현존한다(is)." 이런 것이 자연적 의식의 기본적인 주장, 일반적인 논지(명제)(Generalthesis)이다. 이 논지는 명백하게도 자연적 의식이 표현하는 분명한 논지가 아니다. 그것은 주제가 되지(thematic) 못하고, 다르게 말하여, 분명하게 고려된 탐구나 사고의 주제(theme)가 되지 못하고 항상 배경에 남는다. 그러나 자연적 의식의 기본적 확신이 철학적 의식의 관점에서 표현된다면, 그 논지는 그 결과로 나타날 것이다. Husserl에 따르면, 자연적 태도에서 철학적 태도 또는 현상학적 태도로 전환(전회)하는 것은 정확하게 이 일반적 논지를 괄호 치기 하는 것을 의미한다(Lewis & Staehler, 2010: 12-13).

나. 현상학적 에포케

에포케의 아이디어에 대한 예비적인 설명은 회의주의(scepticism)의 문제에서 시작할 수 있다. 우리는 도대체 외부 세계가 있다는 것을 어떻게 아는가? 우리는 그것에 대한 꿈을 꾸거나 단지 그것을 상상하고 있는 것은 아닌가? 우리가 지각하기를 중단할 때에도 세계는 계속 현존(exist)한다는 것, 그것이 우리와 독립적으로 현존(existence)한다는 것에 대해 어떤 확실성을 가질 수 있는가? 보편적 과학으로서의 철학이라는 고대 그리스의 이상에 계속 충실하게 머물기를 원한 철학자들은 종종 참된 철학을 시작하기 이전에 회의주의자들의 문제에 대한 해결책을 발견할 필요성을 느꼈다. 그러나 회의주의의 문제에 대한 진정으로 흠 없고 일반적으로 확실한 해결책은 발견되지 않았다. 그러나 만약 그 문제가 너무 복잡하여 아직 해결되지 않았다면, 그리고 동시에 피하거나 둘러 갈 수 없는 근본적인 문제를 철학에 제기하는 것으로 보인다면, 철학이 지속적으로 이 문제에 맞서야 하는 것은 아닌가? Husserl은 우리가 사실상 그 문제를 완전히 중단해야 한다고 제안한다. 이것은 어떤 의미에서 계속하여 그것에 대한 논쟁에 머물러야 함을 의미한다. 만약 우리가 우리의 의식과 독립적으로 현존(existence)한다는 것을 확증하지 못하거나 그런 현존(existence)을 부정하지도 못한다면, 우리가 철학을 불안정한 토대 위에 두는 것을 어떻게든 피할 것을 제안한다. 그러나 철학이 이 중요한 쟁점을 중단한다면, 올바르게 시작이라도 할 수 있는가? Husserl은 만약 우리가 그 중단이 무엇과 같은 것인지, 중단 이후 무엇이 남는지를 이해한다면 이것이 진정 가능하다는 것을 보여주기를 원한다(Lewis & Staehler, 2010: 13).

> 에포케(*epoché*)는 판단의 중단이다. 그리스어 *epechein*은 '중단하다, 삼가다, 괄호로 묶다'를 의미한다. 구체적으로 현상학적 에포케는 확증되지도, 부정되지도 않는 세계의 존재(being)에 대한 판단 중지를 의미한다.

Husserl은 우리가 급진적인 변화를 수행(추진)하고 자연적 태도로부터 벗어날(단절할) 것을 요구한다. 그가 이 태도의 변화를 도입하는 방식은 문자 그대로 동기화되지 않았다. "이 태도에 머무르는 대신에, 우리는 그것을 급진적으로 변경하기를 제안한다. 이제 우리가 해야 할 일은 문제가 되는 변화의 본질적인 가능성에 대해 우리 자신을 설득하는 것이다"(*Ideas I*: 57/53). Husserl은 우리가 왜 이 태도의 변화를 수행하는지는 이 텍스트에서 주제화하지 않았다. 그는 단지 그런 변화 가능성의 제시에 관심이 있다. 나중에 그는 *Ideas I*의 이 측면에 대해 비판하면서 특히 어떻게 에포케를 동기 유발할지의 문제에 대해 논의하였다(Lewis & Staehler, 2010: 14).

그러나 Husserl의 *Ideas I*의 서론과 "현상학에 근본적인 고려 사항들"에 제시한 그의 절차는 이미 자연적 태도의 보편적인 논지를 왜 그대로 두지 않고 문제로 삼아야 하는지를 보여준다. Husserl은 자신의 철학을 과학으로 여기므로, 여러 조건들이 충족될 필요가 있다. 과학으로서의 철학은 보편적이어야 한다. 즉 그것은 어떤 것도 고려 대상에서 제외해서는 안 된다. 더욱이 그것은 추정들을 검토하지 않고 받아들여서는 안 된다. 세계의 현존(existence)은, Descartes가 보여주었듯이, 의심의 대상이 될 수 있다. 그것은 과학을 세울 수 있는 안전한 토대가 아니다. 따라서 우리는 더 이상 세계의 자연적 확실함에 대해 당연시해서는 안 되고 그것을 의심의 대상으로 삼아야 한다. 보편적 에포케는 의심의 한 특정한 유형이다. 그것은 세계를 존재(being)를 상정하는(positing) 것을 자제한다. Husserl은 우리가 그렇게 함으로써 자연적 태도의 일반적 논지를 '괄호로 묶기(bracket)' 또는 '작동하지 못하게 하기(put out of action)'를 한다고 말한다(Lewis & Staehler, 2010: 14).

만약 우리가 사물들과 세계의 존재(being)에 대하여 더 이상 판단하지 않는다고 하더라도, 우리는 여전히 우리에게 나타나는 사물들과 세계가 남아 있다. 그리고 이것이, 깊이 고려해볼 때, 우리가 어떻게든 접근할 수 있는 모든 것이다. 따라서 Husserl은 "우리는 어떤 것도 잃지 않았다"(*Ideas I*: 119/113)라고 올바르게 말한다. 오히려 우리는 우리의 의식에 나타나는 세계를 가지고 있다. 이것이 현상학의 주요 초점이다(Lewis & Staehler, 2010: 14-15).

> 현상학적 의미에서 **세계**는 실체들의 총체(totality of entities)가 아니며, 그들 사이의 관계 또는 그들 사이의 의존(references)을 가리킨다. 그것은 상호 참조(references)의 맥락이다. 우리는 우리가 이 맥락 속에 있다는 것을 발견한다. 우리는 그것을 창조하지 않으며 그것에 의미를 부여한다.

세계의 독립적인 존재(being)에 대한 판단은 우리에게 나타나는 어떤 특정한 사물에 직접적으로 관련되지 않는다. 그들은 우리에게 나타나는 것에 토대를 두고 우리가 내리는(또는 이미 내린) 판단이다. 현상학적 태도에서, 우리는 더 이상 사물들에 직접적으로 지향하지 않고 의식에 나타난 것, 그들이 '어떻게(how)' 나타나는지를 지향한다. 따라서 에포케를 위한 동기는 세계에 등을 돌리는 것이 아니라, 세계로 향하는 것이다. 세계와 대상들은 오염되지 않은 방식으로 고려될 것이다. 이 때문에 모든 편견과 이미 만들어진 의견들은 괄호로 묶이고, 우리는 전적으로 세계와 대상들이 우리에게 나타나는 방식에 초점을 둔다. 이 나타난 것에 대한 성찰이 현상학적 환원(reduction)이다. 이는 에포케의 지속과 완성에 해당한다(Lewis & Staehler, 2010: 15).

> Husserl은 종종 환원(reduction)과 에포케를 같은 의미를 지닌 개념들로 사용한다. 그것들은 매우 유사하다. 그가 용어 사용에서 차이를 두는 경우, 에포케는 세계의 현존에 대해 논지를 괄호로 묶기, 중지하기의 순간을 가리킨다. 환원은 현상이 의식에 나타나는 방식에 우리의 관심을 재지향하는 것을 가리킨다.

세계와 대상들이 어떻게 우리의 의식에 나타나는지에 초점을 두는 것은 현상학이 단지 주관적인 경험을 서술한다는 것을 의미하지 않는다. 오히려 현상학은 초월적(transcendental)이라고 볼 수 있는 우리의 경험의 구조를 결정하려고 노력한다. 그들은 모든 경험의 가능성을 위한 조건이다. 우리는 이어지는 장들에서 의식의 구조와 세계의 구조 등 여러 구조들을 접하게 될 것이다. 예를 들어, 우리가 의자의 앞면이 아니라 뒷면을 본다는 것은 현상학에서 특히 흥미로운 관찰이 아니다. 그러나 우리가 그 대상의 모든 측면을 결코 한 번에 볼 수 없다는 것은 흥미롭다. 그 구조들을 검토하기 이전에, 에포케의 절차와 문제를 추가로 논의할 필요가 있다(Lewis & Staehler, 2010: 15-16).

3. 의도성

> 의도성(지향성)은 의식이 결코 비어 있지 않으며, 항상 어떤 것에 대한 의식이라는 것을 깨닫는 것을 가리킨다. 더욱이 의식은 역동적인 방식

> 으로, 이 대상에 대해 최대한으로 가까이 다가가 포착하기를 원한다는 의미에서 그것의 대상을 지향한다[여기에서 '대상(object)'은 광범위한 의미로 사용된다].

Husserl은 의도(지향, 상호작용)성(intentionality)의 특징에 대하여 다음과 같이 서술한다. "의도성은 그것의 대상을 지향하는 것이다. 그것은 그 대상을 향해 단지 비어 있는 의도성을 원하지 않는다. 그것은 대상 그 자체로 가기를 원한다. 즉 대상 그 자체를 보는 직관으로, 즉 대상 그 자체를 가지는 의식 그 자체인 직관으로 가기를 원한다"(*ACPAS*, 83/126). "여기서 (마음의) 의도성은 목적이나 계획이라는 일반적인 의미를 가지지 않고, 우리가 경험하는 대상을 향하여 가지는 태도의 의미를 가진다. 그것은 우리의 각각의 경험에서 우리는 암묵적으로 대상이 (자신을) 나타나기를(드러내기를), 그리고 어떤 방식으로 행위를 하기를 기대한다는 사실을 표현한다." 이 기대는 일련의 경험을 통해 충족되거나, 반박되거나, 또는 단지 충족되지 않은 상태로 남을 수 있다. 의도성은, 예를 들면 대상을 만지기와 같은 초기의 피상적인 충족으로 만족되지 않으며, 그 본질에 대한 좀 더 완전한 결정(만족)을 위해 지속적으로 노력한다. 그 노력은 모든 불만족이 제거될 때까지 지속된다. 이것은 다시 관련된 주체의 상황 및 목표(목적)에 따라 다르다. 그리고 주체가 예술가나 현상학자가 아닌 자연 과학자일 경우 매우 다르다. 만약 대상이 더 이상 그것의 현재의 주어짐을 넘어서는 것을 가리키지 않는 방식으로 나에게 주어진다면, 즉 그 본질의 요소들이 아직 조명되지 않았음을 가리킨다면, 그러면 그것은 나에게 '원래대로(originally)' 또는 '자명하게(self-evidently)' 주어진다. 모든 의식적인 행위는 의도성의 특징을 지니며, 이것은 자기 증거의 형식으로 충족을 추구함을 의미한다(Lewis & Staehler, 2010: 22).

따라서 의도성은 의식이 그것의 의도 충족을 위해 지속적으로 노력하는 것을 가리킨다. 그러나 이것은 또한 우리가 영원히 실망의 위험에 직면할 것을 의미한다. Husserl이 반복적으로 제시하는 예시는 뒷면이 녹색이고 움푹 들어간 것으로 판명된 빨간 공이다. 여기에서 이 예시를 상세하게 제시한다. 이는 "부정(negation)이라는 원래 현상을" 추적한다고 Husserl이 주장하기 때문이다. "부정의 우선적인 일은 근거에 입각한 판단 행위가 아니며, 원래의 형태에서 그것은 수용적 경험의 근거에 입각하기 이전 영역에 이미 나타난다는 것을 의미한다"(*EJ*, 97/90). 나는 내가 전체가 동일하게 붉은 공이라고 여기는 어떤 대상을 본다. 따라서 나는 내가 어떻게 그 공을 뒤집고

돌리더라도 그것은 어느 곳에서든 붉고 공처럼 생겼다는 특질을 발견할 것을 기대한다. 그러나 대신에, 나는 그 대상의 반대편은 녹색이고 움푹 들어간 것을 깨닫는다. 나의 기대는 무너졌다. 그러나 더욱 근본적인 어떤 일이 발생하였다. 나는 그 대상이 지금 그 형태와 색깔을 변경하지 않았다는 것과 이미 그것에 대하여 발견하지 이전에 녹색이고 움푹 들어갔다는 것을 안다. 따라서 '소급하는(retroactive) 수정(지우기)(cross-out)'이 발생하였다. 앞선 모든 시간 동안, 나는 (그것을 모른 채) 전체가 동일하게 붉고 공 모양이 아닌 어떤 대상을 다루고 있었다. 동시에 나는 여전히 나의 원래 의도를 안다. 그리고 그것은 이제 비로소 수정된(지워진) 모드의 상태이다. Husserl은 우리는 여전히 이전 감각을 의식하지만 그것은 이제 덧칠되어(painted over) 있으며, 상응하는 순간들에 관한 한 수정된(지워진) 상태라고 말한다(*ACPAS*, 31/69)(Lewis & Staehler, 2010: 22-23).

4. 생활 세계

Husserl은 유럽의 과학 그리고, 이 과학의 엄청난 영향으로 인하여, 유럽의 인문학 전반을 괴롭히고 있던 위기를 상술하기 위하여 생활 세계(lifeworld)라는—아마도 Husserl이 가장 광범위하게 사용하는—개념을 도입하였다. Husserl은 과학의 위기는 망각(forgetfulness) 때문에 발생하였다고 주장한다. 이는 생활 세계에 대한 망각이다. 이 망각은, 이 장에서 우리가 보게 될 것이지만, 과학이 세워진 토대의 상실에 해당한다. 이는 우리가 살아가고 모든 활동이 의존하는 자연 세계이다.

가. 생활 세계의 소개

좁고 예비적인 의미에서 생활 세계라는 개념은 이상적인 대상들로 이루어진 과학적 세계와 대비되어 정의된다. 그러나 광의의 생활 세계는 과학의 결과와 성취를 포괄한다.

Husserl은 과학이 무엇인지 그리고 그것이 어떻게 우리의 삶을 바꾸는지 검토하기 위하여 과학 이전 세계와 비과학 세계[과학이 항상 존재하지(existed) 않았으므로]에 대하여 질문한다. 궁극적으로, 중요한 질문은 과학이 성립된 방식, 즉 과학이 어떻게 도입되었는지, 그것이 가져야 할 의미는 무엇인지에 관련된다. 오랫동안 우리는 과학을 당연한 것으로 받아들였으므로, 과학 없이 세계에 접근할 수 있는 것은 추상적 개념(관념)을 통하는 것뿐이다.

> *Crisis*에서 소개한 바와 같은 좁은 의미에서 생활 세계는 과학 이전 세계와 비과학 세계로서 등장한다. 이는 단순한 감각적 직관을 통해 마주(접)하는 것이다(*Crisis*, 109/106, 113/111).

이미 1920년대에 Husserl은 직접적인 직관 세계를 생활 세계로 지적한다. 이 직관의 세계는 이론 이전의 것이고, 문화 이전의 것이며, 비역사적인 것이다. 따라서 Husserl은 이 세계가 실제로 현존하는지에 대한 질문에 직면한다. 그는 현상학적 심리학에 대한 강의에서 이미 언급하였다. "어떤 것이 보이고 들리고 또는 어떤 식으로 경험되면서 우리에게 단순한 직관으로 주어지는 것은 앞서 면밀한 고려에 따른 영혼적인 성취의 흔적을 나타낸다. 따라서 우리가 어디에서 진정으로 이론 이전의 세계를 순수한 경험의 형태로, 과거의 사고에 대한 감각 침전이 없는 상태에서 발견할 수 있는지 의심스럽다"(*PhPsy*, 56). 순수 직관의 세계가 추상화의 산물이지만, 그것은 과학의 등장에 대한 검토에서 중요한 역할을 수행한다. 좁은 의미의 생활 세계는 근본적으로 그것이 '단지 주관적-상대적(merely subjective-relative)'이라는(*Crisis*, 125/127), 즉 이런 직관들을 가진 특정한 주체에게 주어진 것이라는 사실에 의해 결정된다. 이 주체-상대성(subject-relativity)과 대조적으로, 근대의 자연 과학은 그것의 주체-독립성 또는 객관성(subject-independence or objectivity)이라는 그것의 이상을 제시한다. Husserl은 과학이 생활 세계를 측정할 정확한 이상적 대상들의 세계를, 마치 이것이 매우 단순하게 '진정한 세계(true world)'인 것처럼 구성하는 과정을 따라간다. Husserl이 이 과정을 서술하기 위해 사용하는 개념은 '수학화(mathematization)'와 '이상화(idealization)'이다(Lewis & Staehler, 2010: 34-35).

나. 일상 세계를 통해 현상학으로 가는 길

일상 세계와 그 위기에 대한 역사적인 성찰 이후 Husserl은 현상학으로 가는 새로운 길을 제안한다. Husserl에 따르면, 모든 실증적이거나 객관적인 과학은 어떤 면에서 부족함이 있다는 것을 보여줄 수 있다. 이 부족함이 오늘날 과학의 위기의 원인이다. 이 부족함은 주관성에 대한 망각이다. 그러나 주관성과의 관계가 "객관적 지식의 이론적 구성의 의미와 타당성을 제공할 수 있는 것이고, 따라서 먼저 그들에게 궁극적인 토대를 가지는 지식의 존엄성을 제공하므로 이 주관성의 차원은 중요하다"(*Crisis*,

121/119). 그들이 이 토대를 무시하므로, 과학은 "표면(평지)에(on the plane) 머물러 있으며 깊이의 무한하게 풍부한 차원을 무시한다"(*Crisis*, 121/119)(Lewis & Staehler, 2010: 45).

깊이의 숨겨진 차원을 가진 표면(평지)의 이미지는 Descartes적인 절차와 비교하여 존재론적 접근의 중요한 강점을 드러낸다. 존재론적 접근은 세계의 풍부함에서 출발하며 근본적인 차원으로서의 주관성을 접한다. 따라서 의식은 여기에서 '부산물(residual)' 또는 모든 의심스러운 것이 제거되었을 때 남는 것으로 등장하지 않는다. 의식은 현상학이 철저하게 주어진 것에 의문을 제기하고 그에 따라 그것을 더욱더 깊이 탐구할 때 전면으로 나타난다(Lewis & Staehler, 2010: 45).

Husserl은 이 절차를 Descartes적 접근의 반전(reversal)으로 특징짓는다. 이는 생활 세계가 이제 분석의 시작이고 출발점이기 때문이다(*Crisis*, 175/169). 이 절차의 반전은 존재론적 방법이 간주관적 차원을 포함하는 방식을 좀 더 분명하게 보여준다는 것이다. 세계의 객관성은 정립되기보다 면밀한 조사의 대상이 된다. Husserl은 "문제는 객관성을 확보하는 것이 아니라 그것을 이해하는 것"이라고 말하면서 이를 간명하게 표현한다(*Crisis*, 193/189). 또한 이것은 간주관성이 항상 이미 작용하고 있고 계속하여 작용한다는 것을 의미한다. 객관성은 주어진 것에 대하여 다른 사람들과의 의사소통의 가능성을 전제로 한다(Lewis & Staehler, 2010: 45).

존재론적 방법은 본질적인 순간으로서의 보편적인 에포케를 포함한다. 그러나 에포케는 이제 더 잘 준비되어 있고 동기가 유발되어 있으며 그 의미는 더 명료해진다. "자연적 태도의 전면적 변화"(*Crisis*, 151/148)에 성패가 달려 있다. 이는 우리에게 세계의 깊이에 대해 질문할 것을 허용한다. 주어진 것은 그것의 주어짐의 양식에 비추어 검토된다. 그것은 그것을 구성하는 주관성과 연관이 있는 것으로 여겨진다. 실증적 과학의 태도는 우리 몸에 매우 깊이 배어 있으므로, 그것은 새로운 태도를 취하고 유지하는 것이 극도로 어렵다는 것을 증명한다. 따라서 현상학적 태도는 지속적으로 그 자체, 자연적 태도 그리고 둘 사이의 관계를 검토할 필요가 있는 지속적인 긴장 상태에 놓여 있다. 중요한 것은 자연적 태도를 버리는 것이 아니라, 그것을 검토하고 그것의 깊이의 차원, 즉 초월적 주관성을 드러내는 것이다. 이는 초월적 간주관성으로 판명될 것이다(Lewis & Staehler, 2010: 45-46).

제 7 장

비판 이론

제1절 개관

비판 이론 관점은 인종, 계층, 젠더가 부과하는 제약을 초월할 수 있도록 인간에게 권한을 부여하는 데 관심을 가진다(Fay, 1987). 연구자들은 자기 자신의 권력을 인정하고, 대화에 참여하고, 사회적 행위를 해석하거나 조명하기 위하여 이론을 사용할 필요가 있다(Madison, 2011). 비판적 연구자가 탐색할 수 있는 주요 주제에는 사회적 삶의 의미 해석을 통한 사회적 제도에 대한 과학적 연구와 그 변혁, 지배 · 소외 · 사회적 투쟁의 역사적 문제, 사회에 대한 비판 및 새로운 가능성에 대한 전망 등이 포함된다(Fay, 1987; Morrow & Brown, 1994; Creswell & Poth, 2018: 29).

연구에서 비판 이론은 그것이 수용하는 방법론적인 입장의 형태에 따라 정의될 수 있다. 예를 들어, 비판적 연구자는 민속지학적인 연구를 설계하여 사람들이 사고하는 방식에서의 변화, 사람들이 상호작용하고 네트워크를 구성하고 활동가가 되고 활동 중심 집단이 되도록 격려하는 것, 사람들이 자신의 삶의 조건을 검토하게 돕는 것을 연구할 수 있다(Madison, 2011; Thomas, 1993). 이 연구의 최종적인 목표는 사회적 이론화일 수 있다. 이는 Morrow와 Brown(1994: 211)이 "사회적 삶의 바탕에 놓인 질서—사회를 구성하는 사회적이고 체계적인 관계—를 이해하고, 경우에 따라서, (프락시스를 통해) 변혁하고자 하는 욕구"로 정의한 것이다.

예를 들어, 교사 교육에서의 비판적 실행(현장) 연구(action research)에서, Kincheloe(1991)는 '비판적 교사(critical teacher)'가 기존의 연구 방향의 가정을 드러내고, 지식 기반을 비판하고, 이런 비판을 통해 교사와 학교와 교육에 대한 문화의 관점에 미치는 이데올로기적인 영향을 드러낼 것을 권장한다.

미국에서 1970년까지 현장 연구는 재발견되었고, 1980년까지 교사 전문성을 재정의하려는 노력과 연계하였다. 많은 교사 교육자들은 실행 연구라고 부르는 것의 토대에 대하여 우려를 표명하였다. 민주주의적인 교육과 교사의 일터에 관심을 가지는 이론가들은 새로운 실행 연구에 대하여 이데올로기적인 질문을 제기하였다. Patti Lather는 실행 연구로 부르는 것들 중 많은 것에 비판적인 안목이 결여되어 있다고 지적하였다. 많은 것들에 역사적 관점, 정치적 관점이 결여되어 있고, 따라서 실천가의 개선을 위한 수단으로 서술적인 유형의 실행 연구를 채택하는 교육 지도자들에 의해 쉽게 전복된다. 그러한 실행 연구의 이용을 피하기 위하여 주의 깊게 개념화하고 정의해야 한다(Lather, 1986a: 263). 비판적인 실행 연구가들은 자기 자신의 실천의 합리성과 정의를 증진하는 자기 성찰적 분석을 추진해야 한다(Kincheloe, 1991: 19).

비판적인 실행 연구를 위한 다섯 가지 요건은 다음과 같다(Kincheloe, 1991: 19-20).

(1) 합리성, 객관성, 진리에 대한 실증주의적인 관점을 거절해야 한다. 비판적 연구는 모든 교육적 쟁점이 기술적이고(technical) 그 성격이 정치적이거나 윤리적이지 않다는 실증주의적인 관점을 거절해야 한다.

(2) 교육을 직접 실천하는 사람들이 지니는 교육적 활동에 대한 해석에 주의를 기울여야 한다. 반성적인 교육 실천가들의 자기 이해는 자신의 가치 헌신, 타인의 가치 헌신, 그리고 지배적인 문화가 부과하는 가치에 대해 의식할 것이다. 그런 의식은 실천가가 자신의 전문적 활동을 해석하는 방식에 지대한 영향을 미칠 것이다. 비판적인 연구자가 되는 교사들은 개인적 가치와 탐구의 목표로서의 실천 사이의 관계에 대하여 의식할 것이다.

(3) 비판적 연구는 이데올로기적으로 왜곡된 해석과 이데올로기적인 왜곡을 초월하는 것 사이를 구별하기 위해 노력해야 한다. 실천가들이 자신들의 실천에 대해 내리는 해석을 의식하려고 할 때, 그들은 항상 위험에 직면한다. 그들의 해석, 자신들의 가치와 타인의 가치에 대한 의식은 환상에 불과한 신념으로 왜곡될 수 있다. 이 신념은 사회적 삶의 모순을 유지한다. 따라서 비판적 연구는 이러한 잘못된 의식을 드러내면서 그 효과를 극복하기 위한 방법을 증진하려고

노력해야 한다.

(4) 비판적 연구는 우리의 합리적인 목표를 추구하려는 노력을 방해하는 지배적인 사회 질서의 측면들을 드러내야 한다. 교사가 추구하는 목표는 종종 자신의 개인적인 선택의 결과가 아니다. 이는 사회 구조와 그것이 만들어내는 관료주의의 지배를 받는다.

(5) 비판적 연구는 항상 그것이 실천과 어떻게 연결되는가에 대한 의식의 지배를 받는다. 그것의 목적은 그들이 사회 구조가 그들의 길에 두는 장애물을 극복하기 위해 그들이 취할 수 있는 가능한 행위를 발견함으로써 교사의 전문적 삶을 안내하는 것이다. (Kincheloe, 1991: 19-20)

비판적 연구는 프락시스(praxis)이다. 프락시스는 이론과 실천의 분리 불가능성, 즉 연구에 토대를 둔 실천을 강조한다. 우리는 이론적 관점을 단순한 추상적 사색의 대상이 아닌 살아가는 세상과의 관계에 비추어 이해해야 한다. Max Horkheimer(1974)는 진리에 접근하는 것은 인간이 그것을 권력에 적용하는 능동적인 과정이라고 주장하였다. 그는 아이디어의 증명이 단순한 실험실 연구 또는 역사적 문헌의 조사가 아니라 역사적 투쟁에 있다고 주장하였다. Horkheimer는 진리는 올바른 실천의 순간이며 그 안에서 발견된다고 결론지었다. 연구를 프락시스로 보면서, 우리는 우리의 연구를 사용하여 참여자들이 자신의 상황을 이해하고 변혁하도록 돕는다(Held, 1980: 191; Kincheloe, 1991: 20).

사회학자 Agger(1991)에 따르면, 비판적 이론의 접근 안에서 연구 설계는 두 개의 넓은 범주 안에 들어간다. 하나는 방법론적인 것으로, 사람들이 쓰고 읽는 방식에 영향을 미치는 것이다. 다른 하나는 내용에 관한 것으로, 연구자의 이론과 주제이다. 예를 들어, 선진 자본주의에서 국가와 문화의 역할에 대해 이론화하는 것이다. 자주 인용되는 비판 이론의 고전은 Willis(1977)의 권위에 대한 저항의 행위에 참여한 실업계 고등학생들에 대한 민속지학이다. 이들은 비공식적인 집단으로 학교에 대한 저항의 형식으로 수업에 참여하지 않고 주변을 돌아다니며 자신들의 일과와 놀이를 즐겼다. 저항과 학교의 규제의 표면화에 대한 연구로서, 이 연구는 행위자들이 그들을 지배하는 문화적 형식과 타협하고 이에 반하여 투쟁하는 방식을 부각한다(Morrow & Brown, 1994). 또한 저항은 어떤 청소년의 하위문화에 대한 다른 민속지학 연구에서 다룬 주제이다(Haenfler, 2004; Creswell & Poth, 2018: 29-30).

제2절 잠재적 교육과정—급진적 관점[1]

이 절에서는 교육 영역의 비판 이론가들이 학교 교육의 중요한 일부인 잠재적 교육과정에 대해 비판적으로 논의한 내용을 살펴본다.

1. 도입

급진적 관점은 학교를 사회의 일부로 보고 사회 체제의 맥락에서 잠재적 교육과정을 조명하였다. Giroux는 잠재적 교육과정을 학교에서 공식적으로 인식되고 시행되는 차원의 경험이 아니라, 학교 교육의 보이지 않는 구조를 통해 학생에게 전달되는 규범, 가치, 신념이고 사회 불평등의 재생산에 기여하는 것으로 정의하였다(Giroux, 1978: 148). 이런 관점은 불평등의 재생산 기제에 대한 이해를 토대로 학교 교육의 근본적인 변혁을 요구하는 경향이 있어, 이를 '급진적 관점'으로 볼 수 있다.

2. Bowles와 Gintis

Harvard 대학교 경제학 교수인 Samuel Bowles(1939~현재)와 Herbert Gintis(1940~현재)는 경제적인 관점에서 학교의 규범과 일터의 규범 사이의 관계에 대한 2차 자료를 분석하였다. 이들의 저서 『*Schooling in capitalist America*』(1976)는 학교생활의 잠재적 기능에 대한 논의에서 매우 중요한 토대를 제공하였다. 이들은 대응 원리(이론)[correspondence principle (theory)]를 내세웠다(**[그림 7.1]**).

[그림 7.1] Bowles와 Gintis의 대응 이론

[1] 이 절은 출판사의 동의를 얻어 저자의 저서(김평국, 2022: 248-264) 일부를 옮겨 실었다.

대응 이론의 요지는 학교생활의 사회적 관계와 일터의 사회적 관계 사이에는 구조적 대응 관계가 존재한다는 것이다(Bowles & Gintis, 1976: 131). 학교는 자본주의 사회의 사회적 관계를, 그러한 사회적 관계에 요구되는 의식(consciousness)을 재생산함으로써 재생산한다는 것이다. 그들이 재생산 과정에서 중요하다고 생각하는 사회적 관계는 우선적으로, 교사와 학생 사이의 위계적인 노동 분업과 학생의 학습 활동이 소외되어 있다는 것과 학습 활동이 분절화되어 있다는 것이다. 이것은 제도화되고 종종 파괴적인 학생들 사이의 경쟁에 반영되어 있는데, 이 경쟁은 지속적이면서 표면적으로 능력주의적인 서열과 평가 속에서 이루어진다. 그들은 이 관계들의 전체가 미치는 영향을 넘어서서, 교육 기간(학력)의 차이는 노동 시장에 서로 다른 수준의 노동자를 공급하였다고 주장한다(Bowles & Gintis, 1976: 132). 그러므로 Bowles와 Gintis는 학교가 자본주의 체제의 유지 기능을 높은 수준으로 수행한다고 제안한다. 특히 그들은 학교의 위계적인 노동 분업은 온순함과 순종(순응)의 태도를 촉진한다고 말한다. 이는 나중에 자본주의의 고용 시장에 영향을 미친다. 학교 학습 활동에서 내적인 보상의 부족은 학생으로 하여금 비슷한 유형의 노동 관계에 대해 준비하게 돕는다. 트래킹(tracking)과 시험을 통한 지속적인 학습 활동의 분절화와 학생 평가는 그들의 장래 위계화된 조직 구조 지위에 대비하게 하고 분화와 대립을 촉진한다. 학생들은 교육 기간에 따라 서로 다른 규범적 분위기를 접한다. 낮은 수준의 학생에게는 규칙 준수를, 중간 수준의 학생에게는 의존성을, 높은 수준에서는 기업 규범의 내면화를 기대한다(Bowles & Gintis, 1976: 132).

Bowles와 Gintis는 사회 체제 맥락에서 잠재적 교육과정 본질에 대한 논의를 제시하였다. 이는 학교를 사회의 일부로 정의하기 때문이다. Jackson처럼 교실의 내적인 역동성에만 초점을 둘 때 잠재적 교육과정에 대한 이해에 한계가 있다. Bowles와 Gintis가 제시하는 학교 밖의 구조적 세력에 대한 관심이 있을 때 교실 생활의 복잡성에 대한 충분하고 깊이 있는 이해가 가능하다(Lynch, 1989: 4).

Bowles와 Gintis의 연구 결과는 학생의 교육과정 경험이 차별화되어 있는 특성을 조명한다. 학생의 사회적 계층, 인종, 젠더가 모두 학생의 학교 경험의 결정에 중요하다. 따라서 Dreeben이 그러하였듯이, 학교에서 모든 학생이 동일한 규범적 분위기를 접한다고 가정하면서 통일되어 있고 차별화되지 않은 잠재적 교육과정에 대하여 설명하는 것은 잘못이다. Bowles와 Gintis의 학교 내에서의[(능력별 학급 편성(streaming), 시험, 점수 부여 등], 학교 사이에서의(학생의 가정 배경, 학교 수준 등) 구분으로 인하여 학교의 규범적 분위기에는 큰 차이가 있다. 즉 자본주의 사회에서 사회적 생산관계

속에서 나타나는 이해관계의 갈등은 학교생활의 사회적 조직에 매우 중요한 관련이 있다(Lynch, 1989: 4).

Bowles와 Gintis의 책은 경험적 자료의 제시가 부족하다는 한계를 지니지만, 경제와 교실 사이의 관계에 대한 분석에 중요한 틀을 제공하였다. 즉 Bowles와 Gintis가 사용한 자료는 교육 체제와 사회의 직업 구조 사이의 관계에 대한 잠정적인 결론을 도출하게 하였고, 따라서 생산 관계가 교실 생활에 영향을 주는 방식을 조명하는 데 기여하였다는 평가를 내릴 수 있다(Lynch, 1989: 5).

3. Bourdieu의 문화 재생산 이론

프랑스 사회학자 Pierre Bourdieu(1930~2002)의 문화 재생산 이론은 학교가 어떻게 문화 자본의 불평등한 분배 과정에 개입하여 지배 계급의 문화가 사회적 정당성을 획득하게 되는지를 분석하였다. 그의 주장에 따르면 학교는 중립적이고 객관적인 지식을 전달하는 것이 아니라 지배 계급이 승인한 문화만을 주입하고 이를 정당화함으로써 위계화된 기존 사회 질서를 자연스러운 것으로 오인하게 만드는 메커니즘이다. 다시 말해 학교는 문화적 자의성(cultural arbitrary)을 강제하는 상징적 폭력 행사를 통해 사회의 불평등한 질서의 재생산 과정에 기여하는 제도라는 것이다(Bourdieu & Passeron, 1977/2000; 이건만, 2006: 112 재인용).

Bourdieu의 문화 재생산 이론의 핵심적인 개념은 상징적 폭력이다. 그는 학교 교육의 상징적 폭력의 분석을 통해 권력 지배의 메커니즘과 계급 차별화의 재생산 구조를 드러내고 있다. 다시 말해 상징적 폭력은 교육 속에 은폐된 상징 질서, 즉 지배와 피지배를 구분하는 지배 권력 관계를 폭로한 것이다. 이것이 갖는 의미는 권력이 훈육이나 길들이기와 같은 외재적 강제에 의해서라기보다 지배 권력 관계를 내면화하게 한 '아비투스(habitus)'를 통하여 작동함으로써 사회 질서는 상징화된 지배 권력 관계를 통해서 재생산되며 오인 메커니즘을 통해서 정당화된다는 데 있다. 말하자면 "모든 위계 질서는 상징 질서를 통해 유지되며, 지배 권력 관계는 정당성을 획득하기 위한 상징 투쟁을 통해 작동된다는 것이다"(필자 강조)(이건만, 2006: 112).

이렇듯 학교를 아비투스를 매개로 한 상징 질서를 재생산하는 오인 메커니즘으로 보는 문화 재생산 이론에서 문화 자본과 상징 자본은 다양한 형태의 불평등이 실재함을 보여주는 계급 개념이다. Bourdieu는 사회를 지배 권력 관계로, 개인들과 집단들 사이의 상호 관계를 상징적 권력 투쟁 과정으로 이해함으로써 오늘날 고도 산업 사회의 고학력화 현실 속에서 다양한 계급 분파들의 재생산 전략을 해명하는 가능성을 넓혀 놓고 있다. 그리고 그의 아비투스 개념은 특정한 환경에 의해 사고와 행위가 기계적으로 재생산되는 것이 아니라 상황에 따른 전략 조절 기능을 하는 상대적 자율성을 갖는 개념이다. 이렇게 보면 문화 재생산 이론은 경제 재생산 이론이 지니고 있는 기계론적 재생산 관점을 극복하는 이론으로서의 의미뿐만 아니라 지식과 정보의 구분이 모호해지고 전 지구적으로 벌어지고 있는 무한 경쟁의 세계화 현실 속에서도 왜 특정한 지식과 학력 수준이 여전히 국가 수준과 사회 계급 분류의 준거로 통용되고 있으며 이것을 자연스러운 것으로 인정하고 있는지를 이해할 수 있게 된다(이건만, 2006: 112-113).

아비투스는 취향과 깊이 맞물려 있는 개념이며, Bourdieu 사회 이론에서 가장 중요한 위치를 차지하고 있는 개념이다. 취향과 마찬가지로 아비투스는 특정한 환경에 의해 형성된 성향, 사고, 인지, 판단과 행동 체계를 의미하는 것으로서 집단 내에 존재하는 동질적 특성과 집단 간에 존재하는 배타적 이질성, 즉 계급 구성원들의 문화적 상징 및 행동 특성을 나타내는 개념이다(Bourdieu, 1977: 86). 다시 말해 특정 유형의 환경을 구성하는 조건에 따라 집단 내의 동질성과 집단 간의 차이가 유지된다는 것은 일정한 조건이 시간의 흐름 속에서 체화되어 행위자들에게 내면화되고, 이것이 행위자들은 의식하지 못한 채 자신의 사회적 지위에 맞추어 실천 행위를 통해서 드러나게 된다는 것이다. 이처럼 행위자의 자발적이고 의식적인 행위는 비자발적인 조건과 무의식적인 조건을 내포하고 있는 것이므로 아비투스는 사회화된 주관성이며, 취향은 계급적 지위가 체화된 계급 아비투스라고 볼 수 있다(이건만, 2006: 117)

Bourdieu 계급 이론의 특징은 현대 산업 사회의 불평등을 경제적 영역뿐만 아니라 문화 영역으로까지 확장시킨 데 있다. "그는 문화를 문학, 예술, 과학, 종교, 언어 등 모든 상징 체계를 포함하고 있는 것으로 보고, 이것이 생산, 유통, 소비되는 과정 속에는 무엇이 가치 있는 것이며 무엇이 그렇지 않은지를 구분하는, 즉 특정한 문화 내용을 가치 있는 것으로 정의하고 정당화하는 권력관계가 작용하고 있다고 주장한다"(필자 강조). 그에 따르면, 문화는 객관적 사회 구조와 인간 행위를 매개하는 실체로 기능하며, 이것이 문화 자본의 형태를 취할 때 사회적 불평등을 설명하는 계급 개념이 된다. "문화 자본은 다양한 형태로 존재한다. 이것은 사회화 과정 속에서 획득한 특성과 습관(체화된 문화 자본), 가치 있는 대상물의 축적(객관적 문화 자본), 그리고 공식적 교육 자격과 훈련(제도적 문화 자본)을 포함한다"(필자 강조)(Anheier et al., 1995: 862). 특히 Bourdieu의 관점에서 문화 자본은 계급화 행위로서 취향을 결정짓는 중요한 역할을 담당한다. 그러나 그의 계급 이론이 문화를 강조하고 있다고 해서 그가 경제력을 계급 구성의 요인으로 별 의미를 지니지 않는 것으로 보고 있다고 오해해서는 안 된다(이건만, 2006: 114).

Bourdieu에 따르면, 문화 자본, 경제 자본(상품과 서비스를 구매하기 위해 사용할 수 있는 돈과 물질적 대상물), 사회 자본(지속적 사회적 연결망의 점유 또는 특정 집단에의 소속 등에 동원되는 인간관계)은 각기 사회적 장(champ)을 이루고, 개인의 사회적 지위는 각 장에서 점하는 위치에 따라 결정된다. 즉 문화 자본은 문화 시장에서, 경제 자본은 각각 사회적 교환 가치를 획득하는데, 이 교환 가치를 결정하는 과정에서 각 개인과 집단은 자신의 사회적 지위를 정당한 것으로 승인받기 위한 권력 투쟁을 벌이게 된다는 것이다. 다시 말하면 계급을 구성하는 요인들이 모두 똑같은 정도로 서로에게 의존하는 것이 아니며, 그것들이 구성하는 체계의 구조는 가장 중요한 함수적 비중을 갖는 요인에 의해 결정된다는 것이다. 예컨대 문화 자본을 보증해주며 그 지표가 되는 학력 자본은 가족에게서 상속되는가, 아니면 학교에서 획득되는가에 따라 다소간의 차이는 있지만, 이것은 출신 계급과 밀접한 관계가 있을 뿐만 아니라, 또한 문화적 성향은 과거와 현재의 물질적 조건에 의존하고 있다고 밝히고 있다(Bourdieu, 1984/1995: 37, 99). 경제 자본과 문화 자본의 관련성을 밝히는 문제는 어떻게 경제 자본이 문화 자본으로 전환되느냐 하는 것이다. 경제 자본이 문화 자본의 전제 조건이 되는 경우는 쉽게 상정할 수 있다. 즉 경제적 지배 계급은 그들의 경제적 여건으로 인해 교육에 더 많은 자본과 시간을 투자할 수 있다. 또한 문화적 실천 행위도 경제적 필요로부터 얼마나 자유로운가에 크게 의존하고 있다는 사실을 놓고 볼 때, 문화는 경제로부터 자율성을 갖는 영역이지만 결코 경제와 관련 없는 독자적인 영역이 아니라는 것이다. 그러나 Bourdieu의 계급 이론 독해에서 주의를 해야 하는 점은 어떤 자본도 그것의 사용이 사회적으로 정당화되지 않는 한 정상적인 권력 수단으로 유통될 수 없다는 것이다. 이 정당화의 작업에 요구되는 것이 모든 자본이 상징 자본(위신, 권위, 명예 등)으로 전환되어 그 권력의 행사가 은폐되고 오인되어야 실질적 권력 수단으로서 힘을 갖게 된다는 사실이다(Bourdieu, 1991/1997; 이건만, 2006: 114-115 재인용).

4. Apple과 Giroux

Giroux에 따르면, 잠재적 교육과정에 대한 급진적 접근의 중심에 있는 질문은 "지배-피지배 관계, 착취, 계층 간 불평등을 재생산하고 유지하는 데 학교가 어떤 작용을

Henry Giroux
(1943~현재)

하는가?"이다(Giroux, 1981b: 293). 같은 맥락에서 McLaren(1989)은 잠재적 교육과정을 다음과 같이 정의하였다. 잠재적 교육과정은 교과 학습 자료와 공식적으로 정해진 수업의 밖에서 지식과 행위가 형성되는 암묵적 방식을 다룬다. 그것은 학교의 관료주의적 · 관리적 압력(press)의 일부이다. 이 결합된 세력을 통해 학생들이 권위, 행위, 도덕성에 관련된 지배 이데올로기와 사회적 실천 활동들에 순종하도록 유도된다(McLaren, 1989: 183-184; Pinar et al., 2000: 248 재인용).

Giroux는 Bowles와 Gintis(1976)가 학교의 사회적 관계와 노동 시장의 사회적 관계가 대략 일치한다는 대응 이론을 토대로 학교가 사회 불평등의 재생산에 기여한다는 경제 재생산 이론을 통해 (잠재적) 교육과정에 대한 갈등주의적인 설명의 토대를 제공하였다는 기여를 인정하였다. 그러나 대응 이론은 인과관계에 대한 지나치게 결정적인 모형으로서 인간을 수동적인 존재로 보고 정치적 비관주의를 나타낸다고 비판한다. 학교와 일터의 특징을 이루는 모순과 긴장을 조명하지 않았다는 것이다. 학교와 일터 사이의 관계에 대해 질적으로 다른 수준의 분석을 제공하지 않았고, 이 두 기관이 다른 사회적 · 문화적 재생산 기관들과 가지는 변증법적 관계를 설명하지 않았다고 말한다. 이 비판들의 한계점들과 대응 이론 자체의 실패는 문화적 헤게모니라는 좀 더 종합적인 이론의 일부로 분석할 때 드러난다고 말한다(Giroux, 1980: 227).[2]

대응 이론의 한계를 지적하면서 Giroux는 교사들 사이에 여러 저항의 형식들을 지지하는 많은 매개 세력들이 있다고 말한다. 비공식적 문화, 민족, 인종, 세계관, 사회적 계층 배경 등은 종종 교사들 사이에 학교의 권위나 규정, 미리 정해진 교육과정, 교사를 제도적으로 제재하는(억누르는, 부담을 주는) 책무성에 대해 대항적 태도를 낳기

[2] 헤게모니라는 말은 이탈리아 공산당의 이론가였던 Antonio Gramsci가 자신의 저서에서 사용하였다. 헤게모니는 한 사회에서 지배 집단이 자신들의 이익을 유지하기 위하여 이데올로기를 만들고 그것을 전파해 가면서 종속 집단으로부터 합의적인 지지를 끌어내는 일련의 과정과 상황을 의미한다. 다시 말하면, 이것은 특권을 가진 집단이 경제적 · 사회문화적으로 다른 계급을 통제하는 것이 정당하다는 것을 선전하고, 다른 계급으로 하여금 이를 받아들이도록 하는 것을 의미한다. 그런데 지배 집단이 권력을 행사할 때 항상 폭력적인 강제력만 사용하지는 않는다. 헤게모니란 경제력이나 물리적인 폭력에 근거한 지배뿐만 아니라, 이러한 지배에 더하여 피지배자의 동의에 기초한 지적 · 도덕적 지도력을 가리킨다(출처: http://egloos.zum.com/ageha81/v/373884).

도 한다. 여기에서 요점은, 대응 이론에 대한 비판에서도 놓치는 것으로 여러 교사들이 개인으로서 또는 집단으로서 학교 교육의 역할에 대해 서로 다른 용어로 서로 다른 의견을 개진한다는 것이다(Giroux, 1980: 239).

Apple은 Raymond Williams의 '선택적 전통'이라는 개념을 수용하면서 헤게모니에 대하여 설명하였다. Williams(1976)는 교육 기관들이 지배 문화를 효과적으로 전달하는 주요 행위 매개자(agent)라고 보았다. 그에 따르면, 이것은 문화적 활동일 뿐만 아니라 주요한 경제적 활동이다. 같은 순간에 둘 다이다. 더욱이 철학적 측면에서, 이론의 측면에서, 여러 실천들의 역사 측면에서, 선택적 전통(selective tradition)이라고 부르는 과정이 있다. 즉 효과적인 지배 문화의 조건(용어) 안에서 이것은 항상 전통으로, 즉 중요한 과거로 통한다. 그러나 항상 선택이 문제이다. 과거와 현재의 모든 가능한 영역에서 어떤 의미와 실천들이 강조를 위해 선택되고, 어떤 다른 의미와 실천들이 무시되고 배제되는 방식이다. 더 중요한 것은 이 의미들 중 어떤 것은 재해석되고 희석되고, 효과적인 지배 문화 안에서 다른 요소들을 지지하거나 적어도 상충되지 않는 형식으로 변한다(Williams, 1976: 202; Apple, 1979: 6 재인용).

Michael W. Apple
(1942~현재)

이어서 Williams는 교육의 과정, 가정과 같은 기관들 안에서 훨씬 더 넓은 사회적 훈련, 노동의 실제적 정의와 조직, 지적이고 이론적인 측면에서의 선택적 전통, 이 모든 세력들이 효과적인 지배 문화의 지속적인 형성과 재형성에 관여한다고 말한다. 그리고 실재는 경험되고 우리의 삶에 들어온 세력들에 의존한다는 것이다(Williams, 1976: 202; Apple, 1979: 6 재인용).

Apple에 따르면, 헤게모니라는 개념은 사회에서 지배적인 집단이 함께 모이고 연합하여 피지배 집단에 대한 지도력을 행사, 유지하는 과정을 지칭한다. 이 아이디어의 가장 중요한 요소들 중 하나는 권력 연합체는 강제력에 의존할 필요가 없다는 것이다. (가끔 그렇기는 하지만, 전 세계에서 비슷한 유형의 다른 어떤 나라보다도 미국은 인구의 높은 비율—특히 흑인 남녀—을 감금/투옥한다는 사실을 생각해보라.) 오히려 그것은 지배 질서에 대한 동의를 얻는 것에 의존한다. 이는 이데올로기적인 우산의 형성을 통해서이다. 우산 아래에는 서로 간에 의견이 완전히 일치하지 않는 서로 다른 집단들이 설 수 있다. 이것의 핵심은 타협을 제공하는 것이다. 그리하여 그런 집단들이 마치 그들의 관심사가 수용되는 것처럼 느끼도록(그래서 수사학이 이 과정에서 필수이다), 그러나 지배 집단은 일반적인 사회적 성향을 보이는 지도력을 포기하지 않아도 된다(Apple, 1996: 14-15).

Apple은 어떤 역사적 상황에서도, 헤게모니 통제는 어떤 사회 영역에서는 지배 집단 또는 지배 집단 연합의 부분적인 지도력의 행사라고 말한다. 경제, 법률, 정부 재정 지원을 받는 교육 기관들, 대중 매체와 예술, 종교, 가정, 전체 시민 사회에서 똑같이 성공적이지 않을 것이라는 것이다(Apple, 1996: 15).

Giroux는 이탈리아 공산주의자 Antonio Gramsci(1971)의 연구에서 문화적 헤게모니라는 개념이 많은 관심을 받았다고 말한다. Gramsci는 국가에 대한 전통적인 마르크스주의 이론이 지배 계급이 어떻게 그것의 통제 사회를 유지하였는가에 대한 설명에서 직접적이고 폭력적인 강제력(force)이라는 개념에 지나치게 의존하는 것을 비판하였다. Gramsci는 그가 동의에 의한 지배(rule consent) 또는 이데올로기적인 지배라고 부른 것에 대한 동일한 관심을 강조하였다. 그의 관점에 따르면, 기존의 권력관계와 사회적 합의를 신화화하기(신성시하기) 위하여 사회적인 활동뿐만 아니라 지배적인 세계관이 사회 전반적으로 재생산되는 방식을 훨씬 더 많이 이해할 필요가 있었다(Giroux, 1980: 228).

좀 더 구체적으로, 헤게모니는 하나의 이데올로기적인 통제를 가리킨다. 그 안에서 학교, 가정, 대중 매체, 노동조합 등 제반 기관들에 걸쳐 지배적 신념, 가치, 사회적 실천이 생산되고 분배된다. 지배적 이데올로기로서 헤게모니는 사회에서의 담론의 형식과 내용뿐만 아니라 상식의 의미와 한계를 정의하는 기능을 수행한다. 그것은 어떤 아이디어와 루틴(일상적으로 하는 일)을 자연적이고 보편적인 것이라고 상정함으로써 이를 수행한다. 헤게모니적 통제의 복잡성은 강조해야 할 중요한 점이다. 그것은 지배 계급이 다른 사람들에게 부과하는 고립되게 할 수 있는 의미와 아이디어들뿐만 아니라 일상생활의 질감과 리듬을 구성하는 살아가는 경험을 가리키기 때문이다(Giroux, 1980: 228).

Giroux에 따르면, 헤게모니가 학교 교육과정에서 어떻게 작용하는가를 분석하는 하나의 접근은 학교 교육의 네 가지 측면을 탐구하는 것이다. 이것은 (1) 사회적으로 정당한 것으로 보이는 문화의 선정, (2) 문화적 내용과 형식을 우월하거나 열등한 것으로 분류하는 데 사용하는 범주, (3) 학교와 교실의 관계의 선정과 정당화, (4) 서로 다른 사회 계층의 서로 다른 유형의 문화의 분배와 이에 대한 접근이다(Giroux, 1980: 233). 이런 탐구에서 헤게모니의 관점을 올바르게 사용하면, 지배의 씨앗이 어떻게 생산되는지뿐만 아니라, 그들이 여러 형식의 저항, 비판, 사회적 행동을 통해 극복될 수 있는지를 이해하기 위한 이론적 토대를 제공한다고 말한다(Giroux, 1980: 233).

Giroux는 통제의 메커니즘을 조명하면서, 우리는 이데올로기 그 자체의 영역의 복잡성에 대한 더 나은 이해에 이를 수 있다고 말한다. 이 영역은 지배의 본질과 그것을 극복할 가능성 모두를 말한다. 대응 이론의 한계는 그것이 자본의 역할을 경시하였고, 사회문화적 영역에서 다른 기관들의 역할을 무시하였다는 것이다. 이데올로기와 사회적 재생산에 대한 좀 더 종합적인 이론은 사회적 존재의 모든 주요 영역에 관계지을 때 수립된다. Kellner(1978)는 네 가지의 이데올로기의 영역을 보여준다. (1) 경제적 영역, 즉 생산, 교환, 분배의 이데올로기, (2) 문화적 영역, 즉 문화, 가치, 과학, 기술공학, 대중 매체, 예술의 이데올로기, (3) 사회적 영역, 즉 사적인 영역, 가정, 교육, 사회집단의 이데올로기, (4) 정치적 영역, 즉 국가, 민주주의, 시민권, 이데올로기, 법률 체제, 경찰, 군대의 이데올로기이다(Giroux, 1980: 233).

Giroux는 Marcuse(1964)가 이데올로기가 잘못된 가짜 의식이 아니라고 말한 것을 인용한다. 이는 개념의 형성에 대한 사회의 억압이고 경험의 구속이고 의미의 제한이라는 것이다(Marcuse, 1964: 208; Giroux, 1980: 242 재인용). Giroux에 따르면, 여러 이데올로기 영역에 존재하는 모순은 학교 행정과 교육과정의 내용 및 형식에 대한 통제를 위한 싸움에서 자신들을 드러내는 경쟁적인 이데올로기들을 바라볼 때 분명해진다. 예를 들어, 중류 및 상류 계층의 여러 집단들 사이에서 학교는 매우 높은 수준의 정치적인 영역이 되었다. 한편으로, 기술 공학적 양 계층의 지식인 집단은 과학자와 고급기술자를 양성하는 교육과정을 강하게 지지한다. 다른 한편으로, 문화적 영역에서 일하는 지식인 집단은 교실에서 권위의 완화와 학생이 광역 교육과정에서 상대적 자유를 가지고 학습할 더 많은 기회를 요구하는 진보적 교육 양식을 지지한다(Bernstein, 1977: 114-200; Giroux, 1980: 233-234 재인용).

또한 학교에 대한 갈등하는 요구는 경쟁하는 민족, 종교, 인종 집단들 사이에서 발견할 수 있다. 현재의 미취업 대졸자의 과잉 공급은 사회적 요구와 교육이 여전히 신분상승의 중요한 수단이라고 믿는 대중의 요구 사이의 모순을 조명한다. 이러한 모순에 대하여 중요한 사실은 그들이 학교와 같은 문화적 기관의 특징인 상대적 자율성을 조명한다는 것이다. 이러한 상대적 자율성이 이데올로기 영역에서 재생산의 매개자 이상의 역할을 수행할 공간을 기관들에 제공한다(Giroux, 1980: 233-234).

Giroux는 문화적 헤게모니라는 개념에 토대를 두고 학교와 사회의 관계를 다룰 때, 대항 헤게모니 형성에 관련되는 이론의 정립이 가능하다고 말하였다. 즉 재생산 및 변혁 이론은 어떻게 지배적인 문화적 상징과 실천 활동들이 학교에서 등장하고 유지되는지에 대해 드러내는 일을 시도해야 한다고 말한다. 또한 일상의 교실 활동 수준에서 모순과 괴리가 어떻게 나타나는지, 종종 어떻게 그들이 반대하는 재생산과 지배의 세력에 봉사하는 결과에 이르는지에 대해 분석하는 것이 필수이다. 마지막으로 그런 이론은 교실의 실천 활동의 조건을 더욱 면밀하게 살펴볼 필요가 있다. 이는 사회적 · 정치적 재구성을 추진하는 데 도움을 줄 수 있는 교육적 대안을 촉진하기 위해 어떻게 모순을 실제적으로 다룰 수 있는지 평가하기 위한 것이다(Giroux, 1980: 236).

Giroux는 문화 재생산 영역에서 이론적인 작업은 학교에서 보완되어야 한다고 말한다. 그에 따르면, 맥락이 허용하는 한, 상호 관통하는 새롭고 탁월한 사고방식과 행위 방식에 토대를 둔 경험이 지속적으로 성장할 수 있도록 구체적인 사회적 만남을 위한 노력이 필요하다(Giroux, 1980: 242). 또한 Giroux는 급진적 교육학의 중심에는 계층 기반의 권력과 지배의 궁극적인 원천인 사회적 · 정치적 · 경제적 구조에서 변화를 추구하도록 사람들에게 권한을 부여한다는 목표가 있어야 한다고 주장하였다(Giroux, 1981a: 24).

한편, Wexler와 Whitson(1982)는 대항 헤게모니는 문화적 의도 측면이나 사회 조직적 하부 구조 측면에서 단지 반대(항의)가 아니다. 대항 헤게모니는 진정으로 다른 삶의 방식이라는 새로운 문화적 비전을 둘러싼 모든 요소들을 재조직하는 것을 의미한다(Wexler & Whitson, 1982: 41; Pinar et al., 2000: 251 재인용).

대항 헤게모니 형성은 범사회적으로 이루어질 수 있다. 이런 사회 변혁 운동은 피지배 계층, 저소득층, 소외 계층의 불리하고 열악한 경제적 · 문화적 · 사회적 상황을 드러내고 고발하고 문제 삼는 활동으로 시작하여 이들의 삶의 조건과 지위 개선을 위한 활동으로 전개될 수 있다. 교육 영역에서 지배적인 헤게모니에 따른 평등한 교육 기회의 제공은 모두에게 같은 기회를 제공하는 것이어서 여러 조건이 불리한 계층에게는 공평한 것으로 다가오지 않는다. 따라서 이렇게 불리한 계층을 위해서는 평등한 교육 기회의 제공을 넘어서서 그들이 처한 열악한 상황을 고려한 맞춤형 교육에 필요한 제도적 지원을 제공할 필요가 있다. 국내에서도 이미 이러한 제도적 지원을 제공하고 있다. 이러한 교육은, 예를 들어 여러 다양한 문화의 가치를 존중하는 다문화 교육, 장애인을 배려하는 특수 교육과 특수 통합 교육, 양성 평등 교육 등의 형태로 이루어지고 있다. 특히 다문화 교육은 중국, 베트남, 필리핀, 일본, 미국, 캄보디아, 대만, 태국, 몽골, 러시아 등 다양한 국적의 결혼 이민자들의 다문화 가정 자녀들을 위해 일반 학교의 일부 다문화 학급 및 다문화 가정 학생들만 다니는 다문화 학교에서 다문화 교육과정을 운영하고 있다. 이러한 학급 및 학교에서는 이중 언어 교육, 중도 입국 자녀 교육 등을 통해 공평한 교육 기회를 제공하기 위해 노력하고 있다.

5. Kincheloe의 포스트모더니즘 미디어 연구

Joe. L. Kincheloe
(1950~2008)

Kincheloe는 문화적인 영역에서 지배 헤게모니가 다양한 형태로 표현되고 있다고 비판한다. 그는 문화 연구(cultural studies)에 토대를 두고, 문화적 활동에 나타난 헤게모니의 행사를 비판적으로 다루었다. 문화적 활동으로서 영화, 연극, 오페라, 드라마, 음악, 미술 작품 등에서 전개되는 이야기나 메시지나 대화 속에 현 체제의 정당화 및 합리화에 관련된 내용과 지배 구조의 유지에 기여하는 내용들이 등장하고, 관객 및 시청자들이 관람하고, 시청한 내용에 감정 이입을 하면서 수용하는 과정에서 의식적 또는 무의식적으로 헤게모니에 대한 동의를 하게 된다고 본다. 이는 박물관과 미술관에서도 비슷하게 지배 구조의 유지에 기여하는 유물 및 작품을 전시함으로써 문화적 불평등의 유지에 기여하게 된다.

다른 예를 들면, 제1차 세계 대전과 제2차 세계 대전에서 수많은 흑인 병사들이 참전하고 전사하였음에도 불구하고 과거에 세계 대전을 다룬 영화에서는 흑인이 아예 등장하지 않았다. 이런 영화를 관람한 관객들은 역사적으로 흑인이 세계 대전에 참전하지 않은 것으로 생각하게 된다고 비판한다. 또한 인디언이 등장하는 영화에서는 백인과 인디언 사이의 전쟁과 분쟁의 원인이 인디언에게 있다는 식으로 이야기를 전개한 경우가 있다. 이는 그 영화 감독이 백인이기 때문에 나타나는 현상이라고 볼 수 있다. 그러나 인디언의 입장에서 백인은 자신들의 지역 사회에 침투한 외부인으로서 자신들의 토지와 각종 이익을 강탈한 침략자로 인식된다. 필자가 유학 시절에 40대의 인디언 대학생을 만난 적이 있는데, 그는 백인들이 이주해왔을 때 백인이 아메리카에 정착하도록 많은 도움을 주었다고 말하였다. 당시 백인이 신대륙이라고 말한 아메리카에는 풍토병이 있었고, 이로 인하여 이주해온 백인의 1/3에서 절반 정도가 사망에 이르기도 하였다고 말하였다. 이때, 인디언들이 민간 요법을 동원하여 많은 백인의 질병

치료를 도왔다고 한다. 또한 새로운 기후와 토양을 가진 신대륙에 도착한 백인들에게는 식량이 필요하였는데, 인디언이 옥수수 재배 방법을 가르쳐주면서 연명하도록 도왔다고 한다. 이렇듯 인디언이 당시 백인에게는 생명의 은인이었던 것이다. 그러나 백인들은 점점 세력을 키워가면서 자신들의 이익을 위해 인디언들과 전쟁을 일으켜 영토를 빼앗고 이들을 축출하였다는 것이다. 이와 같이 역사적 사실을 올바로 전달하기보다 왜곡된 형태로 전달하면서 지배 구조의 유지에 기여하는 기제는 백인이었던 영화 감독들이 백인의 관점에 따라 이런 영화들을 제작하였기 때문이라고 비판한다.

Kincheloe는 포스트모던 시대에 헤게모니가 미디어를 통해 행사되고 있음을 지적하면서 미디어 비평을 통해 미디어를 통한, 즉 영화, 광고에 대한 지배 계급의 교묘한 지배력 행사에 대해 비판한다. 그 대표적인 사례가 맥도날드에 대한 비판적 연구이다.

이러한 연구에 토대를 두고 Kincheloe는 미디어 연구가 교사들을 위한 비판적인 포스트모던 교육과정의 중심에 있다고 말하였다. 이 미디어 연구는 TV, 라디오, 대중음악, 컴퓨터 등의 효과를 분석할 뿐만 아니라, 기호학, 영화 분석, 문화인류학 같은 포스트모던 연구 양식을 가르친다. 이런 분석은 어른들이 어디에서 세상에 대한 정보와 의견을 얻는지 공부하기 시작하는 초등학교에서부터 시작할 수 있다. 교사 교육과정은 미디어 분석가의 역할을 수행하도록 하는 준비 과정을 제공할 필요가 있다(Kincheloe, 1993: 91).

Kincheloe(1993)는 "TV를 통해 세상이 안방으로 들어오기보다, TV가 시청자를 유사 허구의 장소인 초현실성으로 초대한다"라고 말하는 Luke(1991: 14)를 인용한다(Kincheloe, 1993: 84). 초현실성의 문화는 새로운 유형의 의사소통을 만들어냈는데, 이는 "시각적으로 보이는 겉모습, 징후만 추켜세우는"(McLaren, 1991: 145-146) 이미지의 집합이라고 말한다(Kincheloe, 1993: 88). 이와 관련하여, Feuerbach는 이미 1843년에 『기독교 정신의 정수(*The Essence of Christianity*)』에서 "우리의 시대는 실제 사물 자체보다 이미지를, 원본보다 복사물을, 실재 자체보다 그것이 표현된 것, 존재보다 밖으로 드러난 외모를 선호한다"라고 말하였다(Sontag, 1978: 153; Pianr et al., 2000: 472 재인용). 오늘날 세상에는 복사물만 있는 것 같다. Guy Debord(1990)에 따르면, "화려한 쇼의 사회(the society of the spectacle)"만 있는 것 같다. 이 사회에서는 역사와 사건들을 미디어가 만들어내고 방송을 중단하는 순간 역사와 사건들은 존재하지 않게 된다. 이미지의 기표(언어의 소리와 의미 중 소리)는 끊임없이 의미 없게 흘러가면서, 우리는 혼란에 빠지게 되고, 방향을 잃게 되고, 어찌할 줄 모르게 되고, Jameson이 말하듯이, "우리는 이런 포스트모던 공간 안에 우리 자신을 두게 되고 그 안에서 그것에 대한 인지적 지도를 그려간다"(Jameson, 1987: 33; Pinar et al., 2000: 472 재인용). 과거 교실에서 비디오 녹음기와 비디오 디스크 카세트, 그리고 오늘날 스마트폰을 포함하는 동영상 카메라, 유튜브 동영상, 각종 비대면 수업 및 회의를 위한 플랫폼 사용의 급증은 바로 이런 이미지에 대하여 인지적 지도를 그려가는 일에 대한 관심을 나타낸다고 볼 수 있으나, 이는 또한 그런 지도 그리기의 불가능성을 나타낼 수 있다(Pinar et al., 2000: 472).

Kincheloe는 초현실성의 존재에 대해 민감한 교사 교육 프로그램은 예비 교사가 정보의 본질에 대해 연구하도록 요구한다고 말하였다. 역사적으로 정보는 여러 양식에 담겨 있었다. 전자 이미지 이전에 정보는 연설, 집필, 인쇄물, 그림으로 나타낸 이미지를 통해 의사소통되었다. 우리의 사고의 본질은 정보를 전달하는 지배적인 담론(담화) 양식에 의해 부분적으로 형성되어왔다. 사건들이 형성되고 역사가 흐르는 방식에 대해 이해하기 위해 우리는 정보의 형식(format)이 미치는 영향에 대해 이해해야 한다(Kincheloe, 1993: 92).

TV는 추상적이고 모호한 아이디어에 주목하지 않고 우리의 시선의 초점을 이미지에 두게 한다. George Bush(또는 Joseph Biden, Jr.)가 지도자처럼 꼿꼿이 서서 미소를 지으며 군중에게 손을 흔드는 것이 쟁점이다. 통화 하향 침투설(trickle-down economics)의 문제가 아니다. 민주주의 사회의 교사와 시민을 양성하면서 초현실성의 인식론에서 이들을 보호하기 위하여 교사 교육과 학교 교육에서는 이러한 정보의 양식의 변화를 다룰 필요가 있다. 그러한 사회적 변화는 새로운 형식의 문해력을 요구한다. 이는 포스트모던 문해력이다. 우리가 학교에 취학하기 이전에 5,000시간이나 보내는 TV 시청, 1주일에 800개 또는 그 이상의 광고 시청(Postman, 1985: 4-8; Kincheloe, 1993: 92 재인용)의 효과를 읽을 줄 아는, 그리고 Fred Flintstone, Teenage Mutant Ninja Turtles, Tiny Toons, Captain M, Super Mario Brothers 등이 지배하는 문화적 지식의 효과를 읽을 줄 아는 문해력이다(Kincheloe, 1993: 92).

Kincheloe(1993: 92)에 따르면, 정보를 연구하면서 우리는 불가피하게 미디어와 대중문화가 교사와 학생의 의식을 형성하는 방식을 정면에서 직시해야 한다. Peter McLaren은 이런 맥락에서 우리에게 다음과 같은 것을 제안한다.

> 학생의 주체성, 꿈, 소망, 요구가 어떻게 미디어, 여가 활동, 가정과 같은 기관, 로큰롤(rock 'n' roll), 뮤직 비디오와 같은 문화적 양식에 의해 형성되는가? 예를 들어, 의미의 경쟁적인 정치학 안에 새겨진 일상생활을 학생들은 어떤 실제적 윤리에

따라 살아가는가? 의미의 정치학은 경험의 문제화를 어떻게 구조화하는가? 신체의 수준에 침투하는 표현의 효과로 구성되는 학생의 주체성은 어떤가? (McLaren, 1991: 165)

가. 『버거의 상징: 맥도날드와 문화 권력』

Kincheloe(2002)는 『버거의 상징: 맥도날드와 문화 권력』이라는 책에서 금빛 아치로 표현되는 미국 자본주의의 가장 뚜렷한 상징의 하나인 맥도날드가 어떻게 사람들을 통제하고 헤게모니적 문화 권력을 휘두르는지를 심도 있게 다루었다. 저자는 자전적 테마를 취해 집필하였으며, 전 세계적으로 끊임없이 성장하는 맥도날드에 다양하게 반응하는 사람들의 방식을 깊이 있게 분석하였다(Kincheloe, 2002: 뒤표지).

『버거의 상징: 맥도날드와 문화 권력』은 미국 문화의 권력을 설명하는 축약(약칭)으로서, 소비주의의 힘에 대한 상징으로서, 글로벌화된 경제에서 노동의 조건에 대한 지표로서, 그리고, 종종 좋거나 나쁘거나 수천만의 문화를 정의하는 강력한 교육적 수단으로서 맥도날드가 어떻게 우리의 상상력을 포착하는지에 대해 검토한다. Kincheloe는 맥도날드의 성장은 여러 방식으로 그것이 우리의 글로벌 세계에서 점점 더 그 존재감이 확장되는 것을 수용하거나 항의하는 본질 모두를 결정할 것이라는 사실을 분명하게 드러낸다(Kincheloe, 2002: 뒤표지).

나. 『디즈니: 순수함과 거짓말』

Giroux(1999)는 이 책에서, 거대 다국적 기업 월트 디즈니가 공공의 추억을 조장하고, 아이들을 소비자로 대상화하며 보수화한다는 데에 초점을 맞추고 대중문화가 일상에 미치는 영향을 상세하게 설명하였다. 아울러 순수와 오락을 내세워 지구촌 경제와 문화 교육에 막대한 영향력을 발휘하는 디즈니의 현 위치를 소개하였다(Giroux, 1999: 뒤표지).

Giroux와 Pollock은 개정판(2010)에서 월트 디즈니 회사의 문화 정치학을 업데이트하며, 계속 확장을 거듭하는 생산품, 서비스, 미디어 등이 어떻게 아동의 문화를 주로 상업적인 것으로 전환하는지, 일종의 가르치는 기계와 같은 역할을 하는지에 대해 탐색한다. 거대 기업 디즈니는 21세기에 자유 시장을 강조하는 근본주의가 확대되어 가는 영향력과 또한 어떻게 강력한 기업들의 메시지가 글로벌한 맥락에서 이용되기도 하고 점점 더 저항을 받기도 하였는지에 대해 이해하기 위해 여전히 중요한 연구 대상이다. 이 개정판에서는 새롭게 디즈니가 (소비자의 문화 참여를 통해) 어린 아동들이 자신들의 정체성, 가치, 세계에 대한 지식을 형성하고 유지할 수단을 제공할 것을 약속하면서, 디즈니의 트윈스(8~12세)와 10대를 겨냥하는 마케팅 전략의 전환에 대해 논의한다. 이 개정판에서는 새롭게 "디즈니 왕국의 글로벌화"와 "디즈니와 군사화와 9/11 사태 이후 안전을 강화한 국가"라는 2개 장이 추가되었다. 개인의 비판적 수용의 중요성을 광범위한 민주주의적인 국제 공동체와 연결하면서, 아동들에 미치는 디즈니의 영향을 확대하여 미국의 거대 기업으로서 디즈니의 정치적 · 경제적 차원에 대한 분석을 확대한다(Giroux & Pollock, 2010: 뒤표지).

Giroux와 Pollock(2010)은 개정판에서 교육적인 측면과 맥락적인 측면을 조명하면서, 그리고 디즈니에 대한 다음의 질문들을 제기하면서 디즈니에 접근한다. (1) 공공의 기억, 국가적 정체성, 젠더 역할, 아동의 가치관의 형성에서 디즈니의 역할은 무엇인가? (2) 한 사람의 행위자로서 나는 누구이며 어떤 자질을 가지는가를 암시하는 일에서 디즈니의 역할은 무엇인가? (3) 미국 문화와 전 세계에서 소비주의의 역할 결정에서 디즈니의 역할은 무엇인가?(Giroux & Pollock, 2010: 12)

제1장은 유아(childhood)라는 개념을 둘러싸고 등장한 위기와 새로운 형식의 유아적 순수함의 형성에서 기업 문화가 수행하는 역할의 확대를 검토한다. 제2장은 최근의 TV쇼와 영화에서 어린 유아용 학습 자료를 생산함으로써 그리고 나이가 든 유아의 학교에 대한 태도에 영향을 미침으로써 교육에 미치는 영향의 확대에 대해 논의한다. 제3장은 1990년대 디즈니의 기업 측면과 문화 측면에서 영향력의 급격한 확대를 위한 초석을 제공한 만화 영화의 맥락과 그것에 대한 읽어내기에 대해 논의한다. 제4장은 미국에서 신자유주의 정책과 이데올로기의 확대와 2001년 9/11 사태 이후 국가안전의 의제(과제)의 실행이라는 맥락 속에서 진행된 디즈니 기업의 활동에 대해 탐색한다. 제5장은 디즈니에 접근하는 글로벌한 맥락을 다룬다. 첫째, 디즈니 회장 Michael Eisner(1984~2005)와 Robert Iger(2005~현재)가 제시한 국제적 확장의 비전의 토대를 제공하는 시장 본질주의(market fundamentalism)를 다룬다. 둘째, 프랑스, 일본, 중국에서 디즈니 놀이 공원의 설립과 미국의 모델이 해외에서 변용된 방식을 다룬다. 셋째, 디즈니의 기업 정책과 문화적 영향, 특히 디즈니의 저임금 작업장과 노동 관련 문제에 대해 전 세계적으로 등장한 여러 집단의 저항을 다룬다(Giroux & Pollock, 2010: 12-14).

미국과 전 세계에서 디즈니의 압도적인 존재는 의미 획득과 제도적인 영향력을 둘러싼 투쟁의 중심에는 문화를 둘러싼 투쟁이 있다는 점을 상기하게 한다. 학습이 의미 있는 것, 비판적인 것, 해방적인 것이 되려면, 소비자 선택이라는 명령적 용어에 굴복하거나 이데올로기가 여러 문화적 담론에서 어떻게 작동하는지에 대한 문화적인 논의에 대한 방해나 금지에 굴복해서도 안 된다. 반대로, 비판적 학습은 사회적 책임, 공공의 책무성, 민주 시민의식이라는 권위 부여적인 요구들(empowering demands)과 연결되어야 한다. 우리가 우리의 아동과 청소년을 어떻게 교육하는가 하는 것이 우리의 집단적인 미래와 밀접하게 연결되어 있다. 우리는 우리의 공적인 문화 영역에서 청소년에게 권위를 부여하는 내러티브를 유지해야 한다. 비상업적 공공의 문화가 공격을 받을 때, 우리는 성장하는 상업적인 영역을 직면하게 된다. 이 영역은 자아, 국가, 다양한 공공 영역을 비판적 학습과 시민의식을 위한 중심으로 정의하고, 방어하고 개혁하기 위해 청소년과 다른 사람들이 사용 가능한 어휘와 이미지를 극도로 제한한다. 우리 중 어느 누구도 서구 사회의 많은 지역을 휘두르고 있고 일본, 인디아, 중국과 같은 다른 나라들에 급속도로 그 영향력을 확대하고 있는 쾌락과 오락의 문화의 영향을 피할 수 없다. 이렇게 확산하는 문화 산업에 대해서 그들이 기쁨과 즐거움을 생산할 수 있는지만을 평가해서는 안 되고, 대신에 즐거움의 내러티브를 제공하되, 이와 동시에 민주적인 운동과 제도를 침해하지 않으면서 즐거움을 제공할 수 있는지를 평가해야 한다. 우리는 디즈니의 상상가들과 집행자들이 보여준 것처럼, 어린이들의 희망과 꿈을 광고주들과 기업의 통제를 받는 미디어의 이익을 위한 수단으로 삼는 국제 문화 산업을 필요로 하지 않는다(Giroux & Pollock, 2010: 15).

6. 잠재적 교육과정과 교사의 임무

Giroux(1978)는 전통적 교실에서 발견되는 잠재적 교육과정의 구조적 성질에는 다음과 같은 것이 있다고 말한다. 즉, 엄격하고 융통성 없는 시간 계획(스케줄), 불필요한 지연과 부정, 차별과 사회적 분류, 지배와 피지배의 위계적 관계, 교사의 임의적인 권력(권위) 행사와 평가, 학생 상호 간의 교육 경험이 파편화되고 분리되고 경쟁적인 점 등이다. Giroux는 이것들을 제거하기 위해 교사의 관심과 노력이 필요하다고 말한다(Giroux, 1978: 149).

(1) 소외되는 학생이 없는 교실을 만들어야 한다. 모든 교실 활동에서 능동적이고 공동체/집단적인 참여가 필요하다. 학생에게 공동체와 협동/협력에 대한 존중과 함께 건강하고 균형 잡힌 개인주의의 중요성을 심어주어야 한다. 모든 측면의 의사소통에서 대인 간 신뢰, 온화함(따뜻함), 존중이 있어야 한다. 학생에게

선택의 중요성을 인식하게 해야 하고, 상황적 제약 속에서 이 선택에 따라 행위를 할 수 있다는 것을 인식하게 해야 한다.

(2) 잠재적 교육과정은 사고와 행위에서 주도성과 자발성을 방해한다. 교실에서의 활동은 벨소리와 부저 소리 체제에 따른 엄격한 시간 스케줄의 통제를 받는다. 이 경우, 미리 정해진 시간에 따른 시작과 종결이 있다. 학생의 관심에 따른 것이 아니다. 통제된 자기 진도가 대안이 될 수 있다. 이 경우 자신, 동료, 그리고 학생들과 개별적으로 상호작용할 수 있는 교사에 의해 평가받을 수 있다. 이때 교실 활동의 속도와 특성을 시계가 결정하지 않는다(Giroux, 1978: 150).

(3) 트래킹, 즉 동질적인 학생 조직은 제거되어야 한다. 이질적인 조직이 학생 간의 융통성 있는 상호작용을 위한 더 나은 기회를 제공한다. 앞서가는 학생이 동료 학생 교사의 역할을 할 수 있다. 자기 진도는 완전 학습 이론에 토대를 두고 있다. 트래킹을 제거하면 권력이 분산된다. 교사에게만 주어지던 권력이 동료 학생 교사가 지도력을 발휘하면서 이들에게 분산된다. 이 경우, 자신의 관심을 공유할 수 있다. 학생들은 조장과 다른 학생에게 도움을 받을 수 있다. 조장은 다른 학생이 필요한 도움을 확인하고 피드백을 제공할 수 있다. 교사는 조장이 다루기 어렵고 복잡한 문제를 다룰 수 있다. 자기 진도와 조장의 활용은 자신들의 학습/과제 수행, 점수, 시간에 대해 스스로 통제하게 하므로 서로 경쟁하지 않는다(Giroux, 1978: 150-151).

(4) 권위와 점수 부여 문제와 관련하여, 전통적인 교실에서 사회적 관계는 교사의 권위에 토대를 두었다. 계약 점수 체제는 이를 제거할 수 있다. 이는 학생에게 점수의 부여에 대한 일정 부분의 통제를 가능하게 하고, 권위와 점수 사이의 대응을 약화한다. 점수 부여 기준이 무엇인지 학생에게 분명하게 전달한다(Giroux, 1978: 151).

(5) 집단적 대화가 필요하다. 협력(협동)과 친목의 규범이 경쟁과 개인주의를 상쇄한다. 학생에게 교수의 도제 제도의 기회를 제공한다. 상호 평가를 통해, 학생 토론 참여와 조원 및 조장 활동을 통해, 학생들은 교수에 대한 직관적이고 모방적인 접근이 아니라 분석적이고 성문화된 접근이 중요하다는 것을 이해할 기회를 준다(Giroux, 1978: 151).

제3부

질적 연구 계획하기

4. 주제별 연구
5. 이론적 틀

제4절 개념적 틀의 예시

1. 연구자
2. 맥락: 연구의 개요
3. 개념적 틀의 형성 과정

제5절 개념 지도

1. 개념 지도의 개요
2. 개념 지도 그리기

제6절 분석의 틀

1. 분석의 틀 개요
2. 분석의 틀 예시

제8장

연구 설계

제1절 연구 문제

먼저 연구 문제를 확인하지 않고 연구의 여정을 시작하는 것은 성과 없는 일이 될 것이다. 전통적으로 문제는 의문, 불확실성, 또는 어려움을 포함하는 것이다. 하나의 문제를 가진 사람은 대체로 해결책, 명료화, 또는 의사결정을 추구한다. 이는 연구 문제도 마찬가지이다. Dewey(1933: 13)에게 문제는 "마음을 당혹하게 하고 도전하여 기존의 믿음을 (……) 불확실하게 만드는" 어떤 것이다(Merriam & Tisdell, 2016: 76 재인용).

질적 연구 수행의 첫 번째 과제는 마음을 당혹하게 하고 도전하는 어떤 것에 대한 질문을 제기하는 것이다. 사람들은 종종 연구가 과학보다는 예술에 가깝다고 말한다. 질적 연구를 댄스라는 예술과 비교하면서, Janesick(1994: 210)은 이 중요한 첫 번째 단계에 대해 말한다. "모든 댄스는 어떤 것을 진술하는데, 시작 단계에 질문을 던진다. 나는 이 댄스에서 무엇을 말할 것인가? 마찬가지로, 질적 연구자는 비슷한 질문에서 시작한다. 나는 이 연구에서 무엇을 알려고 하는가? 이것은 중요한 출발점이다. 관점과 무관하게, 그리고 종종 우리의 관점 때문에, 우리는 연구를 위한 하나의 질문을 구성한다."

여러분이 궁금해하는 것이 연구 문제 또는 문제 진술의 핵심을 차지한다. 그것은 여러분의 특별한 이론적 틀을 반영한다. 좀 더 정확하게, 그것은 지식 기반에서의 공백(gap)을 나타낸다. Kilbourn(2006: 538)은 다음과 같이 말하였다.

> "나는 ~을 탐색하고 싶다" 그리고 "이 연구는 ~을 검토할 것이다"와 같은 진술들은 연구의 문제가 무엇인지 독자에게 말해주지 않는다. 오히려 그들은 연구에서 무엇을 할지 말해준다. 그리고 연구에서 무엇을 할지가 동일하게 중요하지만, 독자는 먼저 연구의 초점이 될 연구 질문이 무엇인지 알고 싶어 한다.

여러분은 하나의 상황에 대한 일반적인 관심, 호기심, 또는 의문에서부터 구체적인 연구 문제의 진술로 나아간다. 여러분은 일반적인 호기심을 연구를 통해 다룰 수 있는 연구 질문으로 번역해야 한다(Merriam & Tisdell, 2016: 77).

연구 문제 진술은 연구의 논리를 드러내는 것으로, 바닥이 좁고 위가 넓은 깔때기에 비견될 수 있다. 깔때기의 위에서 여러분은 일반적인 관심 영역을 확인할 수 있다. 관심의 대상이 가족 중 대학에 진학한 첫 번째 학생인가? 직장에서의 다양성을 다루는가? 수학 불안인가? 온라인 학습인가? 여러분은 독자들에게 이 제목이 무엇에 대한 것인지를 알게 해야 한다. 여러분은 핵심 개념을 소개하고, 이 주제와 관련하여 선행 연구는 무엇이고, 그것은 왜 중요한 주제인지, 즉 사람들이 그것에 대해 왜 관심을 가져야 하는지 제시해야 한다(Merriam & Tisdell, 2016: 77).

다음에는 주제의 범위를 좁히고 여러분이 제기한 특정의 질문으로 독자를 이끈다. 또한 이 지점에서 여러분은 이 주제의 특정한 측면에 관한 정보의 부족—지식의 공백(gap)—을 지적한다. 아마도 어떤 문헌에서도 여러분의 질문을 다루지 않았을 것이다. 또는 몇몇 선행 연구가 있으나, 여러분이 제시하는 이유 때문에 어떤 중요한 점에서 부족하거나 결함이 있을 것이다. 여러분은 깔때기에서 독자를 아래로 이끌어 연구의 필요성이 분명해진 지점에 이르렀다. 연구할 필요가 있는 것이 바로 여러분의 연구 목적이 된다. 여러분은 전형적으로 바로 그 주제에 관련된 연구의 부족을 지적하고, 연구 목적을 진술하면서 연구 질문 진술로 마무리한다.

"이 연구의 목적은 ~하는 것이다." 목적의 진술은 지식 기반에서의 '공백'을 재진술하는 것이다. 일단 여러분이 그 주제에 대하여 이야기하고 아마도 우리가 무엇을 아는지 말하였다면, 여러분은 우리가 무엇을 모르는지 지적한다. 예를 들어, "비록 문헌에서 체험 학습(embodied learning)에 대한 많은 논의가 있으나, 사람들이 실제로 어떻게 신체를 통해 학습하는지에 대한 자료에 기반을 둔 연구는 부족하다." 우리의 (사람들이 어떻게 신체를 통해 학습하는지에 대한) 지식에서 이 공백은 목적의 진술이 된다. 또한 목적의 진술은 연구할 특정한 사람들을 확인한다. 예를 들어, 목적의 진술은, "이 연구의 목적은 무술(martial arts) 교사들의 체험 학습 과정을 확인하는 것이다"(Merriam & Tisdell, 2016: 77-78).

목적 진술 다음에는 종종 연구 질문이 뒤따른다. 이 질문들은 연구에 가장 중요한 요인들에 대한 연구자의 사고를 반영한다. 어떤 질문이 여러분의 연구에 가장 중요한가? 이 질문들은 어떻게 일관성 있는 묶음이 되어 여러분의 연구를 이끌 것인가? 여러분은 주제에 관하여 여러분에게 흥미가 있는 모든 것을 연구할 수 없으므로 선택을 해야 한다. 하나의 질적 연구에 3~4개의 주요 질문들이 대체로 합리적인 숫자이다. 여러분은 각각의 주요 질문마다 하위 질문들을 추가로 진술할 수 있다. 예를 들어, 체험 학습과 관련하여, 연구 질문은 다음과 같다. (1) 무술 교사(강사)들은 체험 학습이 일어나고 있는지를 어떻게 인식할 수 있는가? (2) 체험 학습의 과정에서 순서(step)나 단계(stage)는 무엇인가? (3) 무술 교사들은 어떻게 체험 학습을 촉진하는가? (Merriam & Tisdell, 2016: 78)

연구 질문들에 토대를 두고 자료를 어떻게 수집할 것인지를 결정한다. 질적 연구자들은 종종 현장에서 무엇을 관찰할지 또는 면담에서 어떤 주제에 대하여 질문을 던질지에 대한 연구 영역을 확인한다. 연구 질문은 대체로 특정한 면담 질문이 아니다. 연구 질문은 더 광범위하며 질문을 던질 영역을 제시한다. 질적 연구를 이끄는 질문들과 일반적인 질문, 호기심, 또는 의아함 등 연구를 시작하게 하는 것을 구분해야 한다(이것은 문제 진술과 연구 목적에 반영된다). 예를 들어, Bierema(1996: 149)의 여성 경영자에 대한 연구에서, Bierema의 전체적인 질문 또는 목적은 이 여성들이 어떻게 승진 장벽(glass ceiling)을 뚫을 정도로 그 문화에 대해 충분히 학습하였는지를 이해하는 것이었다. 이 연구를 이끈 질문은, "여성들은 조직 문화에 대한 이해를 높이기 위하여 어떤 공식적 · 비공식적 학습을 경험하였는가? 여성들은 기업 사다리를 올라가면서 어떤 장벽을 경험하였는가? 기업 환경에서 여성 경영자가 대처하고 앞서나가는 전략은 무엇이었는가?"(Merriam & Tisdell, 2016: 78-79)였다.

요약하면, 문제 진술은 연구의 논리를 전개하면서 주의 깊게 작성한 에세이이다. 대학원 학위 논문에서, 문제 진술은 '문제의 도입(소개, introduction)' 또는 '문제의 배경(background of the problem)'이라는 제목의 절 뒤에 온다. 이 서론의 절은 길이 제한이 없으나 대체로 5~10쪽을 차지한다. 이 절에서 여러분은 제목(topic, 주제)에 대한 상세한 설명, 우리가 아는 것, 현재까지 이루어진 연구, 중요한 개념과 이론 등을 제시할 수 있다. 여러분은 독자의 손을 잡고 이끌면서 제목(주제)을 소개하고 여러분이 최종적으로 도착하고자 하는 지점, 즉 여러분이 그 현상에 대하여 가지고 있는 특정한 질문으로 이끈다. 문제 진술은 이 서론 절의 일종의 요약이고 반 쪽 정도일 수도 있으며,

대체로 1~2쪽 분량이다. 학술지 논문에서, 문제 진술, 문제 도입, 그리고 때때로 문헌 고찰은 종종 함께 섞인다. 그럼에도 불구하고, 문제 진술이라는 중요한 요소는 제시되어야 한다(Merriam & Tisdell, 2016: 79).

문제 진술에는 세 가지 중요한 요소가 있다. 첫 번째 요소는 연구의 맥락이다. 즉 여러분이 관심을 가지거나 특별한 질문을 가지는 영역이다. 이것은 문제 진술의 쉬운 영역이다. 이는 어떤 제목(주제)에 대하여 작성하는 것은 연구의 맥락을 확인하는 것과 같기 때문이다. 두 번째 요소는 지식 기반에서의 공백의 확인이다. 우리가 아직 모르는 것으로 여러분의 연구가 다루고자 하는 것이다. 세 번째 요소는 명백하게 또는 암묵적으로 이것이 '중요한(significant)' 문제라는 것을 분명히 하는 것이다. 이 문제를 다루는 것에 긴급성이 있다. 여러분의 질문에 대한 답변을 아는 것이 왜 중요한가? 지식의 공백을 채우는 것이 왜 중요한가? 문제 진술은 목적 진술과 연구 질문 진술로 마무리된다(Merriam & Tisdell, 2016: 79).

〈예시 8.1〉 문제 진술: 몰입 순간: 성인 교육자의 교실에서의 감정 파악과 이에 대한 반응

문제 진술	
신경 과학의 연구는 감정적 상태가 모든 학습의 출발점이라고 말한다(Damasio, 1994a, 1999, 2003; LeDoux, 1996, 1999, 2002). 수많은 상태들(states)이 학습을 돕거나 방해하는데, 이들 각각에는 잠재적 행위, 느낌, 그리고 16개의 감정들이 독특하게 혼합되어 있다. 성인 교육 및 학습 영역의 문헌에서는 감정이 학습 과정에 영향을 미친다는 것을 쉽게 확인할 수 있다(Argyris, Putnam, & Smith, 1985; Dirkx, 2001; Heron, 1999; Lovell, 1980; MacKeracher, 2004; Merriam et al., 2007; More, 1974). 그러나 성인 교실에서 이 과정이 어떻게 전개되는지에 대한 연구는 놀랄 정도로 부족하다. 이 연구는 성인 교육자 집단의 경험의 본질과 실제로 학습자의 감정적 상태를 어떻게 읽고 반응하는가에 대하여 심층적으로 서술하고 이해하고자 한다.	맥락 중요성 공백

목적 진술과 연구 질문

이 연구의 목적은 성인 교육자가 학습자가 보이는 감정적 상태를 읽고 이에 반응하는 실제 모습을 더 잘 이해하는 것이다. 이 연구를 이끌 질문은 다음과 같다.

1. 성인 교육자들은 감정적 상태를 읽고 확정하기 위하여 어떤 지표를 사용하는가?
2. 성인 교육자는 학습자의 감정적 상태에 반응하면서 어떤 행위를 취하는가?
3. 행위의 뒤에 놓인 사고(추론)는 무엇인가?

출처: Buckner(2012; Merriam & Tisdell, 2016: 80 재인용).

제2절 연구의 중요성(필요성)

독자에게 연구가 중요하므로 수행되어야 한다는 점을 설득하기 위해서 자신의 연구를 더 크고 중요한 이론적 문제, 사회적 정책의 쟁점, 또는 실제적 관심사에 연결하는 주장을 정립할 필요가 있다. 연구가 어떤 중요한 문제를 다룬다는 점을 부각하는 것이 중요하다. 문제 정의가 연구의 필요성(중요성) 제시에 직결된다. 예를 들어, 임상 심리학자가 고립(isolation)에 대한 문헌에서 이론적 공백을 발견하고 이 이론적 문제를 다루기 위해 민속지학 연구를 통해 장거리 트럭 운전자에 대해 연구하는 문제를 진술할 수 있다. 이 연구는 정책이나 실천에 상대적으로 관심이 없을 수 있다. 그것은 이론(지식)의 발전에 대한 기여가 두드러진다. 다른 한편으로 페미니스트 사회학자는 기업 경영자들 중에서 발견되는 차별적 사고에 대한 연구를 설계하면서 일터에서 발견되는 지속적인 성차별에 관한 정책 및 실천 문제를 다룰 수 있다. 여기에서 이론적 문제는 덜 중요하다. 연구자는 다룰 연구 문제를 정의하면서 연구의 중요성(필요성)을 진술한다(Marshall & Rossman, 1995: 23-24).

1. 이론을 위한 연구의 중요성(필요성)

한 연구의 이론(지식)을 위한 중요성에 대한 논의는 종종 연구자에게 하나의 긴

여정이다. 이는 관련 문헌의 조사에서 더 자세하게 전개된다. 계획서의 이 단계에서, 연구자는 이 연구가 사회 과학이나 응용 영역에서 새롭고, 통찰력 있고, 창의적인 내용을 추가하면서 이론적 전통에 기여한다는 점을 서술하면서 선행 지식에 대한 프로젝트의 기여에 대한 개요를 작성해야 한다. 필요성 진술은 이 연구가 연구 전통이나 선행 문헌에 어떻게 새롭게 기여할 것인지를 보여주어야 한다(Marshall, Rossman, & Blanco, 2022: 95).

종종 계획서는 연구가 기여할 문헌에서 간극을 제시한다. 만약 이론이 잘 발달된 영역에서 연구가 이루어지면, 그 연구는 이론에 대한 중요한 검증이나 확장을 위한 것이 될 수 있다. 연구자는 선행 연구자가 개발한 개념을 이용하여 선행 연구에서 사용된 것과 비슷한 질문을 진술할 수 있다. 그러나 자료 수집은 다른 장소에서 다른 집단을 대상으로 다른 시간대에 진행할 수 있다. 따라서 연구 결과는 일반화를 확대한 것이거나 이론적 명제를 정교화한 것일 수 있다. 그런 연구의 기여는 선행 이론을 확장한 것이다(Marshall, Rossman, & Blanco, 2022: 96).

이론의 개발은 개념화가 잘 되고 잘 수행된 연구를 통해 점진적인 진보와 지식에 대한 작은 기여를 통해 이루어진다. 대부분의 연구자들은 이론에 의존하여 자신의 연구를 이끌어가고, 자신의 연구를 더 광범위한 이론적 전통 속에 자리 잡게 하고, 또는 그들이 연구할 특정 개념의 지형도를 그린다. 더욱이, 연구자가 이론적 경계를 넘고 하나의 문제를 재개념화하거나 문제의 영역의 위치를 변경할 때 매우 창의적인 몇몇 연구가 등장할 수 있다. 예를 들어, Bronfenbrenner(1980)는 생태학의 개념을 아동 발달 이론에 적용함으로써 아동의 학습 과정을 재개념화하였다. 학교는 느슨하게 결합된 체제라는 Weick(1976)의 비유(metaphor)는 교육 기관에 대한 이론적 개념화를 혁신적으로 변경하였다. 우리는 한 분야의 개념을 다른 분야에 창의적으로 적용하는 것을 '뻔뻔한(파렴치한) 절충(shamelessly eclectic)'이라고 부른다(Rossman & Wilson, 1994; Marshall, Rossman, & Blanco, 2022: 96 재인용).

2. 정책과 실천을 위한 중요성(필요성)

정책을 위한 연구의 필요성은 특정 영역에서의 정책의 공식적인 개발에 대한 논의와 얼마나 자주 문제가 발생하는지 그리고 비용이 어떠한지 보여주는 자료를 제시함으로써 정립할 수 있다. 예를 들어, 교사의 가상 학습에 관한 연구의 필요성을 주장하기 위하여 여러분은 여러 주에서 광범위하게 가상 학습에 의존한다는 통계를 보여줄 수 있다. 그리고 온라인 학습 정책에 대하여 주 수준과 지역 수준의 교육위원회에 그 연구가 기여할 수 있음을 설명할 수 있다. 그에 토대를 두고, 교사의 직무 만족도에 기여할 수 있음을 제시할 수 있다. 다른 예로, 최근의 대규모 실업 기간 동안의 '자극(stimulus)' 보상에 대해 서술하면서, 그 정책의 영향을 가장 많이 받는 사람들의 의견 수렴 없이 이 정책이 어떻게 개발되었는지 논의할 수 있고 이를 연구 문제로 제시할 수 있다. 이 주제를 설정하고 이 연구가 이 영역의 정책에 어떻게 기여할 수 있는지 강조하면서, 여러분은 이 주제가 경제적으로 큰 영향을 미칠 수 있으며 체계적으로 연구해야 함을 주장할 수 있다(Marshall, Rossman, & Blanco, 2022: 96).

또한 해당 주제가 중요하며 해당 질문의 해결을 위한 연구가 필요하다고 주장하는 어떤 정책 결정자들과 전문가들의 글을 요약함으로써, 한 연구의 필요성을 주장할 수 있다. 사건의 통계적 표현과 전문가의 연구에 대한 요구 모두 해당 연구가 그 분야에서 정책 결정자들과 실천가들이 관심을 가지는 중요한 주제를 다룬다는 것을 보여준다. 교육, 건강 정책, 경영, 지역 계획, 임상 심리학과 같은 응용 학문 영역에서 정책—국제적 · 국가적 수준, 주 수준, 지역 수준, 기관 수준의—에 관한 연구의 필요성을 제시하는 것은 특히 중요하다(Marshall, Rossman, & Blanco, 2022: 97).

실천을 위한 연구의 필요성을 주장하는 것은 정책을 위한 필요성을 주장할 때와 같은 논리를 따른다. 이를 위해 선행 연구에서 관련된 관심과 문제를 논의한 것에 의존해야 한다. 이것에는 전문가 인용, 선행 연구의 인용, 사례에 관련된 자료의 요약이 포함된다. 코로나19의 세계적 유행 동안 교사의 온라인 학습 경험에 대해 연구할 수 있다. 이 경우 여러분은 실천의 쟁점에 초점을 두고, 가상의 교실에서 모든 학생들의 요구에 부응하고자 하는 교사의 관심에 대해 상술하는 선행 연구에 대해 논의할 수 있다. 이 연구가 기여할 수 있는 점은 교사의 교실에서의 실천의 향상이 될 수 있다. Shadduck-Hernández(1997)의 이민자와 난민 대학생의 인종적 정체성에 관한 박사 학위 논문 계획서는 등록에 관한 자료와 대학 교육과정에서 이런 학생들의 문화적으로 적절한 경험에 관한 내용이 부족함을 제시하였다. 이 연구는 대학 강의실에서의 교수 학습 활동에 기여할 수 있음을 주장한다(Marshall, Rossman, & Blanco, 2022: 97).

3. 행위를 위한 중요성(필요성)

특정 쟁점을 표현하는 삶의 상황에 대한 상세한 서술이 연구의 필요성이 될 수 있다. 이런 연구는 풍부한 서술을 제공함으로써 특정 영역의 살아가는 경험을 조명할 수 있고 이에 따라 행위의 착수를 촉진할 수 있다. 현장 연구 또는 참여적 현장 연구의 장르는 연구의 핵심으로 실천을 강조한다. 이런 경우, 여러분은 그 연구와 수반되는 실천이 참여하는 사람과 그 쟁점에 헌신한 다른 사람들에게 가치 있을 것이라고 주장할 수 있다(Marshall, Rossman, & Blanco, 2022: 97).

학대받은 여성에 대한 Maguire(2000)의 연구는 참여적 현장 연구 프로젝트였다. Maguire의 주된 기여는 그 연구에 참여한 여성과 여성의 학대 경감에 관심을 가진 다른 사람들을 위한 것이었다. 이 연구는 지속적인 사회적 주요 쟁점에 초점을 두었기 때문에 오늘날에도 중요하다. 다른 예로, 가해자를 살해한 폭행당한 여성에 대한 Browne(1987)의 연구는 다른 종류의 중요한 기여를 하였다. 그것은 위협받는 여성의 보호를 위한 조치가 거의 없는 법률 체계를 비판하였다. 또한 이런 상황에 놓인 여성을 위한 캠페인의 증가를 가져왔다. HIV 양성 여성과 협력한 Smithies와 Lather(1997)의 연구는 독자들과 새로운 연결을 만들고 활동을 위한 가능성의 확대를 위해 독자들을 여성의 삶 속으로 초대하였다(Marshall, Rossman, & Blanco, 2022: 97).

제3절 연구 질문

초기 질문은 문제와 필요성에 연결되어야 하고, 문헌을 예고해야 한다. 질문은 먼저 이론적일 수 있다. 이는 여러 다른 장소들 중의 하나에서 또는 서로 다른 참여자를 대상으로 이루어질 수 있다. 또는 개인들의 특정 집단에 초점을 둘 수도 있다. 이들 또한 여러 장소에서 이루어질 수 있다. 마지막으로 특정 프로그램이나 조직의 독특함 때문에 특정 장소에 대한 연구 질문을 진술할 수 있다. 내과 의사의 보상에 대한 도덕적 구성이라는 쟁점에 대한 연구(Cormier, 1993)는 내과 의사와 갈등이 있는 어떤 장소에서도 이루어질 수 있다. 이 연구의 이론적 관심은 특정 조직과 연결되어 있지 않았다. 그러나 모범적인 성교육 프로그램에 대한 연구는 오직 그 장소에서만 이루어질 수 있다. 이는 확인된 문제가 실천의 것이기 때문이다. 따라서 연구 문제는 확인된 문제에 따라 진술될 수 있고, 이에 따라 연구 설계를 제한한다(Marshall & Rossman, 1995: 27).

1. 이론적인 질문의 예시

- 놀이는 어떻게 읽기 준비도에 영향을 미치는가? 어떤 인지적 · 정의적 과정을

통해 이루어지는가? 예를 들어, 놀이 리더와 같은 역할을 맡는 아동은 더 빠르게 학습하는가? 그렇다면, 그런 차이가 나는 이유가 무엇인가?

- 후원자(sponsor)-제자(protégé) 사회화 과정은 학교 행정가 경력에서 어떻게 작동하는가? 그것은 여성이나 소수인들에게 차별적으로 작용하는가? 어떤 과정이 작동하는가? (Marshall & Rossman, 1995: 27)

2. 특정 집단에 초점을 둔 질문의 예시

- 신경과 의사들은 자신들이 사람들의 생명을 자신의 손에 쥐고 있고 많은 환자들이 사망하는 실재(현실)를 다루는 방법에 대하여 어떻게 학습하는가?
- 엘리트 MBA 프로그램에 입학하는 여성에게는 어떤 일이 일어나는가? 그들의 경력 경로는 어떠한가?
- 장거리 트럭 운전자들의 삶은 어떠한가?
- 교육장(감)들은 학교 운영위원회 구성원들과의 관계를 어떻게 관리하는가? 그들은 어떤 영향력 행사 과정을 사용하는가?
- 변화 주도자(change-agent) 교사에게는 그들의 경력 기간 동안에 어떤 일이 일어나는가? 조직의 사회화 과정이 그들을 변하게 하거나 제거하는가? 그들은 경력 초기에 번아웃(탈진, burn out)되는가? (Marshall & Rossman, 1995: 27)

3. 특정 장소에 관한 연구 질문의 예시

- 성교육 프로그램이 이 학교에서는 잘 운영되는데, 왜 다른 학교에서는 그렇지 않은가? 사람들, 계획, 지원 체제, 맥락의 특별한 점은 무엇인가?
- 한 엘리트 사립학교의 학교-학부모 공동체 관계는 근처의 공립학교의 그것과 어떻게 다른가? 그 차이는 어떻게 교육 철학과 성과에서의 차이와 연결되는가?
- 매사추세츠(Massachusetts) 주 의회에서 로비 집단이 교육에 영향을 미치는 방법은 무엇인가?
- University of North Carolina 행정가들과 이 대학교의 비백인 학생들 사이에 약자 우대 정책(affirmative action policy)의 효과에 대한 지각의 차이는 왜 있는가? (Marshall & Rossman, 1995: 28)

이러한 일반적인 질문이나 초점은 계획서에서 진술되는 초기 질문들의 전형적인 예시들이다. 이들은 연구 내용의 범위를 설정해준다. 이 질문들은 사회문화적 체제와 조직에서의 상호작용과 과정에 초점을 두며, 따라서 중요한 선행 문헌과 이론에 연결되지만, 일상의 실재에 토대를 둔다(Marshall & Rossman, 1995: 28).

제4절 문헌 조사

질적 연구의 이론적 틀을 확인하고 정립하는 한 가지 방법은 관련 문헌을 조사하는 것이다. 문헌은 어떤 영역에서 이론적인 또는 개념적인 글(사고의 결과, think pieces)을 의미하며, 또한 연구자가 현장에 가서 자료를 수집하고 분석한 경험적인 자료 기반 연구 결과를 의미한다. 실제로 연구를 설계하는 것은 문헌을 읽고 이론적 틀을 확인하고, 문제를 진술하는 단선적인 과정이 아니다. 오히려 그 과정은 높은 수준으로 상호작용적이다. 여러분의 질문은 일부 문헌으로 이끌며, 이는 여러분을 다시 관심의 대상이 되는 현상으로 되돌아가 이를 새롭게 바라보게 한다. 문제를 구성하는 과정에서 다시 문헌으로 돌아가는 등의 과정이 되풀이된다. 본질적으로 여러분은 그 영역에서 과거의 연구와 대화를 나눈다(Merriam & Tisdell, 2016: 89-90).

전형적으로 이 대화에서 여러분이 제기하는 첫 질문은 해당 주제(topic)에 대한 문헌이 있는가이다. 만약 있다면, 그것은 여러분의 문제에 대한 연구가 필요한지, 아니면 여러분의 아이디어는 이미 충분하게 연구가 이루어졌는지 확인하게 해준다. "문헌의 공포(terrorized by literature)"라는 제목의 장에서, Becker(2007: 136)는 "그들이 생각해보기 이전에(아마 태어나기도 전에) 하나의 아이디어가 발전된 모습으로 이미 문헌에 있고, 오랫동안 살펴보지 않았던 장소에 이미 있다"라고 밝힌 바 있다. 하나의 주제에 대한 문헌이 없다고 주장하는 것은 어느 누구도 그 아이디어가 연구할 가치가 있다고 생각하지 않았다거나, 그것을 연구할 방법이 없다거나, 또는 더 높은 가능성이 있는 것은, 여러분이 너무 좁게 검색하였다는 것을 의미할 수 있다. 우리의 경험에 따르면, 어떤 주제에 대하여 항상 관련된 문헌이 있었다. 선행 연구와 이론을 무시하는 연구자는 사소한 문제를 추구하거나 이미 수행된 연구를 반복하거나 다른 사람의 실수를 되풀이하는 결과를 가져올 수 있다. 그러면 연구의 목표—그 영역의 지식 기반에 기여하는 것—는 결코 실현되지 않을 수 있다. Cooper(1984: 9)에 따르면, "어떤 연구의 가치는 그 연구의 내재적인 속성에 있는 것만큼, 선행 연구에 부합하거나 그것을 더욱 확장하는 것에 있다." 어떤 연구가 다른 연구에 비해 더 중요한 것처럼 보이면, 그것은

"그들이 풀고자 하는 (또는 소개하는) 퍼즐(puzzle, 풀기 힘든 문제)이 매우 중요하기 때문이다"(Merriam & Tisdell, 2016: 90).

1. 문헌 조사를 하는 이유

시간을 내서 이미 사고가 이루어졌거나 연구가 이루어졌던 것을 확인하지 않는 연구자들은 자신의 분야에 중요한 기여를 할 기회를 놓칠 수 있다. 문헌 조사의 한 가지 기능(function, 역할)은 지식 기반에 기여할 토대를 제공해주는 것이다. 하나의 분야에서 어떤 문제도 인간 행위의 다른 영역과 고립되어 존재하지 않는다. 따라서 진행 중인 연구의 문제와 관련하여 정보를 얻기 위하여 조사할 수 있는 연구, 이론, 사고는 항상 있다(Merriam & Tisdell, 2016: 90-91).

초보 연구자들이 문헌 조사라는 아이디어에 겁을 먹지만, Montuori(2005)는 문헌 조사가 어떻게 창조적인 활동인지에 대해 논의한다. 그는 문헌 조사가 하나의 주제에 대해 매료된 여러분에 앞선 어떤 연구자들과 만나는 일이라는 사실을 강조한다. 문헌 조사는 이 공동체와의 대화에 참여하는 것과 같다. 여러분은 어떤 가정들이 있었는지 조명할 수 있고, 그 논의에 여러분 자신의 특별한 의견을 추가할 수 있다. 그것은 그 주제에 관련된 지식 구성 과정에 기여하는 방법이다(Merriam & Tisdell, 2016: 91).

문헌 조사는 연구할 문제의 토대—이론적 틀—를 제공할 뿐만 아니라, 현재의 연구가 과거의 연구를 어떻게 발전하게 하고, 정교화하고, 수정하는지를 보여줄 수 있다. 그러나 문헌 조사는 하나의 연구를 위한 무대를 마련하는 것 이상의 일을 할 수 있다. 그 과정은 문제의 구성과 특정 설계 질문에 답하는 데 기여할 수 있다. 과거에 어떤 가설이 제기되고 검증되었는지, 용어들이 어떻게 정의되었는지, 다른 연구자들이 어떤 가정들을 다루었는지 아는 것을 통해 연구자의 과제를 단순화할 수 있다. 어떤 연구 설계가 과거에 사용되었는지, 그 결과는 어떠하였는지 앎으로써 시간과 비용을 줄일 수 있다. 질적 연구자가 과거의 연구에서 사용된 자료 수집 기법을 통해 의미 있는 자료를 수집하였거나 수집하지 못하였는지를 확인하는 것은 자신의 연구에 도움이 될 수 있다(Merriam & Tisdell, 2016: 91).

선행 연구는 종종 현재의 연구의 틀을 형성하거나 개념을 정의하는 방식을 지원하기 위해 인용되기도 한다. 선행 문헌은 현재의 연구가 필요하고, 시급하고, 중요하다는 주장을 내세우기 위해 인용될 수도 있다(Merriam & Tisdell, 2016: 91).

전형적인 연구에서, 선행 연구에 대한 언급—때때로 심지어 동일한 인용—은 세

개의 장소에 나타날 수 있다. 첫째, 선행 연구는 현재의 연구 시작의 토대를 만들기 위해 아마도 주의 깊게 출처를 밝히면서 서론에 인용된다. 한 문제의 중요성과 그 영역에서 연구의 필요성에 대한 잘 알려진 권위자의 글에서 가져온 인용 글은 연구자의 위치를 강화할 것이다. 소수의 선행 연구를 인용함으로써 주제에 대한 연구의 부족을 강조하는 것은 또한 설득력이 있다(Merriam & Tisdell, 2016: 92).

문헌 인용의 두 번째 장소는 종종 '문헌 조사(literature review)' 또는 '선행 연구(previous research)'로 불리는 장이나 절이다. 여기에서 문헌을 종합하고 비판한다. 해당 주제에 대해 이루어진 연구, 그것의 강점과 단점이 제시된다. 학술지 논문 길이의 보고서에서, 선행 연구는 종종 '연구 문제' 절에 통합된다(Merriam & Tisdell, 2016: 92).

세 번째, 연구 보고서의 말미에 제시되는 연구 결과에 대한 논의 절에 항상 문헌의 인용이 포함된다. 논의 절에서 연구자는 연구 결과가 어떻게 선행 연구를 확장하고, 수정하고, 모순(대립)되는가를 보여주면서, 이 연구가 그 영역의 지식 기반에 무엇을 공헌하는지 지적한다. 이 논의에서 연구자는 어떤 새로운 통찰력이 발견되었는지, 이론의 어떤 측면이 도전을 받았는지 등을 지적하면서, 그 주제에 대한 문헌의 기반 안에 연구 결과를 자리 잡게 한다(Merriam & Tisdell, 2016: 92).

2. 문헌 조사와 그 결과 작성

문헌 조사를 어떻게 수행하는가? 이 제목은 다른 문헌에서 더 자세히 다룬다(Cranton & Merriam, 2015; Galvan, 2012; Imel, 2011). 그 과정의 요약을 제시하면 다음과 같다. 첫째, 연구의 범위는 연구자의 그 제목에 대해 익숙한 정도뿐만 아니라 연구 문제가 얼마나 잘 진술되는가에 따라 결정된다. 초보 연구자로서 여러분이 연구하기를 원하는 문제에 대해 단지 모호한 상태라면, 시작하는 좋은 방법은 그 제목에 대해 간략하게 살펴보는 것이다. 이런 방식으로 여러분은 주요 연구, 이론, 쟁점 등을 확인할 수 있다. 다음 단계는 제목의 특정한 측면을 언급하는 참고 문헌, 색인, 요약을 점검하는 것이다(Merriam & Tisdell, 2016: 93).

여러분이 참고 문헌과 요약집을 수집한 이후에는, 어떤 문헌의 전문을 획득해야 하는지 결정해야 한다. 다음의 준거를 사용할 수 있다(Merriam & Tisdell, 2016: 93).

- 문헌의 저자가 그 제목에 대한 권위자인가? 그 분야에서 경험적인 연구를 많이 한 사람인가? 또는 후속 연구의 토대가 되는 초기 이론을 제시한 사람인가? 그

렇다면, 그 저자의 문헌이 다른 연구자들에 의하여 인용될 것이고 그 주제에 대한 참고 문헌에 제시될 것이다(Merriam & Tisdell, 2016: 93-94).

- 그 논문 또는 저서 또는 보고서가 언제 작성되었는가? 그 분야에서 가장 최근의 문헌이 문헌 조사에 포함되어야 한다.
- 정확하게 무엇에 대하여 작성되었고 검증되었는가? 어떤 연구가 여러분의 현재 연구 관심에 관련성이 높을 때, 저자와 작성 시기의 기준에 부합하지 않아도 포함되어야 한다.
- 문헌의 질은 어떠한가? 사려 깊은 분석, 잘 설계된 연구, 또는 주제를 바라보는 독창적인 방식은 중요한 문헌임을 시사할 가능성이 높다. 역사적 분석 또는 문서 분석에서 1차 자료와 2차 자료의 질은 자료에 포함될지 여부를 판단하는 주요 준거이다(Merriam & Tisdell, 2016: 94).

어떤 문헌을 더 깊이 있게 들여다볼지 결정한 이후에는 그 문헌의 전문을 획득해야 한다. 문헌을 읽을 때에는, 참고 문헌 작성 세부 내용을 기록하는 것에 관하여 매우 정확해야 한다. 여러분이 특정 인용문이나 아이디어를 기록한다면, 참고 문헌의 쪽수를 기록하라. 많은 연구자가 나중에 되돌아가서, 문헌의 저자의 이름, 권호수, 날짜, 쪽수를 확인하면서 많은 시간을 보낸다. 간략한 요약이 따르는 참고 문헌을 작성하라. 나중에 여러분이 연구의 의의를 작성할 때 여기에서 가져오기도 하고 여기에 추가하기도 할 것이다(Merriam & Tisdell, 2016: 94).

문헌 조사를 중지할지 여부를 결정하는 두 가지 방법이 있다. 해당 영역에서 관련된 문헌을 모두 검색하였음을 확인하는 것이다. 이 종료 지점에 대한 여러분의 첫 일별은 논문이나 보고서의 참고 문헌 목록을 보고 모두 익숙하다고 생각하게 될 때 발생한다. 여러분은 그것들을 모두 읽었을 수 있다. 이것이 두세 번 나타날 때, 여러분은 전부는 아니더라도 대부분의 관련 문헌을 확인하였다고 느낄 수 있다. 이것이 포화 지점이다. 두 번째 실마리는 다소간 주관적이다. 즉 여러분이 문헌을 안다고 생각한다. 여러분은 연구 결과, 사람들, 날짜, 이론, 역사적 흐름, 등을 인용할 수 있다. 여러분은 문헌에 대해 통달하였다. 이제 문헌 조사를 종료할 시점이다(Merriam & Tisdell, 2016: 94).

문헌 조사는 특정 주제에 대한 중요한 사고와 연구에 대하여 통합하고, 종합하고, 비판하는 내러티브 에세이이다. 관련 문헌을 수집하고 검토한 후에, 연구자는 조사 결과를 일관성 있는 내러티브 에세이로 작성할 과제를 지닌다. 아마도 저자의 숫자만큼 다양하게 조직하는 방법이 있을 것이다. 대부분의 문헌 조사는 문헌에서 발견된 특정한 주제를 중심으로 조직된다. 예를 들어, 학습 양식에 대한 문헌 조사에는 학습 양식의 개념화, 학습 양식을 측정하는 도구, 학습 양식 연구에서 사용된 참여자 집단 등에 관한 절이 포함될 수 있다. 때때로 문헌 조사 결과는 중요한 문헌들을 시간 순서(연대기적)로 제시하기도 하고, 주제 중심으로 조직하기도 하며, 이 둘을 혼합하기도 한다(Merriam & Tisdell, 2016: 95).

조직 여부와 무관하게, 문헌 조사의 핵심 요소는 조사한 문헌에 대한 비판적 평가이다. 독자는 여러분이 문헌에 대하여 어떻게 생각하는지, 즉 장점과 단점, 해당 주제에 대한 사고에서 중요한 발전을 이룬 것인지, 지식 기반에 무엇을 추가하는지 등에 대한 여러분의 생각을 알기를 원한다. 주의 사항으로, 초보 연구자는 때때로 해당 영역의 연구를, 특별히 저자가 잘 알려지고 존경받는 사람이라면 비판하기를 꺼린다. 그러나 비판이 부정적인 것이 아니며 특정 연구나 이론의 장단점, 특히 이 연구 결과가 여러분이 연구하는 주제에 대한 사고에 기여하는지 그렇지 않은지를 평가하는 것임을 이해하는 것이 중요하다(Merriam & Tisdell, 2016: 95).

제5절 참여자의 선정

질적 연구에서 참여자(연구 대상)는 의도적 표집이라는 과정을 통해 선정한다.

1. 의도적 표집의 유형

여러 저자들은 의도적 표집(표본 추출, 참여자 선정, purposeful sampling)의 유형을 구분하였다(Creswell & Poth, 2013; Miles, Huberman, & Saldaña, 2014: Patton, 2015). 이들 중 자주 사용되는 유형은 전형적 표집, 독특한 표집, 최대 변이 표집, 편의 표집, 눈덩이 표집 또는 사슬 표집이다. 예시를 위해 고등학교 졸업생을 전집으로 사용하여, 각각의 유형에 대한 논의와 예시를 제시하면 다음과 같다(Merriam & Tisdell, 2016: 97).

전형적(typical) 표본은 그것이 평균적인 사람, 상황, 또는 관심을 가진 현상의 사례(예시)를 반영하기 때문에 선정된 것이다. 전형적인 의도적 표집을 사용할 때, 여러분은 "전형적이고 정상적이고 평균적인 것을 조명한다"(Patton, 2015: 268). '전형적'인 장소를 선정할 때(예를 들어 사례 연구에서처럼), "그 장소는 비전형적이거나 극단적이거나 일탈적이거나 매우 드물기 때문에 선정된다. 평균적이고 전형적인 고등학교 졸업생의 프로파일을 사용할 때, 이 프로파일에 부합하는 사람은 누구나 전형적인 의도적 표집에 포함될 수 있다(Merriam & Tisdell, 2016: 97).

독특한(unique) 표본은 관심의 대상이 되는 현상의 독특하고, 비전형적이고, 희귀한 특성에 토대를 둔다. 고등학교 졸업생의 예에서, 여러분은 프로 운동선수가 된 사람을 선정할 수 있다(Merriam & Tisdell, 2016: 97-98).

최대 변이(maximum variation) 표집은 Glaser와 Strauss(1967)가 근거 이론에 관한 자신들의 저서에서 제시하였다. 근거 이론은 그것이 어떤 현상의 광범위하게 차이가 나는 경우들에 토대를 둘 때 개념적으로 더욱더 밀도 있고 더욱더 유용할 가능성이 있다고 생각하였다. "광범위한 차이가 있는 경우들에서 자주 나타나는 어떤 패턴은 핵심적 경험을 포착하고 어떤 상황이나 현상의 중심적이고 공유되는 차원을 포착하는 데 가치가 있고, 특별한 관심의 대상이 된다"(Patton, 2015: 283). 때때로 이 전략에는 현상의 '부정적' 또는 '부정하는(disconfirming)' 사례를 찾는 것이 포함된다(Miles, Huberman, & Saldaña, 2014: 36). 고등학교 졸업생의 최대 변이 표집은 연구를 위해 관심을 가지는 특성의 가능한 한 가장 광범위한 범위를 나타내는 사람들을 확인하고 찾는 것이다(Merriam & Tisdell, 2016: 98).

편의적(convenience) 표집은 이 용어가 암시하는 것과 같다. 여러분은 시간, 돈, 장소, 장소의 접근 가능성, 참여자 등에 토대를 두고 표집한다. 편의의 어떤 차원은 거의 항상 표집에 포함될 것이지만, 이 기준 하나에 토대를 둔 표집은 그렇게 신뢰하기 어렵고 정보가 풍부한 결과보다는 '정보가 부족한(information-poor)' 결과를 가져올 가능성이 있다. 고등학교 졸업생 대상의 편의적 표집은 여러분의 10대 자녀와 그 친구들에서 시작할 수 있다(Merriam & Tisdell, 2016: 98).

눈덩이(snowball) 표집, 사슬(chain) 표집 또는 네트워크(network) 표집은 아마도 가장 자주 사용하는 의도적 표집의 유형인 것 같다. 이 전략은 여러분이 참여를 위해 세운 준거에 잘 부합하는 소수의 핵심 참여자들을 발견하는 것이다. 여러분이 이 핵심 참여자와 면담하면서 각각에게 다른 참여자를 소개해달라고 부탁한다. "다른 많은 참여자의 소개를 요청하고 새로운 정보 제공자가 증가하면서 눈덩이는 점점 더 커진다"(Patton, 2015: 298). 고등학교 졸업생들은 연구에서 관심의 대상이 되는 특징을 지닌 다른 졸업생들을 추천할 것이다(Merriam & Tisdell, 2016: 98).

2. 이중적 표집

질적 연구의 다른 유형과 달리 사례 연구에서는 이중적(two-tier) 표집이 필요하다. 처음에 여러분은 연구할 사례를 선정한다. 다음에 그 사례 안에 속한 사람들, 활동, 문서를 모두 면담, 관찰, 분석하려고 하지 않는 한, 여러분은 사례 안에서 표집할 필요가 있다(Merriam & Tisdell, 2016: 99).

하나의 사례는 단일한 단위, 하나의 제한된 체제이다. Stake(1995: 3)가 지적하였듯이, 때때로 사례의 선정은 "선택에 따라 이루어지지 않는다. (……) 한 교사가 어려움을 겪는 학생에 대해 연구할 결정을 내릴 때, 우리가 특정 기관에 대해 궁금증을 가질 때, 또는 우리가 하나의 프로그램을 평가할 책임을 지게 될 때, 이런 경우가 발생한다. 사례는 주어지는 것이다." 다른 때에 우리는 우리가 일반적인 질문, 쟁점, 문제에 관심을 가지게 되고, 그중에서 특정한 경우나 사례를 심도 있게 연구하면 그 관심을 해소해줄 것이라고 생각한다(Merriam & Tisdell, 2016: 99).

연구할 최선의 사례를 발견하기 위하여 여러분은 먼저 사례 선정을 안내할 준거를 정립하고 이 준거에 부합하는 사례를 선정해야 할 것이다. 예를 들어, 여러분이 학습 장애 극복에 성공적인 프로그램에 관심이 있다면, 여러분은 이 준거에 부합하는 프로그램을 선정할 것이고 이 프로그램이 사례가 될 것이다. 중다(복수) 사례(multicase) 또는 비교 사례 연구에서 여러분은 관련된 준거에 토대를 두고 여러 '사례들(cases)'을 선정할 것이다. 준거 중 하나로 여러분은 가능한 한 변이(변화, 변량, 변수, 차이)가 많은 것을 원할 수 있다. 이 경우 여러분은 최대 변이 표집을 사용할 것이다. 성공적인 학습 장애 프로그램의 경우, 여러분은 광범위한 사회 경제적 지역에서 성공적인 프로그램 또는 광범위한 학습 장애 또는 학년 수준을 다루는 프로그램을 모색할 수 있다(Merriam & Tisdell, 2016: 99-100).

따라서 연구자는 먼저 연구할 사례(제한된 체제, 분석 단위)를 확인한다. 사례는 2학년 교실, 한 기업의 교육 개발부, 체제 전반적으로 모범적인 과학 프로그램, 또는 지역 병원의 환자 교육 센터 등과 같이 광범위할 수 있다. 각 사례 안에는 방문할 여러 장소(예, 모범적인 과학 프로그램), 관찰할 사건 또는 활동, 면담할 사람들, 읽을 문서 등이 있다. 사례 안의 표본은 자료 수집 시작 이전이나 자료를 수집하는 중간에 선정할 수 있다(지속적 표집). 사례 안에서 사례를 선정하는 경우, 면담 대상, 관찰 대상, 분석할 문서를 의도적으로 선정하기 위하여 두 번째 준거가 필요하다(Merriam & Tisdell, 2016: 100).

따라서 질적 연구의 질문, 관심, 목적에 따라 사건, 장소, 사람들, 시간의 표본을 비확률적으로 표집한다. 의도적 표집은 대체로 자료 수집이 진행되기 이전에 이루어진다. 그런데 이론적 표집은 자료 수집과 병행하여 이루어진다. 사례 안에서 표본의 크기는 연구의 목적에 관련 있는 여러 요인들에 비추어 결정한다. 이중적 표집에서 준거의 설정이 먼저 이루어진다. 학습 장애 프로그램의 예를 들면, 다음과 같은 준거를 설정할 수 있다. (1) 그 프로그램은 적어도 5년 동안 사용되었다. (2) 그 프로그램의 사용 이후 60%의 학생들이 정규 수업에 참여할 수 있었다. (3) 그 프로그램은 읽기와 수학 학습 장애만 다룬다. 일단 프로그램을 선정한 후에는 누구를 면담할지(전체를 모두 면담하지 않는다면), 무엇을 관찰할지 결정할 필요가 있다. 면담 대상자 선정 준거에는 모든 행정가, 최소 5년간 그 프로그램을 사용해본 경험이 있는 교사, 다양한 연령의 학생들, 프로그램 참여 기간, 특정한 학습 장애 등이 포함될 수 있다(Merriam & Tisdell, 2016: 100-101).

3. 표본의 크기

초보 질적 연구자들은 항상 몇 명의 사람을 면담할지, 몇 군데의 장소를 방문할지, 얼마나 많은 문서를 읽을지의 문제에 관심을 가지게 된다(아마도 뇌리를 떠나지 않는다). 모호성에 대한 인내심이 부족한 사람들에게는 불행하게도 해결책이 없다. 그것은 항상 연구 질문, 수집 중인 자료, 진행 중인 분석, 연구를 지원할 자원에 의존한다. 연구의 초기에 제기한 질문에 답을 제공할 적절한 수의 참여자, 장소, 또는 활동이 필요하다. Lincoln과 Guba(1985: 202)는 포화 또는 중복의 지점까지 표집할 것을 추천하였다. "의도적 표집에서 표집의 크기는 정보에 대한 고려에 따라 결정된다. 만약 목적이 정보의 극대화라면, 새롭게 표집된 단위에서 새로운 정보가 나오지 않을 때 표집은 종료된다. 따라서 '중복(redundancy)'이 우선적인 준거이다"(Merriam & Tisdell, 2016: 101).

포화 또는 중복의 지점에 도착한다는 것은, 여러분이 여러분의 동일한 면담 질문에 동일한 반응을 듣거나, 관찰하는 동안 동일한 행위를 보기 시작한다는 것을 의미한다. 이 지점부터 새로운 통찰력은 나타나지 않는다. 포화가 언제 나타날지 미리 알 수는 없다. 여러분의 자료가 포화되었는지 인식하기 위하여 자료를 수집하는 동안 분석을 시도해야 한다. 자료 분석은 자료 수집과 동시에 수행하는 것이 좋다(Merriam & Tisdell, 2016: 101).

만약 여러분이 연구 계획서를 연구 재단, 논문 심사 위원회, 또는 다른 심사 위원회에 제출한다면, 여러분은 잠정적이고 대략적인 단위(즉, 사람, 장소, 사건, 활동 등)의 숫자를 제시할 수 있다. 물론 이것은 연구의 과정에서 조정될 수 있다. Patton(2015: 314)은 "연구의 목적에 비추어 그 현상에 대해 어느 정도 다룰지에 대한 합리적인 기대에 토대를 두고" 최소한의 표본 크기를 결정할 것을 추천한다(Merriam & Tisdell, 2016: 101-102).

제6절 기관 윤리 심사와 연구 윤리

1. 기관 윤리 심사

연구의 윤리적 문제와 별도로, 공적인 자금을 받는 미국의 대학과 기관들은 인간을 대상으로 하는 생의학적 · 행동적 연구를 검토하고 승인하기 위한 '인간 실험 대상자 보호를 위한 기관 윤리 심사위원회(Institutional Review Boards for the Protection of Human Subjects, IRBs)'를 설치할 의무가 있다(Stanley, Sieber, & Melton, 1996). 인간 실험 대상자를 보호하기 위한 절차에 대한 연방 정부의 요구는 나치 강제 수용소 수감자를 대상으로 진행된 생의학적 실험에 대한 대중적인 경악(horror)과 미국에서 윤리적으로 문제가 있는 연구의 폭로에 기인하였다(National Commission for the Protection of Human Subjects of Biomedical and Behavioral Research, 1978). 예를 들어, 1930년대 터스키기 매독 생체 실험(Tuskegee Syphilis Study)은 감염된 가난한 시골의 흑인 남성들에게 이를 알리지 않은 채 이 질병에 대해 검증되지 않은 절차를 따랐다. 1950년대 말부터 1970년대 초까지 Dr. Saul Krugman이 이끄는 의학 연구는 악명 높은 Willowbrook State School에서 지적 장애(mental retardation)를 가진 아동들에게 살아 있는 바이러스를 사용하여 간염 백신 연구를 수행하였다(Rothman & Rothman, 2005; Taylor, Bogdan, & DeVault, 2016: 34 재인용).

연방 규정(45 C.F.R. 46)에 따라 IRB는 연구자에게 연구의 위험과 혜택에 대하여 평가하고, 참여자에게 연구에 참여할 동의서를 제공할 것을 요구한다. 아동, 수감자, 인지적 장애를 지닌 사람들을 포함하여 취약한 사람들을 위해서는 특별한 보호 조치가 취해져야 한다. IRB 과정의 일부로 연구자는 문서 형태로 연구의 목적, 연구 방법, 참여자 선정 절차, 위험과 혜택의 평가, 위험을 최소화하기 위한 조치, 참여자 또는 부모나 후견인에게서 문서 형태로 또는 구두로 참여 동의서를 얻는 절차 등을 담은 계획서를 제출해야 한다. IRB 규정은 그 본질이 절차적인 경향이 있다. IRB는 연구자가 제출한 계획서를 심사하고 요구 조건에 부합하는지 판단한다(Taylor, Bogdan, & DeVault, 2016: 35).

연방 규정은 일반화 가능한 지식의 창출을 위한 연구가 IRB 심사 대상이라고 말한다. 대부분의 질적 연구는 일반화를 목적으로 하지 않지만, IRB의 심사 대상으로 보는 것이 일반적이다(Taylor, Bogdan, & DeVault, 2016: 35).

어떤 연구가 IRB 심사 대상인지는 기관마다 다르다. 많은 역사가들은 특히 미국역사학회(American Historical Association)와 구술사학회(Oral History Association)는 구술 역사는 IRB 심사를 받지 않아야 한다고 주장하였다. 2003년 역사학회들의 대표자들이 제출한 청원서(memorandum)에 반응하면서, IRB 규정 준수를 관장하는 '인간 연구 보호 연방 사무소(federal Office for Human Research Protection, OHRP)'는 구술 역사는 IRB 규정의 예외로 삼는 데 동의하면서 IRB들이 이에 따르도록 촉구하였다. 그러나 OHRP는 규정이나 정책을 명문화하여 발표한 적이 없으므로, 특정 구술 역사의 IRB 심사 여부는 각 IRB에게 위임되었다(Taylor, Bogdan, & DeVault, 2016: 36).

연방 규정(45 C.F.R. 46)에 따라 인간 대상 연구의 여섯 가지 범주는 정상적인 IRB 심사에서 면제된다. 이 범주들은 덜 엄격한 심사를 받으며 연방 규정의 모든 항목에 따를 필요는 없다. 이 중 적어도 세 가지 범주는 질적 연구에 관련된다. 범주 2는 익명으로(성명과 신상에 관한 정보가 기록되지 않는다) 진행되고, 개인에게 피해를 주지 않는 무해한 정보를 수집하는 연구[교육적인 검사, 설문 조사(survey), 면담, 공적인 행위의 관찰]이다. 공적인 행위(public behavior)는 특별한 허가 없이 방문할 수 있는 장소(예, 골목길, 공원 등) 또는 공개 포럼에서의 인터넷 의사소통이다. 아동의 공개된 행위 관찰은 연구자가 그들과 상호작용하면 면제 대상이 아니다. 범주 3은 선출되거나 임명된 공무원들 또는 단체장 후보를 대상으로 하는 연구(검사, 설문 조사, 면담, 공적인 행위의 관찰 등)이다. 범주 4는 연구 이전에 존재하는 자료로서, 공적으로 사용 가능한 자료, 또는 개인과 연결되지 않는 방식으로 녹음된 자료를 탐구하는 연구에 해당한다. 이 범주는 기록 보관소(archival) 자료 연구나 공적인 문서를 대상으로 하는 연구이다. IRB 심사는 생존한 사람에게 요구된다. 따라서 사망한 사람에 관련된 기록 보관소 및 관련 연구는 사람과 연결되기 어렵다(Taylor, Bogdan, & DeVault, 2016: 37).

연구 참여 동의서에 포함될 내용 예시

(1) 정보를 수집하는 목적은 무엇인가?

(2) 정보는 누구를 위한 것이며, 어떻게 사용될 것인가?

(3) 면담에서 무엇을 질문하는가?

(4) 면담 답변은 비밀 보장을 포함하여 어떻게 다룰 것인가?

(5) 피면담자에게 어떤 위험과 혜택이 있는가?

(**[부록 3]** 연구 참여 동의서 예시 참조)

2. 연구 윤리

연방 정부, 기관, 전문가 협회 등이 정책, 가이드라인, 윤리 강령 등을 개발하였으나, 실제 윤리적 실천은 연구자 자신의 가치와 윤리로 귀결된다. Tracy(2013: 243-245)는 윤리적 쟁점은 절차와 관련하여 존재한다고 말하였다. 즉 이 가이드라인들은 "IRB가 '해를 끼치지 말라' 또는 '동의서를 구하라'와 같이 보편적이거나 필수적이라고 처방한 것이다." 이들은 연구 맥락에서 나타날 수 있는 상황적인 것일 수 있다. 또한 그들은 관계적일 수 있다. "관계적 윤리는 연구자 자신의 역할을 알고, 관계에 미치는 영향을 알고, 참여자를 단지 이야기를 뽑아낼 실험 대상자가 아니라 전인으로 대하는 것이다." 연구 이전에 참여자가 해를 당하지 않게 보호하기, 사생활의 권리 보장하기, 동의서 구하기, 속이지 않기 등에 대해 고려할 수 있다. 이 외에도 연구 수행 중에 나타나는 상황적 · 관계적 윤리 문제는 기존의 가이드라인뿐만 아니라 연구자의 민감성과 가치에도 의존한다(Merriam & Tisdell, 2016: 261).

질적 연구의 윤리와 관련하여, Patton(2002: 407)은 다음과 같이 설명하였다. 질적인 방법이 매우 개인적이고 대인 관계적이므로, 자연주의(구성주의)적 탐구에서는 연구자가 사람들이 살고 일하는 실제 세상으로 들어가므로, 심층 면담은 사람들의 안에 있는 것을 개방하므로, 질적 연구는 설문 조사, 시험, 그리고 다른 양적인 접근들보다 더 침범을 많이 하고 반응성이 더 크다. 질적 연구에 관련된 윤리적 쟁점 열 가지를 Patton (2002: 408-409)은 다음과 같이 제시하였다.

(1) 목적 설명하기

- 연구의 목적과 방법을 어떻게 정확하고 이해 가능하게 설명할 것인가?
- 연구 참여자는 어떤 언어를 이해할 수 있는가?

- 세부 내용 중 공유해야 할 것과 제외해야 할 것은 무엇인가?
- 여러분의 연구가 사회와 복지에 기여할 바는 무엇인가?

(2) 약속과 상호성

- 피면담자를 위한 것은 무엇인가?
- 피면담자는 왜 면담에 참여해야 하는가?
- 가볍게 약속하지 말라. 예를 들어, 녹음 자료 및 보고서의 복사물에 대한 약속이 있을 수 있다. 그리고 약속하면 지키라.

(3) 위험 평가

- (만약 있다면) 어떤 방식으로, 면담은 피면담자를 위험에 빠뜨릴 수 있는가?
- 심리학적 스트레스?
- 법적 책임?
- 평가 연구에서, 지속적인 프로그램 참여(만약 어떤 내용이 알려진다면)?
- 이야기하기로 인한 동료, 프로그램 제작진에 의한 배척?
- 정치적 반향?
- 여러분은 어떻게 이들 가능한 위험을 피면담자에게 서술할 것인가?
- 만약 위험이 발생하면, 여러분은 어떻게 다룰 것인가?

(4) 비밀 보장

- 무엇이 비밀 보장에 대한 지속 가능한 합리적인 약속인가? 비밀 보장과 익명성의 차이를 알라.(비밀 보장은 여러분이 알지만 말하지 않는 것이다. 익명성은 설문 조사에서 익명으로 돌아온 경우와 같이 여러분이 알지 못하는 것을 의미한다.)
- 불법 행위, 아동 학대 또는 방치의 증거와 같이 여러분은 어떤 것들에 대해 비밀 보장 약속을 하지 않을 수 있는가?
- 성명, 장소, 다른 세부 사항들은 변경 가능한가? 또는 참여자들은 신분이 밝혀질 선택지도 가지는가?
- 자료는 어디에 저장될 것인가?
- 자료는 얼마 동안 보관될 것인가?

(5) 동의서

- (만약 있다면) 어떤 종류의 동의서가 상호 보호를 위해 필요한가?
- 인간 연구 대상자 보호를 위한 여러분의 IRB 가이드라인 그리고/또는 요구 사항 또는 상응하는 위원회의 요구 사항은 무엇인가?
- (만약 해당된다면) IRB 승인을 위해 무엇을 언제까지 제출해야 하는가?

(6) 자료 접근과 소유권

- 자료에 대한 접근 권한을 누가 가질 것인가? 어떤 목적으로 가지는가?
- 평가에서 자료는 누가 소유하는가?
- 출판 이전에 검토의 권한은 누가 가지는가? 예를 들어, 사례 연구에 대하여 사례에 서술된 사람인가, 조직인가? 전체 보고서에 대하여 재정 지원 기관인가, 후원 기관인가?

(7) 면담자 정신 건강

- 여러분과 다른 면담자는 면담 수행에 의해 어떤 영향을 받을 것인가?
- 나중에 발표하고 또는 처리할 가치가 있는 것으로 들리는 것, 보이는 것, 배우게 되는 것은 무엇인가?
- 여러분은 비밀 보장의 약속을 깨지 않고 여러분의 경험을 누구에게 말할 수 있는가?
- 여러분은 자신을 어떻게 돌볼 수 있는가?

(8) 조언

- 연구 기간 동안 윤리 문제에 대하여 조언할 연구자의 동료와 카운슬러는 누구인가?(모든 쟁점을 사전에 예견하기는 어렵다. 연구 중 어려움을 만날 때 도움을 요청할 사람을 아는 것은 위기 상황에서 소중한 시간을 절약해주며 큰 위안을 준다.)

(9) 자료 수집 범위

- 어느 정도 강하게 자료 수집을 위해 요구할 것인가?
- 여러분이 원하는 자료에 접근하기 위하여 어느 기간 동안 노력할 것인가? 여러분이 하지 않을 것은 무엇인가?

- 면담자가 다소 불편해하는 것에 대한 질문에 피면담자가 반응하도록 어느 정도 강하게 말할 것인가?

(10) 윤리 대 법률

- 여러분의 연구를 위해 어떤 윤리적 틀과 철학에 의존할 것인가? 법률이 요구하는 것을 넘어서서, 이들에 따라 어떻게 연구 참여자를 위한 존중과 민감성을 보장할 것인가?
- 어떤 학문적 윤리 강령 또는 전문가적 윤리 강령에 따를 것인가? (Patton, 2002: 408-409).

제9장

개념적 틀과 분석의 틀

제1절 개념적 틀과 분석의 틀

질적 연구에 독특한 것이면서, 질적 연구의 한 중심적인 요소로서 다른 요소들의 토대가 되는 것이 개념적 틀이다. 연구 초기에 선행 연구를 기반으로 개념적 틀을 작성할 수 있다. 연구가 진행되면서 이 개념적 틀은 점점 더 연구자의 독창적인 아이디어들을 담아내며 변천해간다. 연구 문제에 기반을 두어 질적 자료를 수집하는 과정에서 연구 결과에 해당하는 것의 윤곽이 드러난다. 자료 수집이 완성되고 자료를 분석하는 단계에 이르면 개념적 틀은 수집한 자료를 분석하기 위한 준거의 역할을 수행하게 된다. 이러한 준거에 토대를 두고 복잡한 자료 분석의 과정을 거치는 동안 초기의 개념적 틀의 모습이 일부 유지되기도 하지만 자료에서 도출되는 개념, 패턴 등이 개념적 틀에 반영되면서 개념적 틀은 전반적으로 계속 변천해간다. 이 과정에서 개념적 틀은 점점 더 자료를 분석하는 분석의 틀의 기능을 수행하게 된다. 자료 분석의 과정이 마무리되는 시점에 선행 연구에 토대를 둔 개념적 틀의 모습은 많은 변천을 거듭한 이후 연구자가 수집한 자료에 토대를 둔 분석의 틀이 된다. 이 과정에서 개념적 틀이 갑자기 분석의 틀이 된다기보다는 개념적 틀이 수집한 자료를 분석하는 데 부적절함을 발견하고 개념적 틀과 수집한 자료를 계속적으로 비교하면서 개념적 틀을 수정해간다. 연구자가 수집한 자료에 부합하도록 개념적 틀을 수정하면서 초기 분석의 틀이 형성된다. 그 후 자료 분석의 초기, 중기, 후기의 과정을 거치면서 연구자의 독특한 분석의 틀이 완성된다.

제2절 개념적 틀의 의미

1. 개념적 틀의 세 가지 의미

몇몇 학자들이 제시한 개념적 틀의 의미는 대략 세 가지로 정리할 수 있다. 첫 번째 관점은 개념적 틀을 순전히 한 연구의 구조 또는 이론적 원리의 시각적 표현으로 본다. 그런 표현은 대체로 연구의 문헌 조사에 포함된다. 이 경우 일반적으로 독립적인 그림으로 표현되거나 부속하는 것으로 표현된다. 두 번째 관점은 개념적 틀과 이론적 틀을 본질적으로 같은 것으로 다룬다. 이런 의미에서 이론적 틀과 마찬가지로 개념적 틀의 의미는 연구자가 이론을 무엇이라고 보는지에 전적으로 의존한다. 연구자가 그런 정의에 대해 모호할 경우 문제가 발생한다. 이런 의미에서 개념적/이론적 틀은 '기성의(off the shelf) 이론[종종 공식적 이론(formal theory)이나 기존의 이론(existing theory)이라고 한다] 또는 비공식적인(즉, 여러분 자신의 형성적 이론과 개념들을 통합한) 이론(informal theory)으로 부를 수 있다(Ravitch & Carl, 2016 참조). 세 번째 관점은 개념적 틀을 연구 과정의 모든 요소들[연구자 관심과 목표, 정체성과 성격, (거시와 미시) 맥락, 공식적/비공식적 이론, 방법]을 묶는 방법으로 본다. 이 관점은 Ravitch와 Riggan(2017: 4-5)의 정의에 가장 가까우며 필자도 이 책에서 이 정의와 유사한 의미로 사용하고자 한다.

2. Miles와 동료들(2020)

하나의 개념적 틀은 연구할 핵심적인 것—예를 들어, 주요 요인들, 변인들, 현상, 개념, 참여자—과 그들 사이에 추정되는 관계를 설명하면서 그림으로 또는 내러티브를 사용하여 하나의 네트워크로 표현한 것이다. 개념적 틀은 연구하는 질적인 영역에 대한 연구자의 '지도(map)'의 현재 모습과 발전해가는 모습을 나타낸다. 그 영역에 대한 연구자의 지식이 증가하면서, 그에 따라 지도는 더 분화되고 통합된다. 그래서 개념적 틀은 연구의 초기에 정립되고 연구가 진행됨에 따라 진화해간다. 또한 이 틀은 현장작업의 전과 후에 자료 수집과 분석을 어떻게 수행할지에 대한 일종의 형틀(본보기)이 된다(Miles, Huberman, & Saldaña, 2020: 15).

어떤 이는 개념적 틀과 이론적 틀을 동일한 의미를 지닌 것으로 사용한다. 그러나 어떤 방법론자들은 둘 사이에는 뚜렷한 차이가 있다고 말한다. 이는 여러분이 누구의 정의를 읽는가에 따라 다르다. 우리는 이론적 틀이 이론(들)과 그 요소들을 사용하여 하나의 사회적 현상에 대한 탐색과 분석을 이끄는 추정된 '형성 모형(working model)'이라고 본다. 그러나 개념적 틀은 이론적 틀의 측면을 포함할 수 있으나, 좀 더 귀납적으로 추출되고 진화하는 모형이다. 이는 주로 사례 귀속적(case-specific) 또는 장소 귀속적인(site-specific) 변인들, 개념들, 맥락들, 참여자들 등을 포함한다. 다르게 말하여, 개념적 틀은 특별하고 독특한 연구의 지역적 요소들에 토대를 둔다. 그러나 이론적 틀은 문헌에 토대를 두고 한 연구의 아이디어를 추상적으로 표현한다(Miles, Huberman, & Saldaña, 2020: 15).

3. Ravitch와 Riggan(2017)

"개념적 틀은 연구자가 연구하고자 하는 것이 왜 중요한지, 그것을 연구하기 위해 제시한 수단들이 왜 적절하고(appropriate) 엄격한지(rigorous)를 내세우는 주장이다." 하나의 주장(argument)으로서 개념적 틀은 일련의 계열성이 있고 논리적인 명제들을 의미하며, 개념적 틀의 목적은 그 연구의 토대를 제공하고 연구의 중요성과 엄격함에 대해 독자를 설득하는 데 있다. 적절하고 엄격하다는 용어의 의미는 개념적 틀이 (1) 연구 질문은 관련성을 위한 주장에서 성장한 것이며, (2) 연구 설계를 통해 연구에 목표, 질문, 맥락을 관련지으며, (3) 수집할 자료는 연구자에게 연구 질문을 탐색하기 위해 필요한 가공되지 않은 재료를 제공하며, (4) 분석적 접근은 연구자로 하여금 이 질문들을 (항상 답하는 것이 아닐지라도) 효과적으로 다루게 한다는 것을 설득력 있게 주장해야 한다는 것이다(Ravitch & Riggan, 2017: 5).

4. Maxwell(2013)

Maxwell(2013: 39)은 『질적 연구 설계: 상호작용적 접근(*Qualitative Research Design: An Interactive Approach*)』에서 개념적 틀을 다음과 같이 정의하였다. "여러분의 연구에 정보를 제공하고 지원하는 개념, 가정, 기대, 신념, 이론의 체제인 개념적 틀은 여러분의 설계에서 핵심적인 부분이다." 이처럼 그는 개념적 틀이라는 용어를 광범위한 의미로 사용하고 여러분이 문서로 작성되거나 되지 않거나 간에 연구할 현상에 대하여 가지는 실제 아이디어와 신념을 가리키는 것으로 보았다.

Maxwell(2013: 41)은 "여러분의 개념적 틀은 발견되는 것이 아니라 구성되는 어떤 것이다. 그것은 다른 곳에서 빌려온 조각들을 통합한다. 그러나 구조, 전체적인 응집성은 이미 만들어진 것이 아니라 여러분이 구성하는 것이다. 그는 개념적 틀을 경험적 지식과 선행 연구(이론)의 조합으로 서술한다. 이런 의미에서 개념적 틀은, 때때로 잠정적이고 부분적인 것이지만, 하나의 이론이다. 또한 그는 연구자가 개념적 틀 대신에 이론적 틀(theoretical framework) 또는 아이디어 맥락(idea context)이라는 용어를 사용할 수 있다고 주장하였다. 그러나 Ravitch와 Riggan(2017: 11)은 이론적 틀을 개념적 틀의 한 요소로 보았다. 그리고 문헌 조사와 비교하여 서로 다르고 더 초점을 가지는 것으로 보았다. 이를 제외하고 Ravitch와 Riggan(2017)은 개념적 틀이라는 아이디어의 틀, 역할, 용법 등에 관하여 Maxwell(2013)과 상당 부분 의견을 같이하였다.

5. Marshall과 동료들(2022)

Marshall과 동료들(2022: 82)은『질적 연구 설계(*Designing Qualitative Research*)』에서 개념적 틀의 목적과 내용에 대해 다른 관점을 제시하였다. 이 개념적 틀에는 크게 두 가지 요소가 포함된다. 첫째는 계획서의 서론에 해당하고, 둘째는 계획서의 선행 연구의 조사 및 비판이다. 계획서는 그 연구가 의미 있고 인간의 삶의 향상에 기여할 것임을 설득력 있게 주장하는 글이다.

계획서의 서론은 이 주장의 개요를 제시하는데, 여기에는 (1) 연구의 초점(주제) 및 목적, (2) 이론적 · 정책적 · 사회적 · 실제적 맥락에 비춘 중요성(필요성), (3) 연구 질문, (4) 조사할 선행 연구, (5) 한계점이 포함된다. 계획서의 서론과 함께 선행 연구 조사 및 비판은 관련 이론, 경험적 연구, 선행 연구 조사, 전문가들의 에세이 등에 대한 철저한 분석 및 비판에 토대를 둔다. 이런 문헌 조사는 세 가지 목적을 달성한다. 첫째는 연구가 지니는 중요성(필요성)에 대한 주장이다(Marshall, Rossman, & Blanco, 2022: 82).

> 그것은 연구가 정책과 실천에 중요성을 지니며, 해당 주제에 대한 계속되는 논의에 기여할 가능성이 있다는[종종 '지식(knowledge)'에 기여한다고 말한다] 증거를 제공한다.

둘째, 문헌 조사를 통해 "연구를 이끄는 중요한 지적 전통"을 확인한다. 이는 연구를 구성하는 '사고의 흐름'이다. 셋째, 문헌 조사는 "이미 알려진 것에서 발견되는 공백을 확인하는데, 이를 위해 선행 연구를 비판하고, 선행 연구를 확장하고, 또는 효과가 없는 실천이나 정책을 지적한다". 이런 요소들이 "개념적 틀의 구성 요소이며, 중요하고 가치 있는 연구 질문을 정교화하는 데 도움을 준다"라고 말하였다(Marshall, Rossman, & Blanco, 2022: 82). 이처럼 Marshall과 동료들(2022)은 개념적 틀을 문헌 조사와 융합하여 설명하였다.

제3절 개념적 틀의 요소

Ravitch와 Riggan(2017: 9)은 어떤 연구자들은 문헌 조사, 이론적 틀, 개념적 틀을 다소간 유사 용어로 생각하지만, 자신들은 개념적 틀이 연구를 위한 상부 구조(superstructure)라고 주장한다. 개인적 관심과 목표, 정체성과 성격, 주제별 연구, 이론적 틀 모두 상부 구조 안에 들어맞는다. 문헌 조사는 초기의 기본적 과정으로 이를 통해 이 모든 요소들이 설득력 있고 적절한 주장으로 통합된다.

1. 개인적 관심과 목표

때때로 지적인 목표(intellectual goals)(Maxwell, 2013)로 불리는 개인적 관심(personal interest)은 우선적으로 연구자로 하여금 연구를 추진하게 하는 것이다. 이는 질문을 제기하고 지식을 추구하는 연구자의 동기이다. 그것들은 연구자의 호기심, 열정, 세상에 대한 신념, 어떤 질문에 대한 답이 필요한지에 대한 가치관, 사물이 어떻게 작동하는가에 대한 형성적 이론을 반영한다. 삶과 분리된 지적인 질문보다는 삶에서의 경험이 개인적 관심 형성에 더 기여하는 경향이 있다(Ravitch & Riggan, 2017: 9-10).

2. 정체성과 입장

목표와 관심이 개인적인 것임을 고려할 때, 우리 자신이 누구인지가 우리의 연구가 형성되는 과정에서 중요한 역할을 수행한다. 여러분의 호기심, 편견, 이데올로기적인 입장에 대한 헌신, 행위 이론, 인식론적 가정(유용하고 가치 있는 지식이 무엇인지에 대한) 등이 여러분의 사회적 위치(인종, 민족, 사회적 계급, 젠더, 성적 취향, 국적, 다른 사회적 정체성), 기관에서의 지위, 삶의 경험에 의해 영향을 받는다. 더욱이 연구 맥락과의 관련에서 연구자의 입장(position)은 중요한 고려 사항이다[이것을 연구자 입장(researcher positionality)이라 부른다]. 예를 들면, 실천적 연구에서, 중요한 연구 질문은 어떤 주제에 대한 문헌의 상태와 관련성은 높지 않고 오히려 어떤 실천의 쟁점이나 문제에 대하여 떠오른 질문을 고려할 때, 실천가의 절박한 관심과 더 관련성이 높다. 참여적 현장 연구와 같은 전통에서, 연구 질문의 구성 그 자체가 주어진 맥락이나 공동체 안의 이해관계자들의 관점에 따라 어떤 종류의 지식이 가치 있는지를 발견해가는 과정이다(Chilisa, 2012; Fals-Borda, & Rahman, 1991; Greenwood & Levin, 1998).

3. 문헌 조사

문헌 조사는 연구자가 주어진 주제에 대하여 알려진 것, 그 주제의 연구 방법, 그것을 더 잘 이해하는 데 도움을 줄 수 있는 지적 · 분석적 도구에 대한 조사(survey) 과정이다. 연구자로서 여러분은 생성 중인 연구 주제와 관련된 선행 연구들을 비판적으로 읽고 그들의 다양한 이론적 · 실천적 맥락 사이를 연결하거나 종합해야 한다. Maxwell(2013)이 제시하였듯이, 이 과정은 흔히 여러분 자신의 편견 및 가정과 함께 기존의 이론적 또는 경험적 연구에 대한 비판을 요구한다. 이 과정에서 회의적인 눈이 필요하다. 여러분의 목표는 여러분의 관점을 지지하는 출판물을 찾는 것이 아니라, 당신의 연구를 구성하는 데 도움을 주는 엄격하게 수행된 연구를 찾는 것이다(Ravitch & Riggan, 2017: 10).

4. 주제별 연구

주제별 연구(topical research)는 여러분이 관심을 가지는 주제에 초점을 둔 (대부분 경험적인) 연구를 일컫는다. 이런 연구들의 대부분은 학술지나 도서에 있으나, 정책 또는 정부 연구물, 또는 재단, 비영리 단체, 이해 집단을 통해 출판된 보고서 등에서도 발견될 수 있다. 예를 들어, 여러분이 병원에서 감염률을 줄이기 위한 전략으로 손 씻기 연구에 관심이 있을 수 있다. 이 영역에서 주제별 연구는 여러분이 어떻게 그런 연구를 구조화하고 수행할 것인지에 대해 지대하게 영향을 미칠 것이다. 그것은 문제(예를 들어, 감염률과 결과, 손 씻기의 준수와 위생의 절차)의 본질과 심각성에 대한 통찰력을 제공한다. 또한 연구의 중요성에 대해 주장할 수 있게 한다. 또한 그것은 문헌에서의 공백, 즉 그 주제에 대하여 아직 알려지지 않은 것은 무엇인가를 확인하도록 돕는다. 마지막으로 그것은 그 주제에 대하여 관련 있는 방법론적인 접근들의 범위를 조사하게 한다. 이것은 문헌 조사 과정의 중요하면서도 간과되기 쉬운 측면이다. 문헌 조사는 한 주제에 대하여 알려진 것에 대하여 배우게 할 뿐만 아니라, 그 주제가 어떻게 연구되었는지에 대해 비판적으로 분석하게 한다. 위의 예에서, 관찰 프로토콜은 병원 직원이 위생 프로토콜을 준수하는지의 정도를 기록하는 데 적합할 것이다. 그러나 그런 프로토콜이 왜 준수되었는지 또는 준수되지 않았는지를 분석하는 데는 덜 기여할 것이다(Ravitch & Riggan, 2017: 11).

5. 이론적 틀

문헌 조사를 통해 확인되고 개념적 틀을 구성하는 지적인 용기를 채우는 데 도움을 주는 것은 Miles와 동료들(2020)의 용어로 말하자면 주제별 연구(topical research)이다. 이것은 또한 우리가 새로운 용기를 만들어내도록 돕는다. 그러나 그들이 언급하였듯이, 우리는 또한 이 용기들 사이의 관계에 대하여 관심이 있다. 이론적 틀(theoretical framework)의 목적이 바로 그것이다. 문헌 조사를 통해 이론적 틀을 발견하게 된다. 이것은 더욱 광범위한 공식적 이론과 주제별 연구를 통합한 것으로, 훨씬 더 초점이 있고, 정교화되어 있고, 제한된 것이다(Ravitch & Riggan, 2017: 11).

Oxford 영어 사전에 따르면, 틀(framework)은 "부분들이 함께 묶인 구조, 특히 어떤 것을 둘러싸거나 지지하기 위해 설계된 것, 틀(frame) 또는 골격(skeleton)"이다. 이론적 틀의 경우에, 이 정의에서 '부분'이라고 부르는 것은 이론들(theories)이고, 지지를 받는 것은 개념적 틀에 내재하는 관계이다. 더 구체적으로, 이 부분들은 공식적(formal) 이론들이고 경험적 연구를 통해 탐색되고 나타나는 것들이다. 따라서 이론적 틀을 구성하는 이론들은 대체로 학술적 문헌에서 발견할 수 있다. 이론적 틀은 다른 연구에서 빌려올 수도 있고 연구의 목적을 위해 연구자가 구성할 수도 있다. 이 모두의 경우에, 이론적 틀은 연구자의 개념적 틀의 어떤 측면을 조명하는 방식으로 공식적 이론들을 조합 또는 결합한 것을 나타낸다(Ravitch & Riggan, 2017: 11-12).

이론은 매우 많은 서로 다른 유형의 관계를 설명할 수 있으므로, 이론적 틀은 종종 다층적이며 복잡하다. 이론적 틀은 이 여러 층들을 가로질러 응집되어(cohesion) 있다. 손 씻기의 예로 돌아가서, 이론적 틀에는 위생 프로토콜이 단순하고 명료하게 진술되어 있어도 일관성 있게 지켜지지 않는 이유를 설명하고자 하는 이론들이 포함될 수 있다. 과정의 측면에 토대를 둔 틀에는 응급실과 같은 특정 상황에 근무하는 직원의 더 광범위한 직무 흐름에 결합되는 방식이 포함될 수 있다. 조직 문화에 토대를 둔 틀은 부하 직원들이 그들이 절차들을 준수하지 못하였을 때 의사들을 만나는 것이 안전하거나 편안하다고 느끼는지에 초점을 둘 수 있다. 행동 경제학이나 행동 심리학에 토대를 둔 틀은 의료 직원들이 실시간 피드백 또는 동료 효과를 통해 프로토콜을 준수하도록 종용될 수 있는 방식을 고려할 수 있다. 이 예에서, 단 하나의 '올바른(right)' 이론적 틀은 없으며, 그들은 상호 배타적이지 않다. (사실상, 세 가지 모두 병원 환경에서 준수를 강화하고 감염을 줄이기 위해 사용되었고 효과가 있었다.) 그러나 각자는 하나의 관찰된 현상을 서로 다른 도구와 방법을 동원하여 서로 다른 방식으로 설명하려고 하였다(Ravitch, & Riggan, 2017: 12).

Ravitch와 Riggan(2017: 12)은 위와 같이 개념적 틀의 요소들을 설명하였으나 이들은 모두 통합되어 있다고 말한다. 주제별 연구는 그 연구의 '무엇(what)'을 서술하고 이론적 틀은 '왜(why)'와 '어떻게(how)'를 명료화한다. 그리고 개념적 틀은 정체된 것이 아니라 지속적으로 변하고 발전해간다.

제4절 개념적 틀의 예시

1. 연구자

Angela Lee Duckworth는 1992년 Harvard University에서 신경생물학 전공으로 학사 학위를 받았고, Oxford 대학교에서 신경 과학 전공으로 석사 학위를 받았다. University of Pennsylvania에서 심리학 전공으로 박사 학위를 받았다. Duckworth는 저소득 가정 자녀를 위한 비영리 여름학교를 설립하여 운영하였다. 또한 McKinsey 경영 컨설턴트를 역임하였고 5년간 San Francisco, Philadelphia, New York City에서 공립학교 수학 교사를 역임하였다.

2. 맥락: 연구의 개요

Duckworth는 그릿(grit, 근성)이라는 명칭을 정하기 이전부터 그것이 중요하다는 것을 알았다. Duckworth는 5년간 수학 교사로 재직하는 동안 학생들이 자신들의 능력 때문이 아니라 지속적으로 노력하여 완성하려는 의지 때문에 성공하기도 하고 힘들어하기도 한다는 것을 목격하였다. Duckworth는 몇몇 학생들을 마지막 순간까지 해내도록 돕지 못하여 내내 좌절과 실망에 휩싸이곤 하였다. "나는 5년 동안의 교실에서의 경험에 비추어 많은 학생들이 너무 일찍 포기한다는 것을 직관적으로 알고 있었다." Duckworth는 면담에서 이처럼 말하였다. "나는 언덕 너머에 무엇이 있는지 알고 있었다. 그러나 나는 그들이 그 언덕을 넘을 수 있게 하지 못하였다. 언덕을 넘으면 모든 일들이 잘될 것임을 그들이 볼 수 있도록 하지 못하였다. 대학원 시작 단계부터 나는 끈기(persistence)에 대해 연구하겠다고 생각하였다"(Ravitch & Riggan, 2017: 36).

그러나 끈기는 Duckworth의 초기 연구의 초점이 아니었다. 대신에, Duckworth는 자기 통제에 대해 연구하기 시작하였다. 이는 Duckworth가 직관적으로 알고 있었던 학생이 교실에서 성공하기 위해 중요한 다른 특질이었다. 이 두 가지 연구 방향의 중심에는 오래되고 흔한 질문이 있었다. "어떤 사람들은 더 많이 성취하고 어떤 사람들은 덜 성취하는 이유는 무엇인가?" 좀 더 구체적으로, "이 사람들이 비슷한 사회적 맥락에서 생활하고 비슷한 능력을 가지고 있을 때도 결과가 다른 이유는 무엇인가?"(Ravitch & Riggan, 2017: 37)

이런 질문들에 대한 대답에서 그릿이 중요한 일부라는 주장을 전개하기 이전에, Duckworth는 그것을 정의해야 하였고, 그것이 능력(ability)이나 '다섯 가지(Big Five)' 성격 특성과 같은 다른 특성들과 다르다는 것을 보여주어야 하였다. Duckworth의 논문은 세 가지 중요한 목적을 지녔다. 그릿이 무엇인지 정의하고 설명하고, 그것이 독특하고 구별되는 구안임을 정립하고, 그것이 중요하다는 것을 강조하는 것이었다(Ravitch & Riggan, 2017: 37).

3. 개념적 틀의 형성 과정

개념적 틀이 어떻게 형성되었는지에 대해서는 논문 자체에 일부가 제시되어 있다. 그러나 면담에서 보여준 Duckworth 자신의 연구 과정과 자신이 배운 것에 대한 성찰이 진실로 그것을 밝게 조명한다. 첫째, Duckworth의 개인적 관심, 목표, 정체성, 입장(positionality)에 대한 설명이 보여주듯이, 그녀의 그릿 이야기는 경험과 직관이 중요함을 보여준다. 문헌 조사(주제별 연구와 이론적 틀 모두)는 개념적 틀의 형성과 정교화에 중요한 역할을 수행하지만, 반드시 그것만이 이를 낳지는 않는다. 여러분의 과정에서 주의 깊고 사려 깊으면, Duckworth와 같이, 여러분은 여러분의 직관과 가정들에 대해 정교화하고 재고찰할 많은 기회를 가질 것이다(Ravitch & Riggan, 2017: 53-54).

둘째, 비공식적인 방법들—사물에 대해 심사숙고하기, 저널 작성하기, 동료와 논의하기—은 사실상 학습 과정의 중요한 부분이다. 성공한 사람들에 대한 다큐멘터리를 시청하거나 비공식적으로 사람들을 관찰하는 것은 공식적인 연구만큼 또는 그 이상으로 Duckworth의 사고 형성에 도움을 주었다. Duckworth는 "나는 자료를 앞에서 뒤로 왔다 갔다 하면서 살펴보지만, 솔직하게 나는 ANOVA와 ANCOVA을 통해서보다는 대화하기, 관찰하기, 꿈꾸기, 사고하기를 통해 사고하고 배웠다"라고 회상하였다. 연구는 행하는 것일 뿐만 아니라 사고하는 것임을 기억하라. 연구 과정에는 공식적이고 기법적인 단계가 있고, 이것들은 출판된 논문과 저서에 보고되는 경향이 있다. 그러나 여러분이 그런 측면들에 너무 일찍 초점을 두게 되면, 여러분은 궁극적으로 연구를 의미 있게 만들 질문 제기와 문제 해결이라는 기초적인 활동을 소홀히 할 수 있다(Ravitch & Riggan, 2017: 54).

마지막으로, 개념적 틀을 상세화하는 것이 연구자의 방법론적인 선택에 영향을 미치는 것처럼, 연구 결과 또한 개념적 틀에 돌아가 영향을 준다. 그리고 학술적 연구는 논지를 구조화하고, 발표하고, 입증하는 것일 뿐만 아니라 연구자로서 학습해가는 과정임을 기억할 필요가 있다(Ravitch & Riggan, 2017: 54).

제5절 개념 지도

1. 개념 지도의 개요

초보 연구자에게 이론의 개발과 사용이 질적 연구의 가장 어려운 과제일 수 있다. 이러한 이론의 개발과 명료화를 위한 도구는 개념 지도 그리기(concept mapping)로 알려져 있다. 이것은 원래 Joseph Novak(Novak & Gowin, 1984)이 개발한 것으로, 처음에는 학생들이 과학을 어떻게 학습하는지 이해하기 위한 방법이었는데, 나중에는 과학을 가르치는 도구가 되었다. 비슷한 전략은 Miles와 Huberman(1994: 18-22)이 개념적 틀(conceptual framework)이라고 부른 것이다. Anselm Strauss(1987: 170)는 자신이 통합적 그림(integrative diagram)이라고 부른 세 번째 변형을 제시하였다(Maxwell, 2013: 54).

한 이론의 개념 지도는 그 이론의 시각적 표현이다. 여러분이 연구하는 현상에 관하여 어떤 일이 일어나고 있는지를 이론이 말하는 것을 나타내는 그림이다. 이 지도들은 연구 그 자체를 묘사하는 것은 아니며, 연구 설계나 연구 계획서의 특정 부분도 아니다. 그러나 개념 지도는 연구의 설계나 연구의 수행(operation)을 시각적으로 나타내기 위하여 사용할 수 있다. 오히려 개념 지도 그리기는 연구 설계를 위한 개념적 틀을 개발하고 표현하는 도구(tool)라고 볼 수 있다. 이론과 마찬가지로, 개념 지도는 두 가지로 구성된다. 이들은 개념들과 이들 사이의 관계이다. 이들은 대체로 이름을 가진 원이나 사각형 그리고 이들을 연결하는 화살표나 선으로 표현된다(Maxwell, 2013: 54).

개념 지도를 만드는 이유는 두 가지로 정리할 수 있다. 첫째, 연구자의 암묵적인 이론이 무엇인지 종합하고 시각적으로 표현하는 것 또는 선행 연구를 명료화하는 것이다. 이를 통해, 이론의 시사점, 한계, 연구와의 관련성을 볼 수 있다. 둘째, 이론을 개발하는 것이다. 메모와 마찬가지로, 개념 지도는 '종이 위에서 사고하기'의 방법이다. 이를 통해, 여러분이 기대하지 않은 연결을 보거나, 여러분의 이론에서 부족한 점(holes)이나 모순을 확인하거나 이들을 해결할 방법을 찾을 수 있다(Maxwell, 2013: 54).

개념 지도는 대체로 여러분에게 가장 도움이 될 수 있는 지점까지 도달하기 위하여 여러 번의 재작성 과정(시행착오)이 요구된다. 처음 시도로 마지막 지도를 만들어낼 것을 기대하지 말라. 더욱이, 어떤 지도도 여러분이 연구하는 현상의 중요한 모든 것을 포착할 수 없다. 모든 지도는 좀 더 복잡한 실재에 대한 단순화되고 완전하지 않은 모형이다(Maxwell, 2013: 54).

개념 지도를 개발하는 한 가지 유용한 방법은 화이트보드나 칠판에서 작업하는 것이다. 이곳에서 여러분은 잘 만들어지지 않은 것으로 보이는 성공적이지 않은 지도를 삭제할 수 있고, 가능한 배열과 연결을 다양하게 시도해볼 수 있다. 이 방법의 단점은 여러분이 여러 번 시도한 결과를 자동적으로 누적하여 기록하지 않는다는 것이다. 그런 누적 기록은 여러분의 이론이 어떻게 변하였는지를 이해하고 동일한 실수를 반복하지 않게 도울 수 있다. 개념 지도를 그리는 데 사용할 수 있는 컴퓨터 프로그램들이 있다. 많은 사람들은 Inspiration을 자주 사용하였다. Strauss(1987: 171-182)는 그의 학생인 Leigh Star가 자신의 연구를 위해 개념적 틀과 개념 지도를 개발하는 것을 도우면서 나눈 컨설팅 대화의 전사 기록을 제시하였다(Maxwell, 2013: 54-55).

2. 개념 지도 그리기

먼저, 여러분은 관련된 개념들이 필요하다. 이들은 선행 이론, 여러분의 경험, 여러분이 연구하는 참여자(일이 어떻게 일어나는지에 대한 그들 자신의 개념)에서 얻을 수 있다. 중요한 것은 이 시점에서 여러분이 연구하는 현상에 대하여 우선적으로 새로운 이론을 창조해내는 것이 아니라, 여러분이 이미 가지고 있는 이론을 표현하려고 시도하는 것이다(**[그림 9.1]** 참조; Maxwell, 2013: 62-63).

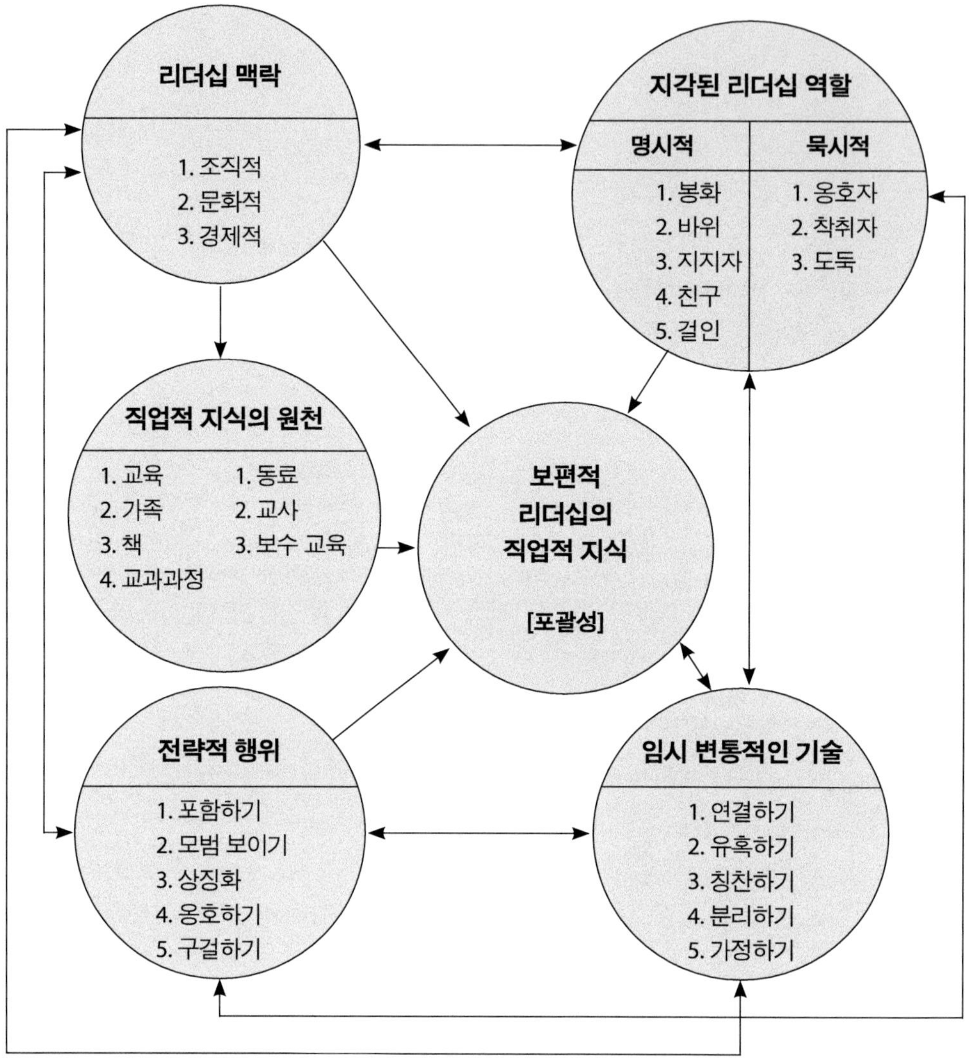

그림 3.1. 뉴펀들랜드 교장의 직능 지식에 관한 연구

출처: "Swamp Leadership: The Widom of Craft" by B. Croskery, 1995, unpublished doctorial disertation, Harvard Graduate School of Education.

[그림 9.1] 개념 지도 예시

출처: 이명선 외 역(2009: 59).

이런 개념 지도에는 어떤 활동이나 사건이나 프로그램과 같은 좀 더 구체적인 것을 의미하는 단어보다는 그런 활동, 사건, 프로그램과 같은 것의 바탕에 있고 이들을 좀 더 추상적으로 이해하게 하는 개념이나 준거를 나타내는 용어를 사용하는 것이 좋다. 이는 이런 소수의 핵심적인 용어들이 연구의 주제와 연구 목적과 연구 질문 등을 포괄적이고 일반적인 수준에서 나타내주고 연구의 핵심적인 내용이 무엇인지 한눈에 볼 수 있게 해주기 때문이다. 질적 연구에서는 참여자의 활동 그 자체를 서술할 뿐만 아니라 그 활동의 이면에 놓인 의미를 함께 드러내는 연구 결과를 제시하고자 한다. 따라서 이런 의미를 독자에게 전달하기 위해서는 조금 더 추상적이고 일반적인 개념이나 준거 수준의 용어를 사용하여 개념 지도를 그리는 것이 좋다.

여러분이 이것에 대하여 분명한 개념적 틀을 가지고 있지 않다면, 여러분의 지도를 그리기 위해 사용할 수 있는 여러 전략들이 있다.

(1) 이 주제에 대하여 여러분이 이야기할 때 사용하는 핵심 용어에 대하여 생각해보라. 그들은 아마도 여러분의 이론에서 중요한 개념들을 나타낼 것이다. 여러분의 연구에 대하여 이미 작성한 것들에서 직접 가져올 수 있다.
(2) 여러분이 이미 작성한 어떤 것을 가지고 이것의 암묵적인 또는 명백한 이론을 지도로 나타내보라. 종종 이것은 시각적으로 사고하지 않고 문장으로 작성하는 것을 선호하는 사람들을 위한 최선의 접근이다.
(3) 하나의 주요 개념, 아이디어, 또는 용어를 가지고 이것과 관련될 수 있는 모든 것을 브레인스톰하고 되돌아가서 여러분의 연구와 가장 직접적으로 관련되는 것으로 보이는 것들을 선택하라.
(4) 다른 사람에게 요청하여 여러분의 주제에 대하여 여러분을 면담하게 하라. 여러분의 생각에 어떤 일이 왜 일어나고 있는지 질문하게 하라. 그리고 녹음된 테이프를 들으면서 대화 중 여러분이 사용하는 주요 용어를 기록하라. 문헌이 아닌 여러분의 경험에 토대를 둔 개념을 무시하지 말라. 이것들이 여러분의 개념적 틀에서 중심이 될 수 있다.

여러분이 작업할 몇몇 개념들을 도출한 이후에 이들이 어떻게 서로 관련되는지 자신에게 질문하라. 그들 사이에 어떤 연결이 보이는가? Leigh Star(Strauss, 1987: 179)는 하나의 범주나 개념에서 시작하여 다른 것들로 '덩굴손(tendrils)'을 그리라고 제안하였다. 여러분이 사용하는 개념들 사이에 어떤 중요한 연결이 있다고 생각하는가? 개념 지도에서 중요한 것은 원이 아니라 화살표이다. 이것은 개념들이나 사건들 사이의 예상되는 관계를 나타낸다. 여러분 자신에게 다음과 같이 질문해보라. 이 특정한 화살표는 무엇을 의미하고 무엇을 나타내는가? 추상적인 것만 다루지 말고 여러분이 다루고 있는 구체적인 것을 생각해보라. 여러분이 처음에 선택한 범주나 배열에만 머물지 말라. 개념들을 엮는 여러 방법을 브레인스톰하라. 범주들을 이리저리 움직여보면서 가장 적절한 것을 찾으라. 그림에 대하여 질문을 던져보고, 연결선을 그려보고, 의미가 있는지 생각해보라(Maxwell, 2013: 62-63).

마지막으로 여러분이 연구하는 현상에 대하여 이 개념 지도가 말하는 것이 무엇인지에 대하여 내러티브 또는 메모를 작성하라. 그림에 나타난 아이디어를 문장으로 나타내보라. 이런 개념 지도는 여러분의 이론을 개발할 방법을 제안한다. 예를 들어, 그것은 여러분의 개념 지도 안의 어떤 것이 여러분이 필요한 실제 개념 또는 관계를 위한 빈 공간(placeholder)인지를 지적할 수 있다. Becker(2007: 83)는 그런 관계를 "자신은 아무 것도 의미하지 않으나 진정한 아이디어를 요구하는 장소를 가리킨다"라고 말하였다.

제6절 분석의 틀

1. 분석의 틀 개요

필자가 국내에서 질적 연구 보고서나 질적 논문을 작성한 이후 이를 심사 받는 과정에서 양적 연구에 익숙한 심사 위원이나 질적 연구에 익숙한 심사 위원을 막론하고 그 보고서나 논문의 분석 틀이 무엇인지, 그 안의 개념(준거)들의 의미는 무엇인지, 연구 결과는 어떤 분석 틀에 따라 도출되었는지, 또는 연구 결과를 이해하고 해석하게 돕는 분석 틀은 무엇인지에 대한 질문을 많이 받았다. 그리고 이 분석 틀을 구성하는 주요 개념(준거)들은 어떻게 도출되었는지, 이것들을 이용하여 질적 자료를 분석하는 세부 단계들과 과정들은 어떠하였는지에 대한 상세한 설명을 요구받았다.

위에서 살펴본 개념적 틀은 연구 계획서에서 제시하고 논의하는 경향이 있다면, 논문 심사의 중간이나 최종 단계에서는 분석 틀에 대한 논의가 강조되는 경향이 있다. 이 분석 틀에 포함된 주요 개념(준거)들은 주로 선행 연구에 토대를 두고 개발한 개념적 틀에 이미 반영되어 있다. 또한 분석 틀은 자료 수집 및 분석 과정에서 수정, 변화, 발전의 과정을 거듭하는데, 이는 자료에 나타난 참여자의 경험이나 삶의 특징 및 의미를 최적의 수준으로 나타내고자 하는 목표를 지향하는 과정이라고 볼 수 있다. 따라서 최종적으로 수정이 완료된 분석 틀은 참여자의 삶과 경험을 나타내는 연구 결과의 축소판이나 요약문, 또는 독자가 연구 결과를 읽고 이해하는 데 도움을 주는 모형 또는 얼개와 같은 것으로 볼 수 있다. 필자의 경험에 따르면, 질적 자료 분석을 위해서는 관련된 선행 연구에 대한 깊은 이해와 연구 결과에 나타난 다양한 행위들에 새로운 이름을 부여하거나 새로운 의미를 도출하거나 행위들의 관계를 새롭게 해석하는 등의 심오한 지적 활동이 요구된다. 따라서 학위 논문을 작성하는 초보 연구자들이 독립적으로 자료 분석을 수준 높게 수행하기 어려우므로 지도 교수의 도움을 받으면서 수행하는 경향이 있다.

분석의 틀이 완성된 이후에는 이 분석의 틀의 변천 과정을 초기, 중기, 후기 등으로 구분하여 상세하게 제시하는 것이 좋다. 이는 독자로 하여금 연구자가 개념적 틀과 연구 결과 사이를 오가며 어떻게 수집한 자료를 분류하고 유목화하고 범주화하고 요소들 간의 관계를 찾으면서 분석해갔는지를 알 수 있게 할 것이며, 이로써 또한 연구 결과의 타당도를 높이는 데도 기여할 것이다.

2. 분석의 틀 예시

가. 교육과정 운영

첫째 예시는 필자가 참여한 제7차 국가 교육과정 운영 실태 분석 연구를 위해 작성하였던 것이다(성경희 외, 2003: 51). 이 연구에서는 제7차 교육과정의 운영 실태를 분석하기 위하여 제7차 교육과정의 특징적 요소인 (1) 재구성, (2) 학습자 중심, (3) 다양화 · 특성화의 세 가지 요소를 추출하여 분석 준거로 설정하였다. 이 세 가지 준거는 제7차 교육과정이 표방하고 있는 '학습자 중심의 다양하고 특성화된 만들어가는 교육과정'의 기본 방향에서 추출된 것으로, 교과 교육과정의 운영을 통해 구현하고자 하는 제7차 교육과정의 대표적인 기본 정신이라고 볼 수 있다(성경희 외, 2003: 51). 즉 이 연구의 분석의 틀에 사용된 준거는 제7차 교육과정 문서에서 도출한 것임을 설명하였다.

이 세 가지 준거들은 서로 분리하여 논의하기 어려우며 의미상 상호 배타적이지도 않음을 주목할 필요가 있다(**[그림 9.2]** 참조). 예를 들면, 재구성의 경우, 국가 수준의 교육과정을 시 · 도와 단위 학교에서 재구성할 때 다양한 지역별 특수성과 학생 개개인의 특성을 반영하여 구체화하게 되므로, 사실상 재구성, 학습자 중심 및 다양화 · 특성화의 개념이 서로 교차되고 있음을 알 수 있다.

또한 이 세 준거들은 우선순위나 우열의 개념으로 구분되기도 쉽지 않다. 이 연구에서는 논의의 편의를 위하여 재구성, 학습자 중심, 다양화 · 특성화의 순서로 언급하였다. 아울러, 위의 세 가지 준거들은 누가 정의를 내리느냐에 따라 조금씩 다른 의미로 해석되기도 한다. 따라서 본격적인 논의에 들어가기 전에, 제7차 초등 교과 교육과정

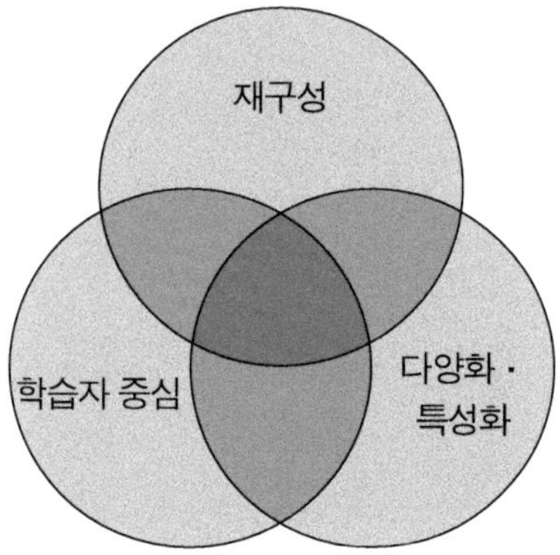

[그림 9.2] 제7차 교육과정 운영 분석을 위한 세 가지 준거(성경희 외, 2003: 52)

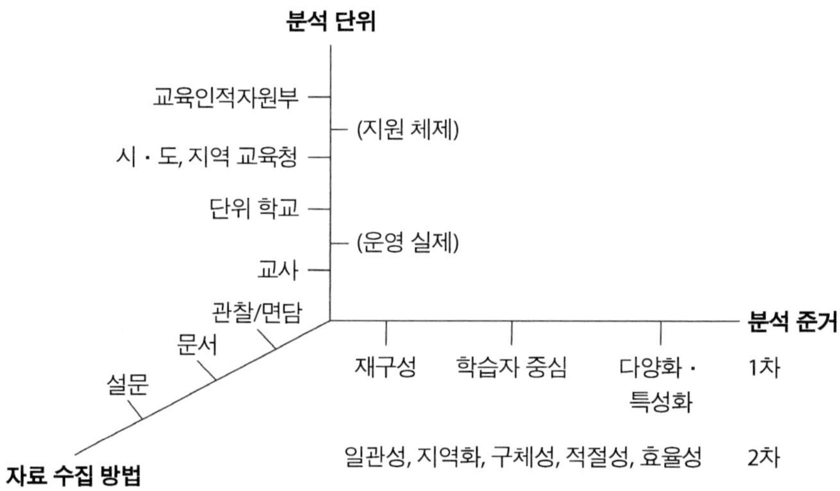

[그림 9.3] 일반 분석 틀(성경희 외, 2003: 56)

운영 실태 분석 연구에서 각 준거가 지니는 의미와 활용되는 맥락을 먼저 제시하였다.

[그림 9.3]은 일반 분석 틀을 나타내는데, 분석 준거, 분석 단위, 자료 수집 방법을 포괄적으로 나타내준다. 이 연구는 14명의 공동 연구원이 참여하여 전국 3개 시 · 도 교육청 소속 초등 관련 장학사 및 교사 2,011명을 대상으로 설문 조사를 하였고, 27개교에서 수업 관찰을 하였고, 27개교 125명을 대상으로 면담을 실시하였던 대규모 공동 연구였다. 이런 규모가 아닌 학생 각자가 작성하는 학위 논문의 경우, 분석 틀은 분석 준거를 중심으로 작성하는 것이 좋다. 이것이 자신의 연구를 선행 연구에서 확인한 이론들과의 관련 속에서 설명하면서 학문 공동체에 학술적으로 기여하는 점이 있다면 무엇인지를 전달하는 좀 더 효과적인 방법일 것이다.

나. 프로젝트 학습

이 예시는 석사 학위 논문에 제시된 분석의 틀이다(송진영, 2008). 이 논문에서 적용한 프로젝트 학습 전과 후의 학생의 변화 분석을 위한 준거는 선행 연구에서 인용한 것이다. 그런데 이 연구자의 자료 수집 이후 이를 분석하는 과정에서 개념적 틀에 변화를 주지 않아 네 가지 준거가 그대로 남은 사례이다. 이는 연구자가 선행 연구에서 제시한 프로젝트 학습의 과정과 절차를 충실하게 따랐으며, 이에 따라 나타난 학생의 변화도 선행 연구에서 제시한 학생의 변화와 별 다른 차이가 없었기 때문이라고 볼 수 있다. 그렇지만, 연구 결과에 제시한 세부 내용을 보면 네 가지 준거에 속하는 세부 사항들이 다른 어느 논문에서도 발견하기 어려운 참여자들의 독특한 세부적이고 상세한 변화를 서술하고 있음을 확인할 수 있다.

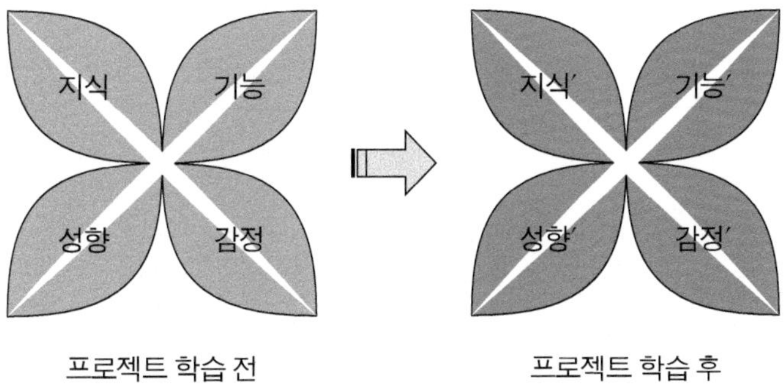

[그림 9.4] 프로젝트 학습 전과 후 학생의 변화

〈표 9.1〉 프로젝트 학습에서 학생의 변화 분석을 위한 준거와 내용

분석 준거	내용
지식 (knowledge)	학습하면서 새로운 정보와 개념을 접하여 습득한 새로운 지식
기술 (skill)	문제를 해결하는 것(학습 기능에는 쓰기, 읽기, 셈하기, 측정하기 등이 포함되고, 사회적 기능에는 형동, 토의, 논쟁, 협의, 팀워크 등이 포함된다. 그리고 표현 기능은 언어, 그림, 입체, 신체 등의 다양한 표현 양식을 사용하여 자신의 생각이나 느낌을 표현할 수 있는 능력을 의미한다.)
성향 (disposition)	학습 경험에 대해 비교적 지속적으로 독특하게 반응하는 정신적 습성 또는 행동 유형
감정 (feeling)	주관적으로 느끼는 감정적 또는 정서적 상태의 변화(긍정적인 자아 개념, 자신감, 집단에 대한 소속감, 안정감 등의 변화)

다. 서술형 평가

이 예시 또한 석사 학위 논문에 제시된 분석의 틀이다(고승아, 2013). 이 논문에서 적용한 서술형 평가 과정에서 학생의 변화 분석을 위한 준거는 선행 연구에 토대를 둔 것이되 연구자의 자료 수집 및 분석 이후 대부분 새롭게 정립한 것들이다(**[그림 9.5]**). 이는 서술형 평가라는 세부 주제에 관련된 선행 연구가 많지 않았고, 따라서 이 연구자는 자료 수집 이후 이를 분석하는 과정에서 개념적 틀에 많은 변화를 주었다고 볼 수 있다. 그리고 서술형 평가의 시행 과정에서 이 준거들의 세부 내용은 초기, 중기, 후기에 따라 다르게 나타났다(**〈표 9.2〉**). 즉 이 세 시기별로 중심적인 역할을 하는 준거는 다르게 나타났다. 이는 서술형 평가의 과정에서 학생들이 시간의 경과에 따라 준거별로 다른 변화 양상을 나타냈음을 알 수 있다.

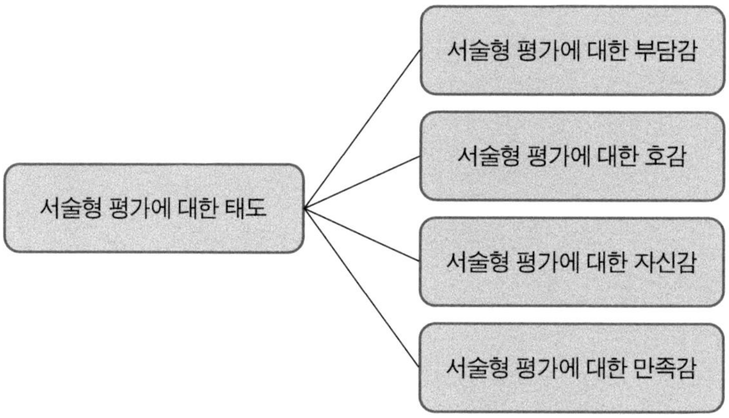

[그림 9.5] 서술형 평가에서 학생의 변화 분석을 위한 준거

<표 9.2> 서술형 평가에서 학생의 초기, 중기, 후기 변화 분석을 위한 준거

상위 분석 준거	하위 분석 준거		
	초기	중기	후기
서술형 평가에 대한 부담감	서술형 평가에 대한 무관심	아직도 부담스러운 서술형 평가	
	서술형 평가에 대한 부담감	서술형 평가에 대한 부담감 감소	
	서술형 평가에 대한 기대감		
서술형 평가에 대한 호감		여전히 싫은 서술형 평가	서술형 평가에 대한 호감 키우기
		좋아지는 서술형 평가	
서술형 평가에 대한 자신감	내가 잘할 수 있는가	서술형 평가에 대한 자신감 갖기	서술형 평가에 대한 자신감 키우기
	내가 쓴 답도 맞는가		
서술형 평가에 대한 만족감			평가 장면과 수업 장면의 일치에 만족하기
			부족한 부분을 알게 됨에 만족하기
			수업 내용을 되돌아보는 기회에 만족하기
			평가의 즉시성 및 피드백에 만족하기

제 4 부

질적 연구 실행하기

5. 침묵

제9절 면담 가이드

제10절 면담 초기 고려 사항

1. 연구자의 동기와 의도
2. 익명성
3. 최종 결정권
4. 보상
5. 로지스틱스

제11절 면담에 임하는 자세

1. 판단하지 말라
2. 응답자가 말하게 하라
3. 주의를 기울이라
4. 민감하라

제13장 자료 분석

제1절 Thomas(2021)

1. 해석적 탐구: 주제 도출
2. 계속적 비교 방법
3. 주제 그림 그리기
4. 근거 이론
5. 근거 이론에서의 코딩
6. 충분한 서술
7. 단어 군집
8. 자료 분석 범주의 준거

제2절 석사 학위 논문의 자료 분석 예시

1. 논문의 개요
2. 자료 수집
3. 자료 분석

제10장

현장 들어가기

현장 작업을 위해 처음으로 만나는 문제는 여러분이 현장에서 연구를 수행할 허락을 얻는 것(gaining access)이다. 어떤 연구자들은 참여자가 알지 못하는 동안에 자료를 수집하는 비밀(covert) 연구를 수행하면서 이를 피해 간다. 예를 들어, 그들은 그들이 무엇을 할지 알리지 않고 어떤 학교에 취직하거나 등록한다. 이런 식으로 어떤 연구들이 수행되었으나(예, McPherson, 1972), 많은 경력 연구자들은 초보 연구자들이 공개적인(overt) 연구를 수행할 것을 조언한다. 여러분의 관심을 이야기하고 여러분이 연구할 참여자의 동의를 얻어라. 대부분의 상황에서, 허락을 얻으면, 개방적 연구는 정규적인 종사자가 되어야 하는 의무에서 자유롭게 되고 여러분이 원하는 시기에 오고 갈 수 있다. 개방적인 역할을 맡을 때, 그 상황에서 만날 수 있는 사람들의 범위가 넓어진다. 거짓말은 어색할 뿐만 아니라 모욕적일 수 있다. 거짓으로 활동하다 발각되면 당황스러울 뿐만 아니라 라포르(rapport)에 치명적이다(Bogdan & Biklen, 2003: 75).

제1절 조직에 들어가기

여러분이 허락을 얻는 방법에는 여러 가지가 있다(Burgess, 1984: 38-50). 예를 들어, 여러분이 지역의 초등학교에서 참여 관찰 연구를 수행하고 싶다고 가정하자. 대부분의 학교에는 연구자에게 허락하기 위해 따르는 특정 절차가 있다. 들어가기 협상

(negotiating entry)에서, 첫 단계는 그 학교의 위계 질서와 규정에 대하여 어떤 것을 발견하는 것이다. 사람들—교수, 친구, 또는 학교에 대하여 아는 다른 사람—에게 어떻게 접근할지에 대한 조언을 구하라. 가능하면 몇몇 사람들과 상의하라. 여러분은 그 학교의 행정 직원에게 전화를 걸 수도 있다. 여러분이 연구의 허락을 얻기 위하여 전화를 걸었다고 말하지 말라. 허락을 얻으려면 어떤 절차를 밟아야 하는지에 대해 문의하라. 어떻게 표현할지에 대해 여러분의 상상력을 동원하라(Bogdan & Biklen, 2003: 75-76).

이런 초기 탐색에서 여러분은 그 학교의 공식적인 체제뿐만 아니라 비공식적인 체제에 대한 정보를 획득하는 데에도 관심을 가질 수 있다. 여러분은 그 학교에서 특별히 수용적이고 우호적인 사람의 이름과 같은 도움말을 구할 수 있다. 여러분이 정보를 얻으면, 그리고 합리적이라고 생각하면, 그 사람에게 전화하거나 방문하여 여러분이 생각하는 것을 의논하고 그 사람이 말하는 것을 들어보라(Bogdan & Biklen, 2003: 76).

여러분은 교장을 찾아갈 수 있다. 종종 교장은 이와 관련하여 중요한 것을 말할 수 있다. 교장은 종종 주요 문지기(key gatekeeper)이다. 여러분의 연구에 관련된 교사들과 다른 사람들을 만나 대화하는 것이 현장 들어가기의 허락을 받는 필요한 한 단계일 수 있다. 예를 들어, 어떤 교사의 교실에 관해 연구하고 싶다면, 교장을 만나기 전에 교사를 만나 허락을 받으면 유리하다(Bogdan & Biklen, 2003: 76).

여러분이 아래 단계의 학교와 상의하지 않은 상태에서 교육청의 허락을 받은 경우에도, 위계의 아래 단계에 놓인 사람들을 만나 협력을 구하는 것이 필요하다. 교육청에서 허락을 받았다는 문서를 들고 학교에 방문하는 것은 신경을 거스른다. 여러분이 공식적인 허락을 받을지라도 참여자들은 연구를 방해할(sabotage) 수 있다. 연구 수행의 허락을 얻는 것은 공식적 축복 이상의 것을 포함한다. 여러분이 시간을 함께 보낼 참여자와의 좋은 라포르 형성을 위한 토대를 놓는 것이 필요하다. 이것은 그들이 여러분과 여러분이 하는 일을 받아들이게 한다. 여러분의 수용에 그들이 참여(관여)하였다는 느낌이 들게 하는 것은 여러분의 연구에 도움이 될 것이다(Bogdan & Biklen, 2003: 76).

초보 연구자는 종종 어떤 강좌의 필수 과제로 자신의 첫 질적 연구 프로젝트를 수행하기도 한다. 이 학생들의 과제에 대한 설명을 듣고, 학교 교직원들은 그 요구를 여느 현장 실습과 마찬가지로 여길 것이다. 여러분이 이런 방식으로 들어가게 되면, 여러분에게 기대하는 것이 과도하지 않아 좋다. 여러분은 학생 멘토링(tutoring)이나 교직원이 여러분의 시간과 이동을 크게 통제하는 자리 등 특정 책임을 맡는 일을 피해야 한다(Bogdan & Biklen, 2003: 77).

어떤 IRB(인간 실험 대상자 보호를 위한 기관 윤리 심사위원회, Human Subjects

Committee라고도 부른다)는 수강 과정의 일부로 관찰 및 면담을 학습하는 사람들의 계획서를 심사하지 않으려 한다. 그들은 이것을 제대로 된 프로젝트가 아닌 연구 실습(simulation) 또는 유사 연구(pretend research)로 본다. 유사하게, 그들은 여러분이 장차 수행할 연구 프로젝트의 예비 면담 및 관찰을 사전 연구 활동으로 본다. 그들이 계획서를 심사하기를 원하는 것은 여러분이 석사 학위 논문, 박사 학위 논문, 학술지 논문 등에 필요한 자료를 수집하기 시작하는 지점에 이를 때이다. 다른 위원회는 규정을 더 엄격하게 해석하여 그것이 예비적이든, 연구법 개론 강좌에서의 실습이든 모든 사람에게 승인을 신청하도록 요구한다. 또한 여러분이 연구하는 장소에 설치된 위원회이거나 대학에 설치된 위원회이거나 어느 것이 여러분의 계획서를 심사하는지에 따라 다르다. 대부분의 대학은 다른 곳에서 심사를 받더라도 여러분의 계획서를 심사할 것을 요구한다. 이 문제들에 관하여 여러분의 기관에서 지도 교수나 IRB 위원장에게 문의하라(Bogdan & Biklen, 2003: 77).

현장의 문지기들이나 미래의 참여자들은 대부분의 대학(원)생을 위협적인 존재로 보지 않는다. 그들은 교수들이 교육적 실습을 요구한다는 것을 이해하며 학생들에게 수용적이다. 그들은 학생들이 세상에 대해 직접 경험을 통해 배우는 것이 좋은 아이디어라고 생각한다. 자신의 경력을 질적 연구자로 시작하는 많은 학생은 학교로 되돌아와서 과정을 거친 후에 학위를 받는다. 어떤 이들은 상을 받기도 하고 높은 지위를 얻기도 하면서 상당한 성공을 거둔다. 여러분이 현장 들어가기를 시도할 때, 여러분의 지위를 과시하기보다 낮추는 것이 좋은 아이디어이다. 사람들은 대체로 지위가 높은 사람들에게 종종 조심스러워하고 신중하다. 이것은 거짓말을 하라는 말이 아니다. 여러분이 가졌던 지위나 여러분의 배경 중 다른 측면들에 대하여 질문을 받을 때, 이 정보를 공유하되 가능한 한 낮은 자세로 하는 것이 좋다(Bogdan & Biklen, 2003: 77).

현장 들어가기 승인은 연구 초기뿐만 아니라, 새로운 영역으로 옮겨 가고 새로운 사람들을 만나는 때에도 필요하다. 연구 초기와 중간에 여러분 자신을 설명하는 동안에, 참여자들은 질문을 가질 것이며, 이것들은 반복하여 제기될 것이다. 다음은 자주 제기되는 질문들이다(Bogdan & Biklen, 2003: 78-79).

(1) 당신은 실제로 무엇을 할 것인가?
(2) 당신의 일은 조직에 지장을 줄 것인가?
(3) 연구 결과를 가지고 무엇을 할 것인가?
(4) 왜 우리를 선택하였는가?

(5) 우리가 이것을 통해 얻는 것은 무엇인가?

제2절 공공장소, 유사 공공장소에 들어가기

많은 연구가 공공장소(공원, 정부 건물, 공항, 열차와 버스 정류장, 해변, 거리, 공공 화장실 등) 또는 유사 공공장소(술집, 식당, 당구장, 극장, 가게 등)에서 진행된다. 이런 장소에서 연구자는 보통 문지기와 들어가기에 대하여 협상하지 않는다. 누구든 이런 장소에 갈 수 있다. 물론, 유사 공공장소(사적인 공간)에서 계속 관찰하려면 소유주나 관리인에게 허락을 받아야 할 수 있다(Taylor, Bogdan, & DeVault, 2016: 46).

이런 장소에 들어가기 위한 허락을 받는 것이 문제가 되지는 않지만, 참여 관찰자, 즉 참여자이지만 수동적인 관찰자는 그 장소에 대하여 알아가기 위한 그리고 정보 제공자와 상호작용하기 위한 전략을 수립할 필요가 있다. 처음에 할 일 중 하나는 그 장소 어디에서 시간을 보낼 것인가이다. 여러분이 적절한 장소에서 오랫동안 머물면, 조만간에 어떤 일이 일어날 것이다. Prus(1980)는 관찰자들이 공공장소 중 활동량이 많은 지점에 머물기를 추천하였다. 다르게 말하여, 사람들이 있는 곳으로 가서 누군가와 가벼운 대화를 나누라는 것이다(Taylor, Bogdan, & DeVault, 2016: 46).

Liebow(1967)는 거리의 흑인 남자에 관한 연구에서 자신이 주요 정보 제공자인 Tally를 어떻게 만났는지 서술한다. Liebow는 포장 전문 식당 앞 거리에서 강아지에 관하여 이야기하면서 Tally를 만났다. Liebow는 그날 Tally와 식당 안에 앉아서 커피를 마시며 네 시간을 함께 보냈다. Liebow가 Tally를 만난 후 그의 연구는 급물살을 탔다. 머지않아, Tally는 Liebow를 다른 사람에게 소개하였고 그를 친구라고 말하였다(Taylor, Bogdan, & DeVault, 2016: 46).

제3절 사적인 장소에 들어가기

참여적 관찰자가 사적인 장소(예, 가정)와 상황(어떤 활동은 어떤 범위의 상황에서 벌어진다)에 들어가기 승인을 얻는 것은 면담자가 정보 제공자를 구하는 상황과 유사하다. 상황들과 개인들을 찾아내야 한다. 각 개인과 연구를 위한 동의에 대해 협상해야 한다(Taylor, Bogdan, & DeVault, 2016: 47).

개인 프라이버시(privacy, 사생활)를 보호하기 위하여 많은 IRB들은 연구자가 조직과 다른 사람들에게 그들의 구성원들 또는 고객의 명단을 요구하거나 자신을 그 사람들에게 직접 소개해달라고 요구하는 연구를 승인하지 않을 것이다. 오히려 그들은 연구자들에게 그들의 연구를 소개하는 안내문이나 이메일을 작성하라고 요청할 것이다. 그리고 이를 조직을 통해 구성원들이나 고객에게 전달함으로써 참여에 관심이 있는 사람들이 연구자에게 연락할 방법을 제공하도록 요청할 것이다. 연구가 사람들의 특성에 초점을 두면서 그들(예를 들어, 심리 치료 환자나 그들의 가족 구성원)의 명성에 낙인 효과가 나타나거나 피해가 예상될 때, IRB들은 특별히 사생활 보호 조치(safeguard)를 요구할 것이다(Taylor, Bogdan, & DeVault, 2016: 47).

개인과 사적인 장소에 들어가기 허락을 받는 한 가지 접근 방법은 눈덩이 기법이다. 한 사람 또는 소수의 사람에서 시작하여, 그들의 신뢰를 얻고, 그들에게 다른 사람의 소개를 부탁하라. 친구, 친척, 개인적 지인에게 연락해보라. 사람들은 대체로 개인적 지인이 아는 여러 다른 사람들의 숫자에 대해 놀란다. 한 학급의 학생들을 대상으로 진행된 실험에서 Polsky(1969)는 1/3의 학생이 그들의 친구들과 친척들에게 참여자를 소개받을 수 있다는 것을 발견하였다(Taylor, Bogdan, & DeVault, 2016: 47-48).

제4절 라포르 형성하기

라포르는 여러 가지를 의미한다. 이는 참여자에게 공감의 감정을 전달하고 이를 진실하게 받아들이게 하는 것이다. 이는 참여자의 "외부인에 대한 방어벽"을 뚫고 들어가는 것이다(Argyris, 1952). 이는 참여자에게 상황과 다른 것들에 대한 자신들의 감정을 개방하게 하는 것이다. 이는 괜찮은(okay) 사람으로 보이는 것이다. 이는 사람들이 일상생활에서 부과하는 전선을 통과하는(breaking through the fronts) 것이다(Goffman, 1959). 이는 참여자의 상징적 세상, 언어, 관점을 공유하는 것이다(Denzin, 1978; Taylor, Bogdan, & DeVault, 2016: 58).

라포르는 서서히 형성되며, 잠정적이고 취약하다. 대부분의 사람이 누군가를 항상 모든 상황에서 전적으로 신뢰하는지는 의심스럽다. John Johnson(1975)이 말하였듯이, 라포르와 신뢰는 현장에서 두터워지기도 하고 약해지기도 한다. 비슷하게, Duneier(1999)는 여러 개월 동안 연구하던 거리 판매자들과 라포르를 형성하였다고 믿었는데, 그가 녹음기를 작동하게 두고 잠시 다녀온 이후에 그들은 그의 동기에 대해 의

심하게 되었다. 그는 라포르를 결코 당연한 것으로 보지 않아야 한다는 교훈을 얻었다. 참여자와 라포르 형성을 위한 절대적인 규칙은 없으나 몇 가지 가이드라인은 제공할 수 있다(Taylor, Bogdan, & DeVault, 2016: 58-59).

1. 참여자의 일상에 대해 존경을 표시하라

관찰자는 자신을 조절하여 참여자의 일상과 일을 하는 방식에 적응해야 라포르를 형성할 수 있다. 모든 사람은 어떤 특정한 방식으로 어떤 특정한 시간에 어떤 일들을 하기를 원한다. 관찰자는 그들의 일에 관여하지 말아야 한다. Polsky(1969: 129)는 범죄자들을 관찰하는 방법에 대해 조언을 준다. 이는 다른 사람들을 관찰할 때도 적용된다. "그가 TV 앞에 앉아 맥주를 마시면서 야구 경기를 관람하기를 원하면, 여러분도 그렇게 하라. 그가 거리를 걸으면서 여러 술집을 다니고 싶다면, 여러분도 그렇게 하라. 그가 경마장에 가고 싶다면, 여러분도 그렇게 하라. 그가 (어떤 이유에서든) 여러분이 사라질 시간임을 암시한다면, 여러분은 그렇게 하라." 우리가 아는 한 관찰자는 한 병원에 관한 연구에서, 직원 회의에 두 번이나 지각하고서 시간에 쫓기는 의사들에게 자신의 스케줄에 맞게 회의 시간을 조정할 것을 요청하였다. 이렇게 행위를 하는 것은 참여자들이 환영하지 않는다. 이 경우 연구 장소를 떠날 것을 요청받을 수 있다(Taylor, Bogdan, & DeVault, 2016: 59).

2. 공통점을 공유하라

가벼운 정보를 교환하는 것은 관찰자가 분위기를 바꾸는 도구로 사용될 수 있다. Bogdan의 실업자 훈련 프로그램 연구에서, 그는 낚시, 아이들, 질병, 과거 직업, 음식 등에 관한 대화를 통해 여러 참여자와 가까워지게 되었다. 그러나 압력 수준이 높은 전문가 직종에서는 사교가 부적절하고 환영받지 않을 수 있다(Taylor, Bogdan, & DeVault, 2016: 59).

Duke 가족에 관한 Taylor의 연구에서, Winnie와 Bill(부모)에게는 Taylor와 공통의 관심사를 찾는 것이 중요하였던 것 같다. 공통의 관심사는 대학 교수인 Taylor와 사회적 지원을 받는 장애인 가족 사이의 간극을 메우는 데 도움을 주었다. Bill은 자동차 수리에 대해 Taylor를 가르쳤고, 프로 레슬링 선수들에 대하여 가르쳤다. Winnie는 Taylor를 경험이 부족한 부모로 대하였고 자신의 자녀와 관련하여 아동 발달 및 아동 양육에 대하여 가르쳤다. Taylor는 Bill과 Winnie의 가르침과 조언을 기꺼이 받아들였다(Taylor, Bogdan, & DeVault, 2016: 59).

3. 참여자를 도우라

Johnson(1975)은 현장 작업 기간 동안, 운전, 짐 나르기, 아이 돌봄, 돈을 빌려주기, 지역 회의 티켓 받아오기, 노트 필기하기, 업무가 많을 때 전화 받기, 책 읽어주기, 책 빌려주기, 중고 자동차 구입 조언하기, 여성 근로자를 위한 보디가드하기, 편지 작성하기, 메시지 전달하기 등의 역할을 수행하였다. Bogdan의 제자는 중증 장애가 있는 40명의 어린 학생들을 지도하면서 인력 부족으로 어려움을 겪는 교사들에게 접근하기 어려웠다. 처음에 보조 교사들은 그에게 무뚝뚝하였다. 상황이 어려워지자 관찰자는 두 명의 보조 교사들이 어린 학생들에게 먹이는 일을 도와주었다. 그가 첫 학생에게 먹이기 시작하자, 보조 교사들은 마음을 열고 그들의 관심과 불만을 공유하였다. 처음으로 그들은 교사 라운지에서의 휴식 시간에 그가 함께할 것을 초대하였다(Taylor, Bogdan, & DeVault, 2016: 60).

Trimbur(2009: 263-264)는 어느 도시의 권투장에서 지내는 전과자들의 사회 재진입 경험에 대한 4년간의 현장 연구에서 여러 가지로 도우면서 관계를 형성할 방법을 찾았다. Trimbur는 권투 관련 여러 업무를 도왔다. 마우스가드(마우스피스, mouth guards)를 넣어주었고, 헤드기어(헬멧)와 얼굴에 윤활제를 발랐고, 등에는 Albolene 보습제를 발랐으며, 복싱컵(중심부 보호대)의 끈을 묶었다. 스파링 장면을 비디오 녹화하였고, 라운드 사이에 물과 침 뱉기 버킷을 제공하였고, 가끔 스파링에도 참여하였다. 요청을 받은 경우, Trimbur는 선수와 트레이너의 문서 작업에 관련되는 일을 도왔다. 여권 발급받기, 일자리 지원서 작성, 토너먼트 등록하기, 권투장까지 경로 알아오기 등을 수행하였다. 그녀는 GED 튜터링도 하였고 선수의 아이들을 위한 아이 돌봄도 많이 하였다. 경기일 밤에 권투장에서 일하였다. 때때로 권투장 경영에 관한 일도 도왔다. 그녀는 그 사람들과 공식적인 면담도 진행하였다. 그러나 그녀는 일상의 순간들에 발생한 대화에서, "그들의 손을 감으면서 대화하는 중에, 벤치에 앉아 스파링을 관람하면서, 힘든 운동 이후 그들과 식사를 같이 하면서," 가장 날카로운 통찰력을 얻었다고 말하였다(Taylor, Bogdan, & DeVault, 2016: 60-61).

4. 겸손하라

참여자들이 폭로의 두려움이나 부정적인 평가의 두려움 없이 연구자에게 자신을 표현하는 것이 중요하다. 그들은 겸손하다고 생각하는 사람, 그들보다 교육을 더 받았으나 세상 물정을 알고 아는 체하지 않는 사람에게 가장 잘 응답한다. 종종 연구자는 그 상황에 속한 모든 사람이 무엇을 생각하는지에 대해 가장 많이 알고 이해하는 사람일 수 있다. 이 지식은 자신 속에만 간직하는 것이 좋다. 참여자들이 말한 어떤 것을, 그것이 사적인 것과 연관되지 않았다고 하더라도, 폭로하지 않도록 유의할 필요가 있다. 지나치게 많은 지식을 드러내는 것은 연구자를 위협할 수 있고 위험에 빠지게 할 수도 있다(Taylor, Bogdan, & DeVault, 2016: 61).

5. 관심 있게 행위를 하라

여러분이 사람들이 말하는 것에 관심을 가지고 행위를 하는 것은 당연하다. 그러나 때때로 지루해하면서 행위를 하기 쉽다. 특히 참여자가 관련이 없거나 사소한 문제로 보이는 것에 관하여 대화를 독점할 때 그렇다. 질적 자료 수집에서 도전 중의 하나는 두 가지 마인드셋(mind-sets)을 유지하는 것이다. 일어나고 있는 일에 대해 외적으로 관심을 보이면서 어떻게 반응할지에 대해서 평가하는 것이다. 대화의 방향을 바꾸고 미묘하게 사람들을 피하는 방법이 있다(Taylor, Bogdan, & DeVault, 2016: 61).

제 11 장

관찰

관찰은 질적 연구에서 자주 사용되는 자료 수집 방법이다. 사례 연구, 민속지학 등에서 사용되는데, 특히 민속지학 연구에서 중요하다. 관찰은 면담과 비교하여 두 가지 차이점을 지닌다. 첫째, 면담은 지정된 장소에서 이루어질 수 있으나, 관찰은 연구하고자 하는 현상이 자연스럽게 나타나는 장소에서 이루어진다. 둘째, 면담에서는 세상에서의 경험에 대한 이차적인 설명이지만, 관찰은 해당 현상과의 일차적인 만남이다. 그러나 실제 자료 수집의 과정에서는 종종 비공식적 면담 및 대화가 진행되면서 동시에 관찰도 진행된다(Merriam & Tisdell, 2016: 137).

제1절 관찰의 네 가지 스펙트럼

연구자는 관찰자로서 자료를 수집하는 동안 여러 입장 중 하나를 취할 수 있다. 이 입장들은 완전 참여자(연구자는 관찰 집단의 구성원이다)에서 구경꾼(spectator)까지 이른다. Gold(1958)의 고전적인 유형 분류(typology)는 네 가지 가능한 입장들의 스펙트럼을 제공한다(Merriam & Tisdell, 2016: 144-145).

(1) 완전한 참여자: 연구자는 연구 대상인 집단의 구성원이며, 그 집단의 자연스러운 활동에 방해가 되지 않게 집단에 관찰자로서 해야 할 역할을 숨긴다. 이 방

법을 통해 얻을 수 있는 내부 정보는 있을 수 있는 불이익과 비교해야 한다. 이는 집단에 대한 외부적 관점의 상실, 연구 활동이 발각되었을 때 스파이 또는 반역자로 낙인찍히는 것, 다른 참여자를 속이는 의심스러운 윤리 등이다.

(2) 일부 관찰도 하는 참여자: 연구자의 관찰자 활동은 집단에 알려지고 이는 연구자의 참여자로서 해야 할 역할에 부수적이다. Schensul과 LeCompte(2013: 83)는 이것을 "연구자에게 적극적인 참여자의 역할을 수행하면서 현장에서 지내며, 사람들과의 일상적인 활동에 참여하면서 실제로 기록하는 일을 요구하는 자료 수집 방법"이라고 불렀다. 연구자는 연구자에게 드러나는 정보의 깊이와 이 정보를 얻기 위하여 집단에 약속된 비밀 유지 수준 사이의 균형을 유지할 필요가 있다.

(3) 일부 참여도 하는 관찰자: 연구자의 관찰자 활동은 집단에 알려진다. 집단에의 참여는 분명 정보 수집가의 역할에 부수적이다. 이 방법을 사용하여, 연구자는 많은 사람과 광범위한 정보에 접근할 수 있지만, 드러나는 정보의 수준은 참여자들의 통제를 받는다. Adler와 Adler(1998: 85)는 이것을 '주변적 구성원 역할(peripheral membership role)'이라고 불렀다. 이는 적극적인 구성원 역할을 하는 것과 다르다. 여기에서 연구자는 "관찰하되 집단 구성원의 핵심적 활동에는 참여하지 않으면서 내부자의 정체성을 얻기 위하여 구성원들과 밀접하게 상호 작용한다".

(4) 완전한 (비참여) 관찰자: 연구자는 참여자 집단에 숨겨지거나(예, 일방향 거울 뒤에 선다), 공항이나 도서관과 같은 완전한 공공장소에 존재한다.

최근의 연구는 다른 가능한 연구자 대 참여자의 입장을 정의하였는데, 이는 협력적 파트너이다. 이 역할은 위에서 제시한 완전한 참여자에 가장 근접하지만, 연구자의 정체성은 모든 참여자에게 공개된다. 교사 연구, 페미니스트 연구, 실행 연구, 참여 연구와 같은 영역에서 다양하게 정의되지만, 이 입장의 명백한 특징은 연구자와 참여자들이 연구 과정(연구 문제 진술, 자료 수집 및 분석, 결과의 작성 및 확산 등)에서 평등한 파트너라는 점이다(이 역할에 대한 추가 정보는 Cranton & Merriam, 2015; Herr & Anderson, 2015 참조).

제2절 관찰 대상

무엇을 관찰할지는 여러 요인을 고려하여 결정한다. 먼저 가장 중요한 것은 연구자의 연구 수행 목적이다. 다르게 말하여, 이론적 틀, 문제, 관심 있는 질문 등에 따라 관찰 대상을 결정한다. 연구자의 전공 영역에 따라 연구 문제가 설정된다. 교육자는 학생들이 어떻게 학습하는지에 관심을 가지고 한 학교를 관찰할 수 있다. 사회학자는 사회적 기관에 관한 관심을 가지고 이 학교에 방문할 수 있다. 실제적인 고려 사항에 따라 관찰 대상을 결정할 수 있다. 어떤 행위는 관찰하기 어렵다. 더욱이 연구자는 관찰에 헌신하기 위하여 시간, 돈, 에너지를 가지고 있어야 하고, 관심의 대상이 되는 기관의 운영자에게 관찰에 대한 허락을 받아야 한다. 관찰자는 관찰하는 장소에서 초기 인상과 느낌에 대해 개방적일 필요가 있다. 이는 초기 인상이 후속되는 관찰을 결정하기 때문이다. Schensul과 LeCompte(2013: 91)는 다음과 같이 말하였다. "연구 초기에는 연구자의 호기심이 관찰 대상을 결정하고, 시간이 흐르면서 반복되는 관찰과 질문을 통해, 물건, 항목, 행위 패턴, 사회적 관계 및 사건 등의 의미가 더 분명해질 것이다."

관찰 대상의 결정은 부분적으로 관찰자가 어느 정도 구조화되기를 원하는지에 따라 달라진다. 면담에 여러 유형의 구조가 있듯이, 관찰에도 여러 유형의 구조가 있다. 연구자는 어떤 사건, 행위, 사람에 대해 집중적으로 관찰하겠다고 사전에 결정할 수 있다. 코드표를 사용하여 특정 행위의 사례들을 기록할 수 있다. 덜 구조화된 관찰은 어떤 지역을 스캔하는 카메라에 비견될 수 있다. 무엇을 먼저 관찰할 것인지는 연구 문제에 따른다. 그러나 무엇에 초점을 둘 것인지와 어디에서 행동을 중단할 것인지는 사전에 결정하기 어렵다. 초점은 서서히 등장하기를 기다려야 하며, 이는 사실상 연구 기간에 변경될 수 있다(Merriam & Tisdell, 2016: 140).

그런데 누구도 모든 것을 관찰할 수는 없다. 연구자는 어디에선가 시작해야 한다. 여러 학자는 관찰 대상들을 열거하는데, 이는 관찰이라는 활동을 시작하는 데 필요하다. 어떤 장소에서도 확인할 수 있을 만한 요소들의 목록은 다음과 같다(Merriam & Tisdell, 2016: 140-142).

(1) 물리적 환경
(2) 참여자
(3) 활동과 상호작용
(4) 대화

(5) 미묘한 요소들
(6) 당신 자신의 행위

각 참여 관찰 경험은 자신만의 리듬과 흐름을 가지고 있다. 일정한 관찰 시간 또는 이런 방식으로 자료를 수집하는 데 소요되는 전체 시간은 연구 문제에 따라 달라진다. 관찰에 소요되는 이상적인 시간 분량은 없으며, 선호하는 어떤 관찰 패턴도 없다. 어떤 상황에서는 장기간에 걸친 관찰이 가장 적절할 수 있고, 다른 상황에서는 연구의 목적과 현실적 제약을 고려하여 짧으면서 주기적인 관찰이 가장 적절할 수 있다. 대부분의 연구자는 현장 활동을 배우는 기간에 한 시간 또는 그 이하의 관찰을 추천한다. 관찰에는 많은 양의 에너지와 집중력이 요구된다. 더욱이 가능한 한 관찰 이후 즉시 현장 노트를 기록할 것을 추천한다(Merriam & Tisdell, 2016: 142). **[부록 1]**에 필자가 Pennsylvania State University 대학원에서 질적 연구 강좌 수강 중 실습한 관찰 결과 보고서를 제시하였다.

각 연구자는 관찰의 세부 내용을 기억하고 기록하는 기법을 만들어낸다. 그러나 이것은 질적 연구 수행 중 매우 힘든 부분일 수 있다. 연구 초보자에게는 짧은 관찰 이후 자료의 회상 및 기록을 시도해볼 것을 조언한다. Taylor와 Bogdan(1984)은 나중의 회상을 위해 관찰 시간 동안 다음과 같은 활동을 하기를 추천한다(Merriam & Tisdell, 2016: 150 재인용).

- 주의를 집중한다.
- '넓은 각도(wide angle)'에서 '좁은 각도(narrow angle)'로 옮겨 간다. 즉 '정신적으로 다른 영역은 모두 잊어버리고 특정 개인, 상호작용, 또는 활동'에 집중한다(p. 54).
- 참여자가 말한 내용 중에서 나중에 중요할 것으로 여겨지는 핵심 단어를 찾으라.
- 각 대화에서 처음과 마지막의 언급에 집중하라.
- 대화나 관찰 중 쉬는 시간에 이미 언급된 내용과 장면을 정신적으로 재생해보라.

제3절 관찰자의 코멘트

현장 노트는 한 장소에서 일어난 일에 관한 서술과 함께 관찰자의 느낌, 해석, 예감, 선입견, 미래 탐구 영역에 대해서도 기록해야 한다. 이 개인적인 코멘트는 사용하는 용어[예를 들어, '나는 궁금해하였다(I wondered if)', 괄호의 사용, 또는 약어[관찰자의 코멘트(observer's comments)를 의미하는 O.C.]를 통해 서술적인 자료와 분명하게 구분해야 한다(Taylor, Bogdan, & DeVault, 2016: 85).

연구가 객관적이라고 배우고 훈련받은 사람들은 관찰자 자신의 느낌과 해석을 이해의 중요한 원천으로 여기는 것이 어려울 수 있다. 그러나 그 상황의 참여자로서, 그 사회와 문화의 구성원으로서, 연구자는 상황 속에 있는 사람들과 많은 느낌과 관점을 공유할 수 있을 것이다. 참여 관찰자는 참여자와 공감하고, 그들의 경험을 간접적으로 경험하고, 그들의 고통과 기쁨을 공유하는 방법을 배워야 한다. 여러분이 자신을 참여자의 개인적인 느낌으로부터 멀리하는 것은 참여자의 역할을 수행하면서 그의 관점에서 사물을 바라보는 것을 거절하는 것이다(Blumer, 1969; Taylor, Bogdan, & DeVault, 2016: 85 재인용).

여러분이 느끼는 것은 참여자가 느끼거나 과거에 느꼈던 것일 수 있다. 여러분은 다른 사람의 관점에 대한 통찰력을 얻기 위하여 여러분 자신의 느낌, 신념, 선입견, 이해, 가정을 이용해야 한다(DeVault, 1990; Kleinman, 1991). 이것들을 O.C.에 기록함으로써, 향후 조사와 분석을 위한 영역을 확인할 수 있다. 다음은 Taylor의 시설에 관한 연구 중 작성한 관찰자 코멘트이다(Taylor, Bogdan, & DeVault, 2016: 85-86).

> O.C. 오늘 밤 병동에서 나는 지루하고 우울하다. 나는 이것이 현재 두 명의 직원만 일하고 있다는 사실과 관계가 있는지 모르겠다. 두 명의 직원만 일하고 있으므로 주의를 돌릴 수 있는 것이 적고 말장난도 적다. 아마도 이것 때문에 직원들이 인원 수가 적은 것에 대해 항상 불평하는지 모르겠다. 결국, 두 명의 직원이 감당할 만큼 이상의 업무는 없다. 따라서 내가 불편한 것은 그들이 일을 완수할 수 없다는 사실 때문이 아니다.

제4절 장소와 활동에 관한 서술

연구 장소와 사람들의 활동을 현장 노트에 기록해야 한다. 현장 노트를 기록할 때, 장소와 활동에 대하여 매우 상세하게 서술하여 그 장소와 일어난 일들에 대한 정신적 그림을 그릴 수 있어야 한다. 어떤 연구자들은 카메라가 필름에 포착하듯이 내러티브적으로 나타내는 방식으로 작성하려고 노력한다(Taylor, Bogdan, & DeVault, 2016: 87).

여러분은 현장 노트를 작성할 때 평가적인 단어를 사용하지 않고 서술적인 단어를 사용하도록 주의를 기울여야 한다. 예를 들어, 어떤 방을 단지 우울하다고 서술하지 않고 다음과 같이 서술해야 한다. "그 방은 비교적 어두웠다. 구석과 창틀에는 먼지와 거미줄이 있었고 벽의 페인트는 벗겨져 있었다." 비슷하게 여러분은 사람들이 직업적 치료를 받고 있었다고 말하지 않고, 서술적인 용어로 활동을 기록해야 할 것이다. "세 명의 여성이 테이블에 앉아 있었다. 한 사람은 의자를 회초리로 때리고(caning) 있었다. 다른 두 사람은 색칠 그림책 위에 크레용으로 색칠을 하고 있었다. 담당 직원이 이 활동들을 '직업적 치료(occupational therapy)'라고 불렀다." 여러분 자신의 느낌, 평가, 해석은 관찰자의 코멘트에 기록해야 한다. 이렇게 함으로써, 여러분은 여러분 자신이 사물을 보는 같은 방식으로 다른 모든 사람이 볼 것이라고 가정하지 않고 탐구하거나 분석할 영역을 확인할 수 있다. 아래의 인용은 어떤 시설에 관한 Taylor의 연구에서 작성한 현장 노트의 일부이다.

> 내가 더 작은 기숙사에 들어갔을 때 소독 냄새와 뒤섞인 강한 배설물 냄새와 소변 냄새가 진동하고 있었다. (O.C. 나는 그 냄새가 무척이나 역겨워 그 장소에서 곧바로 벗어나고 싶었다. 그러나 간병인은 그 냄새에 신경 쓰지 않는 것 같았다. 어떤 이들은 익숙해졌다고 주장하였다. 다른 사람들은 아예 언급하지 않았다. 나는 이것이 나와 그들 사이의 차이점을 반영하는 것인지, 아니면 그들과 비교하여 내가 병동에 처음 왔다는 사실을 반영하는지 궁금하였다.)

여러분이 그 장소와 그 안에 있는 사람들의 위치에 대해 상세하게 서술함으로써, 참여자의 활동, 상호작용 패턴, 관점, 다른 사람에게 다가가는 방식 등의 본질에 대한 중요한 통찰력을 얻을 수 있다. 많은 종합 시설에서, 전면부—외부인에게 보이는—는 수용인(거주자, residents)들이 적절한 돌봄과 처치를 받는 자비롭고 전원적인 휴식 공간의 면모를 보이게 배열되어 있다(Goffman, 1961; Taylor, 1977; Taylor & Bogdan, 1980). 따라서 더 오래된 시설의 지면에는 키가 큰 나무들이 심겨 있고, 정원은 관리가 매우 잘되고 있으며, 위풍당당한 건물들이 세워져 있다. 행정부 건물은 잘 다듬어진 목조물과 바닥을 가진 구식 빅토리아 시대 또는 식민지 시대 구조를 띠는 경향이 있다. 시설은 때때로 가족 방문을 위한 특별실을 갖추고 있다. Goffman(1961)이 언급하듯이, 이 방들의 가구들과 실내 장식은 수용인들의 실제 생활 장소보다는 외부 기준에 더 근접하다(Taylor, Bogdan, & DeVault, 2016: 87).

이 전면부와 극도로 대조를 이루는, 수용인들이 생활하는 시설의 후면부는 수용인들에 대한 직원의 통제를 돕고, 병동의 질서와 청결의 효율적인 유지를 촉진하게 설계되어 있다(Taylor, 1977; Taylor, Bogdan, & DeVault, 2016: 88 재인용).

제5절 온라인 관찰

온라인 관찰(online observation)과 새로운 미디어 테크놀로지를 이용하는 관찰 자료 수집과 관련하여, 지금까지 디지털, 가상(virtual), 또는 사이버(cyber, 인터넷의) 민속지학에 대한 수많은 논의가 있었다(Ardévol & Gómez-Cruz, 2014; Boellstorff, Nardi, Pearce, & Taylor, 2012; Underberg & Zorn, 2013). Boellstorff와 동료들(2012)은 민속지학과 가상 세계에 관한 핸드북에서, 온라인 또는 가상의 세계 그 자체가 하나의 온전한(whole) 문화이기 때문에, 민속지학 방법은 가상 세계에 대한 이해와 결합될 필요가 있다고 주장하였다. 더욱이 온라인 공동체들은 또한 전형적으로 특정한 관심을 공유한 사람들로 구성된 더 큰 집단의 하위문화이다. 예를 들어, Gómez-Cruz는 디지털 사진 작가들의 디지털 사진 공유 활동에 관한 민속지학적인 연구를 수행하였다(Ardévol & Gómez-Cruz, 2014). 다른 사례에서 Waldron(2013)은 Banjo Hangout의 온라인 사이트에서 이루어지는 음악 교수 · 학습에 관한 사이버 민속지학 연구를 수행하였다. 이는 밴조 연주자들과 교사로 구성되었다. 그 사이트는 밴조 연주가들의 상호 간 요구에 따라 시작되었고 이는 오프라인 공동체뿐만 아니라 유튜브 및 다른 교수 · 학습 사이트에도 연결되어 있었다(Merriam & Tisdell, 2016: 158).

Waldron(2013)은 전적으로 컴퓨터 매개 의사소통 수단을 통하여, 즉 Skype 면담과 온라인 관찰 및 토론을 통하여 사이버 민속지학을 수행하였다. Waldron처럼, 많은 민속지학자는 온라인 공동체에서 문화를 관찰하기도 하고 토론에 참여하기도 하면서 자료를 수집하였다. 그러나 연구자들이 온라인 관찰을 통해서 민속지학 자료를 수집할 때 테크놀로지라는 독특한 매개를 고려해야 한다(Boellstorff et al., 2012). 많은 관찰의 쟁점들은 관찰자가 그 환경에 물리적으로 존재할 때와 동일하지만, 온라인과 가상의 환경에 독특한 다른 쟁점들도 있다.

첫 번째 쟁점은 물리적 관찰이라고 볼 수 있는 것과 온라인 문서라고 볼 수 있는 것을 구분하는 것이다. 이는 온라인 토론, 블로그 등에서 자주 자료가 배타적으로 텍스트 기반이며 인쇄될 수 있기 때문이다. 온라인 가상의 존재를 통한 관찰과 물리적으로 존재하는 관찰 사이의 구분에 따른 두 번째 쟁점은 완전히 숨겨진 관점에 따라 가상의 관찰 또는 온라인 관찰이 가능하다는 것이다. 이는 관찰을 수행하기 위하여 관찰자가 물리적으로 존재하는 상황에서는 어렵다. 그러나 쇼핑몰, 버스 정류장 등과 같은 공개된 공공장소에서는 전적으로 가능하다.

온라인 관찰을 통한 민속지학 수행의 세 번째 쟁점은 박물관과 디지털 민속지학자들이 전 세계적으로 문화에 대한 접근을 위해 창출한 문화적 · 민속적 사이트와 관련된다는 것이다. 이런 사이트들을 만들기 위하여 이미지를 스캔하고 시청자들이 온라인으로 접근할 수 있는 비디오를 제작하기 위하여 컴퓨터 전문가들과 협력하였다. 컴퓨터 매개 이미지들에 관하여 다음의 질문이 제기된다. 이 이미지는 사물 그 자체인가? 물론 아니다. 그러나 이를 통해 이전 세대에게는 제공되지 않았던 인공물의 이미지나 정보, 온라인 커뮤니티 토론, 가상 여행 등을 제공할 수 있다. 온라인 관찰 수행의 네 번째 쟁점은 연구자가 어떻게 현장 노트를 작성할 것인가이다. Gómez- Cruz는 자신의 노트를 현장 일지(field diary)에 기록하였다. 그러나 그는 또한 현장에서의 노트와 사진을 스마트폰에 담았다(Merriam & Tisdell, 2016: 159-160).

제12장

심층 면담

제1절 심층 면담의 개념

면담을 잘 수행하기 위하여 필요한 복잡한 기술을 고려할 때, 면담하기는 종종 실습과 연습을 통해 향상되는 기교(craft)로 불리는 것은 놀랄 일이 아니다(Brinkmann & Kvale, 2015; Rubin & Rubin, 2011; Creswell & Poth, 2018: 163-164).

대부분의 질적 연구에서 일부 자료 또는 모든 자료는 면담을 통해 수집된다. deMarrais(2004: 55)는 연구 면담을 다음과 같이 정의하였다. "연구자와 참여자가 한 연구와 관련된 질문에 초점을 둔 대화의 과정이다." 또한 면담은 대화에 토대를 둔 사회적 상호 작용으로 간주된다(Rubin & Rubin, 2012; Warren & Xavia, 2015). Brinkmann과 Kvale(2015: 3-4)에 따르면, 면담은 "면담자와 피면담자 사이의 상호작용 속에서 지식이 구성되는" 활동이다. 질적 연구 면담은 "세계를 참여자의 관점에서 이해하고, 그들의 경험의 의미를 밝히며, 그들의 살아가는 세계를 드러내려는 시도"로 서술된다. Brinkmann과 Kvale(2015: 3)에 따르면, 면담은 어떤 구조와 목적을 지니며 일상생활에서의 즉흥적인 대화와는 구별된다. 이는 철저하게 검증받는 지식을 얻기 위하여 주의 깊게 질문하고 경청하는 접근이다.

면담의 가장 일반적인 형식은 일대일(면대면)의 만남에서 이루어진다. 한 사람이 다른 사람에게서 정보를 이끌어낸다. 집단 형식의 면담도 자료 수집을 위해 사용될 수 있다. 일대일과 집단 면담 모두 '하나의 목적을 가진 대화'라고 정의할 수 있다(Dexter, 1970: 136). 면담의 주요 목적은 특별한 종류의 정보를 얻는 것이다. 연구자는 "누군가 다른 사람의 마음 안에" 있는 것이 무엇인지 발견하기를 원한다(Patton, 2015: 426). Patton은 다음과 같이 설명하였다.

> 우리는 우리가 직접 관찰할 수 없는 것을 발견하기 위하여 사람들과 면담한다. (……) 우리는 사람들의 느낌, 사고, 의도를 관찰할 수 없다. 우리는 과거에 발생한 행위를 관찰할 수 없다. 우리는 관찰자를 배제하는 상황에 대해 관찰할 수 없다. 우리는 사람들이 세상을 어떻게 사고 속에 조직하였는지, 세상일에 대해 어떤 의미를 부여하는지 관찰할 수 없다. 우리는 이런 일들에 대하여 사람들에게 질문을 던져야 한다.
>
> 따라서 면담의 목적은 우리가 다른 사람의 관점에 들어가는 것이다.

예를 들어, 학교 심리학자는 학교에서 교사가 공격을 받는 일을 목격한 학생의 반응에 관심을 가질 수 있다. 마찬가지로, 원전 사고나 자연재해와 같은 참사는 재생될 수 없으며, 그것이 어떤 지역 사회에 미친 영향에 대해 질적 연구를 수행할 수 있다. 면담은 또한 Bateson(1990)이 자신의 저서『삶을 만들어가기(*Composing a Life*)』를 위해 다섯 명의 여성과 면담한 것과 같이, 소수의 선정된 사람들을 대상으로 집중적인 사례 연구를 수행할 때 사용할 수 있는 최선의 방법이다. 이와 대조적으로, 면담은 광범위한 아이디어를 대표하는 많은 사람에게서 자료를 수집하기 위해 사용할 수도 있다. Terkel(2001)의 죽음과 죽어가기의 비밀에 관한 책은 각계각층의 사람들과의 면담에 토대를 둔 것이다. Dexter(1970: 11)는 면담을 사용할 경우에 대하여 다음과 같이 요약하였다. "면담은 그것이 다른 방법과 비교하여 더 좋은 자료, 더 많은 자료, 비용이 적은 자료를 얻으려 할 때 선호하는 방법이다." 주제에 따라서는 면담이 때때로 유일한 자료 수집 방법일 수 있다(Merriam & Tisdell, 2016: 109).

제2절 면담의 구조에 따른 유형

면담에 내재하는 구조에 따라 다른 세 가지 유형이 있다. 연속선상에 나타낼 때, 매우 구조화된 면담, 질문지에 따른(반구조화된) 면담, 비구조화되고 공개되고 대화의 형식을 띠는 면담이 있다. 매우 구조화된, 때때로 표준화된 면담이라고도 불리는 면담에서는 질문과 질문의 순서를 미리 결정한다(Merriam & Tisdell, 2016: 109).

대부분의 구조화된 면담은 실제로는 문서로 작성된 설문 조사를 구술로 하는 형식이다. 미국 인구통계청과 마케팅 조사가 구술 조사의 좋은 예시이다. 질적 연구에서 구조화된 면담의 문제는 사전에 결정된 질문에 경직되게 집착함으로써 참여자의 관점이나 세상에 대한 이해에 대해 접근하지 못할 수 있다는 점이다. 대신에 연구자가 미리 정해놓은 세상에 대한 관점에 대한 응답자의 반응을 얻을 수 있다. 그러한 면담은 응답자가 공통의 어휘를 공유하고 모든 응답자가 질문을 동일하게 해석할 것이라는 불안정한(shaky) 가정에 토대를 두고 있다. 질적 연구에서 이렇게 매우 구조화된 면담은 응답자들에게서 공통의 사회 인구학적인 자료를 수집할 때 주로 사용된다. 즉 연구자는 모든 사람의 연령, 수입, 고용 경력, 결혼 여부, 정규 교육의 수준 등을 알기를 원할 수 있다. 또한 연구자는 모두가 특정 진술에 반응하고 특정 개념이나 용어를 정의하기를 원할 수 있다(Merriam & Tisdell, 2016: 109-110).

그러나 질적 연구에서 대부분의 면담은 더욱더 공개되고 덜 구조화된 면담이다. 덜 구조화된 형식은 개별 응답자들이 세상을 독특하게 정의한다고 가정한다. 따라서 여러분의 질문은 더욱더 개방적이어야 한다. 덜 구조화된 면담은 반구조화된 면담이다. 이 유형에서 모든 질문이 융통성 있게 진술된다. 면담은 질문이나 쟁점의 목록을 참고하여 진행되며, 정확한 질문 진술이나 질문의 순서는 미리 정해지지 않는다. 이런 형식은 연구자로 하여금 연구자가 처한 상황, 응답자가 드러내는 세계관, 그 주제에 관한 새로운 아이디어에 맞게 반응하도록 한다(Merriam & Tisdell, 2016: 110-111).

세 번째 유형은 비구조화되고 비공식적인 면담이다. 이는 연구자가 어떤 현상에 대하여 관련 질문을 던질 수 있을 정도로 충분히 알지 못할 때 특히 유용하다. 따라서 미리 정해진 질문 목록이 존재하지 않으며, 면담은 본질적으로 탐색적이다. 사실상 비구조화된 면담의 목표는 하나의 상황에 대하여 충분히 알아서 후속 면담을 위한 질문을 구성하는 것이다. 따라서 비구조화된 면담은 종종 질적 연구의 초기에 참여 관찰과 함께 진행된다. 비구조화된 면담에서 요구되는 높은 수준의 융통성을 다룰 수 있는 연구자의 기술이 필요하다. 통찰력과 이해는 이 접근에서 얻을 수 있으나, 동시에 연구자는 다양한 관점과 겉으로 보기에 연결되지 않은 정보들의 바다에서 길을 잃은 것 같은 느낌을 가질 수 있다(Merriam & Tisdell, 2016: 111).

세 유형의 면담에 따른 질문의 예시는 다음과 같다. 여러분이 경력 교사의 경력 개발에서 멘토링의 역할에 대해 연구한다고 가정하자. 매우 구조화된 면담에서 여러분은 연구를 시작하며 응답자들에게 멘토링의 정의를 제공하고 어떤 사람이 멘토인지 확인하라고 요청할 수 있다. 반구조화된 면담에서 연구자는 서로에게 멘토링에 대해 자신이 이해하는 바를 공유하도록 요청하거나 어떤 사람이 멘토인지 생각해보라고 요청할 수 있다. 비구조화된 면담에서, 여러분은 응답자들에게 자신들이 어떻게 경력 교사가 되었는지 공유하도록 요청할 수 있다. 좀 더 직접적이지만 비구조화된 질문은 응답자들의 경력을 형성하는 데 도움을 준 사람들, 영향, 요인에 대한 질문이 될 수 있다 (Merriam & Tisdell, 2016: 111).

제3절 포커스 그룹 면담

미국 대통령 선거 1년 전에 후보자의 스태프, 언론, 시민 단체 등에 의해 쟁점, 정책, 후보자에 대한 투표자의 관점에 대해 탐색하기 위하여 투표자들에 대한 포커스 그룹 면담이 진행된다. 이것은 1950년대에 기업들이 소비자 선호도를 조사하고 특정 상품을 홍보하기 위하여 마케팅 연구에서 시작되고 널리 확산된 포커스 그룹의 연장선상에 있다. 사회 과학 연구 방법으로 포커스 그룹을 사용한 것은 20세기 초에 시작된 집단 역학(group dynamics)에 대한 사회심리학적 연구로 거슬러 올라간다. 그 후 사회학자 Robert K. Merton과 동료들은 『포커스 면담(*The Focused Interview*)』을 출판하였다(Merton, Fiske, & Kendall, 1956). "설문 조사(survey), 개별 면담, 실험실 실험 등과 같은 다른 유형의 연구와 포커스 그룹 연구의 주요 차이점은 자료 수집이 집단 상황에서 일어나고 촉진된다는 점이다"(Stewart & Shamdasani, 2015: 17). 마케팅이나 사회과학 연구에서 (이제는 가상의 집단과) 포커스 그룹 면담은 일반적인 자료 수집 전략으로 남아 있다(Merriam & Tisdell, 2016: 113-114).

포커스 그룹 면담은 피면담자들 사이의 상호작용이 최선의 정보를 제공할 수 있을 것 같은 상황에서, 그리고 피면담자들이 서로 비슷하고 협력적일 경우, 정보 수집 시간에 제한적일 경우, 피면담자들이 일대일로 면담하면서 정보를 제공하는 것을 꺼리는 경우에 장점이 있다(Krueger & Casey, 2014). 그리고 이는 세 가지 중의 하나로, 즉 단일한 방법(self-contained)으로, 예비적 방법(preliminary)으로, 다양한 방법(multimethod) 중 하나로 사용된다(Morgan, 1997: 3).

포커스 그룹에서 얻은 자료는 그 그룹의 상호 작용을 통해 구성한 지식이므로, 이 자료 수집 절차의 바탕에는 구성주의 관점이 있다. Hennink(2014: 2-3)는 다음과 같이 설명하였다. "포커스 그룹 연구의 가장 독특한 특징은 상호의 토론을 통해 자료가 도출되며, 이것은 개별 면담을 통해 얻을 수 없는 유형의 자료 수집을 가능하게 한다는 것이다. 집단 논의 중에, 참여자들은 그들의 관점을 공유하고, 다른 사람의 관점을 경청하고, 자신이 들은 것에 비추어 자신의 관점을 다듬기도 한다"(Merriam & Tisdell, 2016: 114).

포커스 그룹의 구성은 논의할 주제에 따라 달라진다. 한 그룹에 몇 명이 포함되는 것이 좋은지에 대한 엄격한(hard and fast) 규칙은 없으나, 대부분의 연구자는 6~10명으로 서로 잘 알지 못하는 사람들이 그룹을 이룰 때 더 좋다고 말한다. 또한 그룹의 조정자(moderator) 또는 연구자가 그룹 진행 과정에 대해, 그리고 조정자의 역할 범위를 잘 아는 것을 추천한다(Barbour, 2008; Hennink, 2014; Krueger & Casey, 2015; Stewart & Shamdasani, 2015).

그리고 "포커스 그룹은 사람들이 서로에게 일상생활에서 이야기할 수 있는 주제를 위해 최적일 수 있으나, 항상 그렇지는 않다"(Macnaghten & Myers, 2004: 65). 명백하게, 포커스 그룹은 민감한 주제, 매우 개인적인 주제, 낯선 사람들 앞에서 말하는 것이 문화적으로 부적절한 주제를 위해서는 좋은 선택이 아니다. 물론 어떤 주제가 적절할지는 사전에 분명하게 알기는 어렵다. Crowe(2003)는 청각 장애인을 위한 문화적으로 적절한 HIV 예방 자료를 제작하기 위해 포커스 그룹을 성공적으로 사용하였다고 보고하였다. Jowett와 O'Toole(2006: 462)은 두 포커스 그룹에 대한 재미있는 분석을 보고하였다. 하나는 성인 학생 집단과 고등교육 진학에 대한 태도, 다른 하나는 젊은 여성 집단과 그들의 페미니즘에 대한 관점에 대해 분석하였다. 그들의 분석에서 성인 학생의 포커스 그룹은 실패하였으나, 젊은 여성의 포커스 그룹은 성공적이었다. 저자들은 "교육에서 배제된 것을 느낀 사람들에게 부적절함이라는 사고가 얼마나 깊이 뿌리박혀 있는지 예상하지 못하였고", 또한 성인 학생 포커스 그룹 구성원들 사이에서의 권력의 불균형과 이들과 연구자 사이의 권력의 불균형이 참여를 방해할지도 예상하지 못하였다. 그 밖에 Stewart와 Williams(2005)는 동시적 비동시적 온라인 포커스 그룹의 실행에 관련된 실제적 · 윤리적 쟁점을 탐색하였다(Merriam & Tisdell, 2016: 114-115).

제4절 온라인 면담

인터넷은 세상을 바꾸어놓았다. 그것은 또한 질적 연구에서 여러 ICTs(Information Communication Technologies)와 CMC(Computer Mediated Communication) 도구를 통해 연구자가 온라인 장소를 통한 자료를 수집할 수 있는 다양한 방법의 사용 가능성을 높였다(Salmons, 2015). 질적 자료는 이메일, 블로그, 온라인 토론 집단, Skype, 트윗, 문자, 그 외 다양한 사회적 미디어 형식들을 통해 수집된다(Merriam & Tisdell, 2016: 115).

연구자는 실시간으로(synchronously, in real time) Skype, Adobe Connect, 최근에는 구글 미트나 줌 같은 도구를 통해 온라인 면담을 진행할 수 있다. 이들은 영상 요소를 지닌 전형적인 구두 면담으로, 면대면 면담과 유사하다. 또한 연구자는 전화를 이용하여 음성 대 음성 실시간 면담을 실시할 수 있다. 또한 연구자는 (시간 차이가 있는 곳에서) 비동시적으로(asynchronously) 이메일이나 온라인 토론 집단을 통해 면담할 수 있다. 비실시간 면담은 문자를 주고받거나 문서로 면담을 진행하는 경향이 있다. 실시간과 비실시간 면담 모두에 장단점이 있다. 일반적으로 질적 면담을 진행할 때 참여자와 라포르를 형성하기 좋다. 라포르 형성은 문자만 사용하는 비실시간 도구(예, 이메일)에서 시각적 큐(실마리)가 없을 때 조금 더 어려움이 있다(James & Busher, 2012). 더욱이, 참여자들은 이메일 질문에 응답하지 않거나 그중 그들이 실시간적 영상(비디오)이나 음성 대 음성 형식에서 응답할 것 같은 일부에 응답하지 않을 수 있다. 다른 한편으로, 이메일을 통한 문자 중심 면담은 연구자에게 이미 완성된 자료를 제공하여 참여자가 언급한 것을 문서로 만드는 일을 쉽게 해준다. 비록 대화에서 비구어적 큐와 멈춤이 생략되지만, 그런 이메일 자료는 연구자의 전사 관련 시간과 비용을 절약해준다(Merriam & Tisdell, 2016: 115-116).

Salmons(2015)와 다른 저자들은 주로 개별 면담에 관하여 이야기하였는데, Tuttas(2015)는 미국에서 지리적으로 여러 장소에 흩어진 간호사들과의 포커스 그룹 면담을 수행할 수 있는 실시간 시청각 웹 회의 기술(real-time audiovisual web conferencing technology)에서 배운 교훈을 말하였다. Tuttas는 Adobe Connect를 사용하였는데, 그녀는 자신의 포커스 그룹 면담을 위한 여러 웹 회의 기술의 도구들(Skype, ooVoo, Go-To-Meeting, Adobe Connect)의 장단점을 제시한다. 이는 사용 가능한 선택지들에 대한 가이드를 제공한다(Merriam & Tisdell, 2016: 116).

온라인 면담의 장점은 연구자가 참여자를 고려할 때 더 이상 지리(지역)의 제약을 받지 않는다는 것이다. 연구자는 전 세계적으로 참여자와 면담할 수 있고, 모든 참여자가 서로 볼 수 있는 곳에서 포커스 그룹 면담도 수행할 수 있다. 많은 CMC 장소들은 녹화를 가능하게 하여 연구자가 나중에 비구어적 큐를 탐색하거나 검토할 때 도움을 받을 수 있다. 약점은 모두가 여러 CMC 도구 접근이 용이하지 않거나 사용 방법에 대한 지식이 부족하다는 점이다. 더욱이, 테크놀로지는 언제나 고장 날 우려가 있다. 음성 녹음 장비의 문제로는 때때로 모바일 폰이나 Skype나 다른 컴퓨터 매개 도구에서 목소리가 끊어진다. 이는 면담자와 피면담자 모두에게 좌절감을 안겨줄 수 있다. 마지막으로, 연구자가 인터넷을 통해 CMC 도구를 사용하는 경우 항상 정보 유출 가능성이 있다. 이럴 가능성은 낮지만, 그것은 항상 연구 윤리 문제를 다루는 연구자와 IRB의 고려 사항이다(Merriam & Tisdell, 2016: 116-117).

Krueger와 Casey(2014)는 채팅방 포커스 그룹과 게시판 포커스 그룹을 포함하는 인터넷의 포커스 그룹을 사용하는 것에 대해 논의하였다. 또한 그들은 인터넷 집단을 위한 질문의 진술과 이들을 어떻게 관리할지에 대해 논의하였다. Stewart와 Williams(2005)는 사회 연구를 위한 온라인 포커스 그룹의 동시적(실시간) · 비동시적 적용에 대해 검토하였다. 그들은 가상 현실(virtual reality)과 같은 새로운 방법의 장점을 강조하였다. 이는 피면담자를 오랫동안 면담할 수 있고, 많은 피면담자를 관리할 수 있고, 더욱더 열정적이고 개방적인 의견 교환이 이루어질 수 있기 때문이다. 온라인 포커스 그룹의 문제점은 완전한 동의서를 얻는 것, 참여자를 모집하는 것, 국제 시간 존이 다른 점을 감안하여 만날 시간을 선정하는 것 등이다. 접근성의 증가라는 장점과 함께 단점도 주의 깊게 저울질하는 것이 중요하다. 예를 들면, 어떤 유형은 시각적 의사소통이 어렵다. 대부분은 아이디어를 말하고 공유하는 것을 꺼리지 않고, 테크놀로지를 잘 다룰 줄 아는 사람들에게 적합하다(James & Busher, 2009). 적극적으로 표현하지 않고 부끄러워하는 피면담자는 연구자에게 어려움을 안겨줄 수 있고 정보를 충분하게 제공하지 않을 수 있다(Creswell & Poth, 2018: 164).

제5절 질문의 유형

면담에서 면담자는 연구 주제에 따라 다양한 정보를 얻기 위하여 여러 유형의 질문을 던질 수 있다. Patton(2015: 444-445)은 여섯 가지 유형의 질문을 제시하였다.

(1) 경험과 행위 질문: 이 유형의 질문은 피면담자(참여자)가 행하거나 행하였던 것, 그들의 행위, 행동, 활동에 관한 질문이다. 예를 들어, 행정가의 지도력에 관한 연구에서, 연구자는 다음과 같이 질문할 수 있다. “근무 중인 일상의 모습

에 대하여 이야기해주세요. 아침에 가장 먼저 어떤 일을 하십니까?"

(2) 의견과 가치 질문: 연구자는 피면담자의 신념과 의견, 그가 어떤 것에 대하여 어떻게 생각하는지에 관심이 있다. 위의 예를 따르면, 연구자는 다음과 같이 질문할 수 있다. "행정가들은 또한 지도자가 되어야 한다는 주장에 대한 당신의 의견은 어떠합니까?"

(3) 감정(느낌) 질문: 이 질문은 "인간의 삶의 정의적인 차원을 다룬다. '그것에 대한 당신의 느낌은 어떠합니까?'와 같은 감정 질문을 던질 때, 연구자(면담자)는 불안한, 행복한, 두려운, 겁나는, 자신감 있는 등과 같은 형용사를 사용하는 반응을 기대한다"(Patton, 2015: 444).

(4) 지식 질문: 이 질문은 참여자(피면담자)의 어떤 상황에 대한, 실제 지니고 있는 지식을 이끌어내는 것이다.

(5) 감각적 질문: 이 질문은 경험과 행위 질문과 유사하나 무엇을 보았고, 들었고, 만졌는지, 그와 같은 구체적인 자료를 이끌어내려고 한다.

(6) 배경/인구 통계학적 질문: 모든 면담에는 연구와 관련된 특정 피면담자의 인구 통계학을 다루는 질문(연령, 수입, 교육, 재직 기간 등)이 포함된다. 예를 들어, 피면담자의 연령은 관련이 있을 수도 있고 없을 수도 있다(Merriam & Tisdell, 2016: 118).

Patton(2015: 456)은 '왜'라는 질문을 던지지 말라고 조언한다. 이는 인과 관계에 대해 추정을 하게 하는 경향이 있고, 막다른 답변을 낳을 수 있기 때문이다. Patton은 개방교실에 대한 연구에서 한 아동과 면담하였던 재미있는 이야기를 하였다. 1학년 아동이 자기가 '학교에서 가장 좋아하는 시간'은 쉬는 시간이라고 답변하였을 때, Patton은 그 아동에게 왜 쉬는 시간을 좋아하는지 물었다. 아동의 답변은 밖으로 나가 그네를 탈 수 있기 때문이라는 것이었다. Patton이 '왜' 밖으로 나가느냐고 질문하였을 때, 그 아동은 "그네가 그곳에 있기 때문이에요!"라고 답변하였다. '왜' 질문이 일련의 질문을 종결지을 수 있지만, 우리는 가끔의 '왜' 질문은 추정하는 통찰력을 드러낼 수도 있고, 또한 새로운 계열의 질문을 시사할 수도 있음을 경험하였다(Merriam & Tisdell, 2016: 119).

특히 말수가 적은 피면담자에게서 정보를 얻는 데 유용한 것으로 보이는 서로 다른 유형의 질문에 대한 다른 분류 체계가 있다. Strauss, Schatzman, Bucker, Ehrlich와 Sabshin(1981)은 네 가지 범주로 분류하였다. 가설적(hypothetical) 질문, 악마의 변호사(devil's advocate) 질문, 이상적 입장(ideal position) 질문, 해석적(interpretive) 질문이다.

가설적 질문은 어떤 것에 대해 어떤 것 같은지, 특정 상황에서 무엇을 할 것 같은지 등 추정하게 하는 질문이다. 반응은 대체로 사람의 실제 경험을 서술하는 것이다. 예를 들어, JTPA 연구에서 가설적 질문은 다음과 같다. "이 훈련 프로그램의 첫날이라고 가정해보세요. 어떨 것 같습니까?" 이 질문은 참여자에게서 '실제로(actually)' 어떤 모습인지에 대한 정보를 이끌어내었다(Merriam & Tisdell, 2016: 119).

악마의 변호사 질문은 주제가 논쟁적이고 여러분이 참여자의 의견과 느낌에 대해 알고 싶을 때 사용하면 특히 좋은 것이다. 이 유형의 질문은 참여자들이 쟁점에 대하여 민감한 경우, 참여자를 당황하게 하거나 반감을 일으키지 않게 한다. "어떤 사람들은 말한다"라는 문장은 쟁점을 개인과 무관하게 만든다. 그러나 답변은 거의 항상 그 문제에 대한 참여자의 개인적 의견이나 느낌이다. JTPA 예에서, 질문은 다음과 같았다. "어떤 사람들은 실직한 피고용인들이 복직하려고 무엇인가를 하였다고 말합니다. 당신은 그들에게 무엇이라고 말하겠습니까?"라는 질문은 대체로 참여자가 어떻게 실직하게 되었는지 그리고 어떻게 프로그램에 참여하게 되었는지를 드러낸다(Merriam & Tisdell, 2016: 119).

이상적 입장 질문은 연구 중인 거의 모든 현상에 사용될 수 있는데, 이는 정보와 의견 모두를 이끌어낼 수 있다. 이들은 평가 연구에 유용하게 사용할 수 있다. 이는 그들이 어떤 프로그램의 장단점을 드러내기 때문이다. JTPA 예에서, 참여자들은 자신들이 선호하는 것, 변하지 않기를 바라는 것, 그 프로그램의 개선할 점을 드러냈다(Merriam & Tisdell, 2016: 120).

해석적 질문은 어떻게 이해한다고 생각하는지에 대해 문의하며, 연구자에게 추가적인 정보, 의견, 느낌이 드러날 기회를 제공한다. JTPA 예에서, 해석적 질문은, "성인으로서 학교에 돌아가는 것이 여러분이 기대한 것과 다르다고 말할 수 있습니까?"이다. 이는 연구자로 하여금 면담에서 들은 내용에 대한 잠정적인 해석을 확인하게 해준다(Merriam & Tisdell, 2016: 120).

제6절 좋은 질문과 피해야 할 질문

면담에서 좋은 자료를 얻기 위한 핵심은 좋은 질문을 하는 것이다. 좋은 질문하기는 연습을 필요로 한다. 면담 연습(pilot interview)에서 질문을 시험적으로 던져보는 것이 필요하다. 이를 통해 여러분은 면담 연습을 할 뿐만 아니라, 또한 어떤 질문이 혼동을 일으키고 새롭게 만들어져야 하는지, 어떤 질문이 무익한 자료를 낳는지, 응답자는 여러분이 우선적으로 어떤 질문을 던져야 할 것으로 제안하는지에 대해 빠르게 학습한다(Merriam & Tisdell, 2016: 117).

서로 다른 질문은 서로 다른 정보를 낳는다. 여러분이 던지는 질문은 여러분의 연구 초점에 따라 달라진다. 경력 교사의 경력 개발에서의 멘토링을 예로 들면, 여러분은 경력 교사의 멘토링에 관련된 개인적 경험에 대해 질문하면서 아마도 개인의 역사에 대한 서술적 자료를 얻을 것이다. 어떤 멘토링 경험에 대한 느낌에 대한 후속 질문은 감정적인 측면의 정보를 이끌어낼 것이다. 또한 여러분은 일반적으로 교사의 경력에서 멘토링이 얼마나 영향을 미치는지에 대한 그들의 의견에 대해 알기를 원할 수 있다(Merriam & Tisdell, 2016: 117).

질문을 어떻게 구성하는지는 바람직한 정보의 획득을 위해 중요한 고려 사항이다. 출발점은 피면담자에게 질문의 의미가 무엇인지 분명하게 드러나게 하는 것이다. 질문은 익숙한 용어로 표현할 필요가 있다. "피면담자가 이해할 수 있는 용어, 피면담자의 세계를 반영하는 용어를 사용하면, 수집하는 자료의 질이 높아질 것이다. 피면담자에게 특정 용어가 미치는 영향에 대한 민감성이 없으면, 그 대답은 의미가 없을 수 있거나 대답이 없을 수 있다"(Patton, 2015: 454). 여러분의 분야에서 사용하는 특수한 전문 용어나 개념을 피하는 것이 출발점이다. 예를 들어, HIV 양성인 젊은 성인에 대한 연구에서 피면담자들에게 "관점의 변화 과정에서 어떤 의미를 구성하였는가?(연구의 이론적 틀)"라고 질문하지 않고, "그들의 진단에 대해 어떻게 생각하였는가?"라고 질문한다(Courtenay, Merriam, & Reeves, 1998).

좋은 질문은 개방적이며 서술적 자료를 생산하는 것이며, 그 현상에 대한 이야기를 이끌어내는 것이면 더욱 좋다. 자료가 더 상세하고 서술적이면 더 좋다. 이런 자료를 얻기 위한 질문은 다음과 같다(Merriam & Tisdell, 2016: 120-121).

~하였을 시기에 대해 말해주세요.
~에 대한 예를 들어 주세요.
~그것에 대해 조금 더 말해 주세요.
~하였을 때 당신에게 그것은 어땠습니까? (Merriam & Tisdell, 2016: 121)

피해야 할 질문에 세 종류가 있다. 첫째, 복수의 질문을 피해야 한다. 하나의 질문 같지만 사실상 복수인 질문이나 각 질문이 여러 개 이어진 질문들은 응답자에게 하나씩 대답하기 어렵게 한다. JTPA 예에서, "JTPA 훈련 프로그램에서 강사, 과제, 강의 일정에 대해 어떻게 느끼십니까?"와 연결된 질문은 다음과 같다. "성인으로서 학교에 돌아가는 것은 어떠한가요? 강사들은 당신에게 어떻게 반응합니까? 어떤 종류의 과제를 받았습니까?" 두 가지 예에서, 응답자는 여러분에게 질문을 반복하기를 요구하거나, 명료화를 요구하거나, 질문 일부에 대한 답변만 제공할 것 같다. 예를 들어, 연구자가 질문한다. "강사, 과제, 강의 일정에 대해 어떻게 느끼십니까?" 응답자가 대답한다. "모두 괜찮아요. 일부는 좋아하고 일부는 좋아하지 않아요." 그러면 연구자는 응답자가 강사에 대해서인지, 과제에 대해서인지, 강의 일정에 대해서인지 구분하기 어려울 것이다(Merriam & Tisdell, 2016: 121).

유도 질문도 피해야 한다. 유도 질문은 연구자가 편견이나 가정을 만들고 있다는 것을 드러내주며, 이는 참여자가 가지고 있지 않을 수 있는 것이다. 이는 응답자로 하여금 연구자의 관점을 받아들이게 한다. 질문은 다음과 같다. "실직한 이후 여러분은 어떤 감정적인 문제를 경험하였습니까?" 이는 실직하는 모든 사람이 감정적인 문제를 경험한다는 가정을 반영한다(Merriam & Tisdell, 2016: 121-122).

마지막으로, '예-아니요' 질문을 피한다. 단순히 '예'나 '아니요'로 대답할 수 있는 질문은 실제로 그런 대답을 낳는다. 주저하거나 수줍어하거나 말수가 적은 응답자에게 그것들은 쉬운 탈출구를 제공한다. 또한 그것들은 정지하게 하거나 적어도 응답자로 하여금 정보를 느리게 제공하게 할 수 있다. JTPA 예에서, "당신은 그 프로그램을 좋아합니까?"라는 질문은 '예-아니요'로 답할 수 있다. "그 프로그램의 어떤 점을 좋아합니까?"라는 질문은 반응을 조금 더 많게 한다. "학교로 돌아가는 것은 어려웠습니까?"라는 질문도 역시 '예-아니요'로 답할 수 있다. "학교로 돌아가는 경험은 어떠하였습니까?"라는 질문은 충분히 답변하게 한다(Merriam & Tisdell, 2016: 122).

제7절 질문하기의 가이드라인

(1) 질문은 짧고 간결해야 한다. 다른 것이 내포된 질문이나 삽입(설명)적 어구가 있는 질문은 피해야 한다.

예시) 학교와 학부모의 관계를 어떻게 보십니까?(사람들이 잘 어울리는지, 각자 어떤 역할을 수행하는지 등)

(2) 한 번에 하나의 질문을 던지라.

예시) 학부모-교사 관계에 대한 당신의 신념은 무엇입니까?(여러분의 학급에 있는 학생들의 학부모를 어떻게 대하는지, 학부모-교사 관계를 증진하기 위하여 당신은 어떤 행위를 원하는지)

(3) 답이 이미 주어지거나 암시된 질문을 피하라.

예시 1) 삶의 질이 삶의 양보다 중요하지 않나요?

예시 2) 삶의 질과 삶의 양 사이에서 어느 것을 선택하시겠습니까?

예시 3) 삶의 질이 삶의 양보다 중요합니까?(이분법적 질문을 피하라.)

(4) 피면담자가 사용하는 언어(예, 방언, 지역 언어, 특수 용어, 속어 등)를 의식하라. 피면담자가 이해할 수 있고 편안한 언어를 사용하라.

(5) '왜'라는 질문을 피하라.

예시 1) 학생들의 책상을 왜 행으로 배열합니까?

예시 2) 당신의 교실을 배열한 방식에 대한 이유가 무엇입니까?

(6) 대안적 질문하기: 이는 질문하기의 대안적인 것에 해당하는 진술을 함으로써 질문하기의 효과를 높일 수 있는 것이다.

(가) 선언적 진술: 질적 연구자가 자신의 마음의 상태, 사고, 또는 피면담자가 말한 것과 관련하여 면담자에게 떠오른 해석을 표현한다.

(나) 성찰적 진술: 질적 연구자는 응답자가 말한 내용을 요약하면서 의미를 좀 더 정확하게 확인한다.

예시) 그러니까 당신의 말씀은 ~이군요(적극적 경청하기).

제8절 탐구 질문하기

탐구 질문하기(probes)는 질문에 대한 답변을 더 심화하는 것이다. 이는 반응을 풍부하게 하고 깊게 한다. 이는 응답자에게 바람직한 반응의 수준에 대해 큐를 제공한다. 탐구 질문하기라는 단어는 면담에서 피하는 것이 좋다. 단순하게 말하여 탐색 질문은 응답자의 반응에 대해 더 깊이 들어가기 위해 사용하는 후속 질문이다. 따라서 탐색 질문은 대화적이어야 하며, 자연스러운 양식과 목소리로 제시되어야 하며, 첫 반응의 후속 질문으로 사용되어야 한다(Patton, 2002: 372).

1. 세부 내용 질문

세부 내용(detail-oriented) 질문은 반응 속의 빈 곳을 채우는 질문이다. 이는 '누가, 어디에서, 무엇을, 언제, 어떻게'에 관련된 것으로, 어떤 활동이나 경험에 대한 완성되고 세밀한 정보를 얻기 위해 사용된다.

- 그것은 언제 발생하였나요?
- 다른 사람은 누가 참여하였나요?
- 그 시간 동안에 당신은 어디에 있었나요?
- 그 상황에 당신은 어떻게 관여하였나요?
- 그 일은 어떻게 일어났나요?
- 그 일은 어디에서 일어났나요?

2. 부연 질문

지속적으로 말하는 것을 격려하는 큐는 비구어적이다. 긍정적 강화로 여러분의 머리를 가볍게 끄덕인다. 그러나 과다한 끄덕임은 반응의 내용에 대한 지지로 해석되거나 응답자가 말하는 것을 면담자가 이미 이해하므로 말하기를 멈추기를 원하는 것으로 해석될 수 있다. 가볍고 전략적인 끄덕임은 여러분이 듣고 있고 계속 듣기를 원한다는 것을 전달하는 목표를 지닌다(Patton, 2002: 373).

머리 끄덕임에 상응하는 구어적 표현은 조용한 '으음(uh-huh)'이다. 이 둘을 조합하는 것이 필요하다. 응답자가 말하기를 멈출 것 같고, 면담자는 더 말하기를 격려하고자 할 때, '으음(uh-huh)'과 상반신을 가볍게 흔드는 것의 조합은 응답자가 정교화하는 데 관심을 가지고 있다는 것을 전달할 수 있다(Patton, 2002: 373).

직접적인 구어적 표현으로 부연(elaboration) 질문은 다음과 같다.

- 그것에 대해 부연 설명해주시겠어요?
- 그것에 대해 조금 더 말해줄 수 있어요?
- 그것은 유익합니다. 좀 더 자세하게 말해주시면 고맙겠습니다.
- 나는 전체적인 윤곽을 그리기 시작하였습니다.(이는 내가 아직 전체적인 윤곽을 그리지 못하였으니 계속 말해주기를 의미한다.)

3. 명료화 질문

명료화(clarification) 질문은 응답자에게 면담자가 더 많은 정보, 대답의 진술, 또는 더 많은 맥락이 있어야 한다는 것을 말해준다(Patton, 2002: 374).

- 당신은 그 프로그램이 '성공적'이었다고 말하였습니다. 성공의 의미는 무엇입니까?
- 당신의 의도하는 바를 제가 이해하였는지 모르겠습니다. 부연해주시겠습니까?
- 나는 당신이 말한 것을 내가 이해하였는지 분명히 하고 싶습니다. 그것에 대해 조금 더 말해주시면 도움이 될 것입니다.

명료화 질문은 자연스럽고 부드럽게 사용하는 것이 좋다. 면담자가 이해하지 못하는 것은 면담자의 잘못이고 응답자의 잘못이 아니라는 것을 전달하는 것이 좋다. 면담자는 응답자가 어눌하다거나(inarticulate), 우둔하다거나(stupid), 흐리멍덩하다(muddled)고 느끼기를 원하지 않는다. 한두 번 명료화를 시도한 이후에는 혼동을 일으키는 주제를 벗어나 다른 질문으로 가는 것이 좋다. 그리고 나중에 다시 돌아오는 것이 좋다(Patton, 2002: 374).

3-1. 혼란을 알리기

질적 연구자는 자신이 들은 내용에 대해 혼란을 느끼거나 불확실한 것에 대해 명료화를 요구(declaration of perplexity)한다(Dana et al., 1992: 7).

- 당신이 말한 것을 듣고 혼란스럽습니다.
- 미안하지만 알아듣지 못하였습니다.

4. 대비 질문

대비 질문의 목적은 "y와 비교하여 x는 어떠합니까?"라고 질문하여 응답자가 다른 것과 대비하게 하는 것이다. 이는 답변의 범위를 제한하는 데 도움을 주기 위해 사용한다. "이 경험(느낌/행위/용어)은 다른 경험(느낌/행위/용어)과 대비하여 어떠합니까?"(Patton, 2002: 374)

5. 침묵

한 답변이 끝난 후 침묵은 면담자가 응답자에게 계속하기를 원한다는 것을 전달할 수 있다(Patton, 2002: 374). 침묵이 지나치게 부족하면 응답자가 더 말하기를 원한다는 것을 전달하는 데 실패할 수 있다. 침묵이 지나치게 많으면 응답자가 버둥거리게(squirm) 할 수 있다. 침묵은 글자 그대로 생각할 시간을 더 준다. 침묵은 선택 메뉴를 제공하는 것보다 낫다(Glesne & Peshkin, 1992: 85-86).

제9절 면담 가이드

면담 가이드(또는 schedule)는 여러분이 면담에서 던지고자 하는 질문들의 목록이다. 면담의 구조화 정도에 따라 순서대로(구조화된 면담) 여러 구체적인 질문들이, 또는 특별한 순서 없이 적은 몇 개의 주제별 영역(비구조화된 면담)이, 또는 이 둘 사이의 어떤 목록이 가이드에 담길 수 있다. 반구조화된 면담에서는 여러분이 모두에게 던지고자 하는 구체적인 여러 질문과 개방적 질문 및 탐구 질문, 그리고 여러분이 더 알기를 원하는 어떤 영역, 주제, 쟁점 목록이 포함될 수 있다(Merriam & Tisdell, 2016: 124-125).

초보 연구자는 구조화된 면담 가이드를 가지고 있을 때 자신감을 느낀다. 구조화된 면담 가이드를 사용하는 것은 좀 더 개방적인 면담 수행에 필요한 경험과 자신감을 얻는 데 도움을 준다. 대부분의 연구자는 초기 몇 번의 면담에서 면담 가이드에 많이 의존하지만, 곧 면담 가이드에 대한 의존에서 벗어나 면담의 자연스러운 흐름을 따라갈 수 있게 된다. 이 시기에는 모든 영역이나 주제들을 다루었는지 확인하는 정도면 충분하다(Merriam & Tisdell, 2016: 125).

초보 연구자는 질문의 순서에 관심을 가지지만, 순서에 관한 규정은 없다. 많은 것들이 연구의 목적, 면담을 위해 허용된 시간, 응답자, 질문이 민감한 정도 등에 따라 결정된다. 일반적으로 상대적으로 중립적이고 서술적인 정보에 관한 질문은 초반에 던지는 것이 좋다. 이 정보들이 응답자의 지각, 의견, 가치, 감정 등에 접근하는 질문들의 토대를 제공한다. 물론 사실적인 정보와 주관적인 반응은 분리하기 어렵다. 질문의 순서가 적합한지 여부를 예비(pilot) 면담(면담 실습)에서 시도해보는 것이 좋다(Merriam & Tisdell, 2016: 125). **[부록 2]**에 필자가 Pennsylvania State University 대학원에서 질적 연구 강좌 수강 중 실습한 면담의 전사 자료를 제시하였다.

제10절 면담 초기 고려 사항

면담을 몇 회 실시할 것인지에 대해서는 응답자를 만나 대화해보기 이전에는 결정하기 어렵다. 어떤 이는 점진적으로 이야기를 풀어간다. 다른 이들은 할 말이 매우 많아 여러 번의 회기가 필요하다. 생애사의 경우, 여러 번의 회기부터 25회 이상 회기까지 다양하다. 이는 50~100시간의 면담 분량이다(Taylor, Bogdan, & DeVault, 2016: 110).

면담 참여자가 결정된 이후, 주요 쟁점은 다음과 같다.

1. 연구자의 동기와 의도

많은 사람은 연구자가 프로젝트를 통해 무엇을 얻기 원하는지 궁금해한다. 어떤 이들은 자신들에게 불이익이 오지 않을까 염려한다. 사회 과학자라면 연구의 동기는 학문의 발전일 수 있다. 이런 것들을 응답자와 공유한다. 응답자가 정확하게 여러분의 연구 관심을 이해하지 못하더라도 대부분 교육적이고 학술적인 목표를 이해할 수 있을 것이다. 여러분은 연구 결과가 어디에 출판될지 알지 못할 수 있다. 그러나 여러분은 저서나 학술지 논문으로 출판하거나 학위 논문으로 제출할 것을 전달해야 한다(Taylor, Bogdan, & DeVault, 2016: 111-112).

2. 익명성

연구 결과에 장소와 이름은 가명을 사용하는 것이 좋다. 실명을 사용할 경우의 위험 요소에는 응답자 또는 다른 사람의 당황, 법적 문제, 자기 과대 망상(self-aggrandizement), 중요한 정보의 은폐 등이 있다. Jane Fry의 생애사 연구에서 Fry는 자신의 실명을 사용하기를 원하였다. 그러나 연구가 진행되면서 이것으로 인하여 여러 문제가 발생할 수 있음을 알고 가명 사용에 동의하였다. 생애사의 경우, 실명 사용 여부에 대해 응답자(참여자)가 결정할 수 있다(Taylor, Bogdan, & DeVault, 2016: 112).

3. 최종 결정권

응답자의 신임을 얻는 한 방법은 도서나 논문이 출판되기 이전 원고를 읽고 코멘트할 기회를 제공한다고 말하는 것이다. 어떤 연구자들은 출판 여부에 대해 반대 의견을 제시할 권한까지 부여한다. 응답자가 원고를 검토하는 것은 연구자와 응답자의 관계 강화와 연구의 질 제고에 기여한다(Taylor, Bogdan, & DeVault, 2016: 112).

4. 보상

면담에 대한 보상은 응답자와 상의한 후 응답자의 의견을 따르는 것이 좋다. 응답자는 이에 대해 다양한 의견을 가지고 있을 것이다. 자본주의가 발달한 사회에서 시간은 곧 수입(돈)으로 이해되기도 한다. 따라서 면담에 소요된 시간과 노력을 감안하여 보상하는 것을 하나의 기준으로 삼을 수 있다. 그러나 응답자에 따라서 자신의 경험에 관한 이야기는 금전으로 계산할 수 없는 학술적 가치가 있다고 보고 금전적인 보상을 거절할 수 있다. 또한 면담에 대한 보상은 현금이 아닌 상품권이나 상품 등의 형태를 띨 수도 있다. 필자의 주변에서는 이런 형태가 주를 이루었다. 응답자가 구체적인 보상의 수준을 말하기 어려울 것으로 생각되는 경우, 연구자가 감당할 수 있는 범위 내에서 대략적인 선택지를 제시할 수도 있다.

도서 출판의 인세 분할의 경우는 면담에 대한 비용 지급과는 다르다. 생애사일 경우, 이는 적절하다. 이것은 연구 활동에서 파트너십 정신을 창출한다. 출판물에 응답자의 실명이 등장하지 않거나 전문적 혜택(professional credit)을 받지 못하는 경우, 인세 분할은 그 금액이 적지만 합리적이다. Bogdan은 Jane Fry의 인세 문제를 변호사와 상의하였다. 많은 생애사 응답자와 마찬가지로 Fry는 당시에 가난하였고 공적 지원을 받았다. 변호사는 그녀를 위해 특별한 신탁 기금(trust fund) 조성에 도움을 주었다(Taylor, Bogdan, & DeVault, 2016: 113).

5. 로지스틱스

대략적인 일정과 장소에 대해 결정한다. 면담의 빈도와 길이는 여러분의 일정에 따라 다르다. 1회의 면담을 위해 적어도 한 시간은 필요할 것이다. 이보다 짧으면 주제를 탐색하는 데 부족하다. 생애사 연구에서 대화의 흐름을 유지하기 위하여 자주 만날 일정을 가져야 한다. 여러분이 정기적으로 면담하지 않으면 이전의 결말에서 다시 시작하는 것이 매우 어렵다. 전체 연구의 길이는 응답자가 얼마나 자유롭게 말하고 연구자가 원하는 것을 다루는지에 따라 다르다. 생애사 연구에는 적어도 몇 개월은 걸린다. Klockars(1974)의 전문 펜싱 선수에 대한 생애사 연구는 주별, 격주별 만남을 15개월간 지속하였다(Klockars, 1977). 여러분은 방해받지 않고 이야기할 수 있고 응답자가 편안함을 느낄 수 있는 장소를 찾아야 한다. 많은 사람은 자신의 사무실이나 가정에서 가장 편안함을 느낀다. 그러나 가정에서는 사적으로 이야기하기 어렵다. 프라이버시가 확보된다면 식당이나 카페에서 이야기할 수도 있으나, 이런 장소의 소음은 녹음에 방해가 된다(Taylor, Bogdan, & DeVault, 2016: 113).

제11절 면담에 임하는 자세

면담자는 응답자가 편안한 느낌을 가지고 자신에 대해 공개적으로 이야기하는 분위기를 만들어내기 위해 노력해야 한다. 구조화된 면담에서, 면담자는 이해관계가 없는 제3자와 같은 인물로서 행위를 하도록 안내를 받는다. 면담 상황은 실험실 조건과 유사하게 만들어진다. 그러나 Deutscher(1973: 150)가 말하였듯이, 사람들은 이런 상황에서 자신의 진정한 느낌과 관점을 거의 표현하지 않는다. "의도적으로 구조화된 면담 상황에서 멸균실과 같은 곳에서는 진정한 느낌이 거의 표현되지 않거나 공공연한 행위가 거의 나타나지 않는다"(Taylor, Bogdan, & DeVault, 2016: 115).

질적 면담에서, 연구자는 사람들이 중요한 일에 대하여 자연스럽게 서로에게 이야기할 수 있는 상황을 구성하려고 노력한다. 면담은 느슨하고 대화적이다. 이는 사람들이 보통 이런 방식으로 상호작용하기 때문이다. 면담자는 응답자에게 개인적인 입장을 가지고 접근한다. 1회의 면담이든 생애사의 경우처럼 장기간의 면담이든, 면담자와 응답자 사이에서 시간의 흐름에 따른 관계 발전은 자료 수집에 결정적으로 중요하다(Taylor, Bogdan, & DeVault, 2016: 115).

사람들이 보통 상호작용하는 상황과 면담 상황 사이에는 차이가 있다. 면담자는 자신의 관점을 표현하기를 자제한다. 면담 대화는 사적이고 비밀이 보장되는 것으로 이해된다. 정보의 흐름은 전적으로는 아니지만 주로 일방적이다. 면담자는 응답자의 견해와 경험에 진정한 관심을 전달하고 동의하지 않는 것을 자제한다. 그러나 면담을 일상의 대화와 같은 방식으로 설계할 때, 면담자는 응답자에게서 중요한 것을 배울 수 있다. 사실상 면담자는 일상생활에서의 모습도 유사하다. 면담자는 경청하는 사람, 기댈 수 있는 사람, 신뢰할 수 있는 사람 등이다(Taylor, Bogdan, & DeVault, 2016: 115).

1. 판단하지 말라

응답자가 면담자에게 경험과 느낌에 대해 더 많이 공유하기 시작할 때, 그들은 공적인 측면을 내려놓고 보통 숨겨두는 자신에 대한 모습의 일부를 드러낸다. 사람들이 이렇게 공개할 때 그것의 앞이나 뒤에, "아마 당신은 내가 미쳤다고 생각할지 모르겠어요" 또는 "내가 한 일을 정당화할 수는 없어요, 그러나 ……"와 같은 제한 사항이나 코멘트를 제시한다.

면담하기의 중요한 한 부분은 판단하지 않는 것이다. Benney와 Hughes(1956: 140)는 다음과 같이 말하였다. "면담은 다음 사항에 대해 두 사람이 상호 이해하는 것이다. 면담자에게 그들의 의사소통을 이끌어가도록 허용하는 대신에, 응답자는 부정, 모순, 경쟁, 또는 다른 괴롭힘 등을 겪지 않는다는 것을 분명히 하는 것이다." 다르게 말하여, 여러분이 응답자의 느낌과 견해를 개방하기를 원한다면, 그들에 대한 부정적인 판단이나 무시하는 것을 자제해야 한다(Taylor, Bogdan, & DeVault, 2016: 116).

2. 응답자가 말하게 하라

심층 면담은 인내심을 요구한다. 응답자는 여러분이 큰 관심을 가지지 않는 일에 대해 길게 이야기할 수 있다. 특히 면담 초기에 응답자가 여러분이 관심을 가지고 있지 않은 주제에 대해 이야기할 때라도 끼어들지 않도록 노력해야 한다(Taylor, Bogdan, & DeVault, 2016: 116).

여러분이 끄덕임을 자제하거나 노트 필기하는 것과 같은 미묘한 동작(gesture)을 통해, 또는 대화 중 잠깐의 정지 시간에 주제를 부드럽게 바꿈으로써 응답자가 원래 이야기로 되돌아가게 할 수 있다(Patton, 2002). "당신이 지난날 이야기한 그것으로 되돌아가면 좋겠습니다." 시간이 지나면서 응답자는 여러분의 동작을 읽게 되고, 여러분이 듣기 원하는 것과 그렇지 않은 것을 알게 된다(Taylor, Bogdan, & DeVault, 2016: 116-117).

응답자가 중요한 어떤 것에 대해 이야기하기 시작하면, 계속하게 하라. 동조하는 동작과 관련 있는 질문을 던지면 그 주제에 대해 계속 이야기할 것이다(Taylor, Bogdan, & DeVault, 2016: 117).

3. 주의를 기울이라

긴 면담 시간 동안 여러분의 마음은 집중을 잃기 쉽다. 이는 특히 녹음 중이어서 듣는 내용을 상세하게 기억하지 않아도 좋을 때 그렇다. 주의 집중은 응답자가 말하는 것에 진실한 관심이 있고, 언제 어떻게 탐색 질문하기를 할지, 올바른 질문을 할지 안다는 것을 전달하는 것이다. Cottle(1973)이 명료하게 표현하였듯이, 주의 집중은 사물을 새롭고 다른 방식으로 보는 데 개방적임을 의미한다(Taylor, Bogdan, & DeVault, 2016: 117).

응답자가 행하고 말하고 느끼는 것에 주의 집중하라. 특히 면담자의 마음이 집중을 잃을 때, 이런 대화와 지각이 일으키는 것에 대해 주의 집중하라. 마지막으로, 응답자의 이야기를 들을 사람들의 반응에 주의 집중하라. 주의 집중은 개방성을 의미한다. 이는 특별하거나 형이상학적인 개방성이 아니라 자신을 지켜보는 것, 자기의식이며, 외부에서 그리고 경험에서 자신의 마음으로 받아들이는 것은 고려할 가치가 있고 면담자가 만나는 사람들을 이해하고 존중하는 것에 필수적이라는 신념이다(Cottle, 1973: 351).

4. 민감하라

면담에서 사용하는 단어와 동작은 응답자에게 영향을 미친다는 것을 항상 염두에 두어야 한다. 면담자는 때때로 잘 모르는(멍한) 모습을 보여주어야 한다. Kvale(1996: 21)는 이것을 모욕감을 주지 않는 '의도적인 순진함(deliberate naivete)'으로 불렀다. 면담자는 공감적이어야 하나 응답자를 얕잡아보아서는 안 된다. 그들은 언제 탐구 질문하기를 할지 알아야 한다. 상처를 주지 말아야 한다. 친구처럼 다정하지만, 환심을 사지 말아야 한다(Taylor, Bogdan, & DeVault, 2016: 117).

제13장

자료 분석

제1절 Thomas(2021)

이 절에서는 Thomas(2021)가 사례 연구를 위한 질적 자료 분석에 대하여 설명한 내용을 주로 검토할 것이다. 그가 설명하는 주제 도출, 계속적 비교 방법, 코딩, 자료 분석의 절차, 주제 그림 그리기(mapping) 등은 다른 질적 연구의 여러 유형에도 적용해 볼 수 있는 것이다. 질적 자료 분석과 관련하여, 범주화, 코딩(coding), 분석 준거 도출(성경희 외, 2003), 주제별 약호화(이용숙 외, 2005: 347) 등의 용어들이 사용되는데, 이들은 미세한 뉘앙스 차이가 있을지라도 대부분 근거 이론 연구에서 사용하는 계속적 비교 방법에 그 토대를 두고 있다고 볼 수 있다.

1. 해석적 탐구: 주제 도출

해석적(질적, interpretative) 탐구자의 출발점은 연구할 상황의 비분해성(indissolubility)이다. 해석적 연구자는 상황은 변인들(variables)로 분리될(fractured) 수 없다는 관점에서 시작한다. 해석적 연구자는 사람들이 처한 상황에 대해 구성하는 의미를 연구한다. 그리고 사회적 세계에 대해 이해하기 위하여 이 의미들로부터 나아간다(Thomas, 2021: 224).

따라서 해석적(질적) 연구자는, 면담 전사 자료, 비공식적 관찰 등의 자료를 수집한다. 까다로운 점은 이 모든 질적 자료에서 의미 있는 어떤 것을 도출해야 한다는 점이다. 즉 질적 자료가 어떤 유용한 분석에 기여할 수 있도록 질적 자료를 해석해야 한다. 질적인 자료의 문제는 그것이 형태가 없고(shapeless) 구조가 없는 것으로(without structure) 보일 수 있다는 것이다. 이에 대한 해결책(trick)은 일치(합치)성(congruence)과 유사성의 지점들을 찾는 것이다. 즉 형체가 없는 것으로 보이는(amorphous) 자료 덩어리에서 일관성(coherence)을 찾는 것이다. 이것들은 소화되지 않은 채 즉석에서 만들어진(ad hoc) 질문들로 다시 나타나지 않아야 한다. 분석은 이것 이상이다. 범주화, 분류, 일관성 발견하기, 단순화하기, 종합하기 등이 분석의 중심에 놓여 있다. 그리고 여러분이 분석을 잘하도록 돕는 여러 수단들이 있다(Thomas, 2021: 224).

2. 계속적 비교 방법

계속적 비교 방법은 해석적 탐구의 기본적 방법이다. 오히려 인도 요리의 기본 재료인 카레와 같다. 계속적 비교 방법에 추가되는 부가 기능들(bells and whistles)이 있을 수 있으나, 그것들이 아무리 정교하더라도 그것들은 항상 각각의 문구, 문장, 문단을 다른 모든 요소들과 비교하면서 자료를 검토하고 다시 검토하는 (즉 계속적, constant) 단순한 원리에 의해 정의된다. 연구 방법론 교재들에서 발견할 수 있는 많은 다양한 개선된 것들(improvements)이 있을지라도, 이것이 핵심을 차지한다. 여러분이 이들 일부가 유용하다고 생각할 수 있으나, 대부분 실제보다 일을 더 어려운 것으로 보이게 만들 수 있다(Thomas, 2021: 224-225).

계속적 비교 과정의(과정을 통제하는) 기본 원리는 자료의 핵심을 포착하거나 요약하는 주제들(themes)을 도출하는 것이다. Taylor와 Bogdan(1984: 126)은 이 과정을 다음과 같이 요약한다.

> 계속적 비교 방법에서 연구자는 개념을 발견하기 위하여 동시에 자료에 코드를 부여하고 분석도 한다. 자료 속에 나타난 특정한 사건을 계속 비교하면서 연구자는 이 개념을 정교화하고, 그 특성들을 발견하고, 그 사이의 관계를 탐색하고 이들을 하나의 일관성 있는 설명적 모형으로 통합한다.

가. 질적 자료 분석의 일반적 과정

(1) 읽으라(read). 여러분의 모든 자료를 검토하라. 면담 전사 자료, 일기, 비구조

화된 관찰 기록 등을 읽으라. 비디오를 시청하고 녹음물을 청취하라.

(2) 복사하라(copy). 여러분의 모든 원자료를 복사하고 그것에 '원자료'라는 표기를 하라. 여러분은 이제 두 가지, 즉 (분실하거나 더럽히지 않고 싶은) 원자료와 복사하여 작업할 자료 파일들을 가지고 있다. 이들을 따로따로 보관하라. 이 일에 만전을 기하라. 즉 원자료를 하드 드라이브에 저장하기도 하고 USB 저장 장치에도 저장하라. 이제 여러분이 작업할 복사물에 '작업'이라는 표기를 추가하라.

(3) 코딩하라(coding). 여러분의 작업 파일을 쭉 읽으라. 자료를 읽으면서 중요하게 보이는 부분에 밑줄을 긋거나 하이라이트 표시를 하라. 이런 밑줄 긋기와 하이라이팅을 코딩이라고 부른다. 여러분이 시청각 자료를 가지고 있고 전사 자료를 가지고 있다면, 이것들을 보고 청취하라. 그러한 맥락에서 매우 많은 것들을 얻게 된다. 계속 진행하면서 여러분은 계속적으로 반복하여 나타나는 중요한 아이디어들(ideas)이나 주제들(subjects)에 대한 인상을 얻을 것이다. 이들을 여러분의 잠정적인 구성물(temporary constructs) 또는 첫눈의 구성물이라고 부를 수 있다. 이들의 목록을 만들라.

(4) 다시 읽으라(read again). 자료를 두 번째 쭉 읽으라. 첫눈 읽기에서 만든 잠정적인 구성물 목록과 대비하라. 그리드(격자형, grid)를 그려보라. 왼쪽에는 잠정적인 구성물을 기록하고 오른쪽에는 구성물의 증거가 나타나는 쪽수를 기록하라. 이것을 하는 동안에 그리드 위에 메모를 하고 의견을 기록하라.

(5) 거르고 분류하라(sort and sift). 자료의 나머지에서 강화되지(reinforced) 않은 것으로 보이는 잠정적인 구성물은 삭제하라(get rid of). 그러나 자료 자체는 삭제하지 말라. 그것은 자료에서 나타나는 일반적 주제들에 대비되는 중요한 반대 사례들을 보여줄 수 있다. 여러분이 작업 중인 자료에서 이 반대 사례들을 다른 색으로 하이라이팅하고 별도의 목록을 만들라.

(6) 다시 코딩하라(re-code). 둘째 읽기에서 여러분의 자료와 잘 어울리는(good fit) 것으로 보이는 2차 구성물(second-order constructs)을 도출하라. 이 2차 구성물은 여러분의 자료에서 중요한 아이디어들을 잘 요약해야 한다.

(7) 주제들을 도출하라(emerge with themes). 다시 한 번 쭉 살펴보면서 이제 이 2차 구성물을 여러분의 자료에 대한 최종적인 조직을 위한 이정표(marker post)가 되도록 정교화하고, 일단 이것들이 여러분의 자료의 핵심을 포착하는 것으로 만족한다면 이것들을 여러분의 최종적인 주제들로 삼으라.

(8) 주제에 대하여 사고하라(think about the themes). 이 주제들은 서로 어떻게 연결되는 것으로 보이는가? 어떤 것과 어떤 것이 서로 조화를 이루는가? 만장일치의 영역이 있는가? 갈등이나 패러독스가 있는가?

(9) 그림을 그리라(map). 여러분의 주제들을 그림으로 나타낼 방법을 찾으라.

(10) 예를 들라(illustrate). 여러분의 자료에서 주제를 예시하는 좋은 인용문 또는 구절을 선정하라. (Thomas, 2021: 225-226)

이 주제들 또는 범주들(categories)은 여러분의 분석에서 핵심적인 구성 요소들이다. 해석적 접근을 사용하는 목표는 (여러분을 포함하여) 참여자들이 상황 속에서 구성하는 의미를 도출하는 것임을 명심하라. 여러분이 주제들의 연결을 보여주기 위해 그림을 그리는(map) 다양한 방법들이 있다. 이 그림 그리기는 종종 학생들이 해석적 자료의 사용에서 가장 약한 부분이다. 주제의 확인이 중요하지만, 학생들은 때때로 여기에서 한 발짝도 나아가지 못하고 이 아이디어들이 어떻게 서로 연결되는지 설명을 하지 못한다(Thomas, 2021: 226).

나. 코딩에 대한 추가 설명

여러분이 계속적 비교 방법을 사용할 때, 여러분이 자료의 중요한 측면을 나타내는 코드(codes)를 자료에 표시한다. 이것은 약어(abbreviations), 명칭(names), 마크(marks) 그리고/또는 색깔(colours)이다. 이것을 잠정적인 구성물(temporary constructs)과 2차 구성물이라고 부를 수 있다. 서로 다른 연구자들은 거르고 범주화하는 과정에 대하여 서로 다른 용어들을 사용한다. 그러나 이 서로 다른 용어들에 대해 염려하지 말라. 그들은 같은 과정을 서술한다. 이 일을 하면서 여러분의 주요 목표는 중요한 것들을 가려내는(pick out) 것이고, 최종적으로 여러분의 자료의 내용을 포착하거나 요약하는 주제들을 도출하는 것이다. 예를 들면 다음과 같다(Thomas, 2021: 227).

〈예시 13.1〉 면담 자료에 대한 코딩

학급에서의 괴롭힘(bullying)에 대하여 한 선생님과 면담한 내용의 일부는 아래와 같다.

연한 회색 바탕의 진한 글자: 차이를 목격하기
연한 회색 바탕: 다른 학생들의 적개심, 보복 또는 공격
짙은 회색 바탕의 진한 하얀 글자: 다른 학생들의 자극(도발, provocation)/ '조장'(선동, incitement)

교사: 오, 여기 우리와 함께 작은 여학생이 있습니다. 그 여학생은 **다르게** 보입니다. 그녀는 **다른** 학생들과 다른 행위를 보입니다. 학생들은 그녀를 부를 이름을 만들 것입니다. 음, 어떤 학생이 **다르다**는 이유로, 그 학생이 **다르게** 보일 수 있고 다르게 행동할 수 있으므로, 매년 다른 학생들보다 더 지적받는 한 명의 학생이 있는 것 같습니다. **예를 들어, 그녀는 무엇인가를 말할 것입니다.** 또는 그녀는 어떤 것에 대해 매우 신이 납니다. 학생들은 '앉으라(sit down)', '조용히 하라(be quiet)', '그것을 하지 말라(stop doing that)'라고 말할 것입니다. 학생들은 항상 그녀에게만 그러는 것 같습니다. 그리고 다른 한 명의 남학생이 있습니다. 음, **그 남학생은 자신을 통제하지 못합니다. 그래서 어떤 말을 불쑥 하거나 소리를 지릅니다.** 다른 학생들은 돌아서면서 그를 향해 소리를 지릅니다. 그리고 그들은 운동장에서 때때로 몸싸움을 하는 경향이 있습니다. 여학생의 경우에, [한 책상을 가리키면서] 나는 그들이 이 작은 소녀를 지나치며 의도적으로 그녀와 부딪히거나 다른 비슷한 행동을 하는 것을 보았습니다. 그러나 그들을 지켜보고 있다가 그 학생을 제지하면 그는 뒤를 돌아보면서 말할 것입니다. "제가 하지 않았어요." 모든 학생이 그러지는 않습니다. 관심을 받으려고 문제 행동을 일으키는 몇몇 학생들만 그렇게 합니다. 그들은 부정적인 방법 이외에 관심을 받는 다른 방법들을 모릅니다. (Thomas, 2021: 227)

여러분이 코딩하는 방법에는 맞는 답과 틀린 답이 없다. 여러분은 내가 여기에서 이 문단을 코딩한 방식과 완전히 다르게 코딩할 수 있다. 여러분의 연구의 초점에 따라

코딩 방식은 달라질 것이다(Thomas, 2021: 228).

궁극적으로 여러분은 여러분의 코드(그리고 궁극적으로는 여러분의 주제)가 포착하는 것으로 보이는 것을 해석할 필요가 있다. 해석의 예를 들면 다음과 같다(Thomas, 2021: 228).

- 괴롭힘에 대한 교사의 코멘트는 괴롭힘을 당하는 학생이 다른 학생과 다르고, 돌발적이며, 다른 학생을 귀찮게 하는 행위에 대해 많은 강조점을 두고 있다. 교사는 괴롭힘을 당하는 학생이 스트레스를 부적절하게 다루는 방식에 대한 대부분의 학생들의 반응에 대부분 공감하는가?
- 교사는 갈등을 해결하기 위하여 괴롭힘을 당하는 학생이 문제를 다루게 (예를 들어, 교사가 학생들에게 다가가서 학생들에게 손을 댐으로써) 도왔던 긍정적인 행위에 대해서는 단지 한두 번만 언급한다.
- 다른 학생들이 차이를 의도적으로 들먹이는 집단(pack) 행위에 대해서는 언급이 거의 없다. 집단 행위를 제지할 수 있을까?
- 만약 제언(recommendation)이 이것에 수반된다면, 새로운 학생들에 관련된 것으로 조명을 받은 특별한 행위를 고려할 때, 교사는 집단의 구조, 새 학생들을 위한 교우 체제 등에 초점을 둘 수 있을 것이다.

3. 주제 그림 그리기

계속적 비교 방법을 통해 사례 연구의 주제를 발견할 수 있지만, 그 자체로는 이런 주제들 사이의 관계를 발견할 수 없다. 여러분은 코멘트와 논의를 통해 이 주제들이 어떻게 서로 관련되는지를 분명하게 설명해야 한다. 주제 그림 그리기(mapping)를 통해 면담 자료에서 발견한 주제들을 그림 형식으로 나타내면서 그런 상호 관계를 더 분명하게 보여줄 수 있다(Thomas, 2021: 228).

대부분의 질적 분석이 그러하듯이, 주제 그림 그리기는 계속적 비교 방법으로 시작한다. 여러분이 주제를 결정한 후에 자료 파일을 읽으면서 그런 주제들을 예시하는 좋은 인용문들을 찾는다. 그리고 그런 인용문들이 면담에서 나타난 순서대로 종이에서 글상자 안에 기록할 수 있다(**[그림 13.1]**). 이제 이 종이가 여러분의 지도가 된다. 여러분은 또한 어떤 식으로 이 인용문들을 보충하거나 대비되는 다른 인용문들을 발견할 수 있다. 이것들도 지도의 글상자 안에 기입한다. 이제 글상자에 주제를 제목으로 달아준다. 그리고 주제들 사이에 아이디어들이 서로 관련된다면 점선을 긋는다. 그리

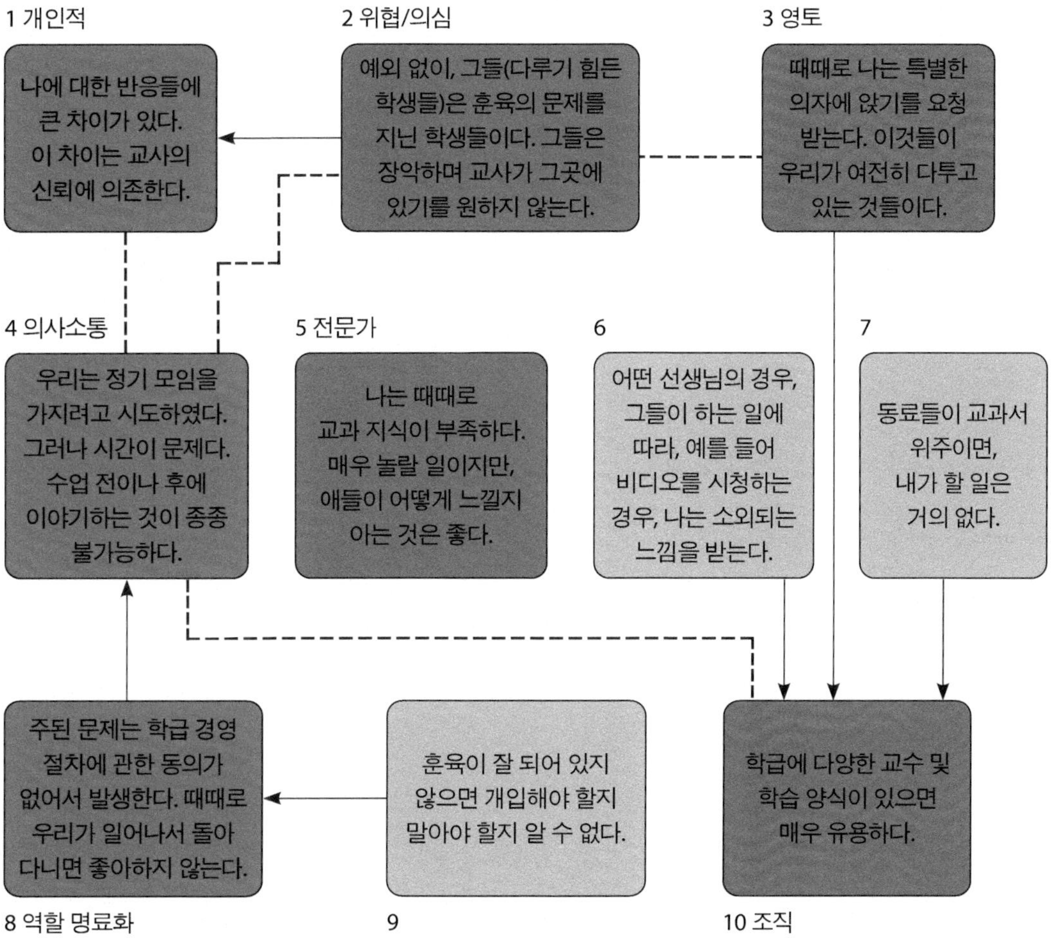

[그림 13.1] 면담 분석 주제 지도

출처: Thomas(2021: 228).

고 하나의 주제가 (화살표가 가리키는 방향) 화살표의 다른 끝에 놓인 주제를 어떤 식으로 설명하는 것으로 보일 때 실선을 긋는다(Thomas, 2021: 228).

[그림 13.1]은 특수 교육의 요구를 지닌 학생을 위한 보조 교사와의 면담을 분석한 결과 도출한 주제 지도이다(Thomas, 1992). 보조 교사들은 학생들이 별도로 스스로 학습하게 하기보다는 자신의 활동 방식을 변경하여 교실에서 담임 교사와 협력하였다. 나는 보조 교사들이 교실에서 하는 역할에 대한 지각과 느낌에 관심을 가지고 있었다. 보조 교사들은 자신들이 유용하다고 느꼈는가? 학급에는 긴장이 있었는가? 있었다면 어떤 종류의 긴장이 있었는가? 나의 면담과 보조 교사로 일하면서 작성한 나의 일지에 토대를 두고, 나는 이 질문들에 관련된 여러 주제들을 도출하였다. 그것은, 지위와 자긍심, 영토, 위협/의심(threat/suspicion), 대인 간 요인들, 전문성 이데올로기, 의사소

통, 조직, 학교 정책과 역할 명료성이다. 이 아홉 가지 주제들 중에서 일곱 가지가 면담 주제 지도(**[그림 13.1]**)에 표시되어 있다. 무엇보다 이 주제 지도는 면담에 대한 일종의 축약된 표현(mini-representation)을 보여준다. 이는 예시적 인용문을 그것이 면담에서 나타나는 순서에 따라 제시하였기 때문이다(Thomas, 2021: 230).

4. 근거 이론

근거 이론(Glaser & Strauss, 1967)은 질적 자료에서 주제를 도출하는 과정, 또는 더 광범위하게 모든 해석적 연구의 과정을 서술하기 위하여 흔하게 사용하는 용어이다. 많은 사람들은 그들이 계속적 비교 방법을 사용하고 있다는 것을 의미하는 경우에 근거 이론 접근을 사용하고 있다고 말한다. 어떤 사람들은 근거 이론이 해석적 연구와 동의어인 것처럼, 또는 모든 해석적 연구가 그것에 의존하는 것처럼 말한다. 이는 사실이 아니다. 그렇지 않다(Thomas, 2021: 231-232).

아마도 다소간 현학적으로 들릴지 모르겠으나, 나는 해석적이라는 모든 것을 하나로 묶어서 '근거 이론'이라고 부르는 것을 들으면 귀에 거슬린다. 해석적 연구는 훨씬 더 큰 개념이다. 근거 이론은 해석적 연구에서 사용하는 일종의 기법이다. 사실상, 근거 이론의 아래에 놓인 많은 가정—예를 들어, 근거 이론이 예측을 가능하게 한다는 가정—은 부적절한 것 같고 이제 유통 기한이 지난 것 같다. 나는 이것에 대해 다른 곳에서 논의하였다(Thomas & James, 2006). Lincoln과 Guba(1985: 339)는 나와 유사한 비판을 하면서 계속적 비교는 보존할 가치가 있는 근거 이론의 핵심이라고 말한다(Thomas, 2021: 232).

근거 이론이 유익한 것은, 근거 이론이 해석적 연구의 본질에 대해 단순명료하게 요약해주기(encapsulation) 때문이다. 그것은 연구자가 어떤 연구 상황에 몰입할 때 아이디어(이론)를 도출하는 방식에 큰 강조점을 둔다는 점에서 그렇다. 물론 이것은 여러분이 어떤 발생하고 있는 일에 대한 정해진 아이디어(정해진 이론)를 가지고 사례 연구를 시작할 수 있다는 관점과 대비된다. 다르게 말하면, 연구자는 이미 정해진 선행 아이디어와 이론이 사례 연구를 통해 나타날 수 있는 조명, 해석, 이해에 어느 정도 기여할 수 있다는 점을 인정해야 한다. 그리고 이것 때문에 사례 연구의 방법론과 관련하여, 독자가 그러한 해석의 출처(provenance)에 대해 어느 정도 이해할 수 있도록, 연구자의 입장(positionality)에 대해 논의하는 것이 중요하다(Thomas, 2021: 232).

5. 근거 이론에서의 코딩

해석적 연구에서 코딩 및 주제 만들기(theme-making)와 비슷한 과정을 서술하기 위해 사용하는 여러 다른 단어들을 연구자가 이해할 필요가 있다. Strauss와 Corbin(1990)과 같은 근거 이론가들은 주제를 결정해가는 코딩 과정에서 사용하는 특별한 어휘들을 제시하였다. 그들은 특히, 개방 코딩, 축 코딩, 선택 코딩이라는 것에 대해 설명하였다(Thomas, 2021: 232-233).

- 개방 코딩은 첫 번째 단계이다. 이 단계에서 자료를 훑어보고 검토하고, 한 부분을 다른 부분과 비교하고 범주를 만들기 시작한다. 이는 여러분이 텍스트에 색깔 있는 형광펜을 사용하는 단계이다. 이것은 계속적 비교 방법에 대한 논의에서 언급된 '잠정적인 구성물(temporary constructs)'을 확인하는 것이다.
- 축 코딩은 두 번째 단계이다. 이 단계에서 여러분은 개방 코딩에 대해 이해하기 시작한다. 이 단계에서 여러분 자신에게 다음과 같이 질문한다. "무엇과 무엇이 관련되는가?" "이 코멘트들을 우리는 무엇이라고 부를 수 있는가?" "이 아이디어들은 그것들과 어떻게 연결되는가?" 이 단계에서 여러분은 여러분의 코드에 대해 명칭을 생각해낼 수 있다. 이 명칭들은 NVivo에서 사용된 '노드(nodes)' 또는 계속적 비교 방법에서 언급한 '2차 구성물(second-order constructs)'과 비슷한 것들이다.
- 선택 코딩은 주요 주제들을 도출하는 마지막 단계이다. Strauss와 Corbin(1990: 116)이 언급하였듯이, 이것은 "핵심 범주를 선택하여 다른 범주들과 관련지으면서, 그 관련들을 타당화하면서, 그리고 추가적인 정교화와 발전이 필요한 범주들은 보완하는 과정이다." 이 단계에서 연구자는 위에서 언급한 주제 지도를 그릴 수 있다.

Strauss와 Corbin은 또한 메모하기에 대해 말하였다. 이것은 노트 필기하는 것을 조금 더 우아하게 표현하는 것이다. 여러분이 코딩과 계속적 비교 과정을 거치면서, 연관(associations), 잠정적인 주제(potential themes), 아이디어 등에 대하여 어떤 방식으로든 여러분이 선택한 방법대로 노트 필기(즉 메모)를 한다. 여러분은 메모의 예시들을 모아두었다 연구 결과물의 부록에서 제시할 수 있다(Thomas, 2021: 233).

6. 충분한 서술

여러분이 자신감을 가지고 있다면, 계속적 비교 방법과 그로부터 파생되는 것들이 제공하는 체계성을 포기하고 충분한 서술(thick description)에 의존할 수 있다. 충분한 서술이라는 용어는 저명한 인류학자 Clifford Geertz(1975)에 의해 해석주의 학자들 사이에서 보편화되었다(popularised). 이것은 맥락 속의 하나의 행위—예를 들어, 끄덕임, 단어, 멈춤 등—를 이해하는 것을 일컫는다. 이것은 연구자가 그것을 서술할 때 연구자의 '인간적인 앎(human knowing)'을 사용한다(Thomas, 2021: 233).

Geertz(1975: 9)는 의미를 해석할 때, 단지 암호 해독자가 되어서는 안 된다고 주장하였다. 그는 Oxford The Queen's College의 철학자 Gilbert Ryle에게서 충분한 서술이라는 아이디어를 얻었으며, 또한 그가 원래 사용하였던 예시를 사용하였다. 이는 세 명의 소년들이 그들의 눈을 돌리는 행위이다. 하나는 씰룩거리는 것이고, 다른 하나는 윙크하는 것이며, 세 번째는 두 번째의 윙크를 패러디하는 것이다(Thomas, 2021: 233).

Ryle은 여러 사고 연습을 통해 빈약한(얇은, thin) 서술—직접 관찰할 수 있는 행동의 표면적 수준의 설명—과 행위의 이유와 행위 뒤에 놓인 의미 그리고 사회적 행위자의 의도를 추가적으로 제시하는 충분한(thick) 서술을 대비하였다. 이 연습들 중 가장 유명한 것은 눈썹의 움직임을 빈약하게(표면적으로) 서술한 것을 무의식적인 씰룩거림 또는 의도적인 윙크로 보는 것이다. Ryle은 눈썹의 움직임(씰룩거림)은 문화적 맥락과 상황에 대한 자각(의식)을 가질 때에만 인식되고 이해될 수 있다고 말하였다. 즉 윙크가 의미를 지니게 되는 사회적 코드와 그것의 사용을 촉발할 수 있는 다양한 상황 두 가지에 대한 인식(awareness)이 필요하다. 연구자는 행위자가 행위에 부여하는 의미를 이해하기 위하여 (적어도 이해하려고 시도하기 위해) 사회적 환경에 대해 익숙해야 한다(Harrison, 2013: 860).

씰룩거림을 윙크로 바꾸는 것은 무엇이고, 놀림의 윙크를 패러디로 만드는 것은 무엇인가? Geertz가 말하였듯이, 그것은 작은 행위(speck of behavior), 작은 문화(fleck of culture), 그리고—짜잔!(바로)—몸짓(gesture)이다. 여러분의 관찰 결과를 보고할 때, 어떤 사회적 상황에서 씰룩거림을 윙크로, 윙크를 패러디로 바꾸면서 어떤 일이 일어나는지 상세하게 밝히는 것이 필요하다. 어느 것이 어느 것인지 당신은 어떻게 알 수 있는가? 해석적 연구자는 이것을 독자에게 말해야 한다(Thomas, 2021: 233).

여러분이 충분한 서술을 제공할 때, 여러분은 또한 하나의 분석을 제공하는 것이다. 여러분은 그 장면에 대하여 지혜롭게 성찰하면서, 상상하면서, 다른 사람의 관점에서 바라보면서, 그리고 다른 사람이 하고 있는 것을 진실하게 해석하면서 이것을 행하는 것이다. 여러분은 단지 그 사람들만이 아니라 그 사람들의 삶, 그리고 그 사람들이 속한 맥락—그들이 행위하는 무대—에 대한 지식을 가지고 이것을 행하는 것이다. 만약 당신이 이런 종류의 충분한 서술을 행하고 있다면, 그것은 여러분이 관찰하는 상황에 대하여 무엇인가를 알게 해준다(Thomas, 2021: 234).

여러분이 이미 지닌 기존의 지식—인간에 관한 지식—을 사용하는 좋은 예시는 위대한 사회학자 Erving Goffman(1956)의 『일상생활에서 자아의 표현』이라는 저서에서 발견된다. Goffman은 사람들은 사회생활에서 어떻게 행위를 하는가에 대한 예시의 저장고를 열어 보였다. 사람들은 마치 무대 위에서 자신들의 행위의 의미를 전달하는 것처럼 행위를 한다는 것이다. Goffman은 이것을 보여주면서 충분한 서술을 사용하였다(Thomas, 2021: 234).

7. 단어 군집

여러분이 수집하는 구어적 자료를 표현하기 위하여 '단어 군집(word clouds)'과 같은 것을 사용하는 것에 대해 생각해보라. 그 예로 Wordle(www.wordle.net)이라는 프로그램이 있으며, 다른 단어 생성기도 이용할 수 있다. 이것은 분석 방법으로 충분하지 않지만, 자료 분석의 출발점을 제공할 수 있다. 즉 이것을 면담 자료에 대한 파일럿(pilot) 연구로 볼 수 있다.

8. 자료 분석 범주의 준거

Merriam과 Tisdell(2016: 212-213)은 질적 자료를 분석하는 과정에서 범주들을 도출할 때 이들이 충족해야 할 준거들을 다음과 같이 제시하였다.

(1) 범주들은 연구의 목적에 반응적이어야(responsive) 한다. 실제로, 범주들은 여러분의 연구 질문들에 대한 답변들이다. 중년 노동자들의 퇴임 후 고용으로의 경력 전환 과정에 관한 Kim(2014)의 발견[findings 또는 범주(categories) 또는 주제(themes)]은 참여자들이 직전의 경력에서 불안정(불균형, disequilibrium)을 경험하였다는 것이다. '직전 경력에서 불안정 경험하기'라는 이 범주는 경력 전환 과정의 단계들을 확인한다는 연구 목적에 대한 '답변(answer)'의 일부가 되었다.

(2) 범주들은 고갈(소진)적이어야(exhaustive) 한다. 즉 여러분이 연구에 중요하거나 관련된다고 판단하였던 모든 자료를 하나의 범주 또는 하위 범주 안에 묶을 수 있어야 한다.

(3) 범주들은 일반적으로 상호 배타적(mutually exclusive)이어야 한다. 특정 자료 단위는 단지 하나의 범주에만 들어맞아야 한다. 만약 정확하게 동일한 자료 단위가 하나 이상의 범주들에 들어맞는다면, 여러분의 범주들을 정교화하기 위하여 더 많은 개념적 작업이 필요하다. 그러나 이것은 한 문장의 일부가 하나의 범주 또는 하위 범주에 들어가고 문장의 나머지는 다른 범주에 들어가지 못한다는 것이 아니다.

(4) 범주들은 민감(sensitizing)해야 한다. 범주의 이름 짓기(명명, naming)는 가능한 한 자료에 있는 것에 민감해야 한다. 외부인이 범주들을 읽고 그들의 본질에 대해 어떤 것을 이해할 수 있어야 한다. 그 현상의 의미에 대해 더 정확하게 파악할수록 더 좋다. 예를 들어, '시간(time)'이라는 범주는 '시간 관리(time management)'라는 범주만큼 많은 것을 드러내주지 못한다. 다른 예로, '반항 행위'는 '성인 권위 인물에 대한 반항'만큼 민감하지 못하다. '지도력'은 '개혁(혁신)적 지도력'만큼 민감하지 못하다.

(5) 범주들은 개념적으로 일관성이 있어야(congruent) 한다. 즉 동일한 수준에 있는 모든 범주들은 동일한 수준의 추상화를 나타내야 한다. 식료품 가게를 예로 들면, 항목들은 농산물, 통조림 식품, 과일에 따라 분류되어서는 안 된다. 농산물과 통조림 식품은 같은 개념적 수준이지만, 과일은 농산물의 한 종류이므로 농산물의 하위 범주가 되어야 한다. Ntseane(2004)의 Botswana에서 성공한 여성 경영자에 대한 연구에서 다음 세 종류의 학습이 발견되었다. (가) 비형식적인 입사 전 훈련, (나) 형식적인 기술 훈련, (다) 기업 내부 학습. 이 각각에는 하위 범주들이 있다. 예를 들어, 비형식적인 입사 전 훈련은 ㉮ 가족 구성원, ㉯ 작업에 대한 관찰, ㉰ 상식(common sense)에 토대를 두었다(Merriam & Tisdell, 2016: 212-213).

제2절 석사 학위 논문의 자료 분석 예시

아래의 예시는 석사 학위 논문 작성자가 직접 자신의 논문 작성을 위한 자료 수집 및 자료 분석의 과정을 단계별로 서술하고 설명한 것이다.[1]

1. 논문의 개요

가. 논문 제목

『학교생활나눔장』을 활용한 초등 학습 부진 학생의 정의적 변화에 대한 사례 연구 (오정실, 2015)

나. 연구 문제

가) 초등 학습 부진 학생을 위한 학교생활나눔 프로그램을 어떻게 구성할 것인가?

나) 초등 학습 부진 학생은 학교생활나눔 프로그램 참여 과정에서 어떠한 정의적 변화를 겪게 되는가?

나-1) 초등 학습 부진 학생은 어떠한 '사회성' 변화를 겪는가?

나-2) 초등 학습 부진 학생은 어떠한 '학습 태도' 변화를 겪는가?

다. 논문 요약

'학교생활나눔장'을 활용한 학교생활나눔 프로그램을 개발하여 S 초등학교 3학년 네 명에게 적용하였다. 이 프로그램을 적용하는 과정에서 초등 학습 부진 학생들에게 나타나는 정의적 변화를 살펴보는 것을 연구 문제로 설정하고, 프로그램 사용 결과 나타나는 참여자들의 변화를 주 관찰 대상으로 삼고 질적 방법으로 연구하였다. 그 결과, 학교생활나눔 프로그램을 적용하는 과정에서 '사회성 증진'과 '학습 태도 향상'이라는 정의적 변화가 나타났다.

[1] 이 절의 출판을 위해 석사 학위 논문 저자의 허락을 받았음을 밝힌다.

2. 자료 수집

★ 핵심! 무조건 가능한 한 수집하기!

자료를 분석하는 과정에서 논문의 많은 부분이 바뀝니다. 어떤 자료가 필요할지 모르니, 열심히 되는 대로 자료를 수집하는 것이 좋습니다. 분석은 교수님의 철저한 가르침 아래 ……!

> 자료를 수집하고 분석하는 방법에는 여러 가지가 있다(신옥순 역, 1991: 234). 그중 한 가지 방법은 분석이 자료 수집과 동시에 진행되어 자료 수집이 끝나는 시점에서 분석이 어느 정도 완성되는 것이다. 이러한 접근은 노련한 현장 연구자들이 사용하는 것으로, 연구자가 자기가 하는 일에 대해 잘 알고 있다면, 가장 효율적이고 경제적이다. 다른 방법은 분석 전에 자료를 수집하는 것으로 모든 연구에서 공통적으로 자연스럽게 일어나는 과정이기 때문에 연구자는 단지 이 방법에 접근하려 할 뿐이지 그대로 따를 수는 없다. 즉 엄격한 의미에서 자료 수집과 분석은 분리될 수 없다(정명화, 2001: 128-129).
>
> 특히 초보적인 연구자는 현장에서 연구할 때 분석 방법을 준수해야 하지만 모든 자료 수집이 완성될 때까지 형식적인 분석은 미루어야 한다(정명화, 2001: 128-129).

가. 참여 관찰

Spradley(1979)의 3단계 관찰 과정에 따라 실시하였다.

서술 관찰	• 참여 관찰 초반에는 광범위한 서술(descriptive) 관찰을 실시. • 참여자들의 학교생활 전반을 전부 놓치지 않고 기록하는 데 힘씀. • 순간순간 메모하고 방과 후에라도 기록, 핸드폰의 녹음 및 메모 기능 활용, 관찰한 것을 서술적인 글쓰기로 정리하여 연구자의 생각도 함께 기록함.

⬇

집중 관찰	• 서술 관찰이 끝난 후 1차 분석을 실시하여 참여자의 정의적 변화가 나타나는 대표 행위로 연구 범위를 좁혀 집중(focused) 관찰을 실시. • 연구의 초점에 맞는 것들에 대해서만 상세한 자료를 수집하고 정의적 변화에 대해서 집중 관찰하면서 서술 관찰과 비교하여 참여자들의 어떤 점들이 변화하였는지 분석하고 분석 결과를 바탕으로 변화된 부분을 파악함.

⬇

선별 관찰	• 불분명한 자료에 대해 확인하거나 추가로 관찰해야 할 자료를 수집 및 분석함.

[그림 13.2] Spradley(1979)의 3단계 관찰 과정

나. 심층 면담

참여 관찰만으로는 참여자의 행동과 그 이유에 대해 심층적인 이해가 부족하기에 시간이 날 때마다 면담을 실시하였다. 초기 면담은 순간순간 행해지는 참여자의 행동에 대한 이유를 파악하기 위해서나 전반적인 내용에 대한 내용들이 주를 이루었다. 하지만 연구의 중반부에 들어서면서부터는 연구자가 참여 관찰을 통해 발견하지 못하였던 자료 수집을 위해 더욱 심층적인 면담이 실시되었다. 프로그램이 진행되면서 연구 초기보다 참여자와의 라포르가 많이 형성되어서인지 참여자들도 자신의 이야기를 좀 더 편하게 털어놓아서 대화를 통한 깊이 있는 자료 수집이 가능하였다. **<표 13.1>**에 제시된 면담 자료는 녹취가 가능하였을 때 수집된 면담 자료만을 기록한 것이고, 녹취할 수 없었던 면담 내용은 관찰 일지에 기록하였다.

다. 학교생활나눔장 자료 및 기타 자료 수집

학교생활나눔 프로그램의 핵심 자료는 참여자들이 직접 쓴 '학교생활나눔장'이었다. 참여자들이 쓴 '학교생활나눔장'을 바탕으로 학교생활나누기가 면담 형식으로 진행되었기 때문이다. 참여자들은 학급 친구들이 매주 내는 일기와는 다르게, 학교생활

〈표 13.1〉 녹취된 면담 현황

회차	날짜	면담시간	참여자	회차	날짜	면담시간	참여자
1	2014. 9. 11	20분 8초	가혁	14	2014. 12. 2	6분 12초	다혁
2	2014. 9. 16	7분 42초	라희	15	2014. 12. 2	28분 38초	나혁
3	2014. 9. 16	3분 52초	다혁	16	2014. 12. 8	25분 12초	라희
4	2014. 9. 26	8분 43초	다혁	17	2014. 12. 12	7분 51초	가혁
5	2014. 10. 1	19분 43초	다혁, 나혁	18	2014. 12. 15	9분 23초	가혁
6	2014. 10. 6	7분 7초	다혁	19	2014. 12. 19	25분	가혁
7	2014. 10. 6	10분 1초	라희	20	2014. 12. 24	24분 49초	라희
8	2014. 10. 17	7분 21초	가혁	21	2014. 12. 24	52분 44초	나혁, 가혁
9	2014. 11. 19	8분 46초	나혁	22	2014. 12. 24	26분 54초	나혁, 가혁
10	2014. 11. 20	19초	다혁	23	2015. 2. 12	20초	가혁
11	2014. 11. 21	4분 34초	다혁	24	2015. 2. 12	15분 49초	가혁
12	2014. 11. 28	24분 18초	라희	25	2015. 2. 12	16분 42초	라희
13	2014. 12. 2	9분 8초	나혁	26	2015. 2. 12	13분 42초	나혁, 가혁

나눔장을 써서 제출하도록 하였는데, 매주 내는 날짜와 분량이 정해진 것이 아니라 자신이 쓰고 싶을 때 자유롭게 써서 연구자에게 내도록 하였다. 학교생활나눔장에는 참여자들의 학교생활에 관한 어떤 것이든 자유롭게 쓰도록 하였다. 연구자는 참여자들이 학교생활나눔장에 쓴 내용과 참여 관찰한 내용들을 바탕으로 답글을 달아 꾸준히 학교생활나눔장에 참여자들의 학교생활과 마음속 이야기가 담기도록 유도하며 지속적으로 자료를 수집하였다.

기타 자료로는 아동 기초 조사 자료, 자기소개 학습지, 일기, 카카오톡, 학생들의 받아쓰기 결과물, 수업 결과물, 활동 사진과 학부모 상담 기록물, 연구 주제 관련 설문지 등을 수집한 뒤 분석하였다.

3. 자료 분석

★ 핵심! 준비한 것이 없어도 무조건 교수님과의 주기적인 면담 갖기!

"교수님과의 면담 날짜가 곧 마감 날짜! 닥쳐야 결과물이 뭐든 나옵니다! 할 수 있어요!"

수집된 모든 자료들은 '전사, 주제별 약호화 분석, 주제의 생성 3단계'의 과정을 거쳐 분석하였다.

첫째, 학교생활나눔 프로그램을 적용하는 과정에서 관찰한 내용, 녹취된 면담 자료들은 후속적인 분석을 위해 모두 전사하여 컴퓨터에 체계적으로 기록 · 저장하였다.

둘째, 참여자들의 정의적 변화 과정을 중심으로 관찰 일지, 면담, 기타 자료를 비교, 분석, 범주화하여 분석의 틀을 구조화하였다.

셋째, 주제별 약호화 분석을 통해 만들어진 구조를 바탕으로 원자료들의 분석과 해석을 뒷받침할 수 있는 의미 있는 사례들을 추출하였다.

가. 2015. 1. 22. 주제별 약호화

✔ 제목: 학습 부진 학생의 학교생활

(* 가정생활은 제목에서는 삭제하고 내용에만 넣기. 또는 "학급 경영을 통한 학생의 변화"도 제목으로 가능할 듯)

〈표 13.2〉 분석의 틀 1단계

<table>
<tr><th colspan="3">주제별 약호화</th></tr>
<tr><td rowspan="5">1절
학교생활</td><td>가) 수업 시간</td><td>1) 침묵
2) 참여(외재적 동기/타율적 참여)
3) 무관심(개인 활동)
4) 비과제 활동(집중 ×, 잡담 또는 장난)</td></tr>
<tr><td>나) 쉬는 시간</td><td>1) 적극적 배회(외롭게 돌아다니나, 친구와 놀고 싶어 하는 모습)
2) 저항(친구와 놀 때 갈등 발생)
3) 놀이(졸병처럼 하라는 것을 하며 놀기)
4) 적극적 참여(교과 적성의 차이)</td></tr>
<tr><td>다) 급식 시간</td><td>1) 분쟁
2) 식탐</td></tr>
<tr><td>라) 1인1역 시간</td><td>1) 학급활동에 대한 책임감(학업 부족을 채우려는 욕구)</td></tr>
<tr><td>마) 방과 후 시간</td><td>1) 주어진 과제에 대한 책임감
2) 교사 애착(정서적 결핍에 의한)</td></tr>
<tr><th colspan="3">결론 및 제언</th></tr>
<tr><td colspan="3">가정 내 애착이 잘 형성되어 있었다면 학습 부진이 아닐 아이들이다.</td></tr>
</table>

나. 2015. 4. 16. 주제별 약호화

✔ 제목: 초등 학습 부진 학생의 학교생활에 대한 문화기술적 연구

〈표 13.3〉 분석의 틀 2단계

<table>
<tr><th colspan="4">주제별 약호화</th></tr>
<tr><td rowspan="11">1절
학교생활</td><td rowspan="3">가) 수업 활동</td><td>1) 침묵</td><td>㉮ 기초(주지) 교과(① 국어: 쓰기, 말하기 ② 수학: 조작, 연산)</td></tr>
<tr><td>2) 참여(외재적 동기/타율적 참여)</td><td>㉮ 기초(주지) 교과(① 국어: 쓰기, 말하기 ② 수학: 조작, 연산)
㉯ 활동 교과(① 과학: 실험 ② 사회: 조사, 조작 ③ 체육: 움직임 표현)
㉰ 창의적 체험 활동 및 행사(운동회, 축제 등)</td></tr>
<tr><td colspan="2">3) 비과제 활동(집중 ×, 잡담, 장난)</td></tr>
<tr><td rowspan="2">나) 놀이 활동</td><td>1) 스포츠 활동(스포츠클럽, 줄넘기, 피구 등)</td><td>㉮ 적극적 배회(외롭게 돌아다니나, 친구와 놀고 싶어 하는 모습)
㉯ 참여</td></tr>
<tr><td>2) 자유 놀이 활동(쉬는 시간 및 방과 후 시간)</td><td>㉮ 적극적 배회(외롭게 돌아다니나, 친구와 놀고 싶어 하는 모습)
㉯ 저항(친구와 놀 때 갈등발생)
㉰ 소극적 참여(수동적)
㉱ 적극적 참여(주도적, 교과 적성의 차이)</td></tr>
<tr><td rowspan="2">다) 청소 활동</td><td colspan="2">1) 적극적 참여</td></tr>
<tr><td colspan="2">2) 표면적 참여(보여주기)</td></tr>
<tr><td rowspan="2">라) 과제 활동</td><td colspan="2">1) 자발적 수행</td></tr>
<tr><td colspan="2">2) 타율적 수행</td></tr>
<tr><td rowspan="2">마) 음식 섭취</td><td colspan="2">1) 분쟁</td></tr>
<tr><td colspan="2">2) 식탐</td></tr>
<tr><th colspan="4">결론 및 제언</th></tr>
<tr><td colspan="4">가정 내 애착이 잘 형성되어 있었다면 학습 부진이 아닐 아이들이다.</td></tr>
</table>

다. 2015. 4. 16. 중간 보고서 발표 자료

〈표 13.4〉 분석의 틀 3단계

분석 준거	세부 내용(예)	
수업 활동	침묵	① 국어: 쓰기, 말하기 ② 수학: 조작, 연산
	참여	① 국어: 쓰기, 말하기 ② 수학: 조작, 연산 ③ 과학: 실험 ④ 사회: 조사, 조작 ⑤ 체육: 움직임 표현 ⑥ 창의적 체험 활동 및 행사 활동(운동회, 축제)
	비과제 활동	
놀이 활동	스포츠 활동	• 적극적 배회 • 참여
	자유 놀이 활동	• 적극적 배회 • 저항 • 소극적 참여 • 적극적 참여
청소 활동	적극적 참여	
	표면적 참여	
과제 활동	자발적 수행	
	타율적 수행	
음식 섭취	분쟁	
	식탐	

라. 2015. 6. 1. 논문 심사본 1차

✔ 제목: 「학교생활나눔장」을 활용한 초등 학습 부진 학생의 인지적 · 정의적 변화에 대한 탐구

[그림 13.2] 초등 학습 부진 학생들에게 나타난 인지적 · 정의적 변화 분석 틀

〈표 13.5〉 분석의 틀 4단계

<table>
<tr><th colspan="2" rowspan="2">상위 분석 준거</th><th colspan="6">하위 분석 준거</th></tr>
<tr><th colspan="3">초기</th><th colspan="3">후기</th></tr>
<tr><td>학생의 인지적 변화</td><td>받아 쓰기 실력</td><td colspan="3">받아쓰기가 어려워요</td><td colspan="3">받아쓰기 실력이 올랐어요</td></tr>
<tr><td rowspan="7">학생의 정의적 변화</td><td rowspan="4">사회성</td><td rowspan="4">사회성 부족</td><td rowspan="2">친구가 어려워요</td><td>갈등 상황 조장</td><td rowspan="4">사회성 발달</td><td rowspan="2">친구가 좋아요</td><td>갈등의 원만한 해결</td></tr>
<tr><td>적극적 배회</td><td>즐거운 어울림</td></tr>
<tr><td rowspan="2">선생님이 어려워요</td><td>작고 부정확한 목소리</td><td rowspan="2">선생님이 좋아요</td><td>크고 자신 있는 목소리</td></tr>
<tr><td>속마음 감추기</td><td>속마음 터놓기</td></tr>
<tr><td rowspan="3">학습 태도</td><td rowspan="3">학습 태도 결여</td><td colspan="2">가만히 있어요</td><td rowspan="3">학습 태도 향상</td><td colspan="2">알려주세요</td></tr>
<tr><td colspan="2">과제를 신경 쓰지 않아요</td><td colspan="2">과제를 열심히 해요</td></tr>
<tr><td colspan="2">모둠 활동에 참여하지 않아요</td><td colspan="2">모둠 활동에 열심히 참여해요</td></tr>
</table>

✔ '자료 분석 초기 단계'에서 참여자들에게 다음과 같은 변화가 생겼음을 확인할 수 있었다. 커진 목소리, 자신의 감정 표현하기, 공부 알려달라고 도움 청하기, 타인과 시선 똑바로 마주치기, 친구와 잘 어울리기, 선생님께 다가가기, 참고 이해하기, 모둠 활동에 열심히 참여하기, 과제 열심히 해오기, 초콜렛 등의 보상을 받지 않고도 바른 행동 하기, 자신의 학습 발표 하기, 자기 스스로 칭찬하기, 선생님 심부름 도와드리기, 과제에 도전하기, 적극적으로 먼저 행동하기, 속마음 이야기하기, 끝까지 노력하기 등의 변화이다.

'자료 분석 중기 단계'에는 이 자료들을 비교, 분리하여 범주화하였다. 자료들은 학습 부진 학생들의 정의적 특성인 '사회적 부적응성, 낮은 학습 동기 및 의욕, 낮은 자기 통제력, 불안'과 관련하여 분류하였다. 프로그램 적용 후 참여자들의 정의적 특성들이 긍정적으로 변화하였기에 사회적 부적응성은 '사회성'으로, 낮은 학습 동기 및 의욕은 '학습 의욕'으로, 낮은 자기 통제력은 '자기 조절'로, 불안은 '불안 감소'로 용어를 변경한 후 해당 자료를 연결, 분류하였다. 그런데 '불안 감소'는 '사회성' 중 교사와의 관계가 좋아진 이유와 관련이 있기에 범주에서 제거하고 불안 감소와 관련된 자료를 사회성으로 묶었다.

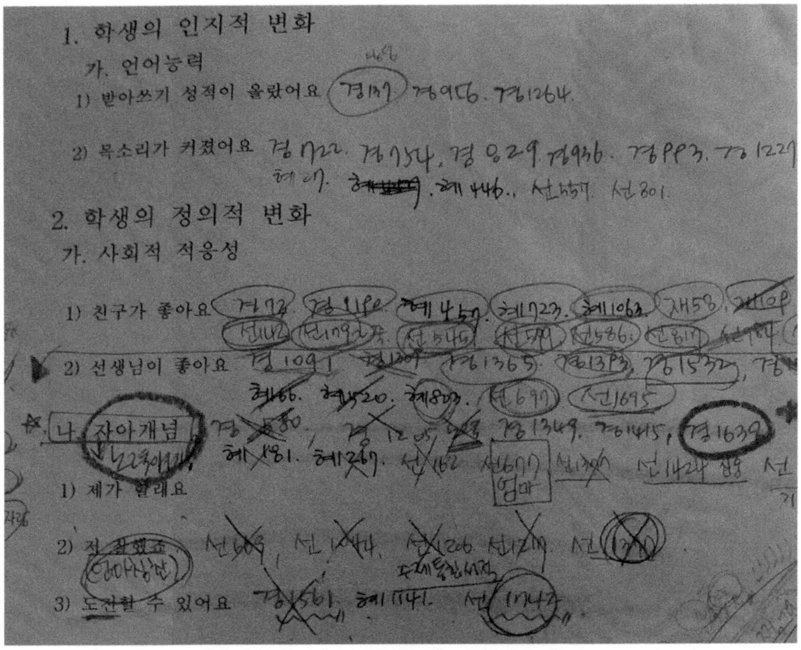

[그림 13.3] 주제별 약호화 노트 (1)

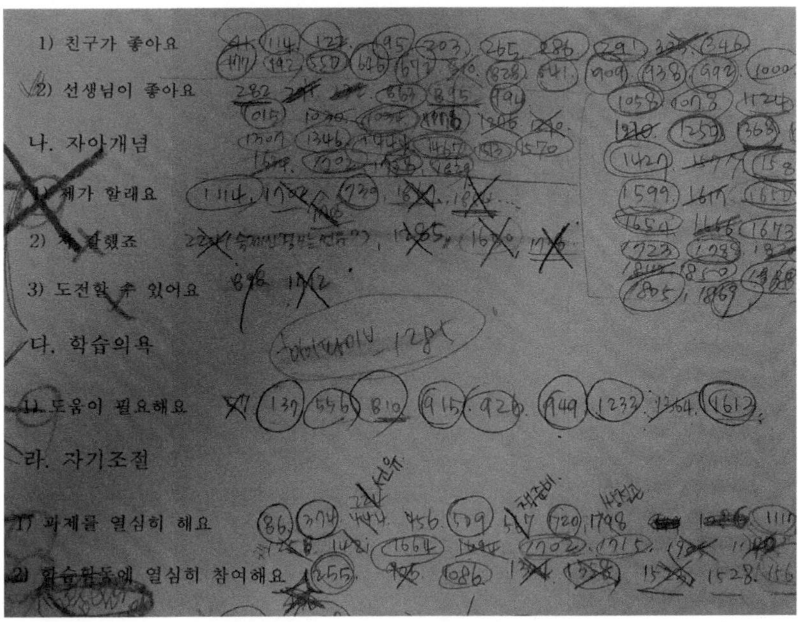

[그림 13.4] 주제별 약호화 노트 (2)

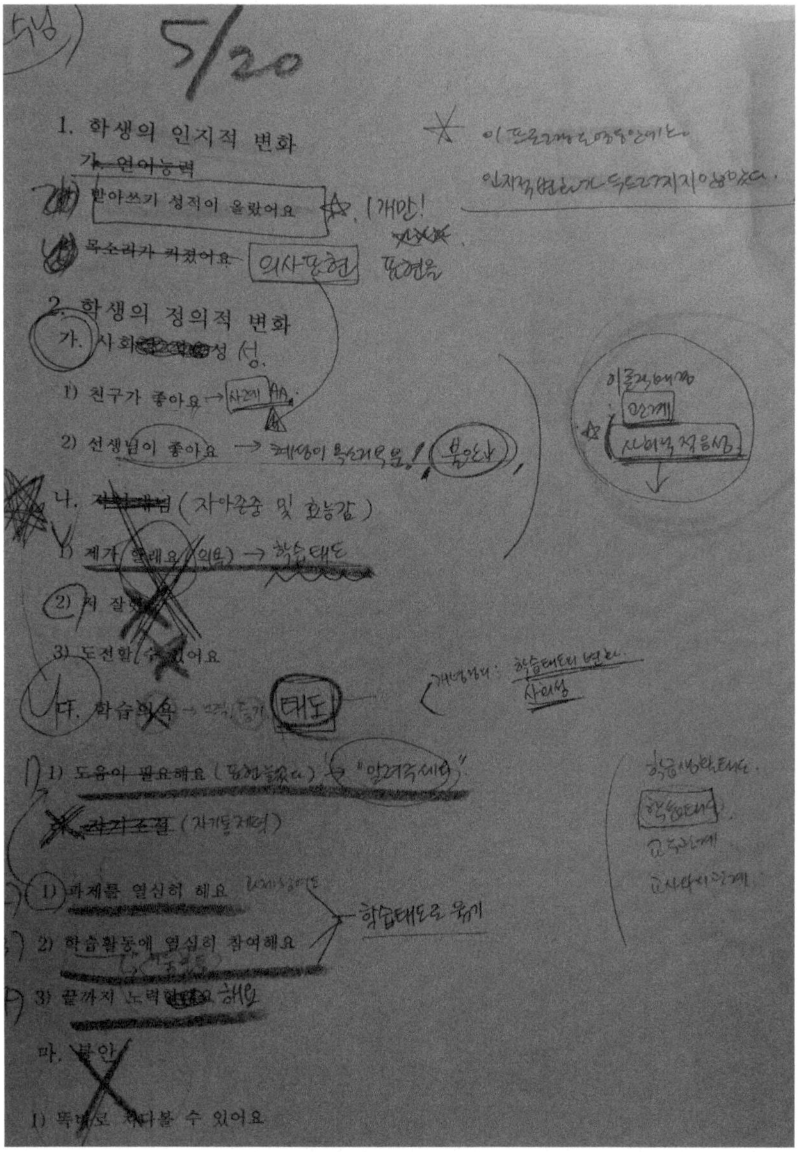

[그림 13.5] 주제별 약호화 노트 (3)

✔ 학교생활나눔 프로그램 개발 과정

연구자는 "교육 전문가와의 지도 · 면담을 거쳐 학교생활나눔 프로그램을 개발하였다. 또한 프로그램을 실행하는 시기에도 프로그램의 적합성을 위하여 교육 전문가의 지도 · 검토를 받아 수정하였다."

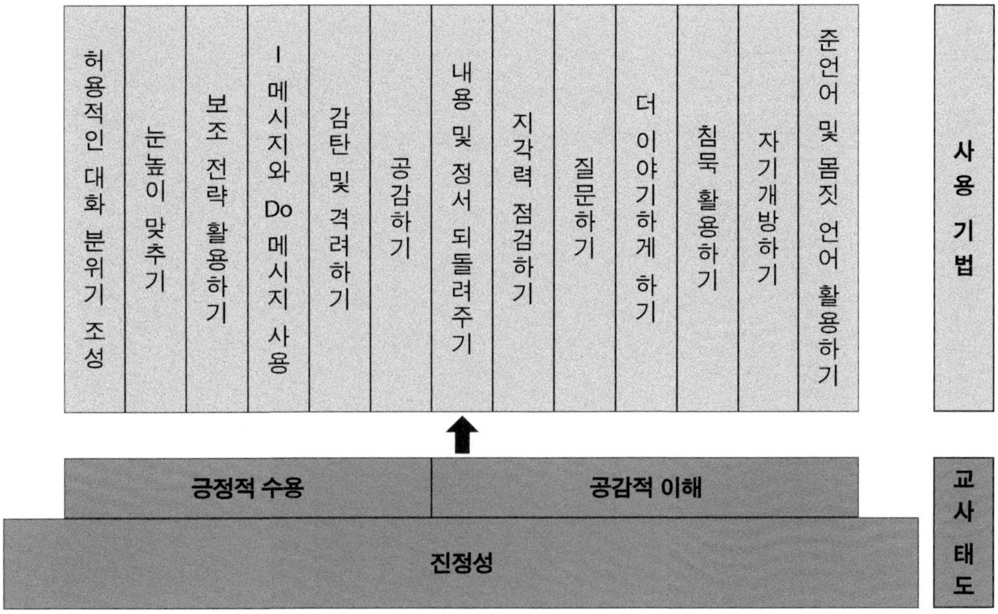

[그림 13.6] 초기 학교생활나눔 프로그램 설계도

교육 전문가와의 면담을 통해 이 설계는 교육 방법보다는 상담 쪽과 더 관련이 깊으며, 프로그램은 '단계'가 있어야 한다는 지도 · 조언을 받았다. 이에 연구자는 M. Buber의 '나-너 관계'와 '교육적 관계', '대화적 관계'를 이론적 배경으로 하는 5단계의 학교생활나눔 프로그램을 수정 · 개발하였다.

구분	목표 및 주제	활동 내용
1단계	학생 관찰	• 가정 실태 분석 • 학급 생활 태도, 학습 태도, 교우 관계, 교사와의 관계 관찰하기
2단계	마음 열기	• 하이파이브와 포옹하기 • 심부름 부탁하기 • 수업 시간에 관심갖기 • 방과 후 산책 신청하기 • 함께 사진 찍기 • 쉬는 시간에 같이 놀기 • 칭찬하기 • 급식 퍼달라고 하기 • 일기에 답글 달아주기 • 교사가 내민 손 잡고 마음 열기
3단계	'학교생활나눔장' 제안하고 수용하기	• '학교생활나눔장' 제안하기 • '학교생활나눔장' 제안 수용하기
4단계	'학교생활나눔장' 쓰기	• 다양한 방식으로 '학교생활나눔장' 쓰기 (학교생활나눔장, 일기장, 카카오톡 등)
5단계	학교생활 나누기	• '학교생활나눔장'에 답글 달아주기 • 다양한 방식으로 학교생활 나누기(면담, 카카오톡, 전화, 산책 등) • 학급 생활 태도 나누기 • 학습 태도 나누기 • 교우 관계 나누기 • 교사와의 관계 나누기

[그림 13.7] 논문에 사용된 최종 '학교생활나눔 프로그램'

마. 2015. 6. 21. 논문 심사본 2차

✔ **제목: 「학교생활나눔장」을 활용한 초등 학습 부진 학생의 정의적 변화에 대한 사례 연구**

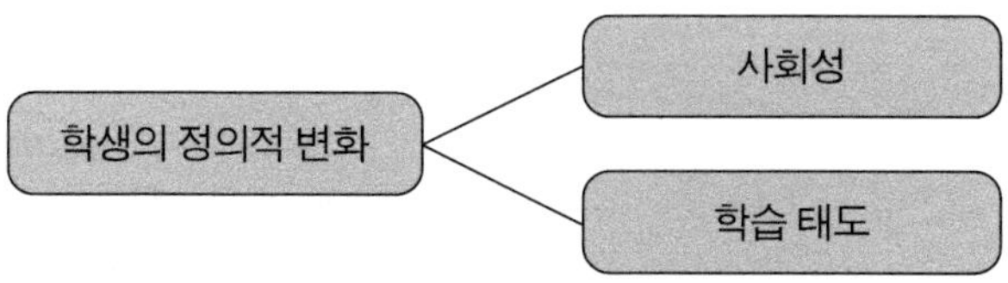

[그림 13.8] '학교생활나눔 프로그램'을 적용하는 과정에서 초등 학습 부진 학생들에게 나타난 정의적 변화 분석 틀

<표 13.6> 분석의 틀 5단계

<table>
<tr><th colspan="2" rowspan="2">상위 분석 준거</th><th colspan="6">하위 분석 준거</th></tr>
<tr><th colspan="3">초기</th><th colspan="3">후기</th></tr>
<tr><td rowspan="7">학생의 정의적 변화</td><td rowspan="4">사회성</td><td rowspan="4">사회성 부족</td><td rowspan="2">친구가 어려워요</td><td>갈등 상황 조장</td><td rowspan="4">사회성 발달</td><td rowspan="2">친구가 좋아요</td><td>갈등의 원만한 해결</td></tr>
<tr><td>적극적 배회</td><td>즐거운 어울림</td></tr>
<tr><td rowspan="2">선생님이 어려워요</td><td>작고 부정확한 목소리</td><td rowspan="2">선생님이 좋아요</td><td>크고 자신 있는 목소리</td></tr>
<tr><td>속마음 감추기</td><td>속마음 터놓기</td></tr>
<tr><td rowspan="3">학습 태도</td><td rowspan="3">학습 태도 결여</td><td colspan="2">가만히 있어요</td><td rowspan="3">학습 태도 향상</td><td colspan="2">알려주세요</td></tr>
<tr><td colspan="2">과제를 신경 쓰지 않아요</td><td colspan="2">과제를열심히 해요</td></tr>
<tr><td colspan="2">모둠 활동에 참여하지 않아요</td><td colspan="2">모둠 활동에 열심히 참여해요</td></tr>
</table>

바. 2015. 7. 7. 논문 심사본 3차

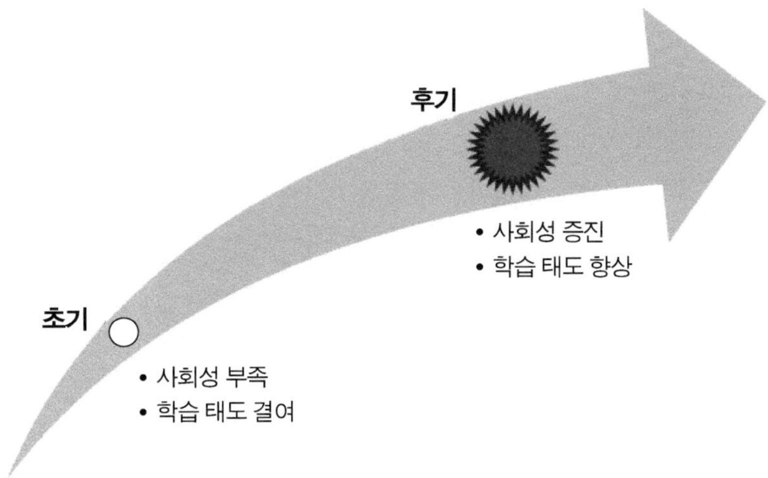

[그림 13.9] 학생의 정의적 변화 분석 틀

〈표 13.7〉 분석의 틀 6단계

<table>
<tr><th colspan="2" rowspan="2">상위 분석 준거</th><th colspan="6">하위 분석 준거</th></tr>
<tr><th colspan="3">초기</th><th colspan="3">후기</th></tr>
<tr><td rowspan="7">학생의 정의적 변화</td><td rowspan="4">사회성</td><td rowspan="4">사회성 부족</td><td rowspan="2">친구가 어려워요</td><td>갈등 상황 조장</td><td rowspan="4">사회성 증진</td><td rowspan="2">친구가 좋아요</td><td>갈등의 원만한 해결</td></tr>
<tr><td>적극적 배회</td><td>즐거운 어울림</td></tr>
<tr><td rowspan="2">선생님이 어려워요</td><td>작고 부정확한 목소리</td><td rowspan="2">선생님이 좋아요</td><td>크고 자신 있는 목소리</td></tr>
<tr><td>속마음 감추기</td><td>속마음 터놓기</td></tr>
<tr><td rowspan="3">학습 태도</td><td rowspan="3">학습 태도 결여</td><td colspan="2">가만히 있어요</td><td rowspan="3">학습 태도 향상</td><td colspan="2">알려주세요</td></tr>
<tr><td colspan="2">과제를 신경 쓰지 않아요</td><td colspan="2">과제를열심히 해요</td></tr>
<tr><td colspan="2">모둠 활동에 참여하지 않아요</td><td colspan="2">모둠 활동에 열심히 참여해요</td></tr>
</table>

사. 2015. 7. 15. 논문 최종

'자료 분석 후기'에는 교육 전문가와 면담을 통해 '학습 의욕'과 '자기 조절'이 상호 배타적이지 않아 서로의 범주를 침범한다는 문제를 파악하고 이 두 범주를 '학습 태도'로 묶기로 하였다. 분석 결과, 프로그램 적용 전의 '사회성 부족', '학습 태도 결여'의 모습들이 프로그램 적용 후에 '사회성 증진', '학습 태도 향상'으로 변화하였음을 확인할 수 있었다. 또한 사회성 증진 영역은 '교사와의 관계 개선'과 '친구와의 관계 개선'으로 구분할 수 있었다. 위 과정을 통해서 얻어진 '학교생활나눔 프로그램'을 적용하는 과정에서 초등 학습 부진 학생들에게 나타난 정의적 변화 분석 틀을 다음과 같이 제시하고자 한다.

분석 틀을 정립한 뒤 교육 전문가와 면담을 통해 참여자들의 정의적 변화를 드러낼 수 있는 하위 주제를 재정립할 필요가 있었다.

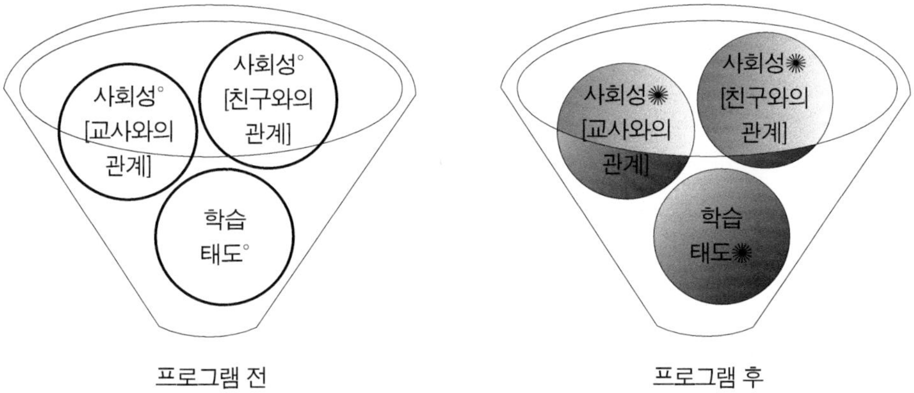

[그림 13.10] 학생의 정의적 변화 분석 틀

'사회성 증진' 중 '친구와의 관계 개선'의 하위 주제는 '자기 의견 주장에서 친구 의견 수용으로'와 '적극적 배회에서 즐거운 어울림으로', 두 가지로 분석할 수 있었고, '교사와의 관계 개선'의 하위 주제는 '거리 두기에서 다가가기로'와 '속마음 감추기에서 터놓기로', 두 가지로 분석할 수 있었다. 또한 '학습 태도 향상'의 하위 주제는 '학습에 대한 무의(지)에서 열의로', '과제 무관심에서 적극 수행으로', '모둠 활동 비참여에서 적극 참여로', 세 가지로 분석할 수 있었다. 위의 내용을 다음 **<표 13.8>**과 같이 제시하고자 한다.

<표 13.8> 분석의 틀 7단계

상위 분석 준거			하위 분석 준거	
			프로그램 전	프로그램 후
학생의 정의적 변화	사회성 증진	친구와의 관계 개선	자기 의견 주장	친구 의견 수용
			적극적 배회	즐거운 어울림
		교사와의 관계 개선	거리 두기	다가가기
			속마음 감추기	속마음 터놓기
	학습 태도 향상		학습에 대한 무의(지)	학습에 대한 열의
			과제 무관심	과제 적극 수행
			모둠 활동 비참여	모둠 활동 적극 참여

제5부

질적 연구의 일반화와 타당도

대학원에서 질적 연구 방법 강좌를 수강하면서 질적 연구를 처음 접하는 초보자들은 자신들이 의식하지 못하는 사이에 영향을 받은 양적 연구 패러다임(실증주의)에 비추어 자주 질문을 제기하였다. 이들은 일반화와 관련하여 다음과 같은 질문을 제기하였다. 소수의 참여자를 대상으로 질적인 연구를 수행한 결과를 일반화할 수 있는가? 일반화하지 못하는 연구 결과도 가치가 있는가? 그리고 타당도와 관련하여 다음과 같은 질문을 제기하였다. 소수의 참여자를 대상으로 자료를 수집하고 분석한 결과가 타당한지 어떻게 알 수 있는가? 연구 결과가 타당한지 판단할 수 있는 준거는 무엇인가? 초보 질적 연구자가 연구 결과의 타당도를 높이기 위해 할 수 있는 일은 무엇인가? 제5부에서는 이러한 질적 연구 결과의 일반화 및 질적 연구 결과의 타당도에 관련된 질문에 답변하는 여러 학자들의 논의에 대해 살펴본다.

2. 전이 가능성(transferability)
3. 신빙도(dependability)
4. 확정도(confirmability)

제5절 Kvale(1995)

1. 탐구 타당도(investigation validity)
2. 의사소통 타당도(communicative validity)
3. 행위 타당도(action validity)

제6절 Eisner(1998)

1. 구조적 검증(structural corroboration)
2. 합의적 타당화(consensual validation)
3. 참조 적합성(referential adequacy)

제7절 Anderson과 Herr(1999)

1. 성과 타당도(outcome validity)
2. 과정 타당도(process validity)
3. 민주적 타당도(democratic validity)
4. 촉매적 타당도(catalytic validity)
5. 대화적 타당도(dialogic validity)

제14장

일반화

제1절 Merriam과 Tisdell(2016)

외적 타당도(external validity)(양적 연구의 표현) 또는 전이 가능성(transferrability)(질적 연구의 표현)은 한 연구의 결과를 다른 상황에 적용할 수 있는 정도에 관련된다. 즉 한 연구의 결과를 얼마나 일반화할 수 있는가에 관련된다. Guba와 Lincoln(1981: 115)은 그 쟁점을 논의하기 위해서라도 그 연구는 내적으로 타당해야 한다고 지적한다. 이는 "의미 없는 정보가 일반적 적용 가능성을 가지는지를 질문하는 것은 의미가 없기" 때문이다. 그러나 연구자가 결과에 영향을 미칠 수 있는 요인들을 지나치게(go too far) 통제할 수 있다. 그 결과로 연구 결과는 높은 수준으로 통제되고 매우 인위적인 상황에만 적용될 수 있다(Merriam & Tisdell, 2016: 253).

일반화의 문제는 한동안 질적 연구자들의 관심사였다. 그 어려움의 일부는 실험적 또는 상관관계적 설계를 사용하는 연구자들과 같은 방식으로 일반화에 대해 사고하는 것에 있었다. 이런 상황에서, 다른 상황이나 사람들에게 일반화할 수 있는 능력은 표본과 이를 도출한 전집 사이의 동등성, 표본 크기의 통제, 무작위 표집 등 사전 조건을 통해서만 보장될 수 있었다. 물론 이런 상황에서 일반화는 정해진 신뢰 수준 안에서 이루어질 수 있다(Merriam & Tisdell, 2016: 253).

또한 많은 무작위 표본의 축적된 자료에서 얻은 일반화를 개인들에게 적용하는 것은 결코 유용하지 않다는 주장이 있다. 예를 들어, 결석과 낮은 학업 성적의 상관관계가 높다—낙제 점수를 받은 학생의 80%가 등교일의 절반 이상을 결석한다—는 연구 결과를 얻을 수 있다. 만약 Alice라는 학생이 등교일의 절반 이상을 결석하였다면, 그 여학생은 낙제 점수를 받았는가? 그 여학생의 점수를 확인하지 않고는 알 수 없다. 실제로 Alice에 대한 개인 사례 연구는 그녀의 학업 성적에 대하여 훨씬 더 나은 예측을 할 수 있게 할 것이다. 이는 Alice의 상황에 중요한 특수 요소들을 발견할 수 있기 때문이다. 대규모의 무작위 추출에 따른 연구가 한 개인에게 할 수 있는 최선의 일은 "교사와 다른 임상가들(clinicians)을 정보를 조금 더 가지고 있는 도박꾼으로 만드는 것이다"(Donmoyer, 1990: 181). 질적 연구에서 단일 사례 또는 소규모의, 무작위가 아닌 의도적인, 참여자(표본)는 많은 사람들에게 일반적으로 적용되는 것을 발견하는 것이 아니라, 연구자가 특수 사례를 깊이 있게 이해하기를 원한다는 바로 그 사실 때문에 이루어진다(Merriam & Tisdell, 2016: 254).

통계적 의미에서 일반화(무작위 표본에서 전집으로)가 질적 연구에서는 일어날 수 없으나, 질적 연구를 통해 아무것도 배울 수 없다는 것을 의미하지 않는다. Eisner (1998: 103-104)가 언급한 대로, 우리의 삶에서 "일반화는 어디에나 있는 현상(aspect)"이다. 그러나 "어느 누구도 일반화하기 위해서 무작위로 사건들을 선택하면서 삶을 살아가지는 않는다. 우리는 살면서 배운다. 우리는 상황을 이해하려고 노력하며, 그 상황은 우리가 그 안에서 살아가기도 하고 그것을 통해 살아가기도 하는 것이다. 또한 우리는 우리가 배운 것을 우리의 미래 삶을 이끌어가는 데 사용하려고 노력한다." 내적 타당도 및 신뢰도와 마찬가지로, 일반화에 대해서도 우리는 질적 연구의 철학적 토대에 적절한 방식으로 생각할 필요가 있다(Merriam & Tisdell, 2016: 254).

Lincoln과 Guba(1985: 298)는 **전이 가능성(transferability)**을 제안하였다. 이들에 따르면, "증명의 부담은 원래의 연구자에게 있다기보다는, 다른 장소에 적용하고자 하는 사람에게 있다. 원래의 연구자는 전이 가능성을 탐색하는 장소에 대해 알지 못한다. 그러나 적용하는 사람은 잘 안다." 연구자는 전이 가능성을 높이기 위하여 "서술적인 자료를 충분하게" 제공할 필요가 있다.

일반화와 관련하여 질적 연구의 세계관과 더 잘 어울리는 많은 의견들이 있다. 어떤 이들은 경험적 일반화는 사회 과학에서 달성하기 어려울 정도로 지나치게 높은 목표라고 말한다. 그 대신에 Cronbach(1975)가 **형성적 가설(working hypothesis)**이라고 부른 것, 즉 특정 맥락에서 특수한 상황의 구체적인 조건을 반영하는 가설에 따라 사고해야 한다고 그들은 말한다. 특정 맥락의 조건을 고려하는 형성적 가설은 실천가들에게 선택을 위한 정보를 제공할 수 있다. 그리고 그 선택의 결과를 추적(monitor)하고 평가하여 미래에 더 나은 선택을 할 수 있다는 것이다. 따라서 “우리가 특정 맥락의 조건에 적절한 비중을 둘 때, 어떤 일반화도 하나의 결론이 아닌 형성적 가설이다”(Cronbach, 1975: 125). Patton(2015: 713) 또한 일반화보다는 추정(추론, extrapolation)을 강조한다. “일반화와 달리, 추정은 연구자가 연구 결과를 다른 상황에 적용하는 것에 대하여 사고하기 위하여 자료의 좁은 한계를 넘어섰다는 것을 함축한다. 추정은 연구 결과를 유사하지만 동일하지 않은 다른 상황에 적용할 가능성에 대해 겸손한 추측(speculation)을 하는 것이다. 추정은 논리적이고(logical), 사려 깊으며(thoughtful), 사례에서 추출되며, 통계와 확률 중심이라기보다 문제 중심이다.”

겸손한 추정 또는 형성적 가설 이외에 질적 연구에서의 일반화에 대하여 사고하는 다른 방식도 있다. Erickson(1986: 130)은 **구체적인 보편성(concrete universals)**을 제안한다. 그에 따르면, “연구자는 표본에서 전집으로의 통계적 일반화를 통해서 추상적인 보편성을 추구하는 것이 아니라, 특정한 사례를 매우/충분히 깊이 있게 연구하여 도달하는 구체적인 보편성을 추구한다.” 모든 연구, 모든 사례, 모든 상황은 이론적으로 어떤 다른 것의 예시이다. 일반화는 사례에 내재해 있다. 즉 우리가 어떤 특수한 상황에서 배우는 것을 우리는 나중에 만나게 되는 유사한 상황에 전이하거나 일반화할 수 있다. 자동차를 운전하다가 콘크리트 지지대 뒤에서 나오는 경찰관에게 속도 위반 딱지를 떼일 수 있다. 그 이후 우리는 도로 운전에서 콘크리트 지지대를 발견할 때마다 속도를 줄인다. 이렇게 우리는 하나의 특수한 사건에 비추어 구체적인 보편성을 구성한 것이다. Erickson(1986: 130)은 교수(teaching)에 관하여 이와 동일하게 설명한다.

Erickson(1986: 130)에 따르면, 특정 지역 구성원들은 자신의 일상적 행위들에 의미를 부여할 때 미시 문화(microculture)에 의지할(draw upon) 수 있다. 그러나 미시 문화가 제공하는 해석적 관점, 현시점의 독특한 역사적 상황에서의 긴급한 실제적 행위, 그리고 상호작용하는 집단의 구성원들 사이의 관점의 차이, 이들 사이에서 끊임없고(constant) 강렬한 대화가 이루어지기 때문에, 생성되는 미시 문화는 계속적으로 변화가 일어나는 역동적 방식으로 집단 구성원들의 행위에 영향을 미칠 수 있다(Erickson, 1986: 130).

이 관점에서 교수에 관한 연구에서 교실을 가로지르는 또는 읽기 집단을 가로지르는 표면적 유사성은 사소하고 환상에 불과한 것이다. 표준적인 관점에서는 국지적 차이점들(local differences)은 사소한 것으로—효과적인 교수의 일반적인 특징의 분석에서 시시하게(uninterestingly) ‘분자적인(molecular)’ 변이(variation)로 무시될 수 있는 것으로—본다. 주류인 실증주의에 따른 교수에 관한 연구는 분석적으로 일반화된 효과적인 교사의 일반적 특징들을 발견하려고 한다. 그러나 해석적 관점에 따르면, 효과적인 교수는 교사나 학생의 일반화된 특성(attribute)의 집합체로 보지 않는다. 오히려 효과적인 교수는 특정한 교사가 '올해(this year)', '이날(this day)', '이 순간(this moment)'(화재 대비 훈련 직후)에 특정한 학생들과 함께 특수하고 구체적인 실제 상황에서 전개되는 것으로 본다(Erickson, 1986: 130).

이것은 해석적 연구가 보편성의 발견에 관심이 없다는 말이 아니다. 사회적 삶의 본질적 상태에 대한 해석적 연구의 가정을 고려할 때, 그것은 다른 길을 따라 그것들의 발견에 이른다는 것이다. 그것은 표본에서 전집으로의 통계적 일반화에 따라 얻는 **추상적 보편성(abstract universals)**을 추구하지 않고 어떤 특정한 사례를 깊이 있고 상세하게 연구하고 그리고 똑같이 깊이 있고 상세하게 연구된 다른 사례들과의 비교를 통해 얻는 **구체적인 보편성(concrete universals)**을 추구한다.

> 그 가정은 우리가 어떤 교사가 가르치는 특수한 사례를 볼 때, 일어나는 일의 어떤 측면들은 절대적으로 일반적이라는 것이다. 즉 그것은 모든 문화에 보편적으로 그리고 인간의 모든 역사에 걸쳐 모든 교수 상황에 적용되는 것이다. 이것은 그러한 상황들에서 엄청난(tremendous) 변이(차이, variation)가 있는데도 불구하고 사실이다. 이것들에는 학교 밖에서 이루어지는 교수, 다른 사회에서 이루어지는 교수, 교사가 학생보다 나이가 훨씬 더 어린 상황에서 이루어지는 교수, 우르두어(파키스탄의 공용어)로 이루어지는 교수, 핀란드어로 이루어지는 교수, 수학적 언어로 이루어지는 교수, 좁은 의미의 인지적 기술을 가르치는 교수, 넓은 의미의 사회적 태도와 신념을 가르치는 교수 등이 있다. (Erickson, 1986: 130)

이런 변이에도 불구하고 어떤 사람의 교수 상황에서도 전개되는 것의 어떤 측면들은 다른 모든 교수 상황에 일반화될 것이다. 어떤 교수의 사례에서 전개되는 것의 다른 측면들은 그 교수의 역사적이고 문화적인 상황에 특수하다. 그리고 전개되는 것의 다른 측면들은 그 특수한 교수에 유일한 것들이고 그 활동에 종사하는 개인에게 특수한 것들이다. 또한 Erickson(1986: 130)은 또한 다음과 같이 말하였다.

> 한 교실의 사례는 하나의 독특한 체제로 이해된다. 그렇다 하더라도 이는 교수라는 것의 보편적인 특성들을 나타낸다. 그러나 이 특성들은 추상적으로 나타나지 않고 구체적으로 나타난다.

일반적인 것이 구체적인 것에 내재한다는, 즉 우리가 특수한 사례에서 보편적인 것을 추출할 수 있다는 아이디어는 또한 위대한 문학과 다른 양식의 예술을 지속되게 한다. 우리가 남극에 살지는 않지만, Byrd의 설명을 읽고 우리는 외로움을 이해할 수 있다. 우리가 대통령이 되지는 않을 것이지만, 워터게이트 테이프를 듣고 권력과 부패에 대한 구체적인 일반화를 생각해낼 수 있다(Merriam & Tisdell, 2016: 256).

아마도 질적 연구에서 일반화에 대한 가장 일반적인(common) 이해는 연구의 **독자 또는 사용자(reader or user)**의 입장에서 생각하는 것이다. 독자 또는 사용자 일반화는 어떤 연구의 결과가 다른 상황에 적용될 수 있는 정도를 그 상황 속에 사는 사람들에게 맡기는 것이다. 그 연구 결과를 읽는 독자가 그 결과를 자신의 상황에 적용할 수 있는지를 결정한다. 이것은 법조계나 의료계에서 흔히 이루어지는 일이다. 여기에서는 어떤 사례를 다른 사례에 적용할 수 있는지 여부를 실행하는 당사자가 결정한다. 그렇다 하더라도 연구자는 연구의 맥락에 대한 충분히 상세한 서술을 제공할 의무를 지닌다. 이로써 독자가 자신의 상황과의 부합(fit) 여부를 비교할 수 있다(Merriam & Tisdell, 2016: 256).

마지막으로 Eisner(1998: 211)는 사회 과학에서 일반화에 관하여 사고하는 것을 저해하는 한 가지 걸림돌은, 개별적이고 일반화되기 어려운 연구는 지식의 축적에 별다른 기여를 하지 못한다는 잘못된 가정이라고 주장한다. 그러나 지식이라고 하는 것은 생명력 없이 단순히 '축적되는 물질(accumulates)'이 아니다. 그에 따르면, 질적 연구에서 축적은 수직적인 것이 아니라 수평적인 것이다. "그것은 우리의 개념적 도구 세트(kit)를 확장하는 것이다." 질적 연구와 개인의 세계 사이의 연결은 "독자가 세워야 한다. 독자는 빈틈없는 논리가 아닌 비유와 추정에 따라 일반화를 해야 한다." Eisner에 따르면, "인간은 의미를 구성하기 위하여 주어진 정보를 넘어서서 빈틈을 채우고, 해석하고, 추정하고, 추론하는 놀라운 능력을 가지고 있다. 이 과정을 통해 지식은 축적되며, 지각(perception)은 정교화되고, 의미는 깊어진다"(Eisner, 1998: 211).

어떤 질적 연구 결과를 다른 상황에 '전이할(transferring)' 가능성을 높이기 위하여 여러 가지 전략을 동원할 수 있다. 가장 자주 언급하는 것은 깊고 충분한 서술(rich, thick description)이다. "철학자 Gilbert Ryle(1949)이 만들고 인류학자 Geertz(1973)가 인류학에 적용한 구절인" 충분한 서술은 원래 내적인 또는 내부자의 설명을 의미하였으나(Maxwell, 2013: 138), 그 상황과 특히 연구의 결과에 대한 높은 수준으로 서술적이고 상세한 제시를 일컫는 용어로 사용하게 되었다. 오늘날 풍부하고 깊은 서술이 전이 가능성을 위한 전략으로 사용될 때, 그것은 연구의 상황과 사람들에 대한 서술과 함께 참여자 면담, 현장 노트, 문서의 인용이라는 형식으로 충분한 증거와 함께 결과를 상세하게 서술하는 것을 일컫는다. Lincoln과 Guba(1985: 125)가 언급하였듯이, 전이 가능성을 보장하는 최선의 방법은 "보내는 맥락에 대한 충분한 서술을 제시하여 받는 맥락 속에 속한 사람이 그들 자신과 (……) 연구 사이의 유사성을 평가할 수 있도록 하는 것이다."

전이 가능성을 높이는 또 다른 전략은 연구 참여자(표본, sample) 선정에 주의 깊은 관심을 기울이는 것이다. 연구를 위해 선정되는 장소나 면담하는 참여자에 관련된 최대한의 변이(maximum variation)는 연구의 독자나 사용자의 입장에서 더 넓은 적용의 범위를 제공할 수 있다. 예를 들어, 당신이 지역 사회의 학교에 대한 참여를 증진하는 요인들에 대한 연구에 관심을 가진 교장이라고 가정해보자. 당신의 지역 사회와 유사한 곳에 위치한 학교에 대한 연구가 있다면, 당신이 유용한 연구 결과를 발견할 가능성은 증가할 것이다. 다른 예로, 당뇨병 치료에 대한 준수(compliance)에 관련된 과정과 요인들에 대한 연구는, 만약 참여자의 특성에서 어느 정도의 변이(젠더, 연령, 교육, 진단받은 기간 등)가 있다면, 더 많은 사람들에게 일반화될 가능성이 높아질 것이다(Merriam & Tisdell, 2016: 257).

최대의 변이는 연구자가 전이 가능성을 높이고자 하는 표집의 유일한 전략이 아니다. 연구자는 전형적인 또는 모형적인(model) 표본을 선정할 수 있다. 전형적이고 모형적인 표집에서 연구자는 프로그램, 행사, 개인이 같은 부류의 다른 것들과 비교하여 얼마나 전형적인지 서술한다. 예를 들어, Wolcott(2003: 1)의 1970년대 초 초등학교 교장에 대한 고전적인 사례 연구에서, 그는 자신의 연구 시절 "당시의 대부분의 교장처럼 남성이고, 자기 학교에 책임감이 있고, 자신을 경력 교장으로 여기는 참여자를" 선정하였다고 말하였다.

최대 변이 또는 전형적인 표집을 전이 가능성을 극대화하기 위하여 사용할 수 있으나, 하나의 특수한 상황을 연구하는 것은 그것의 독특함 때문에 그것을 연구할 충분한 이유가 있다. 연구자는 특수한 상황에서 배울 수 있는 어떤 것이 있고, Eisner(1998)가 말하였듯이, 지식의 수평적 축적에 기여할 어떤 것이 있기 때문에 특수한 상황을 연구할 것이다. Wolcott(2005: 167)가 말하였듯이, "모든 사례는, 어떤 점에서, 모든 다른 사례와 같고, 어떤 다른 사례와 같고, 어떤 다른 사례와도 같지 않다."

제2절 Stake(1978)

사람들은 일반적으로 인간의 일(사건, affairs)에 대해 탐구할 때 사례 연구가 유용하다고 생각한다. 이는 그것이 현실적이고 관심을 끌기 때문이다. 그러나 사례 연구는 일반화를 위한 적절한 토대를 제공하지 않는다고 생각한다(Stake, 1978: 5). 만약 일반화가 양적 연구에서와 같은 자연법에 따르는(nomic) 일반화의 의미에 따라, 즉 전집을 대표하는 자료에 토대를 두고 정의된다면, 적절한 토대를 제공하지 않는다는 주장은 아마도 옳을 것이다(Lincoln & Guba, 1985: 120). 그러나 Stake에 따르면, 일반화의 사용자 관점에서 상황을 고려해야 한다. "사례 연구는 종종 선호하는 연구 방법이 될 수 있다. 이는 그것이 인식론적으로 독자의 경험과 조화를 이룰 수 있고 이에 따라 그 사람에게는 일반화를 위한 자연스러운(natural) 토대가 될 수 있기 때문이다"(Stake, 1978: 5).

Stake의 입장은 두 가지의 일반화가 있다는 것으로 보인다. 하나는 합리적이고 명제적이며, 법칙과 같은 것, 즉 우리가 과학적 담론에 있는 용어에 부여하는 의미이다. 다른 종류의 것은 좀 더 직관적이고 경험적이며, 개인의 직접적이고 간접적인 경험에 토대를 둔 것이다. 즉 '자연주의적 일반화(naturalistic generalization)'라는 용어가 의미하는 것이다. 사례 연구는 전자의 일반화를 원할 때 기여하는 것이 많지 않을 것이다. 그러나 사례는 후자를 세우기 위한 강력한 수단이다. Stake(1978: 5)는 "나는 모든 독자를 위해 이해를 확장하는 좀 더 효과적인 수단들 중 하나는 우리의 보고서의 단어들과 예시들, 즉 보통의 개인적 참여에서 얻는 자연적 경험에 접근하는 것이라고 결론짓는 것이 합리적이라고 믿는다"라고 말하였다. 다르게 말하여, 사람들이 좀 더 잘 이해하기를 원한다면, 그들에게 그들이 보통 그것을 경험하는 방식으로 정보를 제공하라는 것이다. 그들은 암묵적으로 또는 명제적으로, 자연주의적 일반화를 도출할 수 있을 것이며, 이는 그들의 이해가 확장된 것을 증명할 것이다(Lincoln & Guba, 1985: 120).

과학자와 인문학자 모두 자신의 학문 영역에서 질서에 대해 말해주는 규칙을 추구한다. 그러나 다른 사람들도 스스로의 경험에서 규칙성과 체제를 찾는다. 예측 가능한 공변량(covariance)은 모든 현상에서 발견될 수 있다(Stake, 1978: 6). 1620년에 Francis Bacon은 다음과 같이 말하였다.

> 진리를 찾고 발견하는 방법에는 단지 두 가지가 있고 또한 있을 수 있다. 하나는 감각과 특수한 것들에서 가장 일반적인 공리로 중간 단계를 거치지 않고 나아간다. 이

> 것이 현재의 경향이다. 다른 것은 감각과 특수한 것들에서 공리를 도출한다. 이것은 점진적이고 중단 없는 상승으로 나아간다. 그리하여 가장 일반적이며 모든 것의 마지막이 되는 공리에 도달한다. 이것이 진정한 길이지만 아직 시도되지 않았다.

그는 진리는 공리 중에서 가장 일반적인 것에, 경험에서 매우 멀고 힘든 여정(trek)에 있다고 주장하였다(Stake, 1978: 6).

다른 관점을 가진 자는 진리가 특수한 것들에 있다고 주장한다. 영국의 시인이자 화가, 판화 제작자였던 William Blake(1757~1827)는 다음과 같은 무절제한 말을 하였다(Blake, 1808).

> 일반화하는 것은 바보가 되는 것이다. 특수화하는 것은 외롭게 구별되는 장점을 지니는 것이다. 일반적 지식은 바보들이 지니는 것이다.

일반화는 그렇게 경멸할 만한 것이 아닐 수도 있지만, 특수화는 칭찬을 받을 만하다. 특수한 것들을 잠깐 아는 것은 물론 거의 아무것도 알지 못하는 것과 같다. 유용한 이해가 되는 것은 특수한 것에 대한 충분하고 완전히 알게 되는 것이며, 그것을 또한 새롭고 낯선(foreign) 맥락에서 인식하는 것이다(Stake, 1978: 6).

또한 지식(knowledge)이 하나의 일반화—과학적 연역이 아니라 자연주의적 일반화—형식이라는 것은, 맥락의 안이나 밖에서 사물과 쟁점의 유사성을 인식하고 사건들의 자연스런 공변이(natural covariations)를 인식함으로써 도달할 수 있다. 이런 방식으로 일반화하는 것은 직관적이면서 경험적이며 바보 같은 것이 아니다(Stake, 1978: 6).

자연주의적 일반화는 사람 안에서 경험의 결과로 나타난다. 그들은 사물이 어떠한지 왜 그러한지, 사람들은 그것에 대해 어떻게 느끼는지, 이 사물들은 나중에 또는 이 사람이 잘 아는 다른 장소에서 어떻게 될 것인지에 대한 암묵적 지식에서 도출된다. 그들은 예측의 형태를 띠지 않고 자주 어떤 기대(expectation)에 이르게 한다(Stake, 1978: 6). 그들은 행위를 이끌며 사실상 그들은 행위와 불가분의 관계를 지닌다(Kemmis, 1974). 이런 일반화는 구두로 표현될 수 있고, 또한 암묵적 지식에서 명제적 지식으로 전환될(pass) 수 있다. 그러나 그들은 (학술적이고 과학적인) 형식적인 일반화를 특징짓는 경험적 · 논리적 검증을 아직 통과하지 않았다(Stake, 1978: 6).

사회학자 Howard Becker는 사회학적 관점과 일상생활의 관점 사이의 극복할 수 없는(irreducible) 갈등에 대해 언급하였다. 어떤 것이 우월한가? 그것은 물론 상황에 따라 달라진다. 사회학적 학술지에 출판하기 위해서는 과학적 관점이 더 낫다. 그러나 보통의(lay) 청자들(독자)에게 보고하기 위해서 그리고 일반인의(lay) 문제를 연구하기 위해서는 자주 일상적(everyday) 관점이 우세하다. 그리고 자주 그 일상의 관점은 학자들 사이의 담론에서도 우세하다. 이는 학자들 또한 그들 사이에서 특별한 개념화보다는 보통의 경험에 대해 더 많이 공유하기 때문이다. 특수한 것은 자주 매우 특별하다(the special is often too special). 좀 더 학술적인 보고서가 좀 더 효과적일 것이라고 가정하는 것은 어리석다(Stake, 1978: 6).

다른 일반화, 즉 합리적이고 명제적이며 법칙 같은 일반화는 특정한 상황을 이해하는 데 유용할 수 있다. 또한 해로울 수(hurtful) 있다. 분명 나쁜 법칙은 오해(misunderstandings)를 불러일으킨다(foster). 추상적인 법칙의 진술은 직접적인 경험에 대한 관심에서 멀어지게 한다. 좋은 일반화는 일반적인 조건에 대한 이해를 돕는다. 그러나 좋은 일반화는 우리로 하여금 현상을 좀 더 단순하게 보게 할 수 있다(Stake, 1978: 6).

제15장

타당도

제1절 Maxwell(2013)

Maxwell은 타당도가 질적 연구 설계의 중요한 한 가지 요소이면서 주요한 쟁점이라고 말하였다. 그는 질적 연구 결과는 기본적으로 서술적 타당도, 해석적 타당도, 이론적 타당도, 이 세 가지를 충족해야 한다고 주장하였다(Maxwell, 1996: 89-90). 그리고 Maxwell은 연구 결과가 타당한지에 대해 우리가 어떻게 알 수 있는지를 묻는 것은 곧 타당도 위협에 관심을 기울이는 것이라고 지적하였다. Maxwell은 연구 결과를 연구 대상인 현상에 비추어 보면서 우리가 잘못일 가능성, 즉 타당도 위협을 탐색하는 것이 중요하고 말하면서, 타당도 위협이 타당도에 관련된 주요 개념이라고 보았다. 그는 질적 연구 결과에는 두 가지 광범위한 타당도 위협이 있을 수 있다고 설명하였다. 그것은 연구자 편견과 반응성이다(Maxwell, 2013: 121-123).

1. 타당도의 종류

가. 서술적 타당도

연구자가 기록한 설명의 사실적 적합성(factual accuracy)을 가리킨다. Johnson (1999)에 따르면, 서술적 타당도(descriptive validity)에서 제기하는 주요 질문은 다음과 같다. 연구 대상인 집단 내에서 일어나고 있다고 보고된 것이 실제로 발생하였는가? 연구자가 관찰하고 보고 들은 것을 정확하게 보고하였는가? 즉 서술적 타당도는 서술적 정보(예, 사람들, 사물, 사건, 행위, 상황, 장소, 시간의 서술)에 대한 보고의 정확성을 가리킨다(Onwuegbuzie, 2002: 12). Maxwell(1996: 89)에 따르면, 서술적 타당도에 대한 위협은 자료의 부정확성(inaccuracy)과 불충분성(incompleteness)에 기인할 수 있다. 관찰하거나 면담한 자료가 타당하지 않으면, 이에 토대를 둔 해석이나 결론이 타당하지 않을 수 있다. 따라서 면담 중에는 녹음이 필요하며, 관찰 중에도 가능하면 녹화하되, 이것이 어려우면 관찰 노트를 최대한 상세하게 기록할 필요가 있다.

나. 해석적 타당도

이것은 연구자의 해석이 연구 대상인 집단의 관점과 그들의 단어와 행위에 부여된 의미에 대하여 이해한 결과인지를 나타내는 정도를 가리킨다. 다르게 말하여, 해석적 타당도(interpretive validity)는 연구자가 연구 참여자의 목소리(예, 관점, 사고, 의도, 느낌, 경험, 행위)를 정확하게 이해한 정도, 그리고 이를 연구 논문에 제시한 정도에 관련된다. 참여자의 내적(즉 현상학적) 세계를 이해하는 것이 해석적 타당도의 중심을 차지한다. 이는 이런 내적 세계를 정확하게 표현하는 것을 가리킨다(Johnson, 1999; Onwuegbuzie, 2002: 12).

다. 이론적 타당도

이것은 연구 결과에서 개발한 이론이 자료에 부합하는지, 그래서 신용성이 있고(credible), 신뢰할 만하고(trustworthy), 방어할 수 있는(defensible) 정도를 나타낸다(Johnson, 1999). Maxwell(1996: 90)에 따르면, 이것은 타당도에 가장 심각한 위협이다. 이론적 타당도(theoretical validity)에 대한 위협은 연구자가 서로 어긋나는(discrepant) 자료를 수집하지 않거나 이에 주의를 기울이지 않을 때, 또는 현상에 대한 경쟁적인 설명이나 이해를 고려하지 않을 때 발생한다.

2. 타당도 위협

가. 연구자 편견

질적 연구 결론의 타당도에 대한 두 가지 중요한 위협은 연구자의 이론, 목표, 선입견(preconceptions)에 부합하는 자료의 선정과 연구자에게 '매혹적인(stand out)' 자료의 선정이다(Miles & Huberman, 1994: 263; Shweder, 1980). 두 가지 모두 연구자의 주관성(subjectivity)이 개입되는데, 질적 연구자들은 편견(bias)이라는 용어보다 주관성이라는 용어를 선호한다. 그런데 연구자의 이론, 신념, 지각적 렌즈를 제거하고 이 쟁점을 다루는 것은 불가능하다. 대신에 질적 연구에서는 우선적으로 특정 연구자의 가치와 기대가 어떻게 연구 행위와 결론에 (긍정적으로 또는 부정적으로) 영향을 미쳤을지에 대해 이해하고 부정적인 결과를 회피하는 데 관심을 가진다. 당신이 가질 수 있는 편견에 대해 설명하고 이들을 어떻게 다룰 것인지는 연구 계획서 작성에서 중요한 과제이다. 질적 연구자로서 Fred Hess는 질적 연구에서 타당도는 무관심의 결과가 아니라 지적인 정직의 결과라고 말하였다(개인적 의견 교환; Maxwell, 2013: 124).

나. 반응성

연구 대상이 되는 장소와 참여자에게 연구자가 미치는 영향은, 일반적으로 반응성(reactivity)으로 알려져 있는데, 질적 연구의 타당도에 대하여 제기하는 두 번째 문제이다. 연구자의 영향을 '통제(control for)'하려는 것은 양적인 연구, 즉 '변량 이론(variance theory)' 접근에 적절하다. 이 접근의 목표는 연구자 간 차이가 결과 변인에서 원하지 않는 변량의 원인이 되지 않도록 제거하는 것이다. 그러나 연구자의 실제적인(actual) 영향을 제거하는 것은 불가능하다(Hammersley & Atkinson, 1995). 그리고 질적 연구의 목표는 이 영향을 제거하는 것이 아니라 그것을 이해하고 생산적으로 이용하는 것이다(Maxwell, 2013: 124-125).

참여 관찰 연구에서, 반응성은 어떤 사람들이 우려하듯이 그렇게 심각한 타당도 위협이 아니다. Becker(1970: 45-48)에 따르면, 자연적 상황에서 관찰자는 일반적으로 참여자의 행위에 상황 그 자체보다 적게 영향을 미친다(여기에는 물론 불법 행위가 발생할 경우처럼 예외가 있다). 그러나 이와는 대조적으로 면담에서 반응성[좀 더 정확하게 Hammersley와 Atkinson이 성찰(reflexivity)이라고 부른 것으로, 이는 연구자가 연구하는 세계의 일부라는 사실을 나타낸다]은 강력하고 피하기 어려운 영향을 미친다. 참여자가 말하는 것은 항상 연구자와 면담 상황의 영향을 받는다. 이것의 더 바람직하지 않은 결과를 예방하기 위하여 연구자가 할 수 있는 일이 몇 가지 있지만(예를 들어 유도 질문을 하지 않는 것), 연구자의 영향을 최소화하려고 노력하는 것이 질적 연구에서 의미 있는 목표는 아니다. 편견에 관한 논의에서 언급한 것처럼, 중요한 것은 참여자가 말하는 것에 연구자가 어떻게 영향을 미치고 있는지, 이것이 어떻게 연구자가 면담에서 도출할 수 있는 추론의 타당성에 영향을 미치는지를 이해하는 것이다(Maxwell, 2013: 124-125).

제2절 Glesne와 Peshkin(1992)

1. 주관성

Peshkin(1988: 17)은 질적 연구자가 단지 자신의 주관성(subjectivity)이 연구의 변치 않는 요소라고 인정하고 주장하는 것만으로는 충분하지 않다고 말하였다. 그는 주관성은 불가피하다는 전제에서 시작하여 연구자가 체계적으로 주관성을 찾아내고 발견해내야 한다고 주장하였다. Peshkin에 따르면, 이는 자료를 수집하고 분석하는 일이 완료된 이후에 반성적으로 하는 것이 아니라 연구가 활발하게 진행되고 있는 바로 그 과정 중에 하는 것이다. 따라서 질적 연구자는 자신의 주관성이 연구 과정과 연구 결과에 어떻게 영향을 미치는지 인식할 필요가 있다. Peshkin은 이에 대한 자신의 예시로 한 다인종 고등학교에서 1년에 걸쳐 진행된 현장 활동 중에 자신의 주관성을 추적한 과정을 보여주었다(Glesne & Peshkin, 1992: 104-105).

Peshkin은 주관성에 대한 추적의 결과, 여섯 가지 주관적인 '나(I)'를 발견하고 다음과 같이 제시하였다(Glesne & Peshkin, 1992: 104-105).

가. 인종적으로 유지하는 나(ethnic-maintenance I)

이것은 유대인이라는 인종적 자아이다. 나의 인종적 정체성을 가치 있다고 여기고 또한 유지하고자 하는 것이다. 이것은 내가 학교와 지역 사회에서 인종적 유지에 기여하는 활동을 관찰하였을 때 나타났다. 나는 다른 사람들이 내가 소중하게 여기는 것을 할 때 기분이 좋았다.

나. 지역 공동체를 유지하는 나(community-maintenance I)

이것은 Mansfield에서 처음으로 배운 자아이다. Riverview에서 많은 사람들은 그 도시의 3세대 주민이었다. 그들의 애정은 매우 깊었다. 그들은 공동체 의식을 지속하는 데 기여하는 공식적 · 비공식적 활동에 종사하였다. 물론 나는 이전에 Mansfield에서처럼 Riverview에서 전개되었던 그런 활동들을 좋아하였다.

다. 다수 중의 하나(다수의 연합)로서의 나(E-Pluribus-Unum I)

이는 Riverview 고등학교에서의 첫날에 나타난 자아이며, 자료 수집 기간 내내 나에게 머물렀다. 이는 고등학생들이 '하나 되기(mingling)'라고 부르는 활동을 하는 것을 보았을 때 나타났다. 그들의 신체적 외모는 인종적 다양성을 나타냈다. 그러나 학생들은 온갖 다양성을 표현하면서도 함께 있었다. 가장 특별한 것은 이 학교에서 색깔은 예상대로 학생들을 갈라놓지 않았다. 대략 학생들의 33%는 아프리카계 미국인, 33%는 백인, 22%는 히스패닉, 12%는 필리핀계였다. 하나 되기는 나의 힘을 북돋았다(cheered).

라. 정의를 추구하는 나(justice-seeking I)

이것은 방어적인 자아이다. 이는 내가 나를 Riverview 고등학교와 지역 사회의 행복과 동일시한 결과이다. 한 번 분명해지자 이것은 내가 Riverview 시민들이 더 부유한 이웃에 의해 낙인찍히는 이야기를 들을 때마다 반복하여 나타났다. 이웃 도시의 자녀들은 Riverview 아이들과 미식축구와 농구에서 경쟁하는 관계였고, 그들의 도시에는 Riverview 시민들이 쇼핑하는 마트가 있었다. 어느 누구도 Riverview의 더 가난하고 백인이 아닌 사람들에 대해 외부인들이 주는 모욕을 피할 수 있을 정도로 나이가 어리지는 않은 것 같았다. 이 주관성의 요소가 불러일으킨 감정은 '나의 사람들(my people)'이 부당하게 취급받았다는 식의, 그래서 오해를 바로잡자는 식이었다.

마. 교수법 개선주의자인 나(pedagogical-meliorist I)

이것 또한 방어적인 자아이다. 이것은 내가 목격한 바에 따르면, 일반적으로 교실에서 갈 곳이 없는 소수인 학생들을 향하였다. 학생들을 가르친 교사들은 교사 교육을 충분히 받지 않았고, 학생들에게 변화를 줄 수 있을 정도로 충분히 관심을 기울이지 않았다. 학생과 교사 모두에게 수업은 종이 울려서 그들 모두 의미 없는 활동에서 해방될 때까지 때우는 시간이었다. 유감스럽게도 흔히 발생하는 이런 상황은 내가 다른 학교에서 관찰하였던 비효과적인 교사가 나를 불편하게 하였던 것보다 훨씬 더 나를 불편하게 하였다. Riverview 고등학교에서의 차이는 그런 학급에서 학생들은 소수 인종들이었고, 이들은 매우 불리한(two strikes against them) 학생들이었다. 나는 교실의 뒤에 앉아 있을 때, 나 자신이 이전에 결코 해보지 않았던 일을 하고 있었다. 즉 내가 관찰하고 있던 교실의 변화를 가져올 계획을 마음에 품고 있었다. 이 계획은 수업의 방향을 바꾸고 학생들의 삶에 변화를 가져올 것으로 생각되는(calculated) 것이었다.

바. 비연구자요 인간인 나(nonresearch-human I)

이것은 연구자인 자아가 활동하는 동안 뒤에 남겨지지(get left behind) 않는 자아를 가리킨다. 그 존재는 Riverview 주민들이 자기 도시의 손님(sojourners)으로서 나의 아내와 나를 따뜻하게 받아주었던 것에 관련된다. 환영받은 느낌을 받으며, 나는 Riverview에 대해 긍정적인 생각을 가졌다(felt well disposed toward). 이 주관성의 측면은 그렇지 않았다면 날카로웠을 판단을 순화하였다. 이러한 거리감을 줄이는 효과로 인하여 연구 중인 장소와 사람들에게 관여하고자 하는 마음과 관심이 생겼고, 이로 인하여 이들의 일원이 된 것과 같은 소속감이 들었다.

위와 같은 여섯 가지는 나의 전체 모습이 아니다. 이들은 Riverview에서 나타난 '상황적 주관성(situational subjectivity)'이다(Glesne & Peshkin, 1992: 106).

2. 라포르와 주관성

Peshkin(Glesne & Peshkin, 1992: 106)은 라포르와 주관성 사이에 연결이 있다고 주장하였다. 라포르를 형성할 능력과 제한점은 당신의 주관성에 의해 긍정적 · 부정적으로 영향을 받는다. 한 사람(한 장소 또는 행사)에 대해 좋아하고 좋아하지 않는 것은 그 사람과 가까워지게 하거나 멀어지게 한다. 그 예상 가능한 결과는 참여자(표집)를 왜곡하거나 과소 표집하거나 과대 표집하는 것이다. 마음이 끌린다는 것을 의식하는 것은 조정의 필요를 암시한다. 당신의 마음에 들지 않는 사람들과 성공적으로 접촉을 해야 하는 경우, 마음이 내키지 않는 것을 의식하는 것은 넘어야 할 장애물이 있다는 것을 암시한다. 당신이 만나고자 하는 사람들은 당신의 마음에 들어야 할 필요는 없다.

친분 관계는 연구 수행에 필수적인 조건은 아니나 받아들여지고 신뢰받는 것은 필수적인 조건이다. 또한 필수적인 것은 당신 자신의 주관성을 의식하는 것이다. 이를 통해 당신은 허구(fiction)의 자신을 남용하지 않을 수 있다. 체화되지(disembodied) 않은 수동적 목소리가 전달하듯이, 관찰하고, 경청하고, 읽는 것은 알려진 인간 행위자 없이 계속된다. 과학자는 항상 관찰하고, 경청하고, 행위를 한다. 우리가 생각하는 것은 우리가 누구인가에 변화를 가져온다. 연구를 수행하는 체화된(embodied) 자아와 가능한 한 충분하게 접촉하는 것이 목표이다(Glesne & Peshkin, 1992: 106).

제3절 Lincoln과 Guba(1985)

Lincoln과 Guba(1985: 289-331), Guba와 Lincoln(1989: 233-251)은 질적 연구의 질을 판단하는 준거로 신뢰성(trustworthiness)을 제시하였으며, 이 신뢰성의 하위 요소로 (1) 진리가(truth value), (2) 적용 가능성(applicability), (3) 일관성(consistency), (4) 중립성(neutrality)을 제시하였다(**<표 15.1>** 참조).

<표 15.1> 질적 연구의 질 판단 준거

판단 준거	실증주의 용어	구성주의 용어
1. 진리가: 연구 결과가 연구 참여자의 진실을 드러내주는 정도	• 내적 타당도	• 신용도: 연구자의 구성과 참여자의 실재 사이의 일치도
2. 적용 가능성: 한 연구 결과가 다른 맥락 또는 다른 참여자에게 적용될 수 있는 정도	• 외적 타당도 • 일반화 가능도	• 전이 가능도: 다른 맥락에 처한 연구자와 독자가 연구 결과의 적용 가능성에 대하여 잠정적인 판단을 하게 하는 정도
3. 일관성: 같은 환경에서 같은 참여자를 대상으로 연구가 이루어질 때 결과가 같은 정도	• 신뢰도	• 신빙도: 연구가 반복될 때 결과가 같고 어떤 차이도 설명할 수 있는 정도
4. 중립성: 연구의 결과가 연구자의 오차의 결과가 아니라 탐구의 결과인 정도	• 객관도	• 확정도: 해석을 위해 자료에 근거하여 충분한 증거를 제공하는 정도

출처: Lincoln과 Guba(1985: 289-331).

제4절 Erlandson과 동료들(1993)

Erlandson과 동료들(1993)은 Lincoln과 Guba(1985)의 자연주의적 탐구(naturalistic inquiry)를 적용하여 질적 연구를 수행해본 경험에 토대를 두고 Lincoln과 Guba(1985)의 질적 연구의 결과의 질을 판단하는 준거에 대해 다음과 같이 설명하였다.

만약 지적인 연구가 지식의 모음(body of knowledge)에 추가하거나 특정 문제를 해결함으로써 인간의 지식에 영향을 미치는 것이라면, 그것이 탐구한 것에 대한 어느 정도의 신용도(credibility)를 보장해야 하며, 독자가 적용할 수 있는 방식으로 의사소통해야 하며, 독자로 하여금 연구 결과와 그 결과가 발견된 과정을 점검할 수 있게 해야 한다(Erlandson et al., 1993: 28).

어떤 분야에서도 타당한 연구는 진리가(truth value)를 보여주어야 하고, 그것을 적용하는 토대를 제공해야 한다. 그것의 절차의 일관성과 결과 또는 의사결정의 중립성에 대한 외부의 판단이 가능하게 해야 한다. Guba와 Lincoln은 이 여러 가지 질을 묶어서 신뢰성(trustworthiness)이라고 불렀다. 그리고 구성주의 패러다임을 따르는 연구에서 신뢰성을 어떻게 평가할 수 있고 강화할 수 있는지를 서술하였다(Guba, 1981; Guba & Lincoln, 1981; Guba & Lincoln, 1989; Lincoln & Guba, 1985).

1. 신용도(credibility)

실증주의(양적 연구)에서 내적 타당도(internal validity)라고 부른 것은 연구 결과가 실재(reality)와 일치하는가의 문제에 관련된다. Becker(1993: 220)는 다음과 같이 유머러스하게 말하였다. "실재는 우리가 당분간 질문하지 않기로 결정한 것이며, 그것과 접촉하고 있는 사람들 사이에서 스트레스의 주요 원인이다." 좀 더 진지하게, Ratcliffe(1983: 149-150)는 모든 종류의 연구에서 타당도를 평가하는 관점을 제시하였다. (1) "자료는 스스로 말하지 않는다. 항상 해석자와 번역자가 있다." (2) "연구자는 현상/사건(phenomenon/event)을 변형하지 않고 관찰하거나 측정할 수 없다. 이것은 심지어 실재가 더 이상 단일 측면(single-faceted)을 가지고 있지 않다고 여기는 물리학에서도 마찬가지이다." (3) 숫자, 공식, 단어는 "모두 실재에 대한 추상적이며, 상징적인 표현이며, 실재 그 자체는 아니다." 따라서 타당도는 (결코 파악할 수 없는) 실재가 아닌 다른 어떤 것에 비추어 평가해야 한다. 이 다른 어떤 것을 Lincoln과 Guba(1985)는 신용도(credibility)라고 불렀고, 이것은 제시된 자료에 비추어 연구 결과가 신뢰할 만한 것인가를 묻는 것이다(Merriam & Tisdell, 2016: 242).

어떤 연구에서도 하나의 핵심적 문제는 특정 연구의 결과가 참여자와 맥락에 대해 지니는 '진리(truth)' 여부에 대한 확신의 정도에 관련된다(Lincoln & Guba, 1985: 290). 기존의 연구 패러다임에서 진리가는 내적 타당도로 서술되었다. 즉 탐구의 자료와 그 자료가 나타내는 현상 사이의 동형성(isomorphism)이다. 그러나 구성주의적 연구는 단일의 객관적인 실재를 가정하지 않기 때문에 동형성의 객관적인 확인은 어렵다. 그보다는 연구 참여자의 마음속에 존재하는 구성된 실재와 연구자가 그들의 실재라고 생각하는 것 사이의 화합(양립, compatibility) 정도가 더 중요하다. 이 관계를 신용도라고 부른다(Erlandson et al., 1993: 29-30).

신용도는 연구의 자료를 제공한 개인과 집단을 대상으로 정립될 필요가 있다. 특정한 상황에서 연구를 통해 획득한 서술이 그 상황의 구성원인 사람들에게 진리인 것으로 들리는지 여부를 판단하여 평가된다. 이 사람들은 서로 다른 구성된 실재를 표현하므로 신용도가 있는 결과는 이 실재가 다루는 영역과 그들이 서로 분기하는 지점을 모두 적절하게 나타내는 것이다. 신용도가 있는 연구는 일반적으로 독자에게 모자이크 같은 이미지를 보여주는 효과를 지니며, 종종 범위(경계, boundary)를 한정하고 특정 관계를 정립하는 면에서 부정확하지만 매우 깊은 의미와 매우 풍부한 이해를 제공한다(Erlandson et al., 1993: 30).

신용도를 정립하면서 주요 관심은 연구 대상이 되는 맥락 안에 존재하는 구성된 실재를 해석하는 데 있으므로, 그리고 이 실재들이 그 맥락 안의 사람들의 마음속에 존재하므로 그 맥락 속의 사람들이 확증할(affirm) 이 실재들에 대한 종합적이고 철두철미한 해석을 얻는 데 주의를 기울여야 한다. Guba와 Lincoln은 여러 글에서 이것을 달성할 수 있는 여러 전략들을 제안하였다(Erlandson et al., 1993: 30).

가. 장기간 관여(prolonged engagement)

연구자는 자신이 맥락에 미치는 영향, 자기 자신의 편견, 특이한 또는 계절에 따른 사건 때문에 발생하는 왜곡을 극복하기 위하여 충분한 시간을 연구하는 맥락에서 보내야 한다. 맥락[context, 문화(culture)]에서 '충분한(enough)' 시간은 연구자가 그 문화의 구성원들[즉 원주민(natives)]이 일상적인 사건들을 해석하는 방식대로 이해할 수 있을 정도의 시간으로 볼 수 있다(Erlandson et al., 1993: 30).

나. 지속적인 관찰

그러나 연구자가 어떤 사회적 맥락의 구성원이 이해하는 것과 같은 방식대로 그 맥락에서 발생한 사건 및 존재하는 관계를 이해할 수 있을지라도 현명한 원주민이 이야기하는 것에 추가되는 것은 없다. 이 추가하는 것은 연구자가 특정한 문제를 해결하거나 특별한 쟁점을 해소하는 데 가장 관련성이 높은 사건들과 관계들을 확인할 수 있을 때 가능하다. 그러한 관련성에 대한 깊은 이해는 지속적이고 잠정적인 분석과 함께 여러 다른 방식으로 지속적으로 해석을 추구함으로써 얻을 수 있다(Erlandson et al., 1993: 30-31).

다. 삼각법

아마도 한 연구의 맥락 안에 존재하는 다양하고 상반되는 실재의 구성물들을 이끌어내는 최선의 방법은 여러 다른 관점에서 여러 다른 사건들과 관계들에 대한 정보를 수집하는 것일 것이다. 그 맥락에서 하나의 주제(topic)에 대하여 특별히 다른 의견과 이해를 지닌 것으로 알려진 사람들을 연구자는 의도적으로 접촉하려고 노력해야 한다. 개인의 진술에서 직접적으로 얻은 자료는 관찰된 행위와 여러 기록물과 문서들과 비교하며 점검해야 한다. 서로 다른 질문들, 서로 다른 원천들, 서로 다른 방법들을 사용하여 동일한 자료를 조명해야 한다. 그 과정에서 대안적 설명들을 고려해야 한다(Erlandson et al., 1993: 31).

라. 참조 자료의 사용(adequate reference materials)

모든 자료는 맥락에 비추어 해석해야 하므로, 그 맥락에 대한 종합적인 안목을 얻기 위하여 자료를 수집하는 것이 매우 중요하다. 연구 대상인 맥락에서 발견되는 '삶의 조각(slice of life)'을 제공하는 비디오테이프, 문서, 사진, 그리고 다른 자료는 독자에게 연구자의 분석과 해석에 대한 풍부한 맥락적 이해를 전달하는 데 도움을 주는 배경을 제공할 것이다(Erlandson et al., 1993: 31).

마. 동료 연구자의 조언(peer debriefing)

때때로 연구자는 연구 대상이 되는 맥락에서 한 걸음 물러나서 맥락의 외부에 존재하면서 그 연구의 본질에 대해 일반적인 수준에서 충분히 이해하는 전문가와 함께 연구자의 인식, 통찰력, 분석을 검토해야 한다. 외부 전문가는 연구자에게 질문하면서 연구 과정을 정교화하고, 자주, 연구 방향을 변경할 피드백을 제공할 수 있을 것이다 (Erlandson et al., 1993: 31).

바. 반성적 주관성(progressive subjectivity)

이는 연구자의 구성물(construction)을 추적하는 과정이다. 어떤 연구자도 빈 마음으로 연구를 수행하지 않는다. 구성주의의 원리에 따라, 연구자의 탐구에서 등장하는 모든 구성물은 협력적인(joint) 것이어야 한다. 연구자의 구성에 다른 사람의 구성물과 별도의 특권을 부여해서는 안 된다. 반성적 주관성의 기법은 특권의 정도에 대해 점검하기 위한 것이다. 어떤 장소나 맥락에서 연구를 시작하기 이전에 연구자는 자신이 이미 지니고 있는 구성물을 기록하고 누적해간다. 이는 연구가 진행되면 발견할 것으로 기대하는 것이다. 동료 연구자가 이를 누적해가는 것이 좋다. 연구 기간 중 정기적으로 연구자는 자신의 구성물을 기록해나간다. 만약 연구자가 원래의 구성물(또는 시간의 경과에 따라 초기의 구성물)에 지나친 특권을 부여한다면, 이는 다른 참여자들이 제공하는 구성물에 대해 충분한 관심을 기울이지 않는다는 것을 의미할 수 있다. 동료 연구자는 그런 경향을 민감하게 발견하고 연구자에게 경고할 필요가 있다. 만약 연구자가 시작 이전에 기대하였던 것만을 발견한다면, 또는 중간 구성물에 갇혀 있다면 (stuck or frozen), 신용도는 낮아질 수 있다(Guba & Lincoln, 1989: 238).

사. 참여자 확인(member checks)

연구에 포함될 실재는 연구 맥락 속에 존재하는 개인과 집단이 구성하는 것이므로 자료와 해석 모두 그 사람들이 확인하는 것이 필수이다. 참여자를 통해 확인될 수 없는 자료는 연구 결과에 포함되어서는 안 된다(Erlandson et al., 1993: 31).

2. 전이 가능성(transferability)

하나의 연구는 그 결과가 다른 맥락 또는 다른 참여자에게 적용될 수 있는 정도에 비추어 판단을 받는다(Lincoln & Guba, 1985: 290). 한 연구의 결과를 실행하는 데는 항상 적용 가능성(applicability)에 대한 추정이 요구된다. 이는 특정 맥락에서 이루어진 그 연구가 후속하는 시간에 그 동일한 맥락의 작동에 관한 의사결정을 이끄는 것만을 의도하였을지라도, 시간의 경과에 따라 맥락과 그 안에 속한 개인들 모두 변하기 때문이다. 예를 들어, 한 고등학교의 운영에 대한 평가 연구는 그 결과가 다음 연도에 그 학교가 어떻게 운영될 것인가에 관련되는 정도만큼 다음 연도를 위한 의사결정에 사용될 수 있다. 모든 맥락은 시간의 경과에 따라 그 맥락 안의 사람, 그들의 실재 구성물, 그리고 그들 사이의 관계가 변하면서 동시에 변한다(사람들이 동일할지라도 그렇다). 연구 결과가 맥락을 가로질러 적용될 때, 적용 가능성은 높아진다(Erlandson et al., 1993: 31-32).

그러나 구성주의적 연구자는 어떤 맥락에서 획득한 지식이 다른 맥락 또는 다른 시간대의 동일한 맥락과 관련이 없다고 주장하지는 않는다. 맥락을 가로지르는 '전이 가능성'은 공유된 특징들 때문에 나타난다. 그러나 지식을 전이하는 토대는 매우 다른 출발점에서 나온다. 맥락을 가로질러 동일한 각각의 변인들을 선정하려고 시도하기보다, 구성주의적 연구자는 연구하는 맥락 안의 상호 관계와 복잡한 사항들을 매우 상세하게 서술하고자 노력한다. 따라서 연구 결과가 제시하는 서술은 다른 곳에서 복제될(replicated) 수 없다. 그러나 생성된 '충분한 서술(thick description)'을 통해 다른 맥락의 관찰자는 어떤 결과들이 자신의 맥락에 적용 가능한지에 대한 잠정적인 판단을 하며, 그 맥락에서 경험적 연구를 안내할 '형성적 가설(working hypothesis)'을 구성한다. 이 구분은 매우 중요하다. 구성주의적 연구에서 전이 가능성의 제시 의무는 받는(receiving) 맥락에 그것을 적용하고자 하는 연구자에게 속한다(Guba & Lincoln, 1989: 241). 이것을 마음에 두고 전이 가능성을 촉진할 수 있는 두 가지 전략을 소개한다(Erlandson et al., 1993: 33).

가. 충분한 서술

구성주의적 연구에서 전이 가능성은 보내는 맥락과 받는 맥락 사이의 유사성에 의존하므로, 연구자는 맥락에서 충분히 상세하게 서술하는 자료를 수집하고 충분히 상세하고 정밀하게 보고하여 전이 가능성에 대하여 판단이 가능하게 한다. 효과적인 충분한 서술은 독자로 하여금 서술된 맥락에 대하여 간접 경험을 하게 한다. 특정 광경, 소리, 관계의 서술에 의하여, 독자의 마음에 창조된 장면은 직접 경험에 의하여 얻을 수 있는 것에 놀랄 정도로 가까울 수 있다. 종종 우리는 어떤 상황을 효과적인 충분한 서술을 통해 처음 접한 어떤 사람이 실제로 그 장면을 방문하였을 때 데자뷔(déjàvu, 기시감)를 느낀다는 것을 발견하였다(Erlandson et al., 1993: 33).

나. 의도적 참여자 선정(표집)(purposive sampling)

전이 가능성의 토대는 보내는 맥락에 대한 적절한 서술이므로 자료 수집은 그것에 대한 매우 상세하고 풍성한 정보를 제공하는 과정에 따라 이루어져야 한다. 전통적인 연구에서 종합적인 특질을 통해 대표적인 그림을 얻기 위해 실시되는 무작위 표집과 대비하여, 구성주의적 연구는 맥락으로부터 그리고 맥락에 대하여 얻을 수 있는 구체적인 정보의 범위를 최대화하려고 한다. 이는 연구에 관련 있는 것에 대한 떠오르는 통찰력의 통제를 받는, 그리고 이런 통찰력이 암시하는 전형적인 자료와 다양한 자료를 모두 의도적으로 추구하는 참여자 선정(표집) 과정을 요구한다(Erlandson et al., 1993: 33).

3. 신빙도(dependability)

또한 연구는 동일하거나 유사한 맥락에서 동일하거나 유사한 참여자를 대상으로 반복하였을 때 동일한 결과가 나온다는 증거를 독자에게 제공해야 한다(Lincoln & Guba, 1985: 290). 즉 연구는 일관성(consistency)의 준거를 충족해야 한다(Erlandson et al., 1993: 33).

전통적 연구 패러다임에서 이 준거는 신뢰도(reliability)에 대한 관심에 반영되어 있다. 이것은 한 연구(또는 도구)의 일관성(consistency), 예측 가능성(predictability), 안정성(stability), 또는 정확성(accuracy)을 가리킨다. 신뢰도의 확립은 반복에 의존한다. 이때 동일한 조건 아래에 놓인 동일한 피험자에게 동일한(same) 또는 동등한(equivalent) 도구를 적용하였을 때, 유사한 측정 결과가 나올 것을 가정한다. 신뢰도는 타당도의 전제 조건이다. 반복을 시도하였는데 서로 다른 결과나 나올 때 관찰과 실재 사이의 동형(isomorphic) 관계를 가정할 수 없다(Erlandson et al., 1993: 33-34; Guba & Lincoln, 1989: 234-235).

그러나 구성주의적 연구자는 관찰된 불(비)안정성(instability)이 오류뿐만 아니라 실재의 변화에 기인할 수 있다고 믿는다. 따라서 불변(성)(invariance)을 요구하지 않고 '추적 가능한 변화(변이)(trackable variance)'를 요구한다. 이는 특정 원천(오류, 실재의 변화, 더 나은 통찰력 등)에 기인한다고 볼 수 있는 가변성(변동성, variability)이다. 일관성은 '신빙도(dependability)'의 의미로 이해한다. 이는 신뢰도(reliability)가 암시하는 안정성과 설명 가능한 변화가 요구하는 추적 가능성(trackability) 모두를 포괄하는 개념이다. 신빙도는 신빙도 감사(dependability audit)를 통해 확인한다(Erlandson et al., 1993: 34; Guba, 1981: 81).

신빙도 감사

신빙도에 대한 점검을 위해 연구자는 연구 과정에 대한 외부자의 점검이 가능하게 해야 한다. 이것은 (중요한 사건들, 문서, 면담 노트를 통해) 문서화를 제공하고 (연구자의 일지와 같은) 연구 과정에 대한 상세한 기록을 제공하는 '감사 추적(audit trail)'을 제공함으로써 이루어진다(Erlandson et al., 1993: 34).

4. 확정도(confirmability)

마지막으로, 한 연구는 그 결과가 연구의 초점에 따른 산물이며 연구자의 편견의 산물이 아닌 정도에 비추어 판단을 받는다(Lincoln & Guba, 1985: 290). 이 목적을 위해 전통적 연구자는 객관도(objectivity)를 추구한다. 이것은 다음 두 가지의 방법론에 따라 보장된다. (1) 설명하고, 공공의 정밀 조사(public scrutiny)에 개방하고, 반복 가능하게(replicable) 한다. (2) 관찰을 연구자의 편견에서 격리한다. 그러나 구성주의적 연구자는 객관도는 환상이며 어떤 방법론도 그것을 창조하고 선택한 사람에게서 완전히 분리될 수 없다는 것을 안다. 구성주의적 연구자는 관찰이 연구자의 오염으로부터 자유롭게 하려고 하지 않고 오히려 자료 자체의 확정도(confirmability)를 신뢰한다. "이것은 자료(구성물, 주장, 사실 등)의 원천을 추적할 수 있으며, 해석을 구조적으로 일관되고 확증하는(corroborating) 전체로 결합하기 위해 사용된 논리가 명료하기도 하고 암묵적이기도 하다는 것을 의미한다." 신빙도와 마찬가지로 확정도는 감사를 통해 확인한다(Erlandson et al., 1993: 34-35; Guba & Lincoln, 1989: 243).

확정도 감사

연구에서 사용된 과정을 지켜봄으로써 신빙도를 확인하기 위해 성립된 감사 추적은 또한 외부 검토자가 연구의 산물에 대해 판단을 내리게 한다. 적절한 추적을 통해 감사자가 결론, 해석, 제언(recommendation) 등의 원천을 추적할 수 있는지, 그것이 연구에 의해 뒷받침되는지 결정할 수 있어야 한다(Erlandson et al., 1993: 35).

마지막으로 구성주의적 연구의 신뢰성(trustworthiness)을 확인하기 위한 감사 추적의 중요성에 대하여 언급할 필요가 있다. 전통적 연구를 안내하기 위하여 주어진 경고와 대비해볼 수 있다. 내적 타당도 없이 외적 타당도가 있을 수 없듯이, 신용도 없이

전이 가능도는 없다. 더욱이 신뢰도가 확립되지 않으면 타당도는 의미 없는 것처럼, 같은 방식으로 신용도는 신빙도가 확인될 때에만 정립될 수 있다. 마지막으로, 객관도(전통적 기준에 비추어서도)는 그것이 그 자체로 가치를 지니고 있는 어떤 것을 보장해주지 않으면 의미 없는 것과 마찬가지로, 확정도는 그것이 확정하는 것의 가치보다 더 큰 가치를 지니는 어떤 것도 제공할 수 없다. 구성주의적 연구자에게 이 각각의 준거들은 감사 추적으로 함께 묶인다(Erlandson et al., 1993: 35).

제5절 Kvale(1995)

1. 탐구 타당도(investigation validity)

이것은 장인정신(quality of craftmanship)에 관련되는 것으로서 타당도는 연구자의 질 관리(quality control)이다. 이에 따라 타당도는 사용하는 방법의 문제일 뿐만 아니라, 연구자의 윤리성을 포함하는 연구자의 성격적 특성이다. 다르게 말하여, 타당도는 어떤 최종 성과를 가리키기보다, 연구 과정 중에 신뢰성(trustworthiness), 신용도(credibility), 그럴듯함(plausibility)을 지속적으로 점검하는 검증(verification) 과정이다. 연구 과정의 각 단계는 타당도의 어떤 특정한 측면을 포함한다(Onwuegbuzie, 2002: 8).

2. 의사소통 타당도(communicative validity)

이것은 담론(discourse)을 통한 지식에 대한 주장의 타당도 검사를 포함한다. 다르게 말하여 타당도는 연구자 집단이 동의하는 것이다. Kvale(1995: 22)은 "하나의 구안(construct)과 그것의 측정은 그들의 관계에 대한 담론이 연구자 공동체에 설득력이 있을 때 타당성을 얻는다"라고 주장하였다(Onwuegbuzie, 2002: 8).

3. 행위 타당도(action validity)

연구의 타당도의 정당화는 그것이 효과가 있느냐 없느냐, 즉 연구 결과를 의사결정자나 다른 이해 당사자들이 사용하는지 여부에 토대를 둔다(Onwuegbuzie, 2002: 8).

제6절 Eisner(1998)

1. 구조적 검증(structural corroboration)

구조적 검증을 위해서 질적 연구자는 해석을 지지하거나 반대하기(contradict) 위하여 다양한 유형의 자료를 사용한다. Eisner(1998: 110)는 이런 삼각법의 형식을 '증거의 융합(confluence of evidence)'이라고 불렀다.

2. 합의적 타당화(consensual validation)

합의적 타당화는 다른 사람들의 의견, 즉 "교육적 상황의 서술, 해석, 평가, 주제화(thematics)가 올바른지에 대한 능력 있는(competent) 다른 사람들 사이에서의 동의에 토대를 둔다"(Eisner, 1998: 112).

3. 참조 적합성(referential adequacy)

이것은 비평(criticism)의 중요성을 암시한다. 비평의 목표는 좀 더 복잡한 수준의 이해를 가능하게 해주는 내용을 조명하는 것이다(Eisner, 1998: 113-114).

제7절 Anderson과 Herr(1999)

Anderson과 Herr(1999)는 학술적으로 상대적 지위가 낮은 것으로 여겨졌던 실천가 연구(practitioner research)가 대학에서도 정당성을 얻을 수 있고 학술적 연구로서의 지위를 인정받을 수 있다는 주장을 펼쳤다. 이러한 맥락에서 초기 자연주의적 연구를 옹호하였던 학자들이 실증주의의 타당성 준거와 다른 별도의 질 판단 준거를 내세운 것처럼, 실천 연구의 결과에 적용될 수 있는 별도의 타당도를 다음의 다섯 가지로 제시하였다.

1. 성과 타당도(outcome validity)

실천 연구의 타당도에 대한 한 가지 검사는 행위가 일어나는 정도이다. 이는 연구를 시작하게 하였던 문제의 해결로 귀결된다. Watkins(1991: 8)는 실천 연구의 문제점을 다음과 같이 지적한다. "많은 실천(실행) 연구(action research)는 문제의 진단 단계에서 또는 단일 해결 전략의 실행 단계에서 중단하며, 이는 그것이 문제를 해결하는지와 무관하게 이루어진다." 따라서 성과 타당도는 연구의 성공적인 성과와 유사하다. 물론 이것은 민주적인 타당도와 관련된 질문을 제기하게 한다. 즉 누구를 위한 성공인가? 또한 성과 타당도는 단순히 문제를 해결하는 것이 아닌 엄격한 실천 연구는 연구자로 하여금 더 복잡한 방식으로 문제를 재진술하게 하여 종종 새로운 질문들/문제들(questions/problems)로 이끈다는 사실을 인정한다. 이러한 지속적인 문제의 재진술은 지속된 연구 기간에 걸쳐서 대부분의 실천가 연구의 과정을 특징짓는 나선적(spiral) 역동성으로 이끈다(Anderson & Herr, 1999: 16).

2. 과정 타당도(process validity)

이것은 문제들이 개인이나 체제의 지속적인 학습을 어느 정도 허용하는 방식으로 진술되는지를 질문한다. 이런 의미에서, 만약 과정이 피상적이거나 결함이 있다면 그것이 성과에 반영되므로 성과 타당도는 과정 타당도에 의존한다. 연구 결과는 연구 대상인 실천 활동에 대한 지속적인 문제화(problematization)를 포함하는 일련의 성찰적인 사이클의 결과인가? 그런 성찰의 과정은 문제 정의의 뒤에 놓인 가정들을 재검토하기 위한 되돌아가기(순환, looping back)를 포함해야 한다(Argyris, Putnam, & Smith, 1985). 과정 타당도는 "주장을 증명하기 위한 증거(evidence)로 간주되는 것은 무엇인가?"라는, 많은 논의가 있었던 문제를 다루어야 한다(Anderson & Herr, 1999: 16).

여기에서 증거가 어떻게 정의되느냐에 따라서 어떤 준거들은 자연주의적 탐구에서 빌려올 수 있다. 삼각법 또는 다양한 관점을 포함하는 것은 사건들을 단순하게 보거나 이기적인 방식으로 보는 것을 방지할 수 있다. 또한 삼각법은 다양한 방법을 사용하는 것을 가리킬 수 있다. 예를 들면, 관찰과 면담을 사용하는 것으로 이를 통해 단지 한 가지 종류의 자료 원천에 국한되지 않을 수 있다. 그러나 '과정(process)'은 단지 방법에만 국한되지 않는다. 내러티브 탐구나 에세이 탐구에서는 어떤 것이 (허구와 구별되는) 좋은 내러티브인지 판단하는 별도의 준거가 있다. Connelly와 Clandinin(1990: 10)은 다음과 같이 경고한다. "연구자가 자료를 조작하여 허구를 작성할 수 있을 뿐만 아니라, 속임수를 진실인 것처럼 말하기 위하여 자료를 쉽게 사용할 수 있다"[내러티브 탐구에서 타당도 준거에 대한 상세한 설명은 Connelly와 Clandinin(1990) 참조] (Anderson & Herr, 1999: 16).

3. 민주적 타당도(democratic validity)

이것은 연구 문제와 관련하여 이해관계를 가진 모든 당사자들과 협력하여 연구를 진행하는 정도를 가리킨다. 협력적으로 연구가 이루어지지 않으면, 어떻게 다양한 관점과 물질적 이해관계를 고려할 수 있겠는가? 예를 들어, 교사와 행정가는 실천가 연구를 통해 다른 이해 당사자들은 희생을 당하는데 자신들은 혜택을 받을 수 있는 해결책을 발견하는가? 학생과 학부모는 이런 종류의 연구를 수행하는 '내부(insider)' 공동체의 일부로 여겨지는가? 또는 그들은 실천 연구자들에 의해 '외부자(outsider)'로 여겨지는가? 과정 타당도가 삼각법을 위해 다양한 관점을 포함하는 것에 의존한다면, 민주적 타당도는 그것을 윤리 및 사회적 정의에 관한 문제로 본다(Anderson & Herr, 1999: 16).

민주적 타당도의 다른 버전은 Cunningham(1983)이 '지역(local)' 타당도라고 부른 것이다. 이 준거에 따르면, 문제가 특정 맥락에서 발견되며 또한 해결책도 그 맥락에 적합하다. Watkins(1991: 15)는 이것을 '관련성(relevancy)' 또는 '적용 가능성(applicability)' 타당도 준거라고 불렀다(즉 우리가 문제가 발견된 맥락의 요구와 연구 결과의 관련성을 어떻게 결정하는가에 관련된다)(Anderson & Herr, 1999: 16).

4. 촉매적 타당도(catalytic validity)

이는 "연구 과정이 참여자로 하여금 실재를 변혁하기 위하여 실재를 알 수 있도록 참여자를 재정향해주고(reorient), 집중하게 하고(focus), 활기를 불러일으키는(energize) 정도"이다(Lather, 1986b: 272). 실천 연구의 경우, 참여자뿐만 아니라 실천 연구를 수행하는 자신들도 실천가 역할에 대한 자신들의 관점뿐만 아니라 자신들의 실재에 대한 관점을 재정향하는 데 개방되어 있어야 한다. 연구에 연루된 모든 사람은 연구 대상인 사회적 실재에 대한 이해를 깊게 해야 하고 그것의 변화를 추구하기 위한(또는 그것에 대한 지지를 재확인하기 위한) 어떤 행위의 동기가 유발되어야 한다. 가장 강력한 실천 연구는 실천가들이 자신과 참여자의 이해에서 나선적 변화(spiral change)를 이야기하는 것이다. 이것은 그 상황의 역동성 속에서 실천 연구자가 자신의 변화 과정과 그 결과로 나타나는 변화를 추적할 수 있는 연구 저널 작성의 중요성을 강조한다(reinforce). 이 준거는 과정 타당도 및 민주적 타당도와 중복되지만, 많은 비판적 교육자들, 교원 교육자들, 학교 개혁자들에게 호소력 있는 실천 연구의 변혁 가능성을 보여준다(Anderson & Herr, 1999: 16).

5. 대화적 타당도(dialogic validity)

학술적 연구에서 동료 검토(peer review)를 통해 연구의 '좋은 정도(goodness)'를 검토한다(monitor). 연구 보고서들은 학술지를 통해 확산되기 위해 동료 검토의 과정을 통과해야 한다. 많은 학술지는 심지어 연구자에게 연구에 대한 찬반 토론(point/counter-point debate)의 기회도 제공한다. 이와 유사한 동료 검토의 형식이 실천가 연구 공동체 안에서 그리고 사이에서 발전하고 있다. 실천 연구자들이 동료들과의 대화를 추구하면서, 많은 실천가 연구 집단들이 북아메리카 전역에서 형성되고 있다(Anderson & Herr, 1999: 16).

민주적 타당도와 대화적 타당도 모두를 증진하기 위하여, 어떤 이들은 실천가 연구가 오직 협력적 연구로 이루어져야 한다고 주장하였다(Carr & Kemmis, 1986; Torbert, 1981). 다른 사람들은 실천 연구자들이 다른 실천 연구자들과의 비판적이고 성찰적인 대화에 참여하거나(Martin, 1987), 그 상황에 대해 잘 알고 악마의 변호사(devil's advocate) 역할을 수행할 수 있는 비판적 동료와 함께 연구 자료에 대한 대안적 설명을 위해 논의할 것을 제시하였다. 실천 연구의 대화적 본질을 강조할 때, 연구자들은 Myers(1985: 5)가 "문제의 정의와 연구 결과 모두에서 교사 공동체의 직관에 부합하는 적합도(goodness-of-fit)라고 부른 것"을 성취할 수 있다(Anderson & Herr, 1999: 16).

[부록 1]

관찰 보고서(field notes) 예시

관찰자: 김평국

일시: 1998년 3월 17일

장소: Pennsylvania State University 교내 기숙사 식당

1998년 3월 6일 오전 10:55이었다. Pennsylvania State University 캠퍼스의 서쪽 지역에 위치한 Waring Commons에 속하는 두 개의 구내 식당 중 하나인 Waring Eatery로 학생들이 하나씩 또는 무리를 지어 모여들었고 2층에 위치한 입구로 연결된 계단에 줄을 섰다. 오전 11:00가 되자 식당 문이 열렸고 줄을 선 학생들이 순서대로 서서히 계단을 올라갔다. 나 또한 학생들 사이에 줄을 섰고, 학생들을 따라 올라가니 입구가 보였다. 식당 안으로 들어가니 청색 티셔츠 유니폼을 입고 청색 모자를 쓴 남학생이 테이블 뒤에 앉아 있었다. 테이블 위에는 청색 플라스틱 판에 가격표가 적혀 있었고, 점심 메뉴가 적힌 형형색색의 종이와 현금 계산기가 놓여 있었다. 그 학생의 뒤에 놓인 칸막이 벽에는 노랗고 빨간 굵은 나일론 같은 줄로 엮은 그물이 있었고, 그물에는 플라스틱으로 만든 물고기, 게, 불가사리 등이 흩어져 걸려 있었다. 내가 내민 학생 카드를 받은 계산대의 학생이 내 카드를 현금 계산기에 대고 스캔하자 자동적으로 나의 계좌에 남은 포인트를 보여주었다.

식당은 그 건물의 북쪽 지역에 위치하였고, 직사각형 모양으로 조리 구역을 제외하고 대략 27×36미터 정도였다. 식당 안에는 대략 70개 정도의 테이블이 있었고, 일부

에는 두 개, 다른 일부에는 네 개, 또 다른 일부에는 여섯 개의 의자가 놓여 있어 전체적으로 대략 280개의 의자가 있었다. 식당 안은 대략 여섯 구역으로 구분되어 있었다. 하나는 중앙에 있었고 대략 60개의 의자가 있었다. 둘은 서쪽과 동쪽에 있었으며, 중앙 구역보다 약간 높은 곳이었으며 중앙 구역과 연결하는 계단이 있었다. 이들은 부등변 사각형으로 각각 50개 정도의 의자가 있었다. 다른 구역은 남쪽에 위치하였고, 직사각형 모양이었고, 중앙 구역보다 높으나 서쪽이나 동쪽 구역보다는 낮은 곳이었으며 40개 정도의 의자가 있었고, 역시 중앙 구역과 연결되는 계단이 있었다. 나머지 두 구역은 삼각형 모양이었고, 하나는 서쪽 · 남쪽 · 중앙 구역으로 둘러싸여 있었으며, 다른 하나는 동쪽 · 남쪽 · 중앙 구역으로 둘러싸여 있었으며, 각각 40개 정도의 의자가 있었다. 서남쪽 구석 벽에는 TV가 설치되어 있었다.

계산대를 통과하자 줄은 왼쪽으로 돌아서 배식 구역으로 나아갔다. 배식 구역 입구 바로 옆 왼쪽에 작은 철제 상자에 담긴 냅킨이 있었고, 옅은 노란색을 띤 녹색 플라스틱 식판이 있었으며, 바구니에는 하얀 플라스틱 숟가락, 포크, 나이프 등이 있었다. 학생들이 주메뉴 구역에 이르기 전에, 잘라놓은 오렌지, 쿠키, 비스킷, 도너츠 등을 집었다. 주메뉴는 생선 샌드위치, 치즈/햄 샌드위치, 피자였다. 50세가량의 한 여성, 한 남학생, 흰색 티셔츠를 입고 청색 모자를 쓴 한 여학생이 배식을 하고 있었다. 40세가량의 다른 여성이 조리 구역에서 배식 구역으로 음식 상자들을 옮기고 있었다. 배식 테이블 바로 옆에는 커피 기계가 있었다. 내가 배식 구역을 벗어났을 때, 15명 정도의 학생들이 이미 여기저기 앉아 있었다.

'샐러드 구역'이라 불리는 다른 배식 테이블이 있었는데, 중앙 배식 구역에서 흰색 티셔츠 유니폼과 흰색 모자를 쓴 한 여학생과 흰 티셔츠 유니폼과 청색 모자를 쓴 두 명의 남학생이 배식하고 있었다.

TV는 이미 켜져 있었고, 해변에서 촬영한 연예 프로그램이 방영 중이었다. 남쪽 구역, 중앙 구역, 서쪽 구역의 일부 학생들은 TV를 볼 수 있었다. 그러나 TV에서 멀리 떨어진 서쪽 구역의 학생들과 동쪽 구역의 학생들은 TV를 시청하기 어려웠는데, 잘해야 멀리서 화면 정도만 볼 수 있었다. 그들은 홀 안의 소음 때문에 소리를 들을 수 없었다.

나는 남쪽 구역으로 가서 테이블에 혼자 앉았다. 네 명의 미국 학생들이 TV 구역에 놓인 테이블에 앉아 있었다. 점점 더 많은 학생들이 식당 안으로 들어오면서 TV 구역은 다른 구역보다 더 일찍 자리가 채워졌다. 다른 두 명, 세 명의 미국 학생들이 TV 구역에 왔다. 그리고 한 아시아계 학생, 한 미국 학생이 TV 구역에서 각각 다른 테이블에 앉았다. 이 두 명의 학생들은 TV를 시청하면서 15분 만에 식사를 마치고 나갔다. 다른 두 명의 아시아계 학생들이 각각 TV 구역으로 갔다. TV 구역과 가까운 중앙 구역에 있던 어떤 미국 학생들은 특히 TV에서 함성, 박수, 큰 웃음 같은 큰 소리가 날 때 종종 고개를 돌려 TV를 시청하였다. 남쪽 구역에서 나를 제외하고 네 명의 학생들이 각각의 테이블에서 TV를 향해 앉아 식사를 하면서 TV를 시청하였다. 남쪽 구역의 네 명의 무리는 TV로 고개를 돌리지 않고 자신들끼리 대화를 이어갔다. 남쪽 구역에서 TV를 등지고 있던 한 학생은 전혀 고개를 돌리지 않았다.

11:10에 약 29명의 학생들이 홀에서 식사를 하고 있었다. 11:15에 40명의 학생 중 단 한 명만 TV에서 거리가 먼 동쪽 구역에 있었다. 서쪽 구역에 있던 한 무리는 TV로 시선을 돌리지 않고 자신들끼리 대화를 주고받았다. 11:20에 몇 명의 학생들이 나간 이후 약 70명의 학생들이 홀 안에 있었다. 대부분의 테이블에는 빈자리가 있었다. 이는 개별적으로 들어 온 학생이 테이블 전체를 차지하고 있었기 때문이다. 점점 한 학생이 차지하는 테이블의 수는 줄어들었다.

몇몇 학생들은 음료와 빵을 가져오기 위하여 자리를 잠시 떠났다. 한 스태프 남학생은 식판을 놓은 카트를 옮기고 있었다. 다른 한 학생은 몇몇 학생들이 소스와 채소를 흘린 채소 테이블을 청소하고 있었다.

11:30, 대략 150명의 학생들이 홀에 있었다. 개별적으로 들어온 학생을 발견하기는 어려웠다. 홀 안은 소음으로 가득 찼다.

[부록 2]

면담 전사 자료 예시

* 면담자: 김평국

* 피면담자: 타이완에서 미국에 온 한 유학생

* 일시: 1998년 3월 17일

* 장소: Pennsylvania State University 사범대 강의실

A: 먼저, 당신이 미국에 처음 도착한 이후 겪었을 수 있는 어려움에 대해 질문하고 싶습니다.

B: 어려움이요? 어려웠죠. 나는 10년 동안 영어를 공부해왔습니다. 그러나 내가 미국에 도착한 이후 사람들과 의사소통하기가 어려웠습니다. 나는 내가 말하고 싶은 것을 말할 수 없었습니다. 단어가 입 밖으로 나오지 않았습니다. 나는 그것이 싫었습니다. 가장 어려웠던 점은 이 사회 또는 이 문화에 적응하는 것이었습니다. 나에게는 좋은 룸메이트가 있었습니다. 한 명은 미국 출신이고 다른 한 명은 독일에서 왔습니다. 그들은 나에게 잘 대해주었습니다. 그래서 좋았습니다.

A: 그렇군요. 영어로 의사소통하기 어려웠군요.

B: 언어로. 사람들은 이해했다고 말하더군요. 그러나 나는 내가 말하고 있는 것에 만족할 수 없었습니다. 나는 영어 공부에 많은 노력을 기울였는데,

아직 부족하다고 생각했습니다. 나는 아직도 부족하다고 생각합니다. 이것이 질문에 포함된 것인가요?

A: 그러면 당신의 문제를 극복하기 위하여 어떤 노력을 하였습니까?

B: 저의 언어요?

A: 예.

B: 나는 어떤 단어를 말해야 할지 모를 때, 또는 단어의 발음을 어떻게 해야 할지 모를 때 많은 질문을 던졌습니다. 사람들에게 질문을 하였습니다. 그리고 시간이 하나의 요인이라고 생각합니다. 당신이 여기에서 더 오래 머물면 당신은 어떻게든 나아질 것입니다. 첫 학기와 둘째 학기에 나는 타이완 친구들과 어울리지 않았습니다. 나는 대부분의 시간을 미국 출신과 독일 출신의 룸메이트들과 지냈습니다. 그 시기에 나는 많이 발전하였다고 생각합니다. 그리고 때때로 나는 타이완어로 말할 수 없었습니다. 나는 그것을 잊어버렸습니다. '단어가 뭐였더라' 하고 생각하였습니다. 그리고 한참 후에야 생각해내곤 하였습니다. 첫해에 그랬습니다. 그리고 그 후 친하게 지내는 타이완 친구들은 많지 않았습니다. 몇몇 친구들은 있지만, 그들은 나의 룸메이트가 아닙니다. 그래서 항상 같이 있지는 않습니다.

A: 그러면 강의실에서는 언어적 어려움을 어떻게 극복하려고 노력하였습니까?

B: 강의실에서요? 어려웠죠. 나의 모국에서는 강의실에서 말을 거의 하지 않습니다. 자리에 앉아서 선생님의 말을 듣는 것이 거의 전부입니다. 그런데 여기에서는 학우들과 교수와 토론을 해야 합니다. 나는 두려웠고 나는 내가 옳은 말을 하고 있었는지 괜찮았는지 몰랐습니다. 나는 지금도 조용한 편입니다. 나는 사람들의 말을 잘 듣는 편입니다. 가끔 자신감을 얻어서 말하곤 합니다. 내가 편안함을 느낄 때까지 기다렸다가 말하곤 합니다. 교수가 친절하면 편안함을 느끼고 더 말하게 됩니다. 그렇지 않은 교수면 조용히 앉아 듣는 편입니다.

[부록 3]

연구 참여 동의서 예시

연구 참여 동의서

제2유형 당뇨병 환자 관점

1) 서론과 목적: State University의 공중 보건 대학 교수인 Xan Escobar 박사는 제2유형 당뇨병을 가진 사람들이 그 질병에 대하여 어떻게 생각하는지, 일반 대중의 반응은 어떠한지에 대한 연구를 수행하고 있습니다. 당신이 당신의 의사에게 이런 종류의 연구에 참여할 의사가 있다고 말하였으므로 우리는 당신을 연구에 초대합니다. 이 연구에 대략 100명이 참여할 것입니다. Gabrielle Anderson은 Escobar 박사의 감독 아래 학생 연구자로서 참여합니다.

2) 절차: 당신이 이 연구 참여에 동의하면, 당신은 처음에 간단한 인적 사항과 건강 관련 질문을 담은 설문지를 작성하게 될 것입니다. 이 설문지 작성에는 15분 정도가 소요될 예정입니다. 다음에 당신은 연구 팀의 한 구성원과의 면담에 참여하게 될 것입니다. 이 면담에는 30분 정도가 소요될 예정입니다.

3) 위험 요소: 이 연구에 참여하는 데 따르는 위험 요소는 최소한에 그칠 것입니다. 그러나 자신감의 상실과 같은 위험이 있을 수 있습니다. 이 경우, 우리는 이런 위험 요소를 최소화하기 위한 조치를 취할 것입니다. 당신이 연구에 참여하면 임의의 지정 번호가 부여될 것입니다. 당신의 면담이 전사되고 나서 (당신의 이름이 아닌) 오직 이 지

정 번호만이 당신의 반응에 연결될 것입니다. 당신의 이름과 반응은 연구 팀 밖의 어느 누구와도 공유되지 않을 것입니다.

4) 혜택: 제2유형 당뇨병을 가진 사람들이 자신의 상태에 대하여 어떻게 알게 되었는지, 그 질환을 가지지 않은 사람들은 그것을 어떻게 지각하는지에 대해 더 잘 이해함으로써, 우리는 공적인 당뇨병 인식 제고 캠페인을 위한 더 나은 자료를 개발할 수 있기를 희망합니다. 이 캠페인은 그 질환에 대한 이해를 증진할 것이며, 그 질환을 가진 것으로 진단받은 사람들이 진단 이후 더 일찍 더 효과적인 처치를 추구하도록 촉진할 것입니다.

5) 설명과 질의 응답: 이 편지를 통해 연구자는 당신에게 연구에 대해 설명하였습니다. 만약 당신이 질문이 있거나 연구 관련 문제가 있으면, ganderson@xsu.ed, (555) 555-8328로 Gabrielle Anderson에게 연락하거나, (555) 555-2469 또는 xescobar@xsu.ed로 Escobar 박사에게 연락할 수 있습니다.

6) 자발적 참여와 불이익 없이 철회할 권리: 연구 참여는 전적으로 자발적입니다. 당신은 다른 도움 없이 연구 참여를 거절할 수 있습니다. 참여를 철회하면, 당신은 어떤 설문지도 작성하지 않을 것이며, 면담에도 참여하지 않을 것입니다. 철회 이전에 수집된 자료는 파기될 것입니다. 연구 참여 철회로 인한 어떤 불이익이나 혜택의 상실도 없을 것입니다.

7) 비밀 보장: 연구 자료는 연방 및 주 정부 규정에 따라 비밀이 보장될 것입니다. 오직 연구자만 자료에 접근할 수 있을 것이며, 자료는 비밀 보장을 위하여 비밀 번호로 잠금되는 컴퓨터에 비밀 번호로 잠금되는 파일에 저장될 것입니다. 당신의 사생활을 보호하기 위하여, 개인적인 정보는 연구 자료에서 제거될 것이며, 연구를 위한 번호로 대체될 것입니다. 모든 인적 정보는 자료와 구별하여 저장될 것이며, 자료 분석이 종료된 이후 파기될 것입니다.

8) IRB 승인: State University의 인간 참여자 보호를 위한 IRB는 이 연구를 승인하였습니다. 만약 당신의 권리와 연구 관련 상처에 대하여 질문이나 우려가 있고 연구 팀이 아닌 다른 사람에게 연락하기 원하면, (555) 555-2325 또는 irb@xsu.ed로 IRB 위원장에게 연락하여 정보를 얻거나 제공할 수 있습니다.

9) 동의서 사본: 당신에게 이 문서의 사본 두 부가 전달되었습니다. 두 부 모두 서명해주시기 바랍니다. 한 부는 당신이 보관하고 한 부는 저희에게 보내주시기 바랍니다.

10) 연구자 진술: "나는 이 편지를 통해 연구에 대한 내용이 참여자에게 설명되었음을 확인합니다. 여기에는 연구의 본질과 목적, 연구에 참여하면서 있을 수 있는 위험

요소와 혜택이 포함됩니다. 참여자는 연구에 관한 질문이 있을 경우 (555) 555-2469로 연구자에게 연락할 수 있습니다."

Xan Escobar 날짜 연구 책임자 (555) 555-2469 xescobar@xsu.ed	Gabrielle Anderson 날짜 학생 연구자 (555) 555-8328 ganderson@xsu.ed

참여자 서명: 아래에 서명함으로써 나는 이 연구에 참여하는 것에 동의합니다.

성명	서명	날짜

출처: Saldaña와 Omasta(2018: 204-205; Miles, Huberman, & Saldaña, 2020: 51 재인용)

참고 문헌

강상철, 최건수(1988). 상징적 상호작용론. **교육발전논총, 9**(1), 23-38.

강준만(2018). 왜 사회적 행위가 정신과 자아를 창출하는가?: 상징적 상호작용론. **인물과 사상, 239**, 47-81.

고승아(2013). **서술형 평가에 대한 초등학생들의 태도 변화**. 석사학위논문, 경인교육대학교.

김동광(2014). **과학에 대한 새로운 관점: 과학 혁명의 구조**. 서울: 미래엔 아이세움.

김미라(2014). **Drake의 간학문적 접근에 따른 환경 통합 단원의 적용 과정에서 나타난 학생의 변화 탐구**. 석사학위논문, 경인교육대학교.

김평국(2022). **교육과정의 실제와 이론: 학생 중심 초등 전문가 양성**. 서울: 아카데미프레스

성경희, 김평국, 박정, 정구향, 차우규, 강대현, 최승현, 곽영순, 유정애, 이경언, 박소영, 최진 황, 류상희, 이규호(2003). **제7차 교육과정의 현장 운영 실태 분석(I): 초등학교 교과 교육과정을 중심으로**. 연구보고 RRC 2003-3-5. 서울: 한국교육과정평가원.

송진영(2008). **초등학교 1학년의 프로젝트 학습 과정 탐구**. 석사학위논문, 경인교육대학교.

신옥순 역(1991). **교육 연구의 새 접근**. 서울: 교육과학사. Bogdan, R. C., & Biklen, S. K. (1982). *Qualitative research for education: An introduction to theory and methods*. Boston: Allyn & Bacon.

양보미(2016). **Drake의 간학문적 접근에 근거한 생명 통합 단원 학습에서 학생의 변화 탐구**. 초등 교육 방법 논문 세미나 자료집(pp. 614-625). 경인교육대학교 교육대학원.

양정호(2004). 가설 유도적 추리[abduction]. **교육평가 용어사전**. 한국교육평가학회[네이버 지식백과].

오정실(2015). **「학교생활나눔장」을 활용한 초등 학습 부진 학생의 정의적 변화에 대한 사례 연구**. 석사학위논문, 경인교육대학교.

유영숙(2006). **다중지능 이론을 적용한 협동학습이 초등학교 아동의 학습 흥미 및 학업성취도에 미치는 효과: 동화재구성 활동을 중심으로**. 석사학위논문, 경인교육대학교.

이건만(2006). 문화적 계급 지배와 교육 불평등: Pierre Bourdieu 문화재생산이론의 음미. **교육사회학연구, 16**(2), 111-139.

이명선, 김춘미, 고문희 역(2009). **질적 연구 설계: 상호 작용적 접근**. 서울: 군자.

이용숙, 김영천, 이혁규, 김영미, 조덕주, 조재식(2005). **교육 현장 개선과 함께 하는 실행 연구 방법**. 서울: 학지사.

정명화(2001). 제5장 질적 연구에 있어서의 자료 분석. 김윤옥, 김성혜, 신경숙, 신경일, 정명화, 허승희, 황희숙. **교육 연구를 위한 질적 연구 방법과 설계**(개정판, pp. 127-161). 서울: 문음사.

Abbott, A. (1992). What do cases do? Some notes on activity in sociological analysis. In C. C. Ragin & H. S. Becker (Ed.), *What is a case?* (pp. 53-82). Cambridge, England: Cambridge University Press.

Adams, C., & van Manen, M. (2008). Phenomenology. In L. Givens, *The SAGE encyclopedia of qualitative research methods*. Thousand Oaks, CA: SAGE.

Adler, P. A., & Adler, P. (1998). Observational techniques. In N. K. Denzin & Y. S. Lincoln (Eds.), *Collecting and interpreting qualitative materials* (pp. 79-109). Thousand Oaks, CA: SAGE.

Agger, B. (1991). Critical theory, poststructuralism, postmodernism: Their sociological relevance. *Annual Review of Sociology* (Vol. 17, 105-131). Palo Alto, CA: Annual Reviews.

Al Lily, A. E. (2014). The tribe of educational technologies. *Higher Education Studies*, *4*(3), 19-37.

Allison, G. T. (1971). *Essence of decision: Explaining the Cuban missile crisis*. Boston: Little, Brown.

Allison, G. T., & Zelikow, P. (1999). *Essence of decision: Explaining the Cuban missile crisis* (2nd ed.). New York: Addison Wesley Longman.

Althusser, L. (1979). *For Marx*. London: Verso.

Anderson, G. L., & Herr, K. (1999). The new paradigm wars: Is there room for rigorous practitioner knowledge in schools and universities? *Educational Researcher*, *28*(5), 12-21, 40.

Andreski, S. (1972). *Social sciences as sorcery*. London: André Deutsch.

Anheier, H. K., Gerhards, J., & Remo, F. P. (1995). Forms of capital and social structure in cultural field: Examining Bourdieu's social topology. *American Journal of Sociology*, *100*, 859-903.

Annells, M. (1999). Evaluating phenomenology: Usefulness, quality and philosophical foundations. *Nurse Researcher*, *6*(3), 5-19.

Antwi, S. K., & Hamza, K. (2015). Qualitative and quantitative research paradigms in business research: A philosophical reflection. *European Journal of Business and Management*, *7*(3), 217-226.

Apple, M. (1979). *Ideology and curriculum*. Boston: Routledge & Kegan Paul.

Apple, M. (1996). *Cultural politics and education*. New York: Teachers College Press.

Ardévol, E., & Gómez-Cruz, E. (2014). Digital ethnography and media practices. In F. Darling-Wolf (Ed.), *The international encyclopedia of media studies: Research methods in media studies* (pp. 498-518). San Francisco, CA: Wiley.

Argyris, C. (1952). Diagnosing defenses against the outsider. *Journal of Social Issues*, *8*(3), 24-34.

Argyris, C., Putnam, R., & Smith, D. M. (1985). *Action science: Concepts, methods, and skills for research and intervention*. San Francisco: Jossey-Bass.

Bacon, Sir Francis. *Novum Organum*. 162.

Back, S. (2002). The Aristotelian challenge to teacher education. *History of Intellectual Culture*, *2*(1), 1-5.

Bamberg, M. (2012). Narrative analysis. In H. Cooper (Ed.), *APA handbook of research methods in psychology* (2nd ed., pp. 77-94). Washington, DC: American Psychological Association.

Barbour, R. S. (2008). *Doing focus groups*. Thousand Oaks, CA: SAGE.

Bateson, M. C. (1990). *Composing a life*. New York: Penguin Books.

Becker, H. S. (1958). Problems of inference and proof in participant observation. *American Sociological Review*, *59*, 652-660.

Becker, H. S. (1970). *Sociological work: Methods and substance*. New Brunswick, NJ: Transaction Books.

Becker, H. S. (1993). Theory: The necessary evil. In D. J. Flinders & G. E. Mills (Eds.), *Theory and concepts in qualitative research: Perspectives from the field* (pp. 218-229). New York: Teachers College Press.

Becker, H. S. (2007). *Writing for social scientists: How to start and finish your thesis, book, or article*. Chicago:

University of Chicago Press.

Becker, H. S., Geer, B., & Hughes, E. C. (1968). *Making the grade: The academic side of college life*. New York: John Wiley and Sons.

Becker, H. S., Geer, B., Hughes, E. C., & Strauss, A. L. (1961). *Boys in white: Student culture in medical school*. Chicago: University of Chicago Press.

Bell, J. S. (2002). Narrative inquiry: More than just telling stories. *TESOL Quarterly*, *36*(2), 207-213.

Benney, M., & Hughes, E. C. (1956). Of sociology and the interview: Editorial preface. *American Journal of Sociology*, *62*(2), 137-142.

Bernstein, B. (1971). On the classification and framing of educational knowledge. In M. Young (Ed.), *Knowledge and content*. London: Collier-Macmillan.

Bertaux, D., & Thompson, P. (1997). *Pathways to social class: A qualitative approach to social mobility*. Oxford: Clarendon Press.

Bierema, L. L. (1996). How executive women learn corporate culture. *Human Resource Development Quarterly*, *7*(2), 145-164.

Blake, W. (1808). *Annotations to Sir Joshua Reynolds*[1]*'s "Disclosures"*.

Blumer, H. (1954). What is wrong with social theory? *American Sociological Review*, *18*, 3-10.

Blumer, H. (1962). Society as symbolic interaction. In A. M. Rose (Ed.), *Human behavior and social processes* (pp. 179-192). Boston: Houghton Mifflin.

Blumer, H. (1969). *Symbolic interactionism: Perspective and method*. Berkeley, CA: University of California Press.

Bochner, A. P. (2001). Narrative's virtues. *Qualitative Inquiry*, *7*(2), 131-157.

Boellstorff, T., Nardi, B., Pearce, C., & Taylor, T. L. (2012). *Ethnography and virtual worlds: A handbook of method*. Princeton, NJ: Princeton University Press.

Bogdan, R. C., & Biklen, S. K. (2003). *Qualitative research for education: An introduction to theories and methods* (4th ed.). Boston: Pearson.

Bogdan, R. C., & Biklen, S. K. (2011). *Qualitative research for education: An introduction to theories and methods* (5th ed.). Boston: Pearson.

Bogdan, R. C., & Taylor, S. J. (1975). *Introduction to qualitative research methods*. New York: John Wiley & Sons.

Bohannan, L. (1992). Shakespeare in the bush. Reprinted in J. M. Morse (Ed.), *Qualitative health research* (pp. 20-30). Thousand Oaks, CA: SAGE.

Bowles, S., & Gintis, H. (1976). *Schooling in capitalist America*. New York: Basic Books.

Bourdieu, P. (1984). *Distinction: A social critique of the judgement of taste*. 최종철 역(1995). **구별짓기: 취향의 사회학**. 서울: 새물결.

Bourdieu, P. (1991). *Language and symbolic power*. 정일준 역(1997). **상징폭력과 문화 재생산**. 서울: 새물결.

Bourdieu, P., & Passeron, J. C. (1977). *Reproduction in education, society, and culture*. 이상호 역(2000). **재생산: 교육체계이론을 위한 요소들**. 서울: 동문선.

Breustedt, S., & Puckering, C. (2013). A qualitative evaluation of women's experiences of the Mellow Bumps antenatal intervention. *British Journal of Midwifery*, *21*(3), 187-194.

Brice, A. E., Wallace, S. E., & Brice, R. G. (2014). Alzheimer's dementia from a bilingual/bicultural perspective: A case study. *Communication Disorders Quarterly*, *36*, 55-64.

[1] Sir Joshua Reynolds(1723~1792): 영국의 초상화 전문 화가

Brinkmann, S., & Kvale, S. (2015). *InterViews: Learning the craft of qualitative research interviewing* (3rd ed.). Thousand Oaks, CA: SAGE.

Brockenbrough, E. (2012). Agency and abjection in the closet: The voices (and silences) of black queer male teachers. *International Journal of Qualitative Studies in Education*, *25*(6), 741-761.

Bromley, D. B. (1986). *The case-study method in psychology and related disciplines*. Chichester, England: Wiley.

Bronfenbrenner, U. (1980). Ecology of childhood. *School Psychology Review*, *9*(4), 294-297.

Brooke, M. (2013). Which research paradigm for TESOL?: Theory and practice in language studies. *Academy Publisher*, *3*(3), 430-436.

Browne, A. (1987). *When battered women kill*. New York: Free Press.

Bryman, A. (2012). *Social research methods* (4th ed.). Oxford: Oxford University Press.

Buckner, T. M. (2012). *Engaging moments: Adult educators reading and responding to emotion in the classroom*. Doctoral dissertation, University of Georgia.

Bunnis, S., & Kelly, D. R. (2010). Research paradigms in medical education research. *Medical Education*, *44*, 358-366.

Burgess, R. G. (1984). *In the field: An introduction to field research*. London: Allen & Unwin.

Burrell, G., & Morgan, G. (1979). *Sociological paradigms and organizational analysis*. London: Heinemann Educational.

Campbell, D. T. (1975). Ⅲ. 'Degrees of freedom' and the case study. *Comparative Political Studies*, *8*(2), 178-193.

Carr, W., & Kemmis, S. (1986). *Becoming critical*. London: Falmer Press.

Carspecken, P. F. (1995). *Critical ethnography in educational research: A theoretical and practical guide*. London: Routledge.

Carter, M. J., & Fuller, C. (2015). Symbolic interactionism. *Sociopedia.isa*. 1-17. researchgate.net.

Charmaz, K. (2000). Grounded theory: Objectivist and constructivist methods. In N. K. Denzin & Y. S. Lincoln (Eds.), *Handbook of qualitative research* (2nd ed., pp. 509-535). Thousand Oaks, CA: SAGE.

Charmaz, K. (2011). Grounded theory methods in social justice research. In N. K. Denzin & Y. S. Lincoln (Eds.), *The SAGE handbook of qualitative research* (4th ed., pp. 359-380). Thousand Oaks, CA: SAGE.

Charmaz, K. (2014). *Constructing grounded theory* (2nd ed.). Thousand Oaks, CA: SAGE.

Chilisa, B. (2012). *Indigenous research methodologies*. Thousand Oaks, CA: SAGE.

Chilisa, B., & Kawulich, B. (2012). *Selecting a research approach: Paradigm, methodology and methods*. Retrieved October, 2022 from https://www.researchgate.net/publication/257944787.

Clandinin, D. J. (Ed.). (2007). *Handbook of narrative inquiry: Mapping a methodology*. Thousand Oaks, CA: SAGE.

Clandinin, D. J. (2013). *Engaging in narrative inquiry*. Walnut Creek, CA: Left Coast Press.

Clarke, G. K. (2005). *The critical historian*. Portsmouth, NH: Heinemann Educational Books.

Coady, M. (2013). Adult health learning and transformation: A case study of a Canadian community-based program. *Adult Education Quarterly*, *63*(4), 321-337.

Cohen, L., Manion, L., & Morrison K. (2000). *Research methods in education* (5th ed.). London: Routledge.

Collins, R. (1994). The microinteractionist tradition. In R. Collins (Ed.), *Four sociological traditions* (pp. 242-289). New York: Oxford University Press.

Connelly, F. M., & Clandinin, J. (1990). Stories of experience and narrative inquiry. *Educational Researcher*, *19*(5), 2-14.

Converse, M. (2012). Philosophy of phenomenology: How understanding aids research. *Nurse Researcher*, *20*(1), 28-32.

Cooley, C. H. (2017). *Human nature and the social order*. New York: Routledge. (Original 1902)

Cooper, H. (1984). *The integrative research review: A systematic approach*. Beverly Hills, CA: SAGE.

Corbin, J., & Strauss, A. (2015). *Basics of qualitative research: Techniques and procedures for developing grounded theory* (4th ed.). Thousand Oaks, CA: SAGE.

Cormier, D. T. (1993). *Gilligan's theory revisited: A case study of organizational conflict*. Unpublished doctoral dissertation, University of Massachusetts Amherst.

Cottle, T. J. (1973). The life study: On mutual recognition and the subjective inquiry. *Urban Life and Culture*, *2*(3), 344-360.

Courtenay, B. C., Merriam, S. B., & Reeves, P. M. (1998). The centrality of meaning-making in transformational learning: How HIV-positive adults make sense of their lives. *Adult Education Quarterly*, *48*(2), 65-84.

Cranton, P., & Merriam, S. B. (2015). *A guide to research for educators and trainers of adults* (3rd ed.). Malabar, FL: Krieger.

Creswell, J. W. (1994). *Research design: Qualitative and quantitative approaches*. Thousand Oaks, CA: SAGE.

Creswell, J. W. (1998). *Qualitative inquiry and research design: Choosing among five traditions*. Thousand Oaks, CA: SAGE.

Creswell, J. W. (2003). *Research design: Qualitative, quantitative and mixed method approaches*. Thousand Oaks, CA: SAGE.

Creswell, J. W. (2005). *Educational research: Planning, conducting, and evaluating quantitative and qualitative research* (2nd ed.). Upper Saddle River, NJ: Pearson Education.

Creswell, J. W. (2008). *Educational research: Planning, conducting, and evaluating quantitative and qualitative research* (3rd ed.). Upper Saddle River, NJ: Pearson Education.

Creswell, J. W. (2014). *Research design: Qualitative, quantitative, and mixed method approaches*. Thousand Oaks, CA: SAGE.

Creswell, J. W., & Poth, C. N. (2013). *Qualitative inquiry and research design: Choosing among five approaches* (3rd ed.). Thousand Oaks, CA: SAGE.

Creswell, J. W., & Poth, C. N. (2018). *Qualitative inquiry and research design: Choosing among five approaches* (4th ed.). Thousand Oaks, CA: SAGE.

Cronbach, L. J. (1975). Beyond the two disciplines of scientific psychology. *American Psychologist*, *30*(2), 116-127.

Crotty, M. (1998). *The foundations of social research*. London: SAGE.

Crowe, T. V. (2003). Using focus groups to create culturally appropriate HIV prevention material for the deaf community. *Qualitative Social Work*, *2*(3), 289-308.

Cunningham, J. B. (1983). Gathering data in a changing organization. *Human Relations*, *36*(5), 403-420.

Daiute, C. (2014). *Narrative inquiry: A dynamic approach*. Thousand Oaks, CA: SAGE.

Dana, N. F., Kelsay, K. L., Thomas, D., & Tippins, D. J. (1992). *Qualitative interviewing and the art of questioning: Promises, possibilities, problems, and pitfalls*. Paper presented at the Qualitative Research in Education Conference, Athens, GA.

D'Andrade, R. G. (1992). Afterword. In R. G. D'Andrade & C. Strauss (Eds.), *Human motives and cultural models*. Cambridge, England: Cambridge University Press.

Debord, G. (1990). *Comments on the society of the spectacle*. New York: Verso.

De Fina, A., & Georgakopoulou, A. (2012). *Analyzing narrative: Discourse and sociolinguistic perspectives*. Cambridge, England: Cambridge University Press.

deMarrais, K. B. (2004). Qualitive interview studies: Learning through experience in K. B. deMarrais & S. D.

Lapan (Eds.), *Foundations for research* (pp. 51-68). Mahwah, NJ. Erlbaum.

Denny, T. (1978). *Storytelling and educational understanding*. Paper presented at the national meeting of the International Reading Association, Houston.

Denscombe, M. (2003). *The good research guide: For small-scale social research projects* (2nd ed.). Maidenhead: Open University Press.

Denzin, N. K. (1978). *The research act: A theoretical introduction to sociological methods*. New York: McGraw-Hill.

Denzin, N. K. (1989). *Interpretive biography*. Newbury Park, CA: SAGE.

Denzin, N. K. (1992). *Symbolic interactionism and cultural studies: The politics of interpretation*. Malden, MA: Blackwell.

Denzin, N. K. (2014). *Interpretive autoethnography*. Thousand Oaks, CA: SAGE.

Denzin, N. K. (2017). *Sociological methods: A sourcebook*. London: Routledge.

Denzin, N. K., & Lincoln, Y. S. (Eds.). (2000). *Handbook of qualitative research* (2nd ed.). Thousand Oaks, CA: SAGE.

Denzin, N. K., & Lincoln, Y. S. (2011). Introduction: The discipline and practice of qualitative research. In N. K. Denzin & Y. S. Lincoln (Eds.), *The SAGE handbook of qualitative research* (4th ed.). Thousand Oaks, CA: SAGE.

Deutscher, I. (1973). *What we say/what we do: Sentiments & acts*. Glenview, IL: Scott, Foresman.

DeVault, M. L. (1990). Talking and listening from women's standpoint: Feminist strategies for interviewing and analysis. *Social Problems*, 37(1), 96-116.

Dexter, L. A. (1970). *Elite and specialized interviewing*. Evanston, IL: Northwestern University Press.

Dewey, J. (1933). *How we think*. Lexington, MA: Health.

Donmoyer, R. (1990). Generalizability and the single case study. In E. W. Eisner & A. Peshkin (Eds.), *Qualitative inquiry in education: The continuing debate* (pp. 175-200). New York: Teachers College Press.

Donnelly, M. K. (2014). Drinking with the derby girls: Exploring the hidden ethnography in research of women's flat track roller derby. *International Review for the Sociology of Sport*, *49*(3/4), 346-366.

Duneier, M. (1999). *Sidewalk*. New York: Farrar, Strauss & Giroux.

Eckstein, H. (2000). Case study and theory in political science. In R. Gomm, M. Hammersley, & P. Foster (Eds.), *Case study method: Key issues, key texts* (pp. 119-163). London: SAGE.

Eichelberger, R. T. (1989). *Disciplined inquiry: Understanding and doing educational research*. New York: Addison-Wesley Longman.

Eisner, E. W. (1998). *The enlightened eye: Qualitative inquiry and the enhancement of educational practice*. Upper Saddle River, NJ: Prentice-Hall.

Erickson, F. (1986). Qualitative methods in research on teaching. In M. C. Wittrock (Ed.), *Handbook of research on teaching* (3rd ed., pp. 119-161). New York: Macmillan.

Erlandson, D. A., Harris, E. L., Skipper, B. L., & Allen, S. D. (1993). *Doing naturalistic inquiry: A guide to methods*. Newbury Park, CA: SAGE.

Esin, C., Fathi, M., & Squire, C. (2014). Narrative analysis: The constructionist approach. In U. Flick (Ed.), *The SAGE handbook of qualitative data analysis* (pp. 203-216). Thousand Oaks, CA: SAGE.

Fadiman, A. (1997). *The spirit catches you and you fall down*. New York: Farrar, Strauss and Giroux.

Fals-Borda, O., & Rahman, M. A. (Eds.). (1991). *Action and knowledge: Breaking the monopoly with participatory action research*. Lanham, MD: Rowman & Littlefield.

Fay, B. (1987). *Critical social science: Liberation and its limits*. Ithaca: Cornell University Press.

Feagin, J. R., Orum, A., & Sjoberg, G. (Eds.). (1991). *A case for the case study*. Chapel Hill: University of

North Carolina Press.

Fernandez, M. E., Breen, L. J., & Simpson, T. A. (2014). Renegotiating identities: Experiences of loss and recovery for women with bipolar disorder. *Qualitative Health Research*, *24*(7), 890-900.

Fish, S. (1989). *Doing what comes naturally*. Oxford, England: Clarendon Press.

Flood, A. (2010). Understanding phenomenology. *Nurse Researcher*, *17*(2), 7-15.

Flyvbjerg, B. (2011). Case study. In N. K. Denzin & Y. S. Lincoln (Eds.), *The SAGE handbook of qualitative research* (4th ed.). Thousand Oaks, CA: SAGE.

Fodor, J. (2001). *The mind doesn't work that way*. Cambridge, MA: MIT Press.

Foucault, M. (1980). Two lectures. In C. Gordon (Ed.), *Power/knowledge: Selected interviews and other writings, 1972-1977-Michel Foucault* (pp. 78-108). London: Harvester Wheatsheaf.

Fraser, H. (2004). Doing narrative research: Analysing personal stories line by line. *Qualitative Social Work*, *3*(2), 179-201.

Fraser, S., & Robinson, C. (2004). Paradigms and philosophy. In S. Fraser, V. Lewis, S. Ding, M. Kellett, & C. Robinson (Eds.), *Doing research with children and young people*. London: SAGE.

Galvan, J. L. (2012). *Writing literature reviews: A guide for students of the social and behavioral sciences* (5th ed.). Glendale, CA: Pyrczak.

Gee, J. P. (2014). *An introduction to discourse analysis: Theory and method* (4th ed.). London: Routledge.

Geertz, C. (1975). *The interpretation of cultures*. London: Hutchinson.

George, A. L., & Bennett, A. (2005). *Case studies and theory: Development in the social science*. Cambridge: MIT Press.

Giorgi, A., & Giorgi, B. (2003). *Phenomenology*. Thousand Oaks, CA: SAGE

Giorgi, A. (2006). Difficulties encountered in the application of the phenomenological method in the social sciences. *Análise psicológica*, *24*(3), 353-361.

Giroux, H. A. (1978). Developing educational programs: Overcoming the hidden curriculum. *Clearing House*, *78*(52), 148-151.

Giroux, H. A. (1980). Beyond the Correspondence Theory: Notes on the Dynamics of Educational Reproduction and Transformation. *Curriculum Inquiry*, *10*(3), 225-247.

Giroux, H. A. (1981a). Hegemony, resistance, and the paradox of educational reform. *Interchange*, *12*(2-3), 3-26.

Giroux, H. A. (1981b). Schooling and the Myth of Objectivity: Stalking the Politics of the Hidden Curriculum. *McGill Journal of Education*, *16*(3), 282-304.

Giroux, H. A. (1999). *The mouse that roared: Disney and the end of innocence*. Lanham, MD: Rowman & Littlefield. 성기완(2001). **디즈니: 순수함과 거짓말**. 서울: 아침이슬.

Giroux, H., & Pollock, G. (2010). *The mouse that roared: Disney and the end of innocence* (2nd ed.). Lanham, MD: New York: Rowman & Littlefield.

Glaser, B. G., & Strauss, A. (1967). *The discovery of grounded theory: Strategies for qualitative research*. Chicago: Aldine.

Glesne, C. (2016). *Becoming qualitative researchers: An introduction* (5th ed.). Upper Saddle River, NJ: Pearson.

Glesne, C., & Peshkin, A. (1992). *Becoming qualitative researchers: An introduction*. New York: Longman.

Goffman, E. (1956). *The presentation of self in everyday life*. Edinburgh: University of Edinburgh Press.

Goffman, E. (1959). *The presentation of self in everyday life*. Garden City, NY: Doubleday.

Goffman, E. (1961). *Asylums: Essays on the social situation of mental patients and other inmates*. Garden City, NY: Doubleday.

Gold, R. L. (1958). Roles in sociological field observations. *Social Forces*, *36*, 217-223.

Gordon, L. J., Rees, C. E., Ker, J. S., & Cleland, J. (2015). Leadership and followership in the healthcare workplace: Exploring medical trainees' experiences through narrative inquiry. *BMJ Open*, *5*(12). 1-11.

Gramsci, A. (1971). *Selections from prison notebooks*. Edited and translated by Quinten Hoare and Geoffrey Smith. New York: International Publishers.

Green, J., & Thorogood, N. (2018). *Qualitative methods for health research*. Thousand Oaks, CA: SAGE.

Gray, D. E. (2014). *Doing research in the real world*. London: SAGE.

Greenwood, D. J., & Levin, M. (1998). *Introduction to action research: Social research for social change*. Thousand Oaks, CA: SAGE.

Guba, E. G. (1978). *Toward a methodology of naturalistic inquiry in educational evaluation*. CSE Monograph Series in Evaluation, 8. Los Angeles, CA: Center for the Study of Evaluation, University of California.

Guba, E. G. (1981). Criteria for assessing the trustworthiness of naturalistic inquiries. *Educational Communication and Technology Journal*, *29*, 75-91.

Guba, E. G. (1990). The alternative paradigm dialog. In E. G. Guba (Ed.), *The paradigm dialog* (pp. 17-30). Newbury Park, CA: SAGE.

Guba, E. G., & Lincoln, Y. S. (1981). *Effective evaluation*. San Francisco, CA: Jossey- Bass.

Guba, E. G., & Lincoln, Y. S. (1988). Do inquiry paradigms imply inquiry methodologies? In D. M. Fetterman (Ed.), *Qualitative approaches to evaluation in education* (pp. 89-115). New York: Praeger.

Guba, E. G., & Lincoln, Y. S. (1989). *Fourth generation evaluation*. Newbury Park, CA: SAGE.

Guba, E. G., & Lincoln, Y. S. (1994). Competing paradigms in qualitative research. In N. K. Denzin & Y. S. Lincoln (Eds.), *The SAGE handbook of qualitative research* (2nd ed., pp. 105-117). Thousand Oaks, CA: SAGE.

Haddix, M. M. (2002). Talkin' in the company of my sistas: The counterlanguages and deliberate silences of black female students in teacher education. *Linguistics and Education*, *23*, 160-181.

Haenfler, R. (2004). Rethinking subcultural resistance: Core values of the straight edge movement. *Journal of Contemporary Ethnography*, *33*(4), 406-436.

Haig, B. D. (1995). Grounded theory as scientific method. In A. Neiman (Ed.), *Philosophy of education yearbook, 1995: Current issues* (pp. 281-290). Champaign, IL: Philosophy of Education Society, University of Illinois Press at Urbana-Champaign.

Hammersley, M. (1992). *What's wrong with ethnography?* London: Routledge.

Hammersley, M. (2005). *Assessing quality in qualitative research*. Paper presented to ESRC TLRP seminar series: Quality in educational research. University of Birmingham, 7 July.

Hammersley, M., & Atkinson, P. (1995). *Ethnography: Principles in practice* (2nd ed.). London: Routledge.

Harrison, A. K. (2013). Gilbert Ryle and Thick Description. In R. J. McGee & R. L. Warms (Eds.), *Theory in social and cultural anthropology: An encyclopedia* (pp. 860-861). Thousand Oaks, CA: SAGE.

Hatch, J. A. (2002). *Doing qualitative research in educational settings*. Albany, NY: State University of New York.

Hayes, T. A. (2000). Stigmatizing indebtedness: Implications for labeling theory. *Symbolic Interaction*, *23*(1), 29-46.

Held, D. (1980). *Introduction to critical theory: Horkheimer to Habermas* (Vol. 261). Berkeley, CA: University of California Press.

Hennink, M. M. (2014). *Focus group discussions*. New York: Oxford University Press.

Herriott, R. E., & Firestone, W. A. (1983). Multisite qualitative policy research: Optimizing description and generalizability. *Educational Researcher*, *12*, 14-19.

Herman, L., & Vervaeck, B. (2019). *Handbook of narrative analysis*. Lincoln: University of Nebraska Press.

Herr, K., & Anderson, G. (2015). *The action research dissertation: A guide for students and faculty* (2nd ed.). Thousand Oaks, CA: SAGE.

Hesse, E. (1980). *Revolutions and reconstructions in the philosophy of science*. Bloomington: Indianan University Press.

Hirsch, E. D. (1976). *The aims of interpretation*. Chicago: University of Chicago Press.

Hitchcock, G., & Hughes, D. (1995). *Research and the teacher* (2nd ed.). London: Routledge.

Hohl, S. D., Gonzalez, C., Carosso, E., Ibarra, G., & Thompson, B. (2014). "I did it for us and I would do it again": Perspectives of rural Latinos on providing biospecimens for research. *American Journal of Public Health*, *104*(5), 911-916.

Hopson, R. K. (2000). *How and why language matters in evaluation* (New Directions for Evaluation, No. 86). San Francisco, CA: Jossey-Bass.

Horkheimer, M. (1974). *Critique of instrumental reason*. New York: Seabury Press.

House, J. S. (1977). The three faces of social psychology. *Sociometry*, *40*(2), 161-177.

Houser, N., Kloesel, C., & the Peirce Edition Project (Eds.). (1992). *The essential Peirce*, 2 vols. Bloomington, IN: Indianan University Press.

Hughes, P. (2010). Paradigms, methods and knowledge. In G. MacNaughton, S. Rolfe, & I. Siraj-Blatchford (Eds.), *Doing Early Childhood Research* (2nd ed.). Maidenhead: Open University Press.

Husserl, E. (1913). *Ideen zu einer reinen Phänomenologie und phänomenologischen Philosophie. Erstes Buch: Allgemeine Einführung in die reine Phänomenologie (Ideas: General Introduction to Pure Phenomenology)*.

Husserl, E. (1931). *Ideas: General introduction to pure phenomenology* (W. R. Boyce Gibson, trans.). London: Allen and Unwin. (Original 1913)

Imel, S. (2011). Writing a literature review. In T. S. Rocco & T. G. Hatcher (Eds.), *The handbook of scholarly writing and publishing* (pp. 145-160). San Franciscon, LA: Wiley.

Jacob, E. (1987). Qualitative research traditions: A review. *Review of Educational Research*, *57*(1), 1-50.

James, N., & Busher, H. (2009). *Online interviewing*. Thousand Oaks, CA: SAGE.

Jameson, F. (1987). Regarding postmodernism: A conversation with Fredric Jameson. *Social Text*, 29-55.

Janesick, V. J. (1994). The dance of qualitative research design: Metaphor, methodolatry, and meaning. In N. K. Denzin & Y. S. Lincoln (Eds.), *The SAGE handbook of qualitative research* (pp. 443-466). Thousand Oaks, CA: SAGE.

Jett, C. C., Curry, K. M., & Vernon-Jackson, S. (2016). Let our students be our guides: McNair scholars 'guide' three urban teacher educators on meeting the needs of culturally diverse learners. *Urban Education*, *51*, 514-533.

Johansen, A. B., Tavakoli, S., Bjelland, I., & Lumley, M. (2017). Constructivist simultaneous treatment of borderline personality disorder, trauma, and addiction comorbidity: A qualitative case study. *Qualitative Health Research*, *27*, 236-248.

Johnson, J. M. (1975). *Doing field research*. New York: Free Press.

Johnson, R. B. (1999). Examining the validity structure of qualitative research. *Education*, *118*, 282-292.

Jonassen, D. H., & Hernandez-Serrano, J. (2002). Case-based reasoning and instructional design: Using stories to support problem solving. *Educational Technology Research and Development*, *50*(2), 65-77.

Josselson, R., Lieblich, A., & McAdams, D. P. (Eds.). (2007). *The meaning of others: Narrative studies of relationships*. Washington, DC: American Psychological Association.

Jowett, M., & O'Toole, G. (2006). Focusing researchers' minds: Contrasting experiences of using focus groups in feminist qualitative research. *Qualitative Research*, *6*(4), 453-472.

Kant, E. (1929). *Critique of pure reason* (1781, 1787). Translation by N. Kemp Smith. London: McMillan.

Kamal, S. S. L. B. A. (2019). Research paradigm and the philosophical foundations of a qualitative Study. *PEOPLE: International Journal of Social Sciences*, *4*(3), 1386-1394. School of Education, The University of Sheffield, Sheffield, England, United Kingdom.

Kellner, D. (1978). Ideology, marxism and advanced capitalism. *Socialist Review*, *8*(6), 30-65.

Kemmis, S. (1974). *An ecological perspective on innovation*. Urbana-Champaign, IL: University of Illinois College of Education. (mimeo)

Kilbourn, B. (2006). The qualitative doctoral dissertation proposal. *Teachers College Record*, *108*(4), 529-576.

Killam, L. (2013). *Research terminology simplified: Paradigms, axiology, ontology, epistemology and methodology*. Sudbury, ON: Author.

Kim, S. J. (2014). The career transition process: A qualitative exploration of Korean middle-aged workers in postretirement employment. *Adult Education Quarterly*, *64*(1), 3-19.

Kincheloe, J. (1991). *Teachers as researchers: Qualitative inquiry as a path to empowerment*. London: Falmer Press.

Kincheloe, J. L. (1993). *Toward a critical politics of teacher thinking: Mapping the postmodern*. Westport, CT: Bergin & Garvey.

Kincheloe, J. L. (2002). *The sign of the burger: McDonald's and the culture of power*. Philadelphia, PA: Temple University Press. 성기완(2004). **버거의 상징: 맥도날드와 문화 권력**. 서울: 아침이슬.

Kindell, J., Sage, K., Wilkinson, R., & Keady, J. (2014). Living with sementic dementia: A case study of one family's experience. *Qualitative Health Research*, *24*, 401-411.

Kivunja, C., & Kuyini, A. B. (2017). Understanding and Applying Research Paradigms in Educational Contexts. *International Journal of Higher Education*, *6*(5), 26-41.

Kleinman, S. (1991). Field-workers' feelings: What we feel, who we are, how we analyze. In W. B. Shaffir & R. A. Stebbins (Eds.), *Experiencing fieldwork: An inside view of qualitative research* (pp. 184-195). Newbury Park, CA: SAGE.

Klockars, C. B. (1974). *The professional fence*. New York: Free Press.

Krueger, R. A. (2010). Using stories in evaluation. In J. Wholey, H. Hatry, & K. Newcomer (Eds.), *Handbook of practical program evaluation* (3rd ed., pp. 404-424). San Francisco, CA: Jossey-Bass.

Krueger, R. A., & Casey, M. A. (2015). *Focus groups: A practical guide for applied research* (5th ed.). Thousand Oaks, CA: SAGE.

Kuhn, T. S. (1970). *The structure of scientific revolution* (2nd ed., enlarged). Chicago: Chicago University Press.

Kvale, S. (1995). The social construction of validity. *Qualitative Inquiry*, *1*(1), 19-40.

Kvale, S. (1996). The 1,000-page question. *Qualitative Inquiry*, *2*(3), 275-284.

Labow, W. (1982). Speech actions and reactions in personal narrative. In D. Tannen (Ed.), *Analyzing discourse: Text and talk* (pp. 354-396). Washington, DC: Georgetown University Press.

Lather, P. (1986a). Research as praxis. *Harvard Educational Review*, *56*(3), 257-278.

Lather, P. (1986b). Issues of validity in openly ideological research: Between a rock and a soft place. *Interchange*, *17*, 63-84.

Lather, P. (1993). Fertile obsession: Validity after poststructuralism. *Sociological Quarterly*, *34*, 673-693.

Lather, P., & St. Pierre, E. A. (2013). Post-qualitative research. *International Journal of Qualitative Studies in Education*, *19*(1), 35-58.

Levinson, D. J., & Levinson, J. D. (1996). *The seasons of a woman's life*. New York: Ballantine.

Lewis, M., & Staehler, T. (2010). *Phenomenology: An introduction*. New York: Continuum.

Liebow, E. (1967). *Tally's corner*. Boston: Little, Brown.

Lincoln, Y. S. (1989). Trouble in the land: The paradigm revolution in the academic disciplines. In J. C. Smart

(Ed.), *Higher education: Handbook of theory and research* (Vol. 5; pp. 57-133). New York: Agathon.

Lincoln, Y. S. (1991). *The detached observer and the passionate participant: Discourses in inquiry and science*. In annual meeting of the American Educational Research Association, Chicago.

Lincoln, Y. S. (1995). Emerging criteria for quality in qualitative and interpretive research. *Qualitative Inquiry, 1*, 275-289.

Lincoln, Y, S., & Guba, E. G. (1985). *Naturalistic inquiry*. Newbury Park, CA: SAGE.

Lincoln, Y, S., & Guba, E. G. (2013). *The constructivist credo*. Walnut Creek, CA: Left Coast Press.

Lipset, S. M., Trow, M., & Coleman, J. (1956). *Union democracy: The inside politics of the international Typographical Union*. New York: Free Press.

Lofland, J., Snow, D., Anderson, L., & Lofland, L. H. (2006). *Analyzing social settings: A guide to qualitative observation and analysis* (4th ed.). Belmont, CA: Wadsworth/Thomas Learning.

Luke, T. (1991). Touring hyperreality: Critical theory confronts informational society. In P. Wexler (Ed.), *Critical theory now*. New York: Falmer.

Lynch, K. (1989). *The hidden curriculum: Reproduction in education, a reappraisal*. New York: The Falmer Press.

MacIntyre, A. (1985). *After virtue: A study in moral theory*. London: Duckworth.

MacIntyre, A. (2013). *After virtue: A study in moral theory*. London: Bloomsbury.

Macnaghten, P., & Myers, G. (2004). Focus groups. In C. Seale, G. Gobo, J. F. Gubrium, & D. Silverman (Eds.), *Qualitative research practice* (pp. 65-79). Thousand Oaks, CA: SAGE.

Madison, D. S. (2011). *Critical ethnography: Method, ethics, and performance*. Thousand Oaks, CA: SAGE.

Maguire, P. (2000). *Doing participatory research: A feminist approach*. Center for International Education.

Marcuse, H. (1964). *One dimensional man*. Boston: Beacon.

Marshall, C., & Rossman, G. B. (1995). *Designing qualitative research* (2nd ed.). Thousand Oaks, CA: SAGE.

Marshall, C., & Rossman, G. B., & Blanco, G. L. (2022). *Designing qualitative research* (7th ed.). Thousand Oaks, CA: SAGE.

Martin, N. (1987). On the move: Teacher researchers. In D. Goswami & P. Stillman (Eds.), *Reclaiming the classroom: Teacher research as an agency for change* (pp. 20-28). Upper Montclaire, NJ: Boynton/Cook.

Martin, D. & Yurkovich, E. (2014). "Close-knit" defines a healthy Native American Indian family. *Journal of Family Nursing, 20*(1), 51-72.

Maxwell, J. A. (1996). *Qualitative research design: An interactive approach*. Thousand Oaks, CA: SAGE.

Maxwell, J. A. (2013). *Qualitative research design: An interactive approach* (3rd. ed.). Thousand Oaks, CA: SAGE.

McAdams, D. P., Josselson, R., & Lieblich, A. (Eds.). (2013). *Turns in the road: Narrative studies of lives in transition*. Washington, DC: American Psychological Association.

McLaren, P. (1989). *Life in schools: An introduction to critical pedagogy in the foundations of education*. New York: Longman.

McLaren, P. (1991). Schooling and the postmodern body: Critical pedagogy and the politics of enfleshment. In H. Giroux (Ed.), *Postmodernism, feminism, and cultural politics: Redrawing educational boundaries*. Albany, NY: State University of New York.

McPherson, G. H. (1972). *Small town teacher*. Cambridge, MA: Harvard University Press.

Mead, G. H. (1934). *Mind, self, and society: From the standpoint of social behaviorist*. Edited and with introduction by Chalres W. Morris. Chicago: The University of Chicago Press.

Meltzer, B. N., & Petras, J. W. (1970). The Chicago and Iowa schools of symbolic interactionsim. In T. Shibutani (Ed.), *Human nature and collective behavior* (pp. 3-17). New Brunswick, NJ: Transaction

Books.

Meltzer, B. N., Petras, J. W., & Reynolds, L. T. (1975). *Symbolic interactionism: Genesis, varieties and criticism*. London: Routledge and Kegan Paul.

Merriam, S. B. (1988). *Case study research in education: A qualitative approach*. San Francisco, CA: Jossey-Bass.

Merriam, S. B. (2002). Introduction to qualitative research. In S. B. Merriam (Ed.), *Qualitative research in practice: Examples for discussion and analysis* (pp. 3-17). San Francisco, CA: John Wiley & Sons.

Merriam, S. B. (2009). *Qualitative research: A guide to design and implementation*. San Francisco, CA: Jossey-Bass.

Merriam, S. B., & Muhamad, M. (2013). Roles traditional healers play in cancer treatment in Malaysia: Implications for health promotion and education. *Asian Pacific Journal of Cancer Prevention, 14*(6), 3593-3601.

Merriam, S. B., & Tisdell, E. J. (2016). *Qualitative research: A guide to design and implementation* (4th ed.). San Francisco, CA: Jossey-Bass.

Merton, R., Fiske, M., & Kendall, P. L. (1956). *The focused interview*. New York: Free Press.

Mesec, B. (1998). *Uvod v kvalitativno raziskovanje v socialnem delu*. Ljubljana: Visoka šola za socialno delo.

Michel, A. (2014). Participation and self-entrapment: A 12-year ethnography of Wall Street participation practices' diffusion and evolving consequences. *Sociological Quarterly, 55*(3), 514-536.

Mitchell, J. C. (1983). Case and situation analysis. *The Sociological Review, 31*, 187-211.

Miles, M., B., Huberman, A. M. (1994). *Qualitative data analysis: An expanded sourcebook*. Thousand Oaks, CA: SAGE.

Miles, M., B., Huberman, A. M., & Saldaña, J. (2014). *Qualitative data analysis: A methods sourcebook* (3rd ed.). Thousand Oaks, CA: SAGE.

Miles, M., B., Huberman, A. M., & Saldaña, J. (2020). *Qualitative data analysis: A methods sourcebook* (4th ed.). Thousand Oaks, CA: SAGE.

Miller, S., & Fredericks, M. (1999). How does grounded theory explain? *Qualitative Inquiry, 9*, 538-551.

Mills, A. J., Durepos, G., & Wiebe, E. (Eds.). (2010). *Encyclopedia of Case Study Research*, Vol 1. Thousand Oaks, CA: SAGE.

Mishler, E. G. (1995). Models of narrative analysis: A typology. *Journal of Narrative and Life History, 5*(2), 87-123.

Mitchell, J. C. (1983). Case and situation analysis. *The Sociological Review, 31*, 187-211.

Mitchell, J. C. (2008). Case and situation analysis. In T. M. S. Evans & D. Handelman (Eds.), *The Manchester School: Practice and ethnographic praxis in anthropology* (pp. 23-42). Oxford: Berghahn Books.

Montuori, A. (2005). Literature review as creative inquiry: Reframing scholarship as a creative process. *Journal of Transformative Education, 3*(4), 374-393.

Morgan, D. L. (1997). *Focus groups as qualitative research* (2nd ed.). Thousand Oaks, CA: SAGE.

Morrow, R. A., & Brown, D. D. (1994). *Critical theory and methodology*. Thousand Oaks, CA: SAGE.

Moustakas, C. (1994). *Phenomenological research methods*. Thousand Oaks, CA: SAGE.

Mouzelis, N. (1995). *Sociological theory: What went wrong?* London: Routledge.

Mukherji, P., & Albon, D. (2015). *Research methods in early childhood: An introductory guide* (2nd ed.). London: SAGE.

Muncey, T. (2010). *Creating autoethnographies*. Thousand Oaks, CA: SAGE.

Murdock, G. P. (1983). *Outline of world cultures* (6th ed.). New Haven, CT: Human Relations Area Files, Yale University.

Myers, M. (1985). *The teacher-researcher: How to study writing in the classroom*. Urbana, IL: National Council of

Teachers of English.

National Commission for the Protection of Human Subjects of Biomedical and Behavioral Research, United States Department of Health, Education and Welfare. (1978). *The Belmont report: Ethical principles and guidelines for the protection of human subjects of research*. Washington, DC: United States Government Printing Office.

Nogueiras, G., Iborra, A., & Kunnen, S. E. (2019). Experiencing transformative learning in a counseling masters' course: A process-oriented case study with a focus on the emotional experience. *Journal of Transformative Education*, *17*(1), 71-95.

Novak, J. D., & Gowin, D. B. (1984). *Learning how to learn*. Cambridge, England: Cambridge University Press.

Ntseane, P. (2004). Being a female entrepreneur in Botswana: Cultures, values, strategies for success. *Gender & Development*, *12*(2), 37-43.

Onwuegbuzie, A. J. (2002). *A Conceptual framework for assessing legitimation in qualitative research*. Paper submitted for consideration for the Outstanding Paper Award.

Palmer R. E. (1969). *Hermeneutics*. Evanston, IL: Northwestern University Press.

Parsons, S. A. (2012). Adaptive teaching in literacy instruction: Case studies of two teachers. *Journal of Literacy Research*, *44*, 149-170.,

Patton, M. Q. (2000). Overview: Language matters. In R. K. Hopson, *How and why language matters in evaluation* (New Directions for Evaluation, No. 86; pp. 5-16). San Francisco, CA: Jossey-Bass.

Patton, M. Q. (2002). *Qualitative research and evaluation methods* (3rd ed.). Thousand Oaks, CA: SAGE.

Patton, M. Q. (2015). *Qualitative research and evaluation methods* (4th ed.). Thousand Oaks, CA: SAGE.

Peshkin, A. (1988). In Search of subjectivity: One's own. *Educational Researcher*, *17*(7), 17-21.

Piersol, L. (2014). Listening place. *Australian Journal of Outdoor Education*, *17*(2), 43-53.

Pinar, W., Reynolds, W. M., Slattery, P., & Taubman, P. M. (2000). *Understanding curriculum: An introduction to the study of historical and contemporary curriculum discourses*. New York: Peter Lang.

Platt, J. (1992). 'Case study' in American methodological thought. *Current Sociology*, *40*, 17-48.

Polanyi, M. (1958). *Personal knowledge: Towards a post-critical philosophy*. London: Routledge and Kegan Paul.

Polkinghorne, D. E. (1989). Phenomenological research methods. In R. S. Valle & S. Halling (Eds.), *Existential-phenomenological perspectives in psychology* (pp. 41-60). New York: Plenum Press.

Polsky, N. (1969). *Hustlers, beats, and others*. Garden City, NY: Anchor Books.

Postman, N. (1985). Critical thinking in an electronic era. *Phi Kappa Phi Journal*, *65*, 4-8.

Potts, D. (2005). *Case methodology: An application of theory to the investigations of the muliliteracy projects*. Unpublished manuscript, University of British Columbia.

Pring, R. (2000). *Philosophy of educational research*. London: Continuum.

Prus, R. (1980). Sociologist as hustler: The dynamics of acquiring information. In W. Shaffir & R. A. Stebbins (Eds.), *Field work experience: Qualitative approaches to social research* (pp. 132-144). New York: St. Martin's Press.

Ragin, C. C. (1989). *The comparative method: Moving beyond qualitative and quantitative strategies*. Berkeley, CA: University of California Press.

Ragin, C. C. (1992). Introduction: Cases of "what is a case?" In C. C. Ragin & H. S. Becker, *What is a case?: Exploring the foundations of social inquiry*. Cambridge, England: Cambridge University Press.

Ragin, C. C., & Becker, H. S. (1992). *What is a case?: Exploring the foundations of social inquiry*. Cambridge, England: Cambridge University Press.

Ratcliffe, J. W. (1983). Notions of validity in qualitative research methodology. *Knowledge*, *5*(2), 147-167.

Ravitch, S. M., & Carl, N. M. (2016). *Qualitative research: Bridging the conceptual, theoretical, and methodological*. Thousand Oaks, CA: SAGE.

Ravitch, S. M., & Riggan, M. (2017). *Reason and rigor: How conceptual frameworks guide research* (2nd ed.). Thousand Oaks, CA: SAGE.

Riessman, C. K. (1993). *Narrative analysis*. Newbury Park, CA: SAGE.

Riessman, C. K. (2007). *Narrative methods for the human sciences*. Thousand Oaks, CA: SAGE.

Ritzer, G. (1980). *Sociology: A multiple paradigm science* (rev. ed.). Boston: Allyn and Bacon.

Ritzer, G. (1983). *Sociological theory*. New York: Alfred Knopf.

Rossiter, M. (1999). Understanding adult development as narrative. In M. C. Clark & R. S. Caffarella (Eds.), *An update on adult development theory: New ways of thinking about the life course*. New Directions for Adult and Continuing Education, No. 84. San Francisco, CA: Jossey-Bass.

Rossman, G. B., & Wilson, B. L. (1994). Numbers and words revisited: Being "shamelessly eclectic". *Quality and Quantity*, *28*(3), 315-327.

Rothman, D. J., & Rothman, S. M. (2005). *The Willowbrook wars: Bringing the mentally disabled into the community*. New Brunswick, NJ: Transaction Books. (Original work published 1984 by Harper & Row)

Rubin, H. J., & Rubin, I. S. (2012). *Qualitative interviewing: The art of hearing data*. Thousand Oaks, CA: SAGE.

Ruth-Sahd, L. A., & Tisdell, E. J. (2007). The meaning and use of intuition in novice nurses: A phenomenological study. *Adult Education Quarterly*, *57*(2), 115-140.

Ryan, J., Rapley, M., & Dziurawiec, S. (2014). The meaning of coping for psychiatric patients. *Qualitative Health Research*, *24*(8), 1068-1079.

Ryle, G. (1949). Meaning and Necessity. *Philosophy*, *24*(88), 69-76.

Sagadin, J. (1991). *Razprave iz pedagoške metodologije*. Ljubljana: Znanstveni inštitut Filozofske fakultete.

Sagadin, J. (2004). Tipi in vloga študij primerov v pedagoškem raziskovanju. *Sodobna pedagogika*, *55*(4), 88-99.

Saldaña, J., & Omasta, M. (2018). *Qualitative research: Analyzing life*. Thousand Oaks, CA: Sage Publications.

Salmons, J. (2015). *Qualitative online interviews: Strategies, design, and skills* (2nd ed.). Thousand Oaks, CA: SAGE.

Schatzman, L. (1991). Dimensional analysis: Notes on an alternative approach to the grounding of theory in qualitative research. In D. R. Maines (Ed.), *Social organisation and social process: Essays in honor of Anselm Strauss* (pp. 303-314). New York: Aldine.

Schatzman, L., & Strauss, A. L. (1973). *Field research: Strategies for a natural sociology*. Englewood Cliffs, NJ: Prentice-Hall.

Schensul, J. J., & LeCompte, M. D. (2013). *Essential ethnographic methods: A mixed methods approach*. Ethnographer's toolkit book 3 (2nd ed.). New York: AltaMira Press.

Schiffrin, D., Tannen, D., & Hamilton, H. E. (Eds.). (2001). *The handbook of discourse analysis*. Malden, MA: Blackwell.

Schmitt, C., & Goebel, V. (2015). Experiences of high-ability high school students: A case study. *Journal of the Education of the Gifted*, *38*, 428-446.

Schram, W. (1971). *Notes on case studies of instructional media projects*. Working paper for the Academy for Educational Development. Washington, DC.

Schram, T. H. (2003). *Conceptualizing qualitative inquiry*. Upper Saddle River, NJ: Merrill Prentice Hall.

Schwandt, T. A. (2001). *Dictionary of qualitative inquiry* (2nd ed.). Thousand Oaks, CA: SAGE.

Schwandt, T. A. (2007). *Qualitative inquiry: A dictionary of terms* (3rd ed.). Thousand Oaks, CA: SAGE.

Schwartz, P., & Ogilvy, J. (1979). *The emergent paradigm: Changing patterns of thought and belief*. Analytical Report 7, Values and Lifestyles Program. Menlo Park, CA: SRI International.

Shadduck-Hernández, J. (1997). *Affirmation, advocacy, and action: Refugee/immigrant student education and community building in higher education*. Research Proposal for the Spencer Foundation, University of Massachusetts Amherst.

Shadish, W. R. (1995). The quantitative-qualitative debates: De-Kuhnifying the conceptual context. *Evaluation and Program Planning*, 18(1), 47-49.

Shweder, R. A. (1980). *Fallible judgment in behavioral research*. San Francisco, CA: Jossey-Bass.

Simon, H. (1983). *Reason in human affairs*. Oxford, England: Basil Blackwell.

Simons, H. (2009). *Case study research in practice*. London: SAGE.

Sjoberg, G., Williams, N., Vaughn, T. R., & Sjoberg, A. F. (1991). The case study approach in social research: Basic methodological issues. In J. R. Feagin, A. Orum, & G. Sjoberg (Eds.), *A case for the case study* (pp. 27-79). Chapel Hill: University of North Carolina Press.

Smithies, C., & Lather, P. A. (1997). *Troubling the angels: Women living with HIV*. Westview Press.

Snow, D. A. (2001). Extending and broadening Blumer's conceptualization of symbolic interactionism. *Symbolic Interaction*, *24*(3), 367-377.

Sokolowski, R. (2000). *Introduction to phenomenology*. Cambridge, England: Cambridge University Press.

Sontag, S. (1978). *On photography*. New York: Farrar, Strauss & Giroux.

Spiegelberg, H. A. (1965). *The phenomenological movement* (Vol. 2). The Hague, Netherlands: Martinus Nijhoff.

Spradley, J. S. (1980). *Participant observation*. New York: Holt, Rinehart & Winston.

Stake, R. E. (1978). The case-study method in social inquiry. *Educational Researcher*, *7*, 5-8.

Stake, R. E. (1988). Case study methods in educational research: Seeking sweet water. In R. M. Jaeger (Ed.), *Complementary methods for research in education* (pp. 253-278). Washington, DC: American Educational Research Association.

Stake, R. E. (1995). *The art of case study research*. Thousand Oaks, CA: SAGE.

Stake, R. E. (2005). Qualitative case studies. In N. K. Denzin & Y. S. Lincoln (Eds.), *The SAGE handbook of qualitative research* (3rd ed., pp. 443-466). Thousand Oaks, CA: SAGE.

Stake, R. E. (2006). *Multiple case study analysis*. New York: Guilford.

Stanley, M. (2006). A grounded theory of the wellbeing of older people. In L. Finlay & C. Ballinger (Eds.), *Qualitative research for allied health professionals: Challenging choices* (pp. 63-78). West Sussex, England: Wiley.

Stanley, B. H., Sieber, J. E., & Melton, G. B. (Eds.). (1996). *Research ethics: A psychological approach*. Lincoln: University of Nebraska Press.

Starman, A. B. (2013). The case study as a type of qualitative research. *Journal of Contemporary Educational Studies/Sodobna Pedagogika*, *64*(1), 28-43.

Stewart, D. W., & Shamdasani, P. N. (2015). *Focus groups: Theory and practice* (3rd ed.). Thousand Oaks, CA: SAGE.

Stewart, K., & Williams, M. (2005). Researching online populations: The use of online focus groups for social research. *Qualitative Research*, *5*(4), 395-416.

Stoecker, R. (1991). Evaluating and rethinking the case study. *The Sociological Review*, *39*, 88-112.

Strauss, A. (1987). *Qualitative analysis for social scientists*. Cambridge, England: Cambridge University Press.

Strauss, A., & Corbin, J. (1990). *Basics of qualitative research: Grounded theory procedures and techniques*. Newbury Park, CA: SAGE.

Strauss, A. L., Schatzman, L., Bucker, R., Ehrlich, D., & Sabshin, M. (1981). *Psychiatric ideologies and institutions* (2nd ed.). New York: Wiley.

Sturman, A. (1997). Case study methods. In J. P. Keeves (Ed.), *Educational research, methodology and measurement: an international handbook* (2nd ed., pp. 61-66). Oxford: Pergamon.

Sun, F. K., Long, A., Tseng, Y. S., Huang, H. M., You, J. H., & Chiang, C. Y. (2016). Undergraduate student nurses' lived experiences of anxiety during their first clinical practicum: A phenomenological study. *Nurse Education Today*, *37*, 21- 26.

Swanborn, P. G. (1996a). A common base for quality control criteria in quantitative and qualitative research. *Quality and Quantity*, *30*, 19-35.

Swanborn, P. G. (1996b). *Case studies: Wat, Wanneer en Hoe?* Amsterdam/Meppell: Boom.

Taylor, S. J. (1977). *The custodians: Attendants and their work at state institutions for the mentally retarded.* Unpublished doctoral dissertations, Syracuse University.

Taylor, E. W. (2006). Making meaning of local nonformal education: Practitioner's perspective. *Adult Education Quarterly*, *56*(4), 291-307.

Taylor, S. J., & Bogdan, R. (1980). Defending illusions: The institution's struggle for survival. *Human Organization*, 209-218.

Taylor, S. J., & Bogdan, R. (1984). *Introduction to qualitative research methods: The search for meanings* (2nd ed.). New York: John Wiley & Sons.

Taylor, S. J., Bogdan, R., & DeVault, M. (2016). *Introduction to qualitative research methods: A guidebook and resource.* Hoboken, NJ: John Wiley & Sons.

Terkel, S. (2001). *Will the circle be unbroken?: Reflections on death, rebirth, and hunger for a faith.* New York: Ballantine.

Tesch, R. (1990). *Qualitative research: Analysis types and software tools.* Bristol, PA: The Falmer Press.

Thomas, G. (1992). *Effective classroom teamwork: Support or intrusion?* London: Routledge.

Thomas, G. (2010). Doing case study: Abduction not induction, phronesis not theory. *Qualitative Inquiry*, *16*(7) 575-582.

Thomas, G. (2011). A typology for the case study in social science following a review of definition, discourse and structure. *Qualitative Inquiry*, *17*(6), 511-521.

Thomas, G. (2017). Progress in social and educational inquiry through case study: Generalization or explanation? *Clinical Social Work Journal*, *45*, 253-260.

Thomas, G. (2021). *How to do your case study* (3rd ed.). Thousand Oaks, CA: SAGE.

Thomas, J. (1993). *Doing critical ethnography* (Vol. 26). Thousand Oaks, CA: SAGE.

Thomas, G., & James, D. (2006). Reinventing grounded theory: Some questions about theory, ground and discovery. *British Educational Research Journal*, *32*(6), 767-795.

Tisdell, E. J. (2003). *Exploring spirituality and culture in adult and higher education.* San Francisco, CA: Jossey-Bass.

Tomaszewski, L. E., Zarestky, J., & Gonzalez, E. (2020). Planning qualitative research: Design and decision making for new researchers. *International Journal of Qualitative Methods*, *19*, 1-7.

Torbert, W. (1981). Why educational research has been so uneducational: The case for a new model of social science based on collaborative inquiry. In P. Reason & J. Rowan (Eds.), *Human inquiry: A sourcebook of new paradigm research* (pp. 141-151). New York: John Wiley.

Tracy, S. J. (2013). *Qualitative research methods: Collecting evidence, crafting analysis, communicating impact.* Hoboken, NJ: Wiley-Blackwell.

Trimbur, L. (2009). "Me and the law is not friends": How former prisoners make sense of reentry. *Qualitative*

Sociology, 32(3), 259-277.

Trotman, D. (2006). Interpreting imaginative lifeworlds: Phenomenological approaches in imagination and the evaluation of educational practice. *Qualitative Research, 6*(2), 245-265.

Tuttas, C. A. (2015). Lessons learned using web conference technology for online focus group interviews. *Qualitative Health Research, 25*(1), 122-133.

Underberg, N. M., & Zorn, E. (2013). *Digital ethnography: Anthropology, narrative, and new media*. Austin, TX: University of Texas Press.

van Manen, J. (1982). Fieldwork on the beat. In J. van Manen, J. M. Dabbs, & R. R. Faulkner (Eds.), *Varieties of qualitative research* (pp. 103-151). Beverly Hills, CA: SAGE.

van Manen, M. (1990). *Researching lived experience: Human science for an action sensitive pedagogy*. New York: Routledge.

van Manen, M. (2014). *Phenomenology of practice: Meaning-giving methods in phenomenological research and writing*. Walnut, Creek, CA: Left Coast Press.

VanWynsberghe, R., & Khan, S. (2007). Redefining case study. *International Journal of Qualitative Methods, 6*(2), 80-94.

Vaughan, D. (2016). *The Challenger launch decision: Risky technology, culture, and deviance at NASA* (enlarged ed.). Chicago: University of Chicago Press.

Verschuren, P. (2003). Case study as a research strategy: Some ambiguities and opportunities. *International Journal of Social Research Methodology, 6*(2), 121-139,

von Wright, G. (1971). *Explanation and understanding*. London: Routledge & Kegan Paul.

Wainwright, S. P., Williams, C., & Turner, B. S. (2006). Varieties of habitus and the embodiment of ballet. *Qualitative Research, 6*(4), 535-558.

Waldron, J. (2013). YouTube, fanvids, forums, vlogs and blogs: Informal music learning in a convergent on- and offline music community. *International Journal of Music Education, 31*(1), 91-105.

Warren, C. A., & Xavia, K. T. (2015). *Discovering qualitative methods: Ethnography, interviews, documents, and images* (3rd ed.). New York: Oxford University Press.

Watkins, K. (1991, April). Validity in action research. Paper presented at the annual meeting of the American Educational Research Association, Chicago.

Weick, K. E. (1976). Educational organizations as loosely coupled systems. *Administrative Science Quarterly, 21*(1), 1-19.

Weitzman, E. A., & Miles, M. B. (1995). *Computer programs for qualitative data analysis*. Thousand Oaks, CA: SAGE.

Wexler, P., & Whitson, J. (1982). Hegemony and education. *Psychology and Social Theory, 3*(1), 31-42.

Whyte, W. F. (1993). *Street corner society: The social structure of an Italian slum* (4th ed.). Chicago: University of Chicago Press. (Original 1943)

White, M., & Epston, D. (1990). *Narrative means to therapeutic ends*. New York: W. W. Norton.

Wilensky, A. S., & Hansen, C. D. (2001). Understanding the work beliefs of nonprofit executives through organizational stories. *Human Resource Development Quarterly, 12*(3), 223-239.

Wiles, J. L., Rosenberg, M. W., & Kearns, R. A. (2005). Narrative analysis as a strategy for understanding interview talk in geographic research. *Area, 37*(1), 89-99.

Wieviorka, M. (1992). Case studies: History or sociology? In C. C. Ragin & H. S. Becker, *What is a case?: Exploring the foundations of social inquiry*. Cambridge, England: Cambridge University Press.

Williams, R. (1976). Base and superstructure in Marxist cultural theory. In R. Dale, G. Esland, & M. MacDonald (Eds.), *Schooling and capitalism: A sociological reader*. London: Routledge & Kegan Paul.

Willis, P. (1977). *Learning to labour: How working class kids get working class jobs*. Westmead, England: Saxon House.

Wolcott, H. F. (1992). Posturing in qualitative inquiry. In M. D. LeCompte, W. L. Millroy, & J. Preissle (Eds.), *The handbook of qualitative research in education* (pp. 3-52). Orlando, FL: Academic Press.

Wolcott, H. F. (2003). *The man in the principal's office: An ethnography* (updated ed.). Walnut Creek, CA: AltaMira Press.

Wolcott, H. F. (2005). *The art of fieldwork* (2nd ed.). Walnut Creek, CA: AltaMira Press.

Wolcott, H. F. (2008). *Ethnography: A way of seeing* (2nd ed.). Walnut Creek, CA: AltaMira.

Yazan, B. (2015). Three approaches to case study methods in education: Yin, Merriam, and Stake. *The Qualitative Report*, *20*(2), 134-152.

Yin, R. K. (1984). *Case study research: Design and methods*. Newbury Park, CA: SAGE.

Yin, R. K. (1989). *Case study research: Design and methods* (revised ed.). Newbury Park, CA: SAGE.

Yin, R. K. (2014). *Case study research: Design and methods* (5th ed.). Thousand Oaks, CA: SAGE.

Yin, R. K. (2018). *Case study research and applications: Design and methods* (6th ed). Thousand Oaks, CA: SAGE.

Znaniecki, F. (1934). *The method of sociology*. New York: Rinehart.

Husserl 문헌

ACPAS *Analyses Concerning Passive and Active Synthesis.* Trans. A. J. Steinbock. Dordrecht: Kluwer Academic Publishers, 2001. [*Analysen zur passiven Synthesis: Aus Vorlesungs- und Forschungs-manuscripten 1918-1926.* Ed. M. Fleischer, 1966. (Husserliana XI) and *Aktive Synthesen: Aus der Vorlesung 'Transzendentale Logik' 1920/21. Ergänzungsband zu 'Analysen zur Passiven Synthesis'*. Ed. R. Breeur, 2000. (Husserliana XXXI)]

Crisis *The Crisis of European Sciences and Transcendental Phenomenology: An Introduction to Phenomenological Philosophy.* Trans. D. Carr. Evanston, IN: North University Press, 1970 [1936/1954]. [*Die Krisis der europäischen Wissenschaften und die transzendentale Phänomenologie: Eine Einleitung in die phänomenologische Philosophie*. Ed. W. Biemel, 1954. (Husserliana VI)]

EJ *Experience and Judgment: Investigations in a Genealogy of Logic.* Trans. J. S. Churchill and K. Ameriks. Evanston, IN: North University Press, 1973 [1939]. (*Erfarung und Urteil. Untersuchungen zur Genealogie der Logik*. Ed. L. Landgrebe. Hamburg: Meiner, 1948.)

Ideas I *Ideas Pertaining to a Pure Phenomenology and to a Phenomenological Philosophy, First Book: General Introduction to a Pure Phenomenology.* Trans. Fred Kersten. Dordrecht: Kluwer Academic Publishers, 1982 [1913]. [*Ideen zu einer reinen Phänomenologie und phänomenologischen Philosophie. Erstes Buch: Allgemeine Einführung in die reine Phänomenologie*. Ed. K. Schuhmann, 1976. (Husserliana III)]

PhPsy *Phenomenological Psychology: Lectures, Summer Semester 1925.* [*Phänomenologische Psychologie: Vorlesungen, Sommersemester 1925.* Ed. W. Biemel, 1962. (Husserliana IX)]

찾아보기

[ㄱ]

[ㄴ]

[ㄷ]

[ㄹ]

[ㅁ]

[ㅂ]

[ㅅ]

[ㅇ]

[ㅈ]

[ㅊ]

[ㅋ]

[ㅌ]

[ㅍ]

[ㅎ]

[영문]

저자 소개

김평국

- 경인교육대학교 교육학과 교수(2005~현재)
  - 교육과정, 수업 혁신, 교사 전문성 신장, 질적연구방법 등 영역에서 학부 및 대학원 학생들을 가르쳐 왔다.
- 한국교육과정평가원 전문연구원(2003~2004)
  - 국가 교육과정의 연구 및 개발 영역에서 활동해 왔다.
- Pennsylvania State University 박사 후 과정(2002)
- Pennsylvania State University 박사(2001) 교육과정 전공
- 서울대학교 사범대학 박사 수료(1995)
- 서울대학교 사범대학 석사(1989)
- 서울대학교 사범대학 학사(1986)

[주요 저 · 역서 및 논문]

- 김평국(2022). **교육과정의 실제와 이론**. 서울: 아카데미프레스.
- 김평국 외 공역(2020). **인지적 코칭: 자기 주도 지도자와 학습자의 양성**. 서울: 아카데미프레스.
- 김평국 · 한국교육과정학회 공저(2017). **교육과정학 용어 대사전**. 서울: 학지사.
- 최욱 외 공역(2014). **질적 연구 핸드북**. 경기 파주: 아카데미프레스.
- 장인실 외 공역(2007). **교육과정: 기초, 원리, 쟁점**. 서울: 학지사.
- 김영천 외 공저(2006). After Tyler: **교육과정 이론화 1970년-2000년**. 서울: 문음사.
- 학술 논문: 교육과정 재구성, 교사 전문성 신장 등 영역 국외 및 국내 학술 논문 다수.

질적 연구와의 만남

교육학 학위 논문 작성

발 행 일 | 2022년 12월 30일 초판 1쇄 발행
저 자 | 김평국
발 행 인 | 구본하
발 행 처 | (주)아카데미프레스
주 소 | 서울시 마포구 월드컵북로5길 33 동아빌딩 2층
전 화 | (02)3144-3765
팩 스 | (02)3142-3766
웹사이트 | www.academypress.co.kr
이 메 일 | info@academypress.co.kr
등록 번호 | 제2018-000184호
I S B N | 979-11-91791-14-3

값 25,000원